편입은 김영! 김영편입!

김영편입

교육서비스 브랜드 대상

누적 8만부 돌파

2024 대한민국 브랜드 어워즈
대학편입교육 대상(한경비즈니스)
산출근거 후면표기

수학

2026학년도 대비

기출문제 해설집

문제편

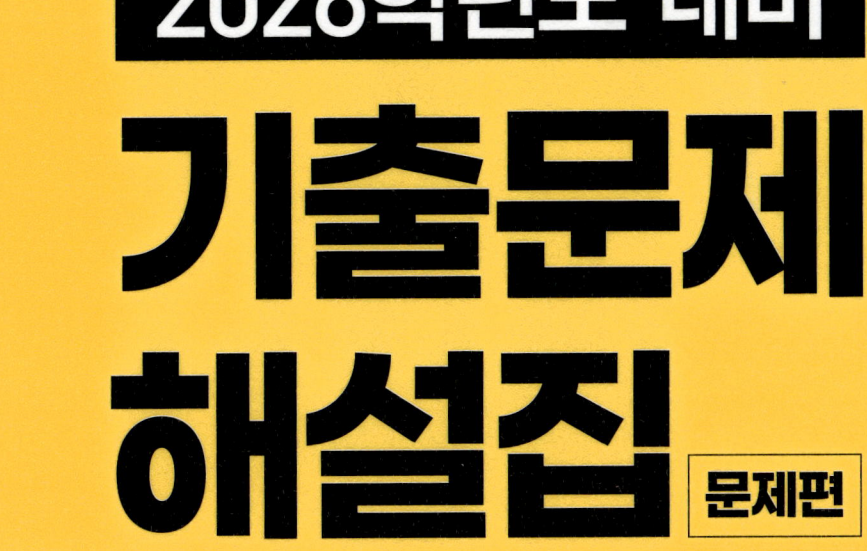

2025학년도 24개 대학 25개 유형의 편입수학 기출문제 수록!

기출로 완성하는 합격 전략
김영편입 수학
기출문제 해설집

대학별 출제 문항 분류표 &
상위권 대학
심층 분석 수록

정확한 해설과
사고력을 키우는 다른 풀이로
문제 해결력 완성

김앤북
KIM&BOOK

김영편입 컨텐츠평가연구소

김영편입 컨텐츠평가연구소는 편입 시험의 다양한 문제 유형과 난이도를 분석하여 수험생에게 올바른 학습 방향을 제시해 줄 목적으로 설립된 메가스터디의 부설 기관이다. 수십 년간 시행되어 온 대학별 편입 시험을 심층 분석하여 실전에 가까운 컨텐츠를 개발하고 있으며, 김영편입의 우수한 교수진과 축적된 컨텐츠를 기반으로 다양한 교재를 출판하고 있다.

주요 집필 교재

「김영편입 영어 시리즈」 이론서 / 기출 1, 2 단계 / 워크북 1, 2 단계
「김영편입 수학 시리즈」 이론서 / 워크북 / 공식집
「김영편입 연도별 기출문제 해설집 시리즈」 영어 / 수학 / 연고대
「MVP Starter」, 「MVP 시리즈 Vol. 1, 2」, 「해독제 Vol. 1, 2」 등

김영
편입

수학 2026학년도 대비
기출문제 해설집

초판1쇄 인쇄 2025년 6월 16일
초판1쇄 발행 2025년 6월 30일
편저 김영편입 컨텐츠평가연구소
기획총괄 최진호
기획 이순옥, 신종규, 이은지, 조정욱, 이상혁, 하예진
감수 신기섭
디자인 김소진, 서제호, 서진희, 조아현
제작 조재훈, 김승규, 정광표
마케팅 지다영

발행처 ㈜아이비김영
펴낸이 김석철
등록번호 제22-3190호
주소 (06729) 서울 서초구 강남대로 279, 백향빌딩 4, 5층
전화 (대표전화) 1661-7022
팩스 02)599-5611

ISBN 979-11-7349-060-6 13410
정가 36,000원

잘못된 책은 바꿔드립니다.

김앤북의 체계적인

합격 알고리즘

기초 학습 → 문제 풀이 → 실전 적용 → 합격

김영편입 영어

MVP Vocabulary 시리즈

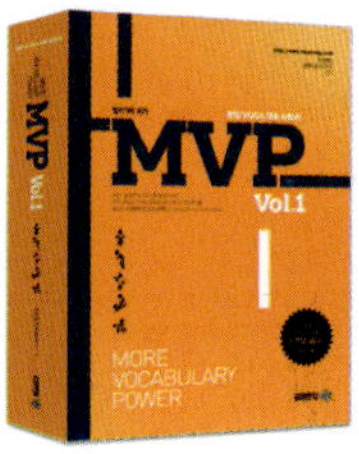

MVP Vol.1

MVP Vol.1 워크북

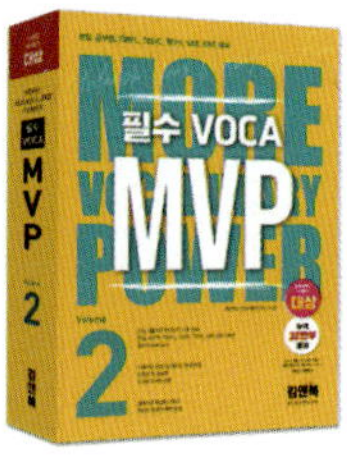

MVP Vol.2

MVP Vol.2 워크북

MVP Starter

기초 이론 단계

문법 이론

구문독해

기초 실력 완성 단계

어휘 기출 1단계

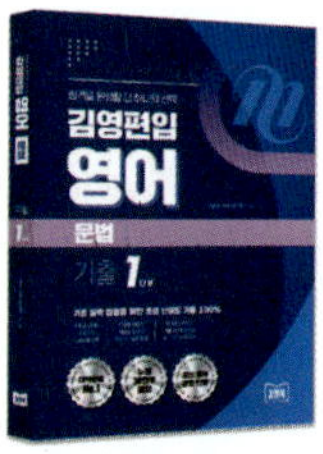

문법 기출 1단계

독해 기출 1단계

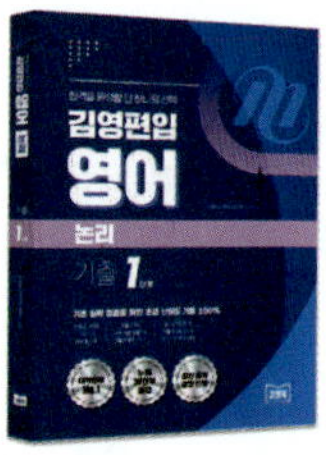

논리 기출 1단계

문법 워크북 1단계

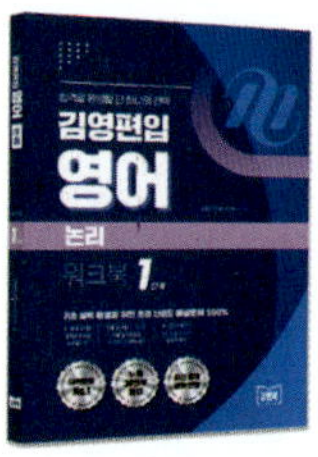

독해 워크북 1단계

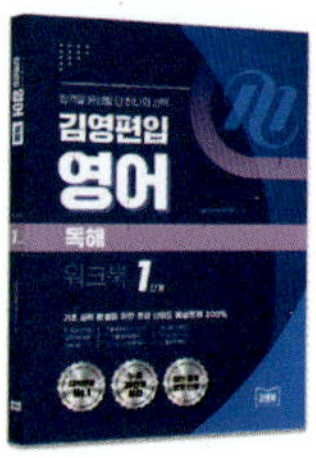

논리 워크북 1단계

심화 학습 단계

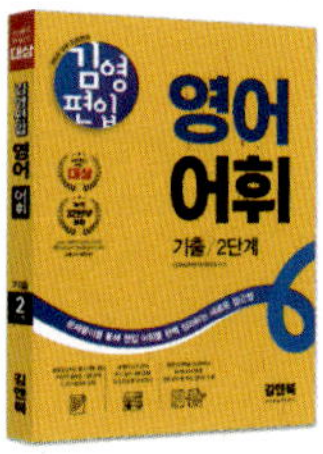

어휘 기출 2단계

문법 기출 2단계

독해 기출 2단계

논리 기출 2단계

문법 워크북 2단계

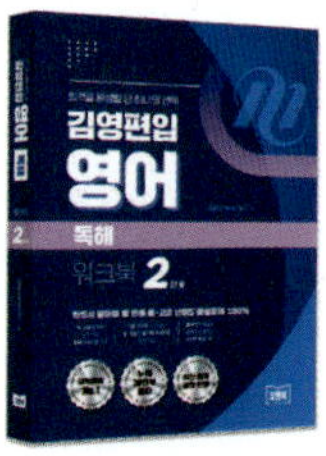

독해 워크북 2단계

논리 워크북 2단계

편입은 김영! 김영편입!

김영편입

수학

2026학년도 대비

기출문제 해설집

문제편

2025학년도 24개 대학 25개 유형의 편입수학 기출문제 수록!

김앤북
KIM&BOOK

기출로 완성하는 합격 전략

편입수학 시험은 대학에서의 학업 수행에 필요한 수학 역량을 평가하는 시험으로, 단순한 계산 능력뿐만 아니라 제한시간 내에 문제를 빠르고 정확하게 해결하는 문제 해결력까지 요구합니다.

이러한 점에서『김영편입 수학 2026학년도 대비 기출문제 해설집』은 가장 효과적인 실전 대비서입니다. 수험생은 이 책을 통해 문제 유형과 난이도를 체계적으로 파악하고, 제한된 시간 안에 문제를 푸는 연습을 반복함으로써 실제 시험에 필요한 전략과 감각을 기를 수 있습니다.

『김영편입 수학 2026학년도 대비 기출문제 해설집』은 총 24개 대학에서 출제된 25개 유형의 최신 기출문제가 수록되어 있습니다. 자세한 해설 외에도 또 다른 풀이 방법을 함께 제시하여, 한 문제를 여러 관점에서 접근할 수 있도록 구성하였습니다. 이를 통해 학습자가 문제 해결력과 사고의 유연성을 함께 키울 수 있도록 돕는 데 중점을 두었습니다.

또한, 문항별로 출제 포인트를 제시하여 출제 영역을 명확히 파악하고, 빈출 유형에 대한 전략적 대비가 가능하도록 구성했습니다.

끝으로『김영편입 수학 2026학년도 대비 기출문제 해설집』의 집필에 도움을 주신 김영편입 변철수, 유지준, 이정훈 교수님께 깊은 감사의 말씀을 드립니다.

김영편입 컨텐츠평가연구소

2025학년도 기출문제 분석

2025학년도 편입수학 시험은 전반적으로 기본 개념과 계산력을 중시하는 문제들이 주로 출제되었다. 다변수 미적분과 선형대수는 핵심 영역으로 높은 비중을 유지했으며, 편미분, 중적분, 고윳값·고유벡터, 대각화 관련 문제가 자주 등장했다. 공학수학에서는 미분방정식의 비중이 증가했고, 선적분·면적분도 여러 학교에서 꾸준히 출제되었다. 최근에는 복잡한 계산보다는 개념 이해를 전제로 한 응용형 문제가 늘고 있으며, 출제 유형은 기출을 중심으로 반복되는 경향을 보인다. 기본기 숙달과 빠른 계산력, 기출 분석을 통한 패턴 익히기가 여전히 유효한 학습 전략이라 판단 된다.

추천 학습법

1 먼저 목표 대학의 출제 범위, 출제 유형을 확인하자!

편입시험은 대학별 고사이므로, 대학마다 출제 범위, 출제 유형이 다르다. 따라서 목표 대학의 출제 경향과 특성을 충분히 파악한 후, 남은 기간 동안 자주 출제되는 개념과 이론을 정확히 익히고, 난이도별 문제에 대한 실전 연습을 하는 것이 효과적이다.

2 실제 시험과 동일한 환경에서 풀어보자!

편입시험에서는 철저한 시간 관리가 중요하다. 실제 시험 환경에 익숙해지기 위해서는 기출문제를 활용한 반복 연습이 필수적이다. 또한, 시험 문제는 난이도 순으로 배열되어 있지 않기 때문에, 빠르게 풀 수 있는 문제를 먼저 해결하고 어려운 문제는 나중에 푸는 전략이 효과적이다.

3 본인의 풀이 노트를 만들자!

정답을 맞혔다고 해서 반드시 문제를 정확하게 풀었다고 할 수는 없다. 시간에 맞춰 기출문제를 풀어본 뒤에는 풀이노트에 해설 과정을 상세히 적으며 다시 한 번 풀어보자. 이때, 관련된 개념과 이론을 문제 아래에 함께 정리해두면 학습 효과를 더욱 높일 수 있다.

ZOOM IN

교재 활용법

문제편

INHA UNIVERSITY

인하대학교

- 2025학년도 자연계
- 문항 수: 영어 20문항, 수학 30문항 | 제한시간: 120분

21 $\lim_{x \to 0^+} \frac{e^{\sqrt{x}} - 1 - \sqrt{x}}{3x}$ 의 값은? [1점]

① $\frac{1}{6}$ ② $\frac{1}{3}$ ③ $\frac{1}{2}$
④ $\frac{2}{3}$ ⑤ $\frac{5}{6}$

22 함수 $f(x) = \arcsin(\tan x)$ 에 대하여 $f'\left(\frac{\pi}{6}\right)$ 의 값은? [1점]

① $\frac{1}{6}\sqrt{6}$ ② $\frac{1}{3}\sqrt{6}$ ③ $\frac{1}{2}\sqrt{6}$
④ $\frac{2}{3}\sqrt{6}$ ⑤ $\frac{5}{6}\sqrt{6}$

182 · 김영편입 수학 2026학년도 대비 기출문제 해설집

제한 시간 및 문항 수, 문항별 배점 표기

실전과 같은 조건에서 문제를 풀 수 있도록, 문항 수와 제한 시간을 대학별로 표기했습니다.

N I V E R S I T Y

인하대학교

- 2025학년도 자연계
- 문항 수: 영어 20문항, 수학 30문항 | 제한시간: 120분

2025 인하대 자연계 영역별 문항 수

구분	미분법	적분법	선형대수	다변수 미적분	공학수학	일반수학	합계
문항수	2	7	6	7	6	2	30
백분율	6.7%	23.3%	20%	23.3%	20%	6.7%	100%

영역별 문항 수

목표 대학의 영역별 출제 비중을 확인하여 효율적으로 학습할 수 있습니다.

해설편

INHA UNIVERSITY | **인하대학교**

문항 수: 영어 20문항, 수학 30문항 | **제한시간:** 120분

21	①	22	④	23	④	24	②	25	④
26	⑤	27	⑤	28	⑤	29	④	30	①
31	⑤	32	④	33	③	34	①	35	③
36	①	37	②	38	⑤	39	①	40	①
41	③	42	②	43	③	44	③	45	③
46	②	47	④	48	②	49	④	50	⑤

21 미분법 ①

$$\lim_{x\to 0^+}\frac{e^{\sqrt{x}}-1-\sqrt{x}}{3x}$$

$$=\lim_{x\to 0^+}\frac{\left(1+\sqrt{x}+\frac{x}{2}+\frac{x\sqrt{x}}{6}+\cdots\right)-1-\sqrt{x}}{3x}$$

| 다른 풀이 |

$$\lim_{x\to 0^+}\frac{e^{\sqrt{x}}-1-\sqrt{x}}{3x}=\lim_{x\to 0^+}\frac{\frac{e^{\sqrt{x}}}{2\sqrt{x}}-\frac{1}{2\sqrt{x}}}{3}$$

$$=\lim_{x\to 0^+}\frac{e^{\sqrt{x}}-1}{6\sqrt{x}}=\lim_{x\to 0^+}\frac{\frac{e^{\sqrt{x}}}{2\sqrt{x}}}{\frac{6}{2\sqrt{x}}}$$

$$=\lim_{x\to 0^+}\frac{e^{\sqrt{x}}}{6}=\frac{1}{6}$$

22 미분법 ④

$f(x)=\arcsin(\tan x)$ 에서

$$f'(x)=\frac{\sec^2 x}{\sqrt{1-\tan^2 x}}$$

$$\therefore\ f'\left(\frac{\pi}{6}\right)=\frac{\sec^2\left(\frac{\pi}{6}\right)}{\sqrt{1-\tan^2\left(\frac{\pi}{6}\right)}}=\frac{\frac{4}{3}}{\sqrt{1-\frac{1}{3}}}$$

$$=\frac{2\sqrt{6}}{3}$$

23 적분법 ④

$$\frac{d}{dx}f(x)=\frac{d}{dx}\int_0^{x^2}\frac{e^{x(t+3)}}{t+3}dt$$

$$\Rightarrow f'(x)=\int_0^{x^2}e^{x(t+3)}dt+\frac{2xe^{x(x^2+3)}}{x^2+3}$$

$$\therefore\ f'(1)=\int_0^1 e^{t+3}dt+\frac{e^4}{2}$$

$$=\left[e^{t+3}\right]_0^1+\frac{e^4}{2}$$

$$=e^4-e^3+\frac{e^4}{2}=\frac{3}{2}e^4-e^3$$

24 적분법 ②

$$\int_0^2\frac{x^2}{x^3+1}dx=\frac{1}{3}\int_0^2\frac{3x^2}{x^3+1}dx$$

$$=\frac{1}{3}\left[\ln(x^3+1)\right]_0^2$$

$$=\frac{1}{3}\ln 9=\frac{2}{3}\ln 3$$

25 적분법 ④

$y'=\frac{x}{2}-\frac{1}{2x}$ 이므로

$$1+(y')^2=1+\frac{x^2}{4}-\frac{1}{2}+\frac{1}{4x^2}$$

$$=\left(\frac{x}{2}+\frac{1}{2x}\right)^2$$

따라서 곡선의 길이는 다음과 같다.

$$l=\int_1^e\sqrt{1+(y')^2}\,dx=\int_1^e\left(\frac{x}{2}+\frac{1}{2x}\right)dx=\left[\frac{x^2}{4}+\frac{1}{2}\ln x\right]_1^e$$

$$=\frac{e^2}{4}+\frac{1}{2}\ln e-\frac{1}{4}-\frac{1}{2}\ln 1=\frac{e^2+1}{4}$$

26 적분법 ⑤

$$S=\frac{1}{2}\int_0^{2\pi}(2+\sin\theta)^2d\theta$$

$$=\frac{1}{2}\int_0^{2\pi}(4+4\sin\theta+\sin^2\theta)\,d\theta$$

SPEED 정답 체크표

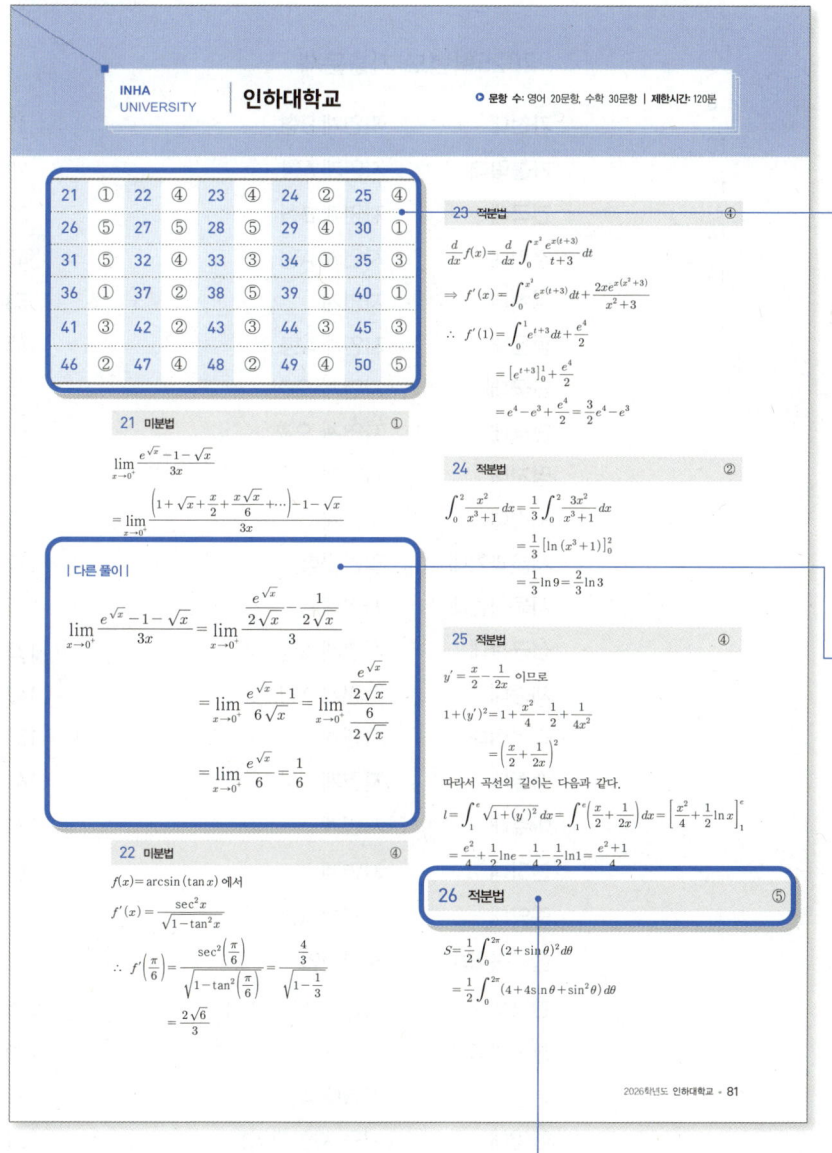

정답을 직관적으로 빠르게 확인할 수 있습니다.

다른 풀이, 참고

기본 해설외에도 다른 풀이 방법을 함께 제시하여, 한 문제를 여러 관점에서 접근할 수 있도록 하였습니다.

출제범위

어떤 영역에서 어떤 유형의 문제가 자주 출제되는지를 시각적으로 파악할 수 있도록 하였습니다

CONTENTS

문제편

해설편

2025학년도 기출문제

경희대학교

- 일반 · 학사편입/자연계
- 30문항 · 90분

출제경향 및 **난이도 분석**

경희대 편입수학 시험은 지난해와 마찬가지로 90분 동안 30문항이 출제되는 체제로 진행되었다. 논술형에서 일반 필답형 고사로 전환된 지 5년이 지나며, 출제 유형이 어느 정도 안정화된 모습이다. 전반적인 난이도는 높지 않지만, 개념 이해와 기본적인 계산 능력을 중시하는 문제가 주로 출제된다. 올해는 일변수 적분의 비중이 줄어든 대신 공학수학, 특히 미분방정식 관련 문항이 증가했다. 계산량이 많은 문제가 포함되어 있어, 실질적인 체감 난이도는 낮지 않았을 것으로 보인다.

2024 vs 2025년도 영역별 문항 수 비교

구분		미분법	적분법	선형대수	다변수 미적분	공학수학	일반수학	합계
2024 경희대 편입수학	문항 수	3	5	8	6	8	0	30
2025 경희대 편입수학	문항 수	3	2	8	6	11	0	30
2024-2025 문항 수 비교		0	-3	0	0	+3	0	0

2025 경희대 **영역별 분석**

미분법

모두 3문항이 출제되었고, 그 중 Newton의 방법에 의한 근삿값 문제와 역쌍곡선함수와 삼각함수의 합성함수에 대한 미분 문제는 작년과 같은 영역에서 유사한 형태로 출제되었다. 나머지 하나는 테일러 급수의 계수 문제였다. 난이도는 작년과 비슷한 수준이다.

적분법

작년보다 3문항이 줄어들어 2문제만 출제되었다. 삼각함수의 성질을 이용하는 정적분 문제와 극곡선의 넓이 문제가 하나씩 출제되었다. 무난한 난이도로 출제되었으며 작년과 비교하면 소폭 하향된 것으로 볼 수 있다.

선형대수

선형대수에서는 모두 8문항이 출제되었다. 벡터방정식으로 주어진 두 직선을 포함하는 평면의 식을 구하는 문제, 닮음과 대각화를 이용하여 고윳값과 고유벡터로 부터 원래 행렬을 구하거나 거듭제곱을 구하는 문제, 선형변환의 합성 문제, 직교여공간의 기저 문제, 최소제곱오차 문제, 3×3 행렬의 수반행렬을 구하는 문제 등이 출제되었다. 작년 출제와 비교하면 비중도 같고 비슷한 유형으로 출제된 문제도 상당하다. 행렬의 성질에 대한 합답형 문제, 최소 제곱 문제 등은 재작년과 작년에 이어 3년째 출제되고 있다. 난이도도 작년과 비슷한 수준이다.

다변수미적분

작년과 같이 여섯 문항이 출제되었고, 삼변수 함수의 선형 근사 문제, 연쇄법칙을 이용하는 편미분 문제, 이변수 함수의 극값 문제, 순서변경과 변수 치환을 이용한 중적분 문제 등이 출제되었다. 출제 비중은 같았지만 중적분 두 문제를 제외하면 작년과는 조금 다른 영역에서 출제되었다. 난이도는 작년보다 소폭 하향 된 것으로 볼 수 있다.

공학수학

작년보다 3문항이 늘어나 모두 11문제가 출제되었다. 작년에는 출제가 없었던 선적분 영역에서 매개화와 보존장을 이용한 문제가 하나씩 출제되었고, 벡터장의 회전과 발산에 관한 항등식의 진위 문제도 새롭게 출제되었다. 나머지 8문제 중 라플라스 변환 문제 하나를 빼면 7문제가 미분방정식에서 출제되었다. 치환을 이용하여 변수분리형 방정식으로 변형시키는 문제, 미정계수법과 역연산자법을 이용하는 이계 비제차 방정식 문제, 일계 비제차 방정식의 급수해 문제, 제차 코시-오일러 방정식 문제 등이 출제되었고, 매개변수 변화법을 이용하는 이계 비제차방정식의 특수해를 구하는 문제도 하나 출제되었다. 계산량이 많아 학생들의 체감 난이도는 작년보다 높았을 것으로 보인다.

신유형 & 고난도 문항 분석

문항번호	문항해설
5번	두 직선을 포함하는 평면의 방정식을 구하는 문제는 많이 출제되는 유형이지만 두 직선이 일반형이 아니라 벡터 방정식으로 주어졌다. 직선의 방향벡터가 직접 주어지는 형태라는 걸 알 수 있어야 한다. 벡터 단원 첫머리에서 배우는 부분이지만 소홀히 하고 넘어가기 쉬운 부분으로 당황하는 학생들이 있었을 것으로 보인다.

2026 경희대 **대비 학습전략**

경희대 편입수학 시험은 작년과 마찬가지로 90분에 30문제 체제로 실시되었다. 미적분학과 공학수학, 선형대수 세 영역에서 비교적 치우침 없이 골고루 출제되고 있으며 난이도 자체는 그리 높지 않지만 개념 이해와 기본적인 계산력을 중시하는 유형의 문제들이 출제되고 있다.

학습전략에는 큰 변화가 없다. 기본 개념을 충실히 이해하고, 교재에 실린 연습문제들을 빠르고 정확하게 풀 수 있도록 꾸준히 연습하도록 하자. 특히 올해의 경우 미분방정식 문제에서 미정계수법이나 급수해 등의 계산량 많은 문제들이 출제되어 90분이지만 시간이 빠듯한 학생들도 있었을 것으로 보인다.

또한 기출 분석도 중요하다. 작년에 출제되었던 영역에서 비슷한 유형으로 출제되는 문제가 상당수 있으므로 기출은 반드시 풀어볼 수 있도록 하자. 작년에 출제가 없었던 선적분 문제가 올해는 2문제 출제되었으므로 면적분 문제도 내년에는 출제될 가능성이 높다.

서강대학교

- 일반 · 학사편입/자연계
- 영어 30문항, 수학 20문항 · 120분

출제경향 및 **난이도 분석**

서강대학교는 영어 30문항, 수학 20문항 120분 체제로 실시되었다. 전 영역에 걸쳐 고르게 출제된 편이며 출제 영역별 비중이나 난이도 면에서 주목할 만한 변화는 보이지 않았다. 작년에는 출제가 없었던 무한급수의 수렴·발산 판정 문제와 라플라스 변환 문제가 올해 다시 출제되었다. 새로운 유형이나 까다로운 변별력 문제보다는 대부분 계산 능력과 기본 개념을 충실히 학습했는지 묻는 유형의 문제들로 출제되었다.

2024 vs 2025년도 영역별 문항 수 비교

구분		미분법	적분법	선형대수	다변수 미적분	공학수학	일반수학	합계
2024 서강대 편입수학	문항 수	3	1	6	5	5	0	20
2025 서강대 편입수학	문항 수	2	3	5	4	6	0	20
2024-2025 문항 수 비교		-1	+2	-1	-1	+1	0	0

2025 서강대 **영역별 분석**

미분법

역함수의 이계도함수 문제와 매클로린급수를 이용하는 연속함수 미분 문제가 하나씩 출제되었다. 작년보다 한 문항이 줄어들었고, 난이도도 조금 낮아진 편이다.

적분법

유리함수의 정적분 문제, 정적분으로 정의된 함수의 도함수 문제, 극곡선의 길이 문제가 하나씩 출제되었다. 정적분으로 정의된 함수의 도함수 문제가 조금 복잡한 형태로 출제되었지만 연쇄 법칙과 라이프니츠 공식만 제대로 사용할 줄 알면 계산 자체는 까다롭지 않다. 작년보다 한 문항이 늘어났고, 난이도도 소폭 상향되었다.

선형대수

모두 5문제가 출제되어 지난해보다 한 문제가 줄었다. 평면에 대한 대칭점을 이용하는 최솟값 문제, 3×3 행렬의 역행렬 문제, 대각화에 의한 행렬의 거듭제곱의 극한 문제, 정방행렬과 그 전치행렬에 관한 합답형 문제, 두 벡터의 외적에 대한 표현행렬 문제가 각각 하나씩 출제되었다. 기본적인 개념과 계산법을 묻는 문제들로 출제되었지만, 계산 과정은 조금 까다롭게 출제되었다. 난이도는 지난해와 비슷하거나 소폭 상향된 것으로 볼 수 있다.

다변수미적분

중적분에서는 적분 영역이 변수로 주어진 이중적분의 극한값 문제, 푸비니 정리에 의한 순서 변경 문제가, 편미분 영역에서는 제약조건이 주어진 이변수 함수의 최대·최소 문제가 하나씩 출제되었고, 한동안 출제가 없었던 무한급수의 수렴과 발산 판정 문제가 2년 만에 다시 출제되어 총 4문제가 출제되었다. 작년보다 한 문항이 줄었지만 난이도는 비슷한 수준이다.

공학수학

모두 여섯 문제가 출제되어 단일 영역으로는 가장 출제 비중이 높았다. 선적분에서 한 문제, 면적분에서 두 문제, 미분방정식에서 두 문제가 각각 출제되었고, 작년에 출제가 없었던 라플라스 변환에서도 한 문제가 출제되었다. 미분방정식에서는 베르누이 방정식, 이계 비제차 방정식 문제가 하나씩 출제되었고, 선적분과 면적분에서는 발산 정리 문제 하나와 벡터함수에 대한 선적분과 매개 곡면에서의 스칼라 면적분 계산 문제가 하나씩 출제되었다. 기본적인 유형의 문제들로 출제되었고, 난이도도 소폭 낮아진 것으로 보인다.

신유형 & 고난도 문항 분석

문항번호	문항해설
5번	정적분으로 정의된 함수의 도함수 문제로 작년과 유사한 형태의 문제가 출제된 적이 있지만 접근법이 다르다. 이변수함수가 아니라 매개 함수를 포함한 일변수 정적분으로 보고 연쇄 법칙과 라이프니츠 공식을 사용해야 한다. 실제 계산은 그리 까다롭지 않다.
13번	적분 영역이 변수로 주어진 유형의 문제로 이중적분을 이용한 이상적분 문제이다. 피적분함수의 형태를 보고 적분 순서를 정해야 한다. 처음 대하면 당황하기 쉬운 유형의 문제이므로 유형과 풀이법을 잘 기억해두도록 하자.

2026 서강대 **대비 학습전략**

서강대 편입수학 시험에서는 특별히 계산이 복잡하다거나 새로운 유형의 난이도 높은 변별력 문제들보다는, 개념에 대한 이해도와 함께 계산 능력과 응용력을 갖추고 있는지를 묻는 정석적인 문제들이 주로 출제되고 있다. 올해 시험에서도 선형대수 영역에서는 케일리-해밀턴 정리의 응용이나 고윳값의 성질을 이해하고 있는지 묻는 문제와 함께, 이런 정리들을 이용하지 않고 행렬의 거듭제곱이나 역행렬을 직접 계산해야 하는 문제들이 함께 출제되고 있다. 또, 대부분의 문제처럼 처음 한두 번의 접근 시도가 성공하면 이후 과정은 매끄럽게 풀리는 게 아니라, 풀이 과정 후반부에도 다시 한번 치환을 요구한다든지 하는 유형의, 복잡하진 않지만 까다롭게 느껴지는 문제들이 출제되었다.

사람에 따라 다르겠지만 대부분의 경우, 이런 실력은 단기간에 속성으로 쌓아지지 않는다. 매일 일정한 시간을 수학에 투자하고, 꾸준히 학습하는 습관을 들이도록 하자. 또한 이론적으로 이해되지 않는 부분이 나오면 주위에 물어서라도 반드시 이해하고 넘어갈 수 있도록 하자.

성균관대학교

- 일반편입/자연계 A형
- 영어 25문항, 수학 20문항 · 90분

출제경향 및 **난이도 분석**

예년과 같이 영어 25문항, 수학 20문항에 90분 체제로 실시되었다. 총 20문제 중 다변수미적분에서 7문제가 출제되어 단일영역으로는 가장 출제비중이 높았다. 공학수학은 지난해 8문제에서 올해는 6문제가 출제되어 비중이 줄어들었지만 유의미한 변화로 볼 수는 없다. 선형대수에서는 작년과 같이 5문제가 출제되어 동일한 비중을 보였다. 작년에 2문제가 출제되었던 일변수 적분법에서 올해는 출제가 없었고 대신 작년에 출제가 없었던 일변수 미분법에서 2문제가 출제되었다.

계산능력과 함께 개념 이해도를 묻는 유형의 문제가 올해도 다수 출제되었는데 특히 선형대수에서 이런 특징이 두드러진다. 전체적인 난이도는 작년과 비슷한 것으로 보인다.

2024 vs 2025년도 영역별 문항 수 비교

구분		미분법	적분법	선형대수	다변수 미적분	공학수학	일반수학	합계
2024 성균관대 편입수학	문항 수	0	2	5	5	8	0	20
2025 성균관대 편입수학	문항 수	2	0	5	7	6	0	20
2024-2025 문항 수 비교		+2	-2	0	+2	-2	0	0

2025 성균관대 **영역별 분석**

미분법

매클로린 급수를 이용하는 극한 문제, 주어진 조건을 만족하는 함수의 미분계수를 정의에 의해 구하는 문제가 하나씩 출제되었다. 극한 문제는 계산이 다소 복잡하지만 무난한 문제였고, 두 번째 미분계수 문제는 까다로운 편이었다.

선형대수

작년과 같이 5문항이 출제되었다. 문제 수만 보면 7문제, 6문제가 출제된 다변수 미적분과 공학수학 보다 적지만 사실상 같은 비중을 차지한다고 보아야 한다. 2×2 행렬의 대각화 행렬 문제, 고윳값의 성질 문제, 평면으로 나타나는 열공간의 방정식을 구하고 그 법선이 x축의 양의 방향과 이루는 각을 구하는 문제, 정의로 부터 고윳값을 구하고 그 곱으로 행렬식을 구하는 문제, 보기 중 선형변환인 것을 고르는 문제가 하나씩 출제되었다. 단순 계산보다는 개념 이해도를 묻는 유형의 문제들이 많았으며 난이도도 작년보다 높아진 것으로 보인다.

다변수미적분

모두 7문제가 출제되어 올해 가장 출제 비중이 높았다. 중적분 영역에서는 이중적분의 계산 문제와 삼중적분의 적분 영역에 관한 문제, 밀도함수가 주어진 폐영역의 질량 문제가 작년에 이어 올해도 출제되었고 편미분 영역에서는 이변수함수의 연속 문제와 곡면에서의 선형근사 문제가 하나씩 출제되었다. 무한급수 영역에서 급수의 수렴, 발산 판정 문제와 수렴반경을 구하는 문제가 하나씩 출제되었는데 두 문제 모두 난이도가 높았다.

공학수학

지난해보다 두 문제가 줄어든 6문제가 출제되었다. 미분방정식에서 4문항, 선적분과 면적분에서 각각 한 문항씩 출제되었다. 선적분과 면적분은 매개화와 발산정리를 이용하는 비교적 평범한 문제가 출제되었지만, 미분방정식에서는 비제차항이 주어지지 않은 2계 비제차 방정식의 라플라스 변환을 이용하는 문제, 제차방정식의 일반해를 주고 비제차방정식의 해를 구하는 문제 등 새로운 유형의 문제들이 출제되어 난이도가 높았다. 제차방정식의 멱급수해의 점화식에 관한 문제가 작년에 이어 올해도 출제되었다.

신유형 & 고난도 문항 분석

문항번호	문항해설
26번	무한급수의 수렴 · 발산 판정 문제로, 급수의 형태로 부터 판정법을 정하고, 필요한 급수의 수렴 · 발산을 조건으로 부터 끌어낼 수 있어야 한다. 신유형의 문제이며 난이도도 높은 편이다.
39번	표현행렬의 행렬식을 구하는 문제로, 주어진 조건으로 부터 표현행렬의 고윳값을 구할 수 있어야 한다. 고윳값에 대한 개념 이해도를 묻는 문제로 주어진 수식이 의미하는 바를 캐치할 수 있어야 한다.

2026 성균관대 **대비 학습전략**

올해 성균관대에서는 선형대수를 중심으로 개념 이해도를 묻는 유형의 문제가 다수 출제되었다. 주어진 조건으로부터 고윳값을 구하거나 내적 값이 0이라는 것이 무엇을 의미하는지 등 행간에 주어진 의미를 알아낼 수 있어야 하는 유형의 문제들로 접근은 어렵지만 계산은 그리 복잡하지 않은 유형이었다.

따라서 성균관대 편입을 준비하는 학생들은 편입수학의 각 영역에서 주요한 개념을 정확히 이해하고 기출을 중심으로 비슷한 유형의 문제를 많이 풀어볼 수 있도록 하자.

또, 작년에는 출제가 없었던 일변수 미분과 라플라스 변환 문제가 올해는 출제되었듯이, 올해 출제되지 않았던 일변수 적분법도 소홀히 해서는 안되겠다.

중앙대학교

- 일반 · 학사편입/자연계 A형
- 30문항 · 60분

출제경향 및 난이도 분석

필기시험 과목이 변경된 후 두 번째로 치러진 중앙대 편입 수학 시험은 출제 범위에서는 큰 변화가 없었지만, 영역별 비중 면에서는 다소 변화가 있었다. 편미분 관련 문항이 출제되지 않으면서 다변수 미적분의 비중이 23%에서 10% 정도로 줄어들고 대신 일변수 미적분의 비중이 늘어난 것인데, 하지만 이런 종류의 변동은 일시적인 것으로 보아야 한다. 내년에는 이 비중이 뒤바뀔 가능성도 얼마든지 있다.

30문항에 60분 체제로 학생들이 기본 학습에 충실하였는지 묻는 내용의 문제들이 다수 출제되었다. 공학수학 영역에서는 작년에 출제가 없었던 미분방정식 영역에서 두 문제가 출제되었다. 공업수학 시험이 없어지면서 공학수학의 비중이 크게 줄었었는데, 미분방정식이 출제된다면 다시 비중이 늘어날 가능성도 있어 보인다. 난이도는 작년과 비교하면 소폭 하향 조정 된 것으로 보인다.

2024 vs 2025년도 영역별 문항 수 비교

구분		미분법	적분법	선형대수	다변수 미적분	공학수학	일반수학	합계
2024 중앙대 전공기초(수학)	문항 수	9	4	8	7	2	0	30
2025 중앙대	문항 수	10	7	7	3	3	0	30
2024-2025 문항 수 비교		+1	+3	-1	-4	+1	0	0

2025 중앙대 영역별 분석

미분법

모두 9문제가 출제되어 가장 비중이 높았다. 로그 미분법에 의한 유리함수 미분, 미분계수의 정의에 의한 극한값 문제, 역함수 미분, 음함수의 이계도함수 문제, case 함수의 최솟값 문제, 테일러 급수의 계수 문제 등이 출제되었다. 좌표평면에서 한 점과 쌍곡선 사이의 거리를 문제는 이변수 함수로 주어지지만 사실상 일변수 함수로 치환되어 계산하게 된다. 익숙한 유형들과 계산 문제들이 다수 출제되어 작년과 비교하면 체감 난이도는 한결 낮아진 것으로 보인다.

적분법

작년보다 3문항이 늘어난 7문항이 출제되었다. 변수치환, 부분분수 분해, 부분적분 등을 이용하는 정적분의 계산 문제가 5문항으로 가장 많았고, 이상적분의 수렴·발산 판정 문제, 극곡선으로 주어진 타원의 넓이 문제가 하나씩 출제되었다. 정적분의 계산문제는 아주 간단하지는 않았지만 풀 수 있는 수준에서 출제되었다. 부정적분 문제는 올해는 출제되지 않았다. 작년과 비교하면 난이도는 비슷하거나 소폭 상향된 수준이다.

선형대수

선형대수에서도 7문항이 출제되어 출제 비중이 높은 편이었다. 고윳값과 행렬식 문제, 벡터 삼중적 문제, 표준행렬의 상공간에 속하지 않는 벡터를 찾는 문제, 반대칭행렬의 성질에 대한 합답형 문제, 부분공간의 차원문제, 주축 정리를 이용하는 타원의 이심률(eccentricity) 문제 등이 출제되었다. 고윳값과 행렬식 문제는 성질을 이용하여 다른 값을 구하는 것이 아니라 직접적으로 고윳값과 행렬식을 구하는 형태로 출제되었고, 타원의 이심률 문제는 출제 빈도가 낮은 유형이었다. 난이도는 지난해와 비슷한 것으로 보인다.

다변수미적분

작년보다 4문항이 줄어든 3문항이 출제되었다. 멱급수의 수렴반경 문제, 좌표변환을 이용한 삼중적분 문제, 변수변환을 이용한 이중적분 문제가 하나씩 출제되었다. 익숙한 유형의 문제들로 출제되어 난이도는 작년보다 한결 낮아진 편이다.

공학수학

작년보다 한 문항 늘어난 3문항이 출제되었다. 그린 정리를 이용하는 선적분 문제가 하나 출제되었고, 작년에는 출제가 없었던 미분방정식에서 두 문항이 출제되었다. 일계 선형 방정식과 이계 제차방정식의 초깃값 문제로 난이도는 높지 않았다.

신유형 & 고난도 문항 분석

문항번호	문항해설
9번	폐구간에서 정의된 함수의 최솟값 문제로 흔히 출제되는 유형으로 보이지만 정의된 함수가 케이스 함수이다. 미분계수의 정의에 의해 임계점을 구하고 임계점에서의 함숫값 중 최솟값을 구하면 된다.
25번	주축정리를 이용하여 타원을 회전시켜 초점 또는 장축의 길이 등을 묻는 문제는 종종 출제되어 왔지만 이 문제는 공식을 주지 않고 타원의 이심률을 묻고 있다. 고득점을 원한다면 이차곡선의 이심률에 대한 개념을 알아 두는 편이 좋겠다.

2026 중앙대 **대비 학습전략**

2025학년도 중앙대 편입수학 시험은 작년과 마찬가지로 전공기초(수학) 시험에 해당하는 미적분학과 선형대수 영역에서만 출제되었다. 이제 당분간은 이 체제로 안정될 것으로 보이는데, 작년에 선적분과 면적분 문제 하나씩을 제외하면 출제가 없었던 공학수학에서 일계 선형 방정식과 이계 제차 방정식 문제가 하나씩 출제되어 내년에도 미분방정식 문제는 출제될 것으로 예상된다.

60분에 30문제를 풀어야 하는 시험 특성상, 난이도 높은 변별력 문항 대신 기본적인 계산능력과 개념 이해도를 묻는 문제 위주로 출제 된 것으로 보이고, 내년에도 이렇게 출제될 가능성이 높다.

중앙대 편입수학을 준비하는 학생들은 기본 적인 개념 이해와 함께, 정확하고 빠른 계산 능력을 키우는데 집중 하는, 기본기에 충실한 학습을 꾸준히 이어갈 수 있도록 하자.

한양대학교

- 일반 · 학사편입/서울 자연계 A형
- 영어 35문항, 수학 25문항 · 130분

출제경향 및 **난이도 분석**

2024학년도에 이어 두 번째로, 쉬는 시간 없이 130분 동안 영어 35문항, 수학 25문항(단답형 주관식 5문항) 체제로 치러졌다. 재작년에 출제되어 학생들을 당혹시켰던 불변공간이나 편미분 방정식 문제는 출제되지 않았지만 특이값 분해 문제나 계수감소법을 이용하는 미분방정식 문제 등 오랫동안 출제가 없었던 영역에서 다시 출제되어 작년에 이어 예전의 한양대 문제로 다시 돌아간 느낌을 준다. 실제로 계산량이 적지 않은 문제들이 다수 출제되어 학생들의 체감 난이도는 작년보다 올라갔을 것으로 보인다. 드물게 일반수학 영역에서도 타원의 방정식 문제가 하나 출제되었다.

2024 vs 2025년도 영역별 문항 수 비교

구분		미분법	적분법	선형대수	다변수 미적분	공학수학	일반수학	합계
2024 한양대 편입수학	문항 수	1	2	8	4	10	0	25
2025 한양대 편입수학	문항 수	1	2	8	4	9	1	25
2024–2025 문항 수 비교		0	0	0	0	-1	+1	0

2025 한양대 **영역별 분석**

미분법

작년과 마찬가지로 한 문제만 출제되었고, 동일한 영역인 Taylor 급수에서 출제되었다. 작년에는 삼각함수에 관한 급수였지만 올해는 무리함수의 이항급수 문제로 출제되었다. 난이도는 작년과 비슷한 수준이다.

적분법

작년과 같이 2문항이 출제되었고, 정적분으로 정의된 함수의 미분 문제, 극곡선의 넓이 문제가 하나씩 출제되었다. 기출 유형에서 벗어나지 않는 유형으로 출제되었고, 작년보다는 난이도가 조금 올라간 것으로 볼 수 있다.

선형대수

8문항이 출제되어 작년과 같은 비중을 보였다. 행렬식의 성질을 이용한 행렬식의 값 계산 문제, 대칭행렬, 고윳값, 닮음 등에 관한 합답형 문제, 부분공간의 직교기저 문제, 3×3 행렬의 열공간의 기저 문제, 열공간으로의 사영 문제, 특이값 분해, 회전변환의 회전각 문제 등이 출제되었다. 직교 기저 문제, 부분 공간으로의 사영 문제 등은 최근 몇 년간 한양대에서 출제 빈도가 높았던 문제들이고, 특이값 분해 문제는 2016년 성균관대에서 출제되었던 이래 9년 만에 다시 한양대에서 출제되었다. 난이도는 작년보다 다소 상향된 것으로 볼 수 있다.

다변수미적분

작년과 마찬가지로 4문항이 출제되었다. 두 개의 방향도함수가 주어진 곡면 위의 점에서의 접평면 문제, 순서변경을 이용한 중적분 문제, 무한급수의 수렴·발산 판정 문제, 제1팔분공간에서 여섯개의 곡면으로 둘러싸인 영역의 부피 문제 등이 출제되었는데, 중적분 문제는 작년에는 출제가 없었다. 기출유형에서 벗어나지 않는 무난한 유형의 문제들로 난이도는 작년과 비슷하거나 다소 낮아진 것으로 보인다.

공학수학

모두 9문항이 출제되어 작년보다 한 문항이 줄었지만 단일영역으로서의 출제비중은 올해도 가장 높았다. Green 정리를 이용하는 선적분 문제와 라플라스 역변환 문제 하나를 제외하면 모두 미분방정식 영역에서 출제되었다. 일계 선형 방정식, 이계 비제차 방정식, 제차 코시-오일러 방정식, 시간에 따른 소금물 농도에 대한 방정식을 세우는 문제 등이 출제되었고, 계수 감소법 문제가 2020년 이후 5년 만에 다시 출제되었다. 난이도는 지난해와 비교하면 비슷하거나 소폭 상향된 수준이다.

일반수학

드물게 일반 수학 영역에서 출제된다. 올해는 한 문제 출제되었는데, 타원 위의 한 점과 타원 밖의 한 점이 각각 타원의 두 초점과 이루는 선분의 길이의 차의 최솟값을 구하는 문제이다. 미분 문제로 보기 쉽지만 일반 수학 범위에서 해결이 가능하다.

신유형 & 고난도 문항 분석

문항번호	문항해설
50번	거의 10년 만에 편입수학 시험에 다시 출제된 특이값 분해 문제로 일반적인 커리큘럼 내에서 다루지 않는 내용이다. 방법만 알아두면 계산 자체는 어렵지 않으므로 고득점을 원하는 수험생들은 기억해둘만 하다.
56번	계수감소법을 이용하는 변수계수 이계 비제차 방정식 문제로, 첫 번째 해의 형태를 계수로부터 유추해야 한다. 그렇지 않으면 결정방정식을 이용하는 급수해법을 통해 꽤나 복잡한 계산을 거쳐야 하는 구할 수 있다.

2026 한양대 **대비 학습전략**

2026학년도 한양대 편입수학은 작년에 이어 복고적 출제 경향이 뚜렷하다. 예전처럼 계산량이 많고 복잡한 문제들이 다시 등장하고 있으며, 특이값 분해나 계수감소법처럼 한동안 출제가 없던 영역도 다시 출제되고 있다.

따라서 개념 이해는 물론, 특히 계산력 향상에 집중해야 한다. 계산력은 단기간에 쌓을 수 없기 때문에, 매일 정해진 시간 동안 문제 풀이와 계산 연습을 꾸준히 해야 한다.

또한 학습 범위를 넓게 가져갈 필요가 있다. 예컨대 특이값 분해는 10년 전 타 대학에서 출제된 바 있으며, 공학수학에서는 베셀함수나 르장드르 방정식처럼 생소한 미분방정식 해법도 익혀두는 것이 좋다. 선형대수에서는 조르당 표준형, 최소다항식, 스펙트럼 분해 같은 심화 개념도 챙겨야 한다. 불변공간이나 편미분 방정식처럼 전통적 편입수학 범위를 벗어나는 영역은 준비가 어렵지만, 과거 출제되었다가 최근에는 뜸했던 영역은 충분히 대비해둘 필요가 있다.

2025학년도 대학별 문항 수 및 제한시간

대학명	계열	과목 및 문항수	제한 시간
가천대	인문계	영어 40	60분
	자연계	수학 25	60분
가톨릭대	인문계	영어 40	90분
	자연계	영어 20, 수학 20	90분
건국대	인문 · 예체능계	영어 40	60분
	자연계	영어 20, 수학 20	60분
경기대	인문 · 예체능계	영어 40	60분
	자연계	영어 25, 수학 20	100분
경찰대	일반대학생 전형	영어 40	60분
경희대	인문체육계열	영어 40	90분
	한의학과 인문	영어 50	90분
	자연계	수학 30	90분
고려대 [세종]	인문 · 자연계	영어 40	60분
광운대	인문계	영어 40	60분
	자연계	영어 30, 수학 25	100분
단국대	인문계	영어 40	60분
	체육교육 /산업경영(야)	영어 30	60분
	자연계	수학 30	90분
덕성여대	인문 · 자연계	영어 33	50분
명지대	인문계	영어 30	60분
	자연계	영어 30, 수학 25	120분
서강대	인문계	영어 30	60분
	자연계	영어 30, 수학 20	120분
서울과학 기술대학교	자연계	수학 20	100분
서울시립대	인문계	영어 30	60분
	자연계 Ⅰ	수학 25	60분
	자연계 Ⅱ	영어 30, 수학 25	120분
서울여대	인문 · 자연계	영어 40	70분
성균관대	인문계	영어 50	90분
	자연계	영어 25, 수학 20	90분
세종대	인문계	영어 60	100분
	자연계	수학 25	100분
숙명여대	인문계	영어 33	60분
	자연계	수학 20	60분
숭실대	인문계	영어 50	90분
	자연계	영어 25, 수학 25	90분
아주대	인문계	영어 50	90분
	자연계	영어 25, 수학 25	90분
인하대	인문계	영어 40	80분
	자연계	영어 20, 수학 30	120분
중앙대	인문계	영어 40	60분
	공학계열 (수학과 포함)	수학 30	60분
한국공학대	인문계	영어 40	60분
	자연계	수학 25	60분
한국외대	인문계	영어 50	60분
	자연계	영어 25, 수학 20	90분
한국항공대	인문계	영어 30	60분
	자연계	영어 20, 수학 20	90분
한성대	인문계	영어 50	90분
	자연계	영어 25, 수학 20	90분
한양대	인문계	영어 35	60분
	자연계	영어 35, 수학 25	130분
홍익대	인문계	영어 40	70분
	자연계	영어 25, 수학 15	70분

* 자연계 시험의 경우 대학별 학과에 따라 전형방법이 상이하오니 지원하는 대학의 모집요강을 반드시 참고하시기 바랍니다.

G A C H O N   U N I V E R S I T Y

가천대학교

▶ 2025학년도 자연계 B형 ▶ 문항 수: 25문항 | 제한시간: 60분

2025 가천대 자연계 B형 영역별 문항 수

구분	미분법	적분법	선형대수	다변수 미적분	공학수학	일반수학	합계
문항수	2	5	6	7	5	-	25
백분율	8%	20%	24%	28%	20%	-	100%

GACHON UNIVERSITY

가천대학교

- 2025학년도 자연계 B형
- 문항 수: 25문항 | 제한시간: 60분

01 $\lim_{x\to 0}\dfrac{x^3\sin\left(\frac{1}{x}\right)}{\sin x}$ 의 값은? [2.1점]

① -1 ② 0 ③ 1 ④ 존재하지 않는다.

02 점 $(2, 1)$ 에서 함수 $f(x,y)=x^2y+\sqrt{y}$ 의 값이 가장 빨리 증가하는 방향의 단위벡터를 $\vec{u}$ 라 할 때, 방향도함수 $D_{\vec{u}}f(2, 1)$ 의 값은? [2.1점]

① $\dfrac{\sqrt{145}}{2}$ ② $\dfrac{\sqrt{155}}{2}$ ③ 7 ④ $\dfrac{17}{2}$

03 중심이 원점이고 반지름이 2 인 구면을 S 라 할 때, $F=< xz, yz, z^3 >$에 대해 $\iint_S F\cdot n dS$ 의 값은? (단, n 은 곡면 S 에 대해 밖으로 향하는 단위 법선벡터) [2.1점]

① $\dfrac{83}{10}\pi$ ② $\dfrac{97}{10}\pi$ ③ $\dfrac{104}{5}\pi$ ④ $\dfrac{128}{5}\pi$

04

극 곡선 $r^2 = 5\cos 2\theta$ 를 y 축에 대하여 회전시켜 얻은 곡면의 넓이는? [4.1점]

① 10π ② $10\sqrt{2}\pi$ ③ $10(2-\sqrt{2})\pi$ ④ $25\sqrt{2}\pi$

05

$P = \dfrac{x+y}{y+z}$, $x = u + \cos v + 4\sin w$, $y = u - \cos v + 4\sin w$, $z = u + \cos v = 4\sin w$ 일 때, $u = 2$, $v = \dfrac{\pi}{3}$, $w = \dfrac{\pi}{2}$ 에서 $\dfrac{\partial^2 P}{\partial w \partial u}$ 의 값은? [2.1점]

① -1 ② 0 ③ 1 ④ $\sqrt{3}$

06

행렬 $A = \begin{pmatrix} 3 & 2 & 2 \\ 2 & 3 & -2 \end{pmatrix}$ 의 모든 특이값(singular value)의 합은? [3.8점]

① 34 ② 25 ③ 16 ④ 8

07 미분방정식 $2(x-1)^2y''+(x-1)y'-3y=0$, $y(2)=3$, $y'(2)=2$ 의 해 $y=y(x)$ 에 대하여 $y(5)$ 의 값은? [3.8점]

① $\frac{61}{4}$ ② $\frac{63}{4}$ ③ $\frac{65}{4}$ ④ $\frac{67}{4}$

08 $\int_{\frac{1}{2}}^{1}\int_{\sqrt{1-x^2}}^{\sqrt{3}x}\arctan\frac{y}{x}\,dydx+\int_{1}^{2}\int_{0}^{\sqrt{4-x^2}}\arctan\frac{y}{x}\,dydx$ 의 값은? [4.1점]

① 1 ② $\frac{\pi}{2}$ ③ $\frac{\pi^2}{9}$ ④ $\frac{\pi^2}{12}$

09 다음 〈보기〉의 모든 행렬들의 행렬식의 값의 합은? [4.1점]

보기

ㄱ. $\begin{pmatrix}1&1&1\\0&1&1\\1&0&1\end{pmatrix}$

ㄴ. $\begin{pmatrix}1&1&1&1&1\\0&1&1&1&1\\1&0&1&1&1\\1&1&0&1&1\\1&1&1&0&1\end{pmatrix}$

ㄷ. $\begin{pmatrix}1&1&1&1&1&1&1\\0&1&1&1&1&1&1\\1&0&1&1&1&1&1\\1&1&0&1&1&1&1\\1&1&1&0&1&1&1\\1&1&1&1&0&1&1\\1&1&1&1&1&0&1\end{pmatrix}$

① -1 ② 1 ③ 3 ④ 9

10 급수 $\sum_{n=1}^{\infty}(-1)^n\frac{(x+2)^n}{n2^n}$ 가 수렴하는 정수 x 의 개수는? [3.8점]

① 3　② 4　③ 5　④ 6

11 유클리드 공간 $\mathbb{R}^4$의 부분공간 $E=\left\{\begin{pmatrix}x_1\\x_2\\x_3\\x_4\end{pmatrix}\in\mathbb{R}^4 \mid x_2=x_1+x_3+x_4\right\}$ 에 대하여 벡터 $\vec{u}=\begin{pmatrix}1\\0\\-1\\2\end{pmatrix}$ 의

E 위로의 정사영을 $proj_E\,\vec{u}=\begin{pmatrix}a\\b\\c\\d\end{pmatrix}$ 라 하자. $a+2b+3c+4d$ 의 값은? [3.8점]

① 1　② 2　③ 3　④ 4

12 타원면 $x^2+\frac{y^2}{2}+\frac{z^2}{3}=1$ 에서 $f(x,y,z)=\ln(6x^2+1)+\ln(3y^2+1)+\ln(2z^2+1)$ 의

최댓값을 M, 최솟값을 m 이라 할 때, $M+m$ 의 값은? [5.6점]

① ln 432　② ln 189　③ ln 34　④ ln 7

13 xy 평면에서 직사각형 $[0,\ \sqrt{3}\,]\times[0,\ 3]$이 있다. 이 직사각형 위에 놓인 곡면 $x^2+z^2=4$ 의 넓이는?

[4.1점]

① 1 ② $\dfrac{\pi}{2}$ ③ π ④ 2π

14 함수 $f(x)=\dfrac{2x^4+8x^3-x^2-30x}{24}$ 에 대하여 함수 $g(x)$ 를 $g(x)=f(-|x|-1)$ 라 하자.

함수 $g(x)$ 의 최솟값을 k 라 할 때, 함수 $g(x)$ 의 그래프와 직선 $y=k$ 로 둘러싸인 부분의 넓이는?

[4.3점]

① $\dfrac{971}{320}$ ② $\dfrac{971}{160}$ ③ $\dfrac{17}{10}$ ④ $\dfrac{3}{10}$

15 미분방정식 $\dfrac{dr}{d\theta}+r\tan\theta=2\cos^2\theta\sin\theta$, $r\left(\dfrac{\pi}{6}\right)=0$ 의 해 $r=r(\theta)$ 에 대하여 $r\left(\dfrac{\pi}{4}\right)$ 의 값은? [4.3점]

① $\dfrac{\sqrt{2}}{2}$ ② $\dfrac{\sqrt{3}}{4}$ ③ $\dfrac{\sqrt{2}}{8}$ ④ $\dfrac{\sqrt{3}}{12}$

16 미분방정식 $\dfrac{d^2y}{dx^2}-2\dfrac{dy}{dx}-3y=2e^x-10\sin x$, $y(0)=2$, $y'(0)=4$ 의 해가

$y(x)=ae^{3x}+be^{-x}+ce^x+p\sin x+q\cos x$ 일 때, $a\times b\times c\times p\times q$ 의 값은? [4.3점]

① 0　　② 1　　③ 2　　④ 3

17 임의의 정사각행렬 V 의 모든 고윳값으로 이루어진 집합을 E_V 라 하자.

행렬 $S=\begin{pmatrix}1 & 2 & -1\\ 1 & 0 & 1\\ 4 & -4 & 5\end{pmatrix}$ 와 다음 <보기>에 대하여 $D=E_A\cup E_B\cup E_C$ 라 할 때,

집합 D 의 모든 원소의 합은? (단, A^{-1} 은 A 의 역행렬) [3.8점]

보기

ㄱ. $A=S$　　ㄴ. $B=S^3$　　ㄷ. $C=S^{-1}$

① $\dfrac{251}{6}$　　② $\dfrac{263}{6}$　　③ $\dfrac{251}{3}$　　④ $\dfrac{263}{3}$

18 자연수 $n(n \geq 3)$에 대하여 직선 $y=x+n$ 이 함수 $y=\dfrac{1}{x^2-1}$ 의 그래프와 만나는 서로 다른 세 점의 x 좌표를 각각 α_n, β_n, γ_n 이라 하자.

$\alpha_n+\beta_n+\gamma_n=a_n$, $\alpha_n\beta_n+\beta_n\gamma_n+\gamma_n\alpha_n=b_n$, $\alpha_n\beta_n\gamma_n=c_n$ 이라 할 때,

$\displaystyle\sum_{n=k}^{\infty}\frac{1}{a_n^3+b_n^3+c_n^3}=\frac{1}{2025}$ 를 만족시키는 k 의 값은? [5.6점]

① 675 ② 729 ③ 813 ④ 905

19 행렬 $P=\begin{pmatrix} a & \frac{1}{\sqrt{3}} & p \\ b & \frac{1}{\sqrt{3}} & q \\ c & \frac{1}{\sqrt{3}} & 0 \end{pmatrix}$는 행렬 $A=\begin{pmatrix} 1 & 1 & 1 \\ 1 & 1 & 1 \\ 1 & 1 & 1 \end{pmatrix}$를 직교대각화 한다.

$a+2b+c+p+3q$ 의 값은? (단, a, p 는 음수) [4.3점]

① $\dfrac{\sqrt{6}}{6}+\sqrt{2}$ ② $\sqrt{2}$ ③ $-\dfrac{\sqrt{6}}{6}+\sqrt{2}$ ④ 0

20 xy 평면에서 시계 반대 방향으로 도는 원 C가 $x^2+y^2=1$ 일 때,

$\oint_C \frac{-y}{4x^2+9y^2}dx+\frac{x}{4x^2+9y^2}dy$ 의 값은? [4.3점]

① 0 ② $\frac{\pi}{3}$ ③ $\frac{\pi}{2}$ ④ π

21 $\int_1^e \frac{\ln x^2}{(1+\ln x)^2}dx$ 의 값은? [4.1점]

① $\frac{e}{2}-1$ ② $\frac{e}{2}-\frac{1}{2}$ ③ $e-2$ ④ $e-1$

22 $\int_{-\sqrt{3}}^{-1} 2\tan^{-1}x\,dx+\int_{-\sqrt{3}}^{-1}\sin^{-1}\left(\frac{2x}{1+x^2}\right)dx$ 의 값은? [4.1점]

① $\pi(1-\sqrt{3})$ ② $\pi(\sqrt{3}-1)$ ③ $\pi(1-\sqrt{3})+\ln 4$ ④ $\pi(\sqrt{3}-1)+\ln 4$

23 행렬 $A=\begin{pmatrix} 3 & 2 & -1 \\ 1 & -4 & 3 \\ 1 & 10 & -7 \end{pmatrix}$, 벡터 $\vec{b}=\begin{pmatrix} 2 \\ -2 \\ 1 \end{pmatrix}$에 대하여 $A\vec{x}=\vec{b}$ 의 최소제곱해를 $\hat{x}$ 라 하자. $\vec{b}-A\hat{x}$ 의 모든 성분의 합은? [5.6점]

① $-\frac{2}{3}$ ② $-\frac{5}{3}$ ③ $-\frac{5}{6}$ ④ $-\frac{7}{6}$

24 다항함수 $f(x)$ 가 다음 조건을 만족시킬 때, $\int_{-\frac{\pi}{2}}^{\frac{\pi}{2}} \frac{f(x)\sin x}{1+e^{-f(x)}}dx$ 의 값은? [5.6점]

(가) 모든 실수 a에 대하여 $\lim_{x\to a}\frac{f(x)+f(-x)}{x-a}$ 의 값이 존재한다.

(나) $\lim_{x\to 0}\frac{f(x)}{2x}=-1$

(다) $\lim_{x\to\infty}\frac{2x^3-16}{f(x)-f(0)}=\frac{1}{2}$

① $3\pi^2-26$ ② $3\pi^2-24$ ③ $4\pi^2-26$ ④ $4\pi^2-24$

25 $\lim_{x\to 0}\left(\csc^2 x-\frac{1}{x^2}\right)$ 의 값은? [4.1점]

① 0 ② $\frac{1}{6}$ ③ $\frac{1}{4}$ ④ $\frac{1}{3}$

THE CATHOLIC UNIVERSITY OF KOREA

가톨릭대학교

▶ 2025학년도 자연계 A형 ▶ 문항 수: 영어 20문항, 수학 20문항 | 제한시간: 90분

2025 가톨릭대 자연계 A형 영역별 문항 수

구분	미분법	적분법	선형대수	다변수 미적분	공학수학	일반수학	합계
문항수	4	-	4	8	3	1	20
백분율	20%	-	20%	40%	15%	5%	100%

21 다음 중 제곱하면 i 가 되는 복소수는?

① $\frac{1-i}{\sqrt{2}}$ ② $\frac{-1+i}{\sqrt{2}}$ ③ $\frac{-1-i}{\sqrt{2}}$ ④ $-i$

22 다음 중 수렴하지만 절대수렴하지는 않는 급수는?

① $\sum_{n=2}^{\infty}(-1)^n\frac{\ln n}{n^2}$ ② $\sum_{n=1}^{\infty}\frac{\sin n}{n^2}$

③ $\sum_{n=1}^{\infty}\cos(n\pi)\sin\left(\frac{1}{n}\right)$ ④ $\sum_{n=1}^{\infty}\frac{(-1)^n}{n}\sin\left(\frac{1}{n}\right)$

23 급수 $\sum_{n=0}^{\infty}\frac{n+1}{2^n}$ 의 합은?

① $\frac{7}{2}$ ② 4 ③ $\frac{9}{2}$ ④ 5

24 다음 중 $\sqrt[3]{1.3}$ 과의 차가 0.002 이하인 값은?

① 1.085　② 1.09　③ 1.095　④ 1.1

25 $\lim_{x \to 0} \dfrac{e^x - 1 - x - \frac{1}{2}x^2}{x^3}$ 의 값은?

① $\frac{1}{6}$　② $\frac{1}{3}$　③ $\frac{1}{2}$　④ 1

26 곡선 $y = \dfrac{(x+2)^2\sqrt{x+3}}{2x+1}$ 위의 점 $(1, 6)$ 에서의 접선의 y 절편은?

① $-\frac{21}{4}$　② $-\frac{4}{21}$　③ $\frac{4}{21}$　④ $\frac{21}{4}$

27 벡터 $<1, 2, 3, 4>$ 의 벡터 $<1, 1, 1, 1>$ 위로의 벡터사영($vector\ \ projection$)의 크기는?

① 0 ② 2 ③ 5 ④ $\sqrt{30}$

28 함수 $f(x, y) = \ln(1 + e^{2x+y})$ 에 대하여 $\frac{\partial f}{\partial x}(0, 0) + \frac{\partial f}{\partial y}(0, 0)$ 의 값은?

① $-\frac{3}{2}$ ② $-\frac{2}{3}$ ③ $\frac{2}{3}$ ④ $\frac{3}{2}$

29 함수 $f(x, y) = x^2 + y^2 + 4x - 4y + 8$ 의 $(1, 1)$ 에서의 선형근사 함수 $L(x, y)$ 가 $L(x, y) = ax + by + c$ 일 때, $2a + 2b + c$ 의 값은?

① 12 ② 14 ③ 16 ④ 18

30 함수 $f(x,\ y) = x^2y + x^2 + y^2 + 1$ 의 임계점($critical\ \ point$)의 개수는?

① 1　　② 2　　③ 3　　④ 6

31 함수 $f(x,\ y,\ z) = xe^{\sin y + z}$ 에 대하여 점 $\mathrm{P} = (-2,\ 0,\ 1)$ 에서 벡터 $\vec{v} = \frac{1}{\sqrt{3}}(-1,\ 1,\ 1)$ 방향으로의 f 의 방향도함수 $D_{\vec{v}}f(\mathrm{P})$ 의 값은?

① $-\frac{5\sqrt{3}e}{3}$　　② $-\frac{4\sqrt{3}e}{3}$　　③ $-\sqrt{3}e$　　④ $-\frac{2\sqrt{3}e}{3}$

32 곡면 $x^2 + xy + 2y^2 + z^2 = 8$ 위의 점 $(1,\ 1,\ 2)$ 에서의 접평면 W에 대하여 점 $(1,\ 2,\ 3)$ 과 평면 W 사이의 거리는?

① $\frac{3\sqrt{2}}{10}$　　② $\frac{5\sqrt{2}}{10}$　　③ $\frac{7\sqrt{2}}{10}$　　④ $\frac{9\sqrt{2}}{10}$

33 $\int_0^1 \int_{\arcsin(y)}^{\frac{\pi}{2}} e^{\cos x} dx dy$ 의 값은?

① $e-1$ ② $e+1$ ③ $2e-1$ ④ $2e+1$

34 좌표공간에서 두 곡면 $z=x^2+y^2$ 과 $z=2-x^2-y^2$ 으로 둘러싸인 영역의 부피는?

① π ② $\frac{4\pi}{3}$ ③ 2π ④ $\frac{8\pi}{3}$

35 벡터함수 $F(x,\, y)=\left(x^2+2x-y,\, y^2+x+2y\right)$ 를 곡선 $C : r(t)=(\cos t,\, \sin t)$, $0 \le t \le 2\pi$ 를 따라 선적분한 값은?

① $-\pi$ ② 0 ③ π ④ 2π

36 다음 중 벡터공간 $\mathbb{R}^3$에서 좌표변환 행렬(*change of coordinate matrix*)이 될 수 없는 행렬은?

① $\begin{pmatrix} 1 & 2 & 3 \\ 4 & 5 & 6 \\ 7 & 8 & 9 \end{pmatrix}$ ② $\begin{pmatrix} 1 & 0 & 0 \\ 0 & 0 & 1 \\ 0 & 1 & 0 \end{pmatrix}$ ③ $\begin{pmatrix} 2 & 1 & 1 \\ 1 & 2 & 1 \\ 1 & 1 & 2 \end{pmatrix}$ ④ $\begin{pmatrix} 1 & 0 & 0 \\ 2 & 3 & 0 \\ 4 & 5 & 6 \end{pmatrix}$

37 벡터공간 $\mathbb{R}^2$의 기저 $\beta = \left\{ \begin{pmatrix} 2 \\ 1 \end{pmatrix}, \begin{pmatrix} 1 \\ 2 \end{pmatrix} \right\}$에 대한 선형변환 $L : \mathbb{R}^2 \to \mathbb{R}^2$의 행렬표현(*matrix representation*)이 $[L]_\beta = \begin{pmatrix} 2 & 1 \\ 1 & 0 \end{pmatrix}$일 때, $\left\| L \begin{pmatrix} 3 \\ 3 \end{pmatrix} \right\|$의 값은?

(단, $\left\| \begin{pmatrix} a \\ b \end{pmatrix} \right\| = \sqrt{a^2 + b^2}$)

① $\sqrt{10}$ ② $\sqrt{74}$ ③ $\sqrt{83}$ ④ $\sqrt{107}$

38 실수 a, b, c에 대하여 6은 행렬 $A = \begin{pmatrix} a & b \\ b & c \end{pmatrix}$의 한 고윳값이고, 벡터 $< 2, 1 >$은 고윳값 1에 대응하는 A의 고유벡터일 때 $a + b + c$의 값은?

① 3 ② 5 ③ 7 ④ 9

39 미분방정식 $f'(x) = 6 - 3f(x)$, $f(0) = 3$ 의 해 $f(x)$ 에 대하여 $\lim_{x \to \infty} f(x)$ 의 값은?

① -1 ② 0 ③ 1 ④ 2

40 미분가능한 함수 $f(x)$ 가 모든 실수 x 에 대하여

$$f'(x) + xf(x) = x^2$$

을 만족시키고, $f(0) = e^2$ 일 때 $f(2) + f(-2)$ 의 값은?

① 1 ② 2 ③ 3 ④ 4

K O N K U K   U N I V E R S I T Y

건국대학교

▶ **2025학년도 자연계 B형** ▶ **문항 수:** 영어 20문항, 수학 20문항 | **제한시간:** 60분

2025 건국대 자연계 B형 영역별 문항 수

구분	미분법	적분법	선형대수	다변수 미적분	공학수학	일반수학	합계
문항수	4	4	1	9	2	-	20
백분율	20%	20%	5%	45%	10%	-	100%

건국대학교

- 2025학년도 자연계 B형
- **문항 수:** 영어 20문항, 수학 20문항 | **제한시간:** 60분

21 $\lim_{x\to\infty}\left(\sqrt{x^2+7x}-\sqrt{x^2+x}\right)$ 의 값은?

① 1　② 2　③ 3　④ 4　⑤ 5

22 $\int_0^{\frac{\pi}{4}} \frac{1+\sin x}{1-\sin x}dx$ 의 값은?

① $2\sqrt{2}-\frac{\pi}{4}$　② $2\sqrt{2}+\frac{\pi}{4}$　③ $4-2\sqrt{2}-\frac{\pi}{4}$　④ $4+2\sqrt{2}-\frac{\pi}{4}$　⑤ $4+2\sqrt{2}+\frac{\pi}{4}$

23 곡선 $y=\sqrt{x}$ 와 두 직선 $y=0$, $x=2$ 로 둘러싸인 영역을 직선 $x=-1$ 을 축으로 회전하여 생기는 입체의 부피는?

① $\frac{88\sqrt{2}}{15}\pi$　② $\frac{91\sqrt{2}}{15}\pi$　③ $\frac{94\sqrt{2}}{15}\pi$　④ $\frac{97\sqrt{2}}{15}\pi$　⑤ $\frac{20\sqrt{2}}{3}\pi$

24 다음 이상적분 중 수렴하는 것을 모두 고르면?

ㄱ. $\displaystyle\int_{2}^{\infty} \frac{1-e^{-2x}}{x}dx$	ㄴ. $\displaystyle\int_{0}^{\infty} \frac{1}{x^2+1}dx$	ㄷ. $\displaystyle\int_{\frac{\pi}{4}}^{\infty} \frac{3+\sin x}{2x}dx$

① ㄱ ② ㄴ ③ ㄷ
④ ㄴ, ㄷ ⑤ ㄱ, ㄴ, ㄷ

25 실수 t 에 대하여 매개변수방정식 $x=t^2$, $y=t^3-4t$ 로 주어진 곡선을 C 라 하자. $t=-2$ 와 $t=2$ 에서 각각 구한 곡선 C 의 접선들 사이의 각의 크기가 θ 일 때, $\sin\theta$ 의 값은?

① $\frac{1}{5}$ ② $\frac{2}{5}$ ③ $\frac{3}{5}$
④ $\frac{4}{5}$ ⑤ 1

26 $x>0$ 일 때, $f(x)=e^x+e^{-x}$ 이고 $g(x)$ 는 $f(x)$ 의 역함수이다. 미분계수 $g'(4)$ 의 값은?

① $\frac{\sqrt{3}}{2}$ ② $\frac{\sqrt{3}}{3}$ ③ $\frac{\sqrt{3}}{4}$
④ $\frac{\sqrt{3}}{5}$ ⑤ $\frac{\sqrt{3}}{6}$

27 극좌표 방정식 $r = \dfrac{3}{1+2\sin\theta}$ 으로 주어지는 쌍곡선의 두 점근선의 기울기가 각각 m_1, m_2 일 때 $m_1 m_2$ 의 절댓값은?

① 1　② $\dfrac{1}{2}$　③ $\dfrac{1}{3}$
④ $\dfrac{1}{4}$　⑤ $\dfrac{1}{5}$

28 다음 급수 중 수렴하는 것을 모두 고르면?

ㄱ. $\displaystyle\sum_{n=1}^{\infty}\left(\frac{n}{n+1}\right)^{n^2}$　ㄴ. $\displaystyle\sum_{n=1}^{\infty}\frac{\cos(n\pi)}{n+2}$　ㄷ. $\displaystyle\sum_{n=1}^{\infty} n\sin^2\left(\frac{1}{n}\right)$

① ㄱ　② ㄴ　③ ㄷ
④ ㄱ, ㄴ　⑤ ㄱ, ㄴ, ㄷ

29 급수 $\displaystyle\sum_{n=0}^{\infty}(n+1)(n+2)\left(\frac{1}{3}\right)^n$ 의 값은?

① $\dfrac{25}{4}$　② $\dfrac{27}{4}$　③ $\dfrac{29}{4}$
④ $\dfrac{31}{4}$　⑤ $\dfrac{33}{4}$

30 다음 설명 중 옳은 것을 모두 고르면?

ㄱ. 모든 항 a_n 이 양수인 급수 $\sum_{n=1}^{\infty} a_n$ 이 수렴하면 $\sum_{n=1}^{\infty} \sqrt{a_n}$ 도 수렴한다.

ㄴ. 급수 $\sum_{n=1}^{\infty} a_n$ 과 $\sum_{n=1}^{\infty} b_n$ 이 발산하면 $\sum_{n=1}^{\infty} a_n b_n$ 도 발산한다.

ㄷ. 모든 항 b_n 이 양수인 수열 $\{b_n\}$ 에 대하여 $\lim_{n\to\infty} b_n = \frac{2}{3}$ 이면 급수 $\sum_{n=1}^{\infty} \frac{(b_n)^n \cos(n\pi)}{n+1}$ 가 절대수렴한다.

① ㄱ
② ㄴ
③ ㄷ
④ ㄱ, ㄴ
⑤ ㄴ, ㄷ

31 좌표공간의 네 점 $(0, 1, 1)$, $(1, 0, 1)$, $(1, 1, 0)$, (a, b, c) 를 꼭짓점으로 하는 사면체의 부피가 1 일 때, $a+b+c$ 의 값은? (단, $a>0$, $b>0$, $c>0$)

① 6
② 7
③ 8
④ 9
⑤ 10

32 함수 $f(x, y)$ 는 미분가능한 함수이다. $(1, 1)$ 에서 f 의 방향도함수가 벡터 $\vec{u} = \vec{i} + 2\vec{j}$ 방향으로 3 이고, 벡터 $\vec{v} = 2\vec{i} + \vec{j}$ 방향으로 2 이다. $(1, 1)$ 에서 벡터 $\vec{w} = \vec{i} + \vec{j}$ 방향으로 f 의 방향도함수는?

① $\frac{1}{6}\sqrt{10}$
② $\frac{1}{3}\sqrt{10}$
③ $\frac{1}{2}\sqrt{10}$
④ $\frac{2}{3}\sqrt{10}$
⑤ $\frac{5}{6}\sqrt{10}$

33 다음 곡면 중 안장점(saddle point)을 가지는 것을 모두 고르면?

ㄱ. $z=2x^2+3y^2$	ㄴ. $z=2x^2-3y^2$
ㄷ. $z^2=2x^2+3y^2$	ㄹ. $z=2xy$

① ㄱ, ㄷ　② ㄴ, ㄹ　③ ㄷ, ㄹ
④ ㄱ, ㄴ, ㄷ　⑤ ㄱ, ㄴ, ㄷ, ㄹ

34 곡면 $x^2+4y^2-z^2=25$ 위의 점 $P(3, 2, 0)$ 에서 접평면의 식은?

① $x+2y-z=7$　② $x+4y-z=11$　③ $3x+2y-z=13$
④ $3x+2y=13$　⑤ $3x+8y=25$

35 곡면 $y^2=xz+3x+3z+9$ 위의 점과 원점 $(0, 0, 0)$ 사이의 거리의 최솟값은?

① $\sqrt{5}$　② $\sqrt{6}$　③ $\sqrt{7}$
④ $\sqrt{8}$　⑤ 3

36 $\int_0^8 \int_{\frac{y}{2}}^4 e^{x^2} dx dy$ 의 값은?

① $e^8 - 2$　② $e^8 - 1$　③ $e^{16} - 2$
④ $e^{16} - 1$　⑤ $e^{32} - 2$

37 아래 영역 R 의 부피는?

$$R = \left\{(x,\ y,\ z) \,\middle|\, x \geq 0,\ x^2 + \left(y - \frac{1}{2}\right)^2 \leq \frac{1}{4},\ 0 \leq z \leq \sqrt{1 - x^2 - y^2}\right\}$$

① $\frac{\pi - 3}{9}$　② $\frac{\pi - 2}{9}$　③ $\frac{3\pi - 5}{18}$
④ $\frac{3\pi - 4}{18}$　⑤ $\frac{3\pi - 2}{18}$

38 $R = \{(x,\ y) \mid 1 \leq xy \leq 4,\ 0 < x \leq y \leq 4x\}$ 일 때, $\iint_R \frac{y}{x}\, dA$ 의 값은?

① $\frac{9}{2}$　② 3　③ $\frac{9}{4}$
④ $\frac{9}{5}$　⑤ $\frac{3}{2}$

39 C는 $x=t$, $y=t^2$, $0 \le t \le \dfrac{\sqrt{\pi}}{2}$ 로 주어진 곡선이다.

선적분 $\displaystyle\int_C 2\sin y\, dx + 2x\cos y\, dy$의 값은?

① $\dfrac{\sqrt{2\pi}}{4}$　② $\dfrac{\sqrt{2\pi}}{3}$　③ $\dfrac{\sqrt{2\pi}}{2}$

④ $\sqrt{2\pi}$　⑤ $\dfrac{3\sqrt{2\pi}}{2}$

40 방정식 $4x^2+9y^2=36$ 으로 주어지는 곡선 C에 대하여, 다음 선적분의 값은?

$$\int_C \left(3y+e^x\sqrt{1+x^2}\right)dx + \left(8x-e^{y^2}\right)dy$$

① 0　② 18π　③ 24π

④ 30π　⑤ 36π

K Y O N G G I U N I V E R S I T Y

경기대학교

▶ **2025학년도 자연계 A형** ▶ **문항 수:** 영어 25문항, 수학 20문항 | **제한시간:** 100분

2025 경기대 자연계 A형 영역별 문항 수

구분	미분법	적분법	선형대수	다변수 미적분	공학수학	일반수학	합계
문항수	6	1	10	3	-	-	20
백분율	30%	5%	50%	15%	-	-	100%

KYONGGI UNIVERSITY

경기대학교

- 2025학년도 자연계 A형
- **문항 수:** 영어 25문항, 수학 20문항 | **제한시간:** 100분

26 $\lim_{x \to 0^-} \frac{x+1+[x]}{x-|x|}$의 값은? 단, $[x]$는 실수 x를 넘지 않는 최대 정수이다. [2점]

① $-\frac{1}{2}$　　② 0　　③ $\frac{1}{2}$　　④ 1

27 함수 f가 $f(x) = x\sin\frac{1}{x} + \frac{1}{x}\tan^{-1}x + \sqrt{x^2+x+1} - \sqrt{x^2+1}$로 주어질 때, f의 그래프의 수평점근선을 〈보기〉에서 모두 고르면? [2점]

보기

ㄱ. $y = -\frac{1}{2}$　　ㄴ. $y = 0$　　ㄷ. $y = \frac{1}{2}$　　ㄹ. $y = 1$　　ㅁ. $y = \frac{3}{2}$

① ㄱ, ㅁ　　② ㄴ, ㄷ　　③ ㄴ, ㄹ　　④ ㄷ, ㅁ

28 평면곡선 $y = \sin^7 x \ (0 \le x \le 2\pi)$와 x-축으로 둘러싸인 부분의 넓이는? [2점]

① $\frac{16}{35}$　　② $\frac{32}{35}$　　③ $\frac{64}{35}$　　④ $\frac{128}{35}$

29 곡면 $25x^2-9y^2-9z^2=0$과 두 평면 $x=4$, $x=6$으로 둘러싸인 영역의 부피는? [2점]

① $\frac{5400}{27}\pi$ ② $\frac{4600}{27}\pi$ ③ $\frac{3800}{27}\pi$ ④ $\frac{1600}{27}\pi$

30 양의 실수 a와 b에 대하여 함수 f가 $f(x)=(x-2)^a(3-x)^b$ $(2<x<3)$로 주어질 때, f의 최댓값은? [2점]

① $\left(\frac{a}{a+b}\right)^a\left(\frac{b}{a+b}\right)^b$ ② $\left(\frac{a}{a+b}\right)^a\left(\frac{b}{a+2b}\right)^b$

③ $\left(\frac{a}{a+2b}\right)^a\left(\frac{b}{a+b}\right)^b$ ④ $\left(\frac{a}{a+2b}\right)^a\left(\frac{b}{a+2b}\right)^b$

31 행렬 $A=\begin{pmatrix}2 & -1 & 4\\ 0 & 0 & 1\\ 0 & 0 & -2\end{pmatrix}$에 대하여 $\mathrm{tr}\left(A^{2024}\right)$의 값은? [2점]

① 0 ② 2^{2023} ③ 2^{2024} ④ 2^{2025}

32 $(V,\ \bullet)$가 (실)내적공간이고, $\{\overrightarrow{v_1},\ \overrightarrow{v_2},\ \overrightarrow{v_3}\}$가 V의 부분집합이라 하자.

$\overrightarrow{v_i} \bullet \overrightarrow{v_j} = \begin{cases} 1, & i=j \\ 0, & i \neq j \end{cases}$ $(i, j = 1, 2, 3)$일 때, 〈보기〉의 명제 중 항상 참인 것을 모두 고르면? [2점]

보기

ㄱ. 실수 $a,\ b,\ c$에 대하여 $\| a\overrightarrow{v_1} + b\overrightarrow{v_2} + c\overrightarrow{v_3} \| = a+b+c$이다. 단, $\| \vec{v} \| = (\vec{v} \bullet \vec{v})^{1/2}$이다.

ㄴ. 집합 $\{\overrightarrow{v_1},\ \overrightarrow{v_2},\ \overrightarrow{v_3}\}$는 정규직교집합이다.

ㄷ. $\dim(V) = 3$이다.

① ㄱ, ㄴ ② ㄴ ③ ㄴ, ㄷ ④ ㄱ, ㄴ, ㄷ

33 A가 3×3 (실)행렬이고 A의 고윳값은 1, 2, 3이다.

A의 고윳값 λ에 대응하는 고유벡터를 $\overrightarrow{v_\lambda}$라 할 때, 다음 중 $\{\overrightarrow{v_1},\ \overrightarrow{v_2},\ \overrightarrow{v_3}\}$가 될 수 없는 것은? [2점]

① $\{(1,0,0), (0,1,0), (0,0,1)\}$
② $\{(1,1,1), (0,1,1), (1,0,0)\}$
③ $\{(1,1,1), (0,1,2), (2,0,1)\}$
④ $\{(1,0,1), (0,1,1), (1,1,0)\}$

34 연립방정식 $\begin{pmatrix} 1 & 0 & 0 \\ 1 & 1 & 0 \\ 1 & 1 & 1 \end{pmatrix}^{-1} \begin{pmatrix} 1 & -1 & 0 \\ 0 & 1 & -1 \\ 0 & 0 & 1 \end{pmatrix} \begin{pmatrix} x \\ y \\ z \end{pmatrix} = \begin{pmatrix} 2 \\ -1 \\ 3 \end{pmatrix}$의 해 (x, y, z)는? [2점]

① $(4,1,2)$ ② $(2,1,4)$ ③ $(7,5,4)$ ④ $(4,5,7)$

35 좌표평면 위의 세 점 $(1,1)$, $(3,4)$, $(5,2)$를 꼭짓점으로 하는 삼각형의 넓이는? [2점]

① 5 ② 7 ③ 8 ④ 10

36 〈보기〉에서 절대수렴하는 급수를 모두 고르면? [3점]

보기

ㄱ. $\sum_{n=10}^{\infty} \frac{(-1)^n}{n \ln n}$

ㄴ. $\sum_{n=1}^{\infty} (-1)^n (\sqrt[n]{n}-1)^n$

ㄷ. $\sum_{n=1}^{\infty} \frac{(-1)^n}{n+n\sin^2 n}$

ㄹ. $\sum_{n=1}^{\infty} \frac{10+(-1)^n n}{10^8 n}$

ㅁ. $\sum_{n=10}^{\infty} (-1)^n \frac{1 \cdot 3 \cdot 5 \cdot \cdots \cdot (2n-1)}{2 \cdot 5 \cdot 8 \cdot \cdots \cdot (3n-1)}$

① ㄱ, ㄹ ② ㄴ, ㄹ ③ ㄱ, ㄷ ④ ㄴ, ㅁ

37 함수 $f:\mathbb{R} \to \mathbb{R}$가 $f(x) = \frac{1}{2}\{\sin x \cos(x+1) + \sin(x+1)\cos x\}$로 주어질 때,

f의 n계 도함수 $\frac{d^n}{dx^n}\{f(x)\}$는? 단, n은 자연수이다. [3점]

① $2^{n-1}\sin\left(2x+1+\frac{n\pi}{2}\right)$ ② $2^n\sin\left(2x+1+\frac{n\pi}{2}\right)$

③ $2^{n-1}\cos\left(2x+1+\frac{n\pi}{2}\right)$ ④ $2^n\cos\left(2x+1+\frac{n\pi}{2}\right)$

38 곡면 $y^2 - xz + 3x - 4y + z - 8 = 0$의 점 중에서 점 $(1, 2, 3)$으로부터 거리가 가장 가까운 점 (x, y, z)를 모두 구하면? [3점]

① $(5, 7, 3)$, $(5, -3, 3)$　　② $(5, 1, 3)$, $(5, 3, 3)$
③ $(1, 1, 3)$, $(1, 3, 3)$　　④ $(1, 5, 3)$, $(1, -1, 3)$

39 어떤 실수 C에 대하여 이상적분 $\int_0^{\infty}\left(\frac{1}{\sqrt{x^2+9}} - \frac{C}{x+3}\right)dx$가 수렴한다.
이때 $\int_0^{\infty}\left(\frac{1}{\sqrt{x^2+9}} - \frac{C}{x+3}\right)dx$의 값은? [3점]

① 0　　② 1　　③ $\ln 2$　　④ $\ln 3$

40 실수 a, b에 대하여 $\lim_{x \to -2}\left\{\frac{\tan(x+2)}{(x+2)^3} + a + \frac{b}{(x+2)^2}\right\} = 1$일 때, a와 b의 값은? [3점]

① $a = \frac{2}{3}$, $b = 1$　　② $a = \frac{2}{3}$, $b = -1$
③ $a = -\frac{2}{3}$, $b = 1$　　④ $a = -\frac{2}{3}$, $b = -1$

41 A가 $n\times n$ (실)행렬일 때, 〈보기〉의 명제 중 항상 참인 것을 모두 고르면? 단, I_n은 n차 단위행렬이고, O_n은 $n\times n$ 영행렬이다. [3점]

보기

ㄱ. $A^k=-I_n$인 양의 정수 k가 존재하면, $A-I_n$은 가역행렬이다.

ㄴ. $A^k=O_n$인 양의 정수 k가 존재하면, $A-I_n$은 가역행렬이다.

ㄷ. $A^k=I_n$인 양의 정수 k가 존재하면, $A-I_n$은 가역행렬이다.

① ㄱ, ㄴ ② ㄱ, ㄷ ③ ㄴ, ㄷ ④ ㄱ, ㄴ, ㄷ

42 실수 a, b, c에 대하여

$\begin{vmatrix} a & 3 & -1 \\ b & 1 & 0 \\ c & 2 & -1 \end{vmatrix}=4$, $\begin{vmatrix} -2 & a & -1 \\ -1 & b & 0 \\ 1 & c & -1 \end{vmatrix}=6$, $\begin{vmatrix} -2 & 3 & a \\ -1 & 1 & b \\ 1 & 2 & c \end{vmatrix}=8$일 때, $a+b+c$의 값은? [3점]

① 6 ② 9 ③ 12 ④ 18

43 A가 $m\times n$ (실)행렬이고 B가 n차 (실)정사각행렬일 때, 다음 중 항상 참은 아닌 것은? [3점]

① $rank(A)\le \min\{m,n\}$
② $nullity(AB)\le nullity(A)$
③ $rank(AB)\le rank(A)$
④ B가 가역행렬이면 $rank(AB)=rank(A)$이다.

44 V, W가 (실)벡터공간이고 $L: V \to W$가 선형변환이라 하자. $\{\overrightarrow{v_1}, \overrightarrow{v_2}, \overrightarrow{v_3}\}$가 V의 부분집합이고 $\{L(\overrightarrow{v_1}), L(\overrightarrow{v_2}), L(\overrightarrow{v_3})\}$가 일차종속일 때, 다음 중 항상 참인 것은? [3점]

① $\{\overrightarrow{v_1}, \overrightarrow{v_2}, \overrightarrow{v_3}\}$는 일차종속이다.

② $\ker(L) \neq \{0\}$이다.

③ $\dim(\text{Im}(L)) + \dim(\ker(L)) = \dim(W)$이다.

④ $\{L(a\overrightarrow{v_i} + b\overrightarrow{v_j}) \mid a, b \in \mathbb{R}$ 이고 $i, j = 1, 2, 3\}$은 W의 부분 벡터공간이다.

45 A가 $n \times n$ (실)행렬일 때, 다음 중 나머지 셋과 동치가 아닌 것은? [3점]

① A는 직교행렬이다.

② A의 열벡터들은 $\mathbb{R}^n$의 직교기저를 이룬다.

③ 모든 $\vec{x} \in \mathbb{R}^n$에 대하여 $\| A\vec{x} \| = \| \vec{x} \|$이다. 단, $\| \vec{x} \|$는 $\vec{x}$의 유클리드 노름(norm)이다.

④ 모든 $\vec{x}$, $\vec{y} \in \mathbb{R}^n$에 대하여 $(A\vec{x}) \cdot (A\vec{y}) = \vec{x} \cdot \vec{y}$이다. 단, $\cdot$는 유클리드 내적이다.

K Y U N G H E E U N I V E R S I T Y

경희대학교

▶ **2025학년도 자연계** ▶ **문항 수:** 30문항 | **제한시간:** 90분

2025 경희대 자연계 영역별 문항 수

구분	미분법	적분법	선형대수	다변수 미적분	공학수학	일반수학	합계
문항수	3	2	8	6	11	-	30
백분율	10%	6.6%	26.7%	20%	36.7%	-	100

KYUNG HEE UNIVERSITY

경희대학교

- 2025학년도 자연계
- 문항 수: 30문항 | 제한시간: 90분

01 뉴턴의 방법으로 방정식 $3\cos x - x - 1 = 0$ 의 근의 근삿값을 구할 때, $x_1 = \frac{\pi}{2}$ 이면 x_2 는? [2점]

① $\frac{\pi}{8}+\frac{1}{4}$ ② $\frac{\pi}{8}-\frac{1}{4}$ ③ $\frac{3\pi}{8}+\frac{1}{2}$
④ $\frac{3\pi}{8}+\frac{1}{4}$ ⑤ $\frac{3\pi}{8}-\frac{1}{4}$

02 함수 $f(x)=\sinh^{-1}(\cos 2x)$ 에 대하여 $f'\left(\frac{\pi}{6}\right)$ 은? [3.3점]

① $-\sqrt{\frac{3}{5}}$ ② $\sqrt{\frac{3}{5}}$ ③ $-\sqrt{\frac{2}{5}}$
④ $-2\sqrt{\frac{3}{5}}$ ⑤ $-4\sqrt{\frac{3}{5}}$

03 적분 $\int_{\frac{\pi}{3}}^{\frac{\pi}{2}} \frac{dx}{1-\cos x}$ 의 값은? [2점]

① $\sqrt{3}+1$ ② $\sqrt{3}-1$ ③ $\sqrt{3}$
④ $2\sqrt{3}+1$ ⑤ $2\sqrt{3}-1$

04 함수 $f(x)=\tan^{-1}x$ 의 $x=1$ 에서의 n 차 테일러 다항식을 $T_n(x)$ 라 할 때, $T_3(x)$ 의 최고차항의 계수는? [2점]

① $\frac{1}{12}$ ② $\frac{1}{6}$ ③ $\frac{1}{4}$
④ $\frac{1}{3}$ ⑤ $\frac{1}{2}$

05 두 직선 $r_1(t)=(2,\ 1,\ 3)+t(1,\ -1,\ 1)$, $r_2(t)=(4,\ -1,\ 5)+t(-1,\ 1,\ 0)$ 을 포함하는 평면 $ax+by+cz+1=0$ 이 존재하면, $a+b+c$ 의 값은? [3.3점]

① $\frac{1}{3}$ ② 0 ③ $-\frac{1}{3}$
④ $-\frac{2}{3}$ ⑤ 그런 평면이 존재하지 않음

06 함수 $f(x, y, z) = xy^2z^3$ 에 대하여 $f(1.9, 1.1, -0.8)$ 의 $(2, 1, -1)$ 에서의 선형근삿값은? [2점]

① -1.0 ② -1.1 ③ -1.2
④ -1.3 ⑤ -1.4

07 $z = x^3 + 3y^2$, $x = s + 2t - u$, $y = stu^2$ 일 때,
$(s, t, u) = (1, -1, 1)$ 에서 $\dfrac{\partial z}{\partial s} + \dfrac{\partial z}{\partial t} + \dfrac{\partial z}{\partial u}$ 의 값은? [3.3점]

① 32 ② 34 ③ 36
④ 38 ⑤ 40

08 함수 $f(x, y) = x^3 + 2xy + y^2$ 이 극솟값을 갖는 점은? [3.3점]

① $(0, 0)$ ② $\left(\dfrac{2}{3}, \dfrac{2}{3}\right)$ ③ $\left(-\dfrac{2}{3}, \dfrac{2}{3}\right)$
④ $\left(\dfrac{2}{3}, -\dfrac{2}{3}\right)$ ⑤ f 는 극솟값을 갖지 않는다.

09 극곡선 $r=1+\cos\theta$ 의 내부와 $r=3\cos\theta$의 외부의 교집합인 영역 R의 넓이는? [5점]

① $\frac{\pi}{12}$ ② $\frac{\pi}{6}$ ③ $\frac{\pi}{4}$

④ $\frac{\pi}{2}$ ⑤ $2-\frac{\pi}{2}$

10 직선 $x=0$, $y=1$, 곡선 $y=\sqrt[3]{x}$ 로 둘러싸인 영역 R에 대하여 $\iint_R \frac{dA}{y^4+1}$ 의 값은? [3.3점]

① $\frac{1}{4}\ln 2$ ② $\frac{1}{3}\ln 2$ ③ $\frac{1}{2}\ln 2$

④ $\frac{1}{4}\ln 3$ ⑤ $\frac{1}{3}\ln 3$

11 반복적분 $\int_0^1 \int_0^{x^2} \int_z^{x^2} e^{\frac{z}{2y}}\, dydzdx$ 의 값은? [5점]

① $\frac{\sqrt{e}-1}{5}$ ② $\frac{\sqrt{e}-1}{4}$ ③ $\frac{\sqrt{e}-1}{3}$

④ $\frac{\sqrt{e}-\sqrt{2}}{5}$ ⑤ $\frac{\sqrt{e}-\sqrt{2}}{4}$

12 점 A$(-1, 2)$, B$(-2, 4)$, C$(6, -2)$, D$(3, -1)$ 에 대하여 영역 R 이 사각형 ABCD 일 때, 이중적분 $\iint_R \exp\left(\dfrac{x-2y}{3x+4y}\right)dA$ 의 값은? [4.5점]

① $\dfrac{13}{4}\left(e-\dfrac{1}{e}\right)$ ② $\dfrac{13}{4}\left(e+\dfrac{1}{e}\right)$ ③ $\dfrac{15}{4}\left(e-\dfrac{1}{e}\right)$
④ $\dfrac{15}{2}\left(e-\dfrac{1}{e}\right)$ ⑤ $\dfrac{15}{2}\left(e+\dfrac{1}{e}\right)$

13 극곡선 $C : r = 3+2\sin 3\theta$, $0 \le \theta \le 2\pi$ 와 벡터장 $F(x, y) = \dfrac{(2xy,\ y^2-x^2)}{(x^2+y^2)^2}$ 에 대하여 선적분 $\int_C F \cdot dr$의 값은? [4.5점]

① -2π ② $-\pi$ ③ 0
④ π ⑤ 2π

14 세 번 미분가능한 함수 $f(x, y, z)$, 벡터장 $F(x, y, z)$ 와 $G(x, y, z)$ 에 관한 다음 항등식 중 거짓인 것은? [2점]

① $\nabla \times \nabla f = \vec{0}$ ② $\nabla \cdot \nabla \times F = \vec{0}$
③ $\nabla \cdot (F+G) = \nabla \cdot F + \nabla \cdot G$ ④ $\nabla \times (F+G) = \nabla \times F + \nabla \times G$
⑤ $\nabla \cdot (fF) = \nabla f \cdot (\nabla \times F)$

15 곡선 $C: x=t,\ y=2t^2,\ z=3t^3,\ 0 \le t \le 1$과 벡터장 $F(x, y, z) = \left(e^{yz},\ xze^{yz},\ xye^{yz}\right)$ 에 대하여 선적분 $\int_C F \cdot dr$의 값은? [4.5점]

① $-\dfrac{e^6}{2}$　② $\dfrac{e^6}{2}$　③ 0
④ $-e^6$　⑤ e^6

16 미분방정식 $xy' = y + 3x^4 \cos^2\left(\dfrac{y}{x}\right)$, $y(1) = 0$ 의 해가 $y = \alpha x \arctan\left(x^{\beta} + \gamma\right)$ 일 때, $\alpha + \beta + \gamma$ 의 값은? [3.3점]

① 1　② 2　③ 3
④ 4　⑤ 5

17 미분방정식 $y' \cos x + (3y-1)\sec x = 0$, $y\left(\dfrac{\pi}{4}\right) = \dfrac{4}{3}$ 의 해가 $y = a + \exp(b + c\tan x)$ 일 때, abc 의 값은? [2점]

① -3　② -1　③ 0
④ 1　⑤ 3

18 미분방정식 $y'' - 6y' + 13y = 3\sin\frac{t}{2} - 6\cos\frac{t}{2}$, $y(0)=0$, $y'(0)=0$ 의 해가

$y = e^{kt}(A\cos 2t + B\sin 2t) + C\sin\frac{t}{2} + D\cos\frac{t}{2}$ 일 때, $(A+B+C+D)/k$의 값은? [3.3점]

① $\frac{63}{61}$ ② $\frac{7}{61}$ ③ 0

④ $-\frac{7}{61}$ ⑤ $-\frac{63}{61}$

19 미분방정식 $y''' - 2y'' - 9y' + 18y = e^{2x}$, $y(0)=\frac{9}{2}$, $y'(0)=\frac{44}{5}$, $y''(0)=\frac{36}{5}$ 의

해가 $y = pe^{ax} + qe^{-ax} + (r+sx)e^{bx}$ 일 때, $-\frac{1/s}{p+q} + r$ 의 값은?

(단, a, b 는 양의 실수이다.) [4.5점]

① -4 ② 4 ③ $\frac{129}{20}$

④ $\frac{131}{20}$ ⑤ 9

20 $y = \sum_{m=0}^{\infty} a_m x^m$ 이 $y' + 4y = 1$, $y(0)=\frac{5}{4}$ 의 거듭제곱해라고 하자.

x^4 항까지의 거듭제곱의 부분합을 $s(x)$ 라고 할 때, $s(1)$ 의 값은? [3.3점]

① $-\frac{193}{12}$ ② $-\frac{43}{4}$ ③ $\frac{21}{4}$

④ $\frac{53}{4}$ ⑤ $\frac{319}{12}$

21 미분방정식 $(x^2D^2-3xD+4I)y=0$, $y(1)=-\pi$, $y'(1)=2\pi$의 해가 $y=(p+q\ln x)x^r$ 일 때, pqr 의 값은? (단, D 는 미분연산자이다.) [2점]

① $8\pi^2$　② 8π　③ 0
④ -8π　⑤ $-8\pi^2$

22 미분방정식 $4y''+36y=\csc 3x$ 의 특수해가 $y_p=Ax\cos Bx+C\sin Bx\ln|\sin Bx|$ 일 때, $B(A+C)$ 의 값은? (단, B 는 양수이다.) [3.3점]

① $-\frac{1}{3}$　② $-\frac{1}{6}$　③ 0
④ $\frac{1}{6}$　⑤ $\frac{1}{3}$

23 라플라스 변환 $\mathcal{L}\{f(t)\}=F(s)=\dfrac{5s^2}{s^4+3s^2-4}$ 을 만족하는 함수가 $f(t)=2\sin 2t+g(t)$ 일 때, $g^{-1}(1)$ 의 값은? [4.5점]

① $\ln(1+\sqrt{2})$　② $1+\sqrt{2}$　③ 0
④ $1-\sqrt{2}$　⑤ $\ln(1-\sqrt{2})$

경희대학교 | 자연계

24 고윳값이 $\lambda_1 = 4$, $\lambda_2 = 1$ 이고, 각 고윳값에 대응하는 고유공간이

$span\left\{\begin{pmatrix}1\\1\\1\end{pmatrix}\right\}$, $span\left\{\begin{pmatrix}-1\\0\\1\end{pmatrix}, \begin{pmatrix}-1\\1\\0\end{pmatrix}\right\}$ 인 3×3 행렬 A 의 모든 성분의 합은? [5점]

① 4 ② 6 ③ 8
④ 10 ⑤ 12

25 다음 명제 중 참인 것을 모두 고른 것은? [4.5점]

ㄱ. 행렬 $A = \begin{pmatrix} a & b \\ c & d \end{pmatrix}$ 가 임의의 2×2 행렬 B 에 대하여 $AB = BA$ 를 만족할 필요충분조건은 $a = d$, $b = c = 0$ 이다.

ㄴ. A 가 $m \times n$ 행렬일 때, A^TA 가 가역이기 위한 필요충분조건은 $rank(A) = m$ 이다.

ㄷ. 0 이 아닌 실수 a, b, c 에 대하여 $a = b + c$ 가 성립하면, 행렬 $A = \begin{pmatrix} 1 & -1 & 1 \\ -a & -b & c \\ a^3 & b^3 & -c^3 \end{pmatrix}$ 은 가역이다.

ㄹ. $\left\{A^T - 3\begin{pmatrix} 1 & 2 \\ -1 & 3 \end{pmatrix}\right\}^{-1} = \begin{pmatrix} 2 & 1 \\ 1 & 1 \end{pmatrix}$ 을 만족하는 2×2 행렬 A 의 행렬식은 64 이다.

ㅁ. $U = \left\{A \in M_{22} \mid A^T = -A\right\}$ 는 2×2 행렬 전체 집합 M_{22} 의 부분공간이다.

① ㄱ, ㄴ ② ㄱ, ㄷ ③ ㄴ, ㄹ
④ ㄱ, ㄹ, ㅁ ⑤ ㄷ, ㄹ, ㅁ

26 행렬 $A=\begin{pmatrix} 2 & -1 & 4 \\ 0 & 1 & 4 \\ -3 & 3 & -1 \end{pmatrix}$에 대하여, A^{10}의 모든 성분의 합은? [5점]

① 1 ② 2 ③ 3
④ 4 ⑤ 5

27 $\mathbb{R}^2$상의 두 선형변환 $L_1(x_1, x_2)=(2x_1+5x_2, 5x_1+4x_2)$, $L_2(x_1, x_2)=(2x_1, -3x_2)$에 대하여 $(L_2 \circ L_1^{-1})(1, 3)$의 성분의 합은? [2점]

① $-\frac{25}{17}$ ② $-\frac{19}{17}$ ③ $\frac{19}{17}$
④ $\frac{25}{17}$ ⑤ $\frac{25}{16}$

28 행렬 $A=\begin{pmatrix} 1 & 0 & 0 \\ 1 & 0 & 1 \\ 0 & 1 & 1 \\ 1 & 1 & -1 \end{pmatrix}$의 열공간에 대한 직교여공간이 $span\left\{\begin{pmatrix} a \\ 2 \\ b \\ 1 \end{pmatrix}\right\}$일 때, $a+|b|$의 값은? [2점]

① -4 ② -2 ③ 0
④ 2 ⑤ 4

29 네 점 $(-1, 1)$, $(0, -1)$, $(1, 0)$, $(2, 2)$ 의 최소 제곱근사직선에 대한 최소제곱오차는? [3.3점]

① $\frac{\sqrt{71}}{5}$ ② $\frac{3\sqrt{19}}{5}$ ③ $\frac{\sqrt{105}}{5}$

④ $\frac{\sqrt{129}}{5}$ ⑤ $\frac{3\sqrt{33}}{5}$

30 행렬 $A=\begin{pmatrix} 1 & 0 & 1 \\ 0 & 1 & 2 \\ -1 & 0 & 4 \end{pmatrix}$ 의 수반행렬이 $adj\,A=\begin{pmatrix} 4 & a & b \\ c & 5 & -2 \\ d & e & 1 \end{pmatrix}$ 일 때,

$a+b+c+d+e$ 의 값은? [2점]

① -2 ② -1 ③ 0

④ 1 ⑤ 2

K W A N G W O O N U N I V E R S I T Y

광운대학교

▶ 2025학년도 자연계 A형 ▶ 문항 수: 영어 30문항, 수학 25문항 | 제한시간: 100분

2025 광운대 자연계 A형 영역별 문항 수

구분	미분법	적분법	선형대수	다변수 미적분	공학수학	일반수학	합계
문항수	9	3	2	8	2	1	25
백분율	36%	12%	8%	32%	8%	4%	100%

KWANGWOON UNIVERSITY

광운대학교

- 2025학년도 자연계 A형
- 문항 수: 영어 30문항, 수학 25문항 | 제한시간: 100분

01 다음 중 참인 명제의 개수는? [3.5점]

ㄱ. $|X|=n$ 이고 $|Y|=2$ 일 때, 집합 X 와 Y 를 각각 정의역과 공역으로 하는 함수의 개수는 X 의 부분집합의 개수와 같다. (단, $|X|$ 는 집합 X 의 원소 개수)

ㄴ. 함수 $f : X \to Y$ 에 대하여 $A \subset X$ 이면 $A = f^{-1}(f(A))$ 이다.

ㄷ. 함수 $f : X \to Y$ 에 대하여 $B \subset Y$ 이면 $B = f(f^{-1}(B))$ 이다.

ㄹ. 두 함수 f 와 g 가 집합 $X \subset \mathbb{R}$ 에서 정의된 실함수이고 일대일 함수이면 $f+g$ 도 일대일 함수이다.

① 0 개　② 1 개　③ 2 개
④ 3 개　⑤ 4 개

02 다음 명제가 참이 되게 하는 정수 n 의 최댓값은? [3.5점]

함수 $f(x)=\begin{cases} x^n \sin\left|\dfrac{1}{x}\right| & (x \neq 0) \\ 0 & (x=0) \end{cases}$ 은 실수의 집합 $\mathbb{R}$ 에서 미분 가능하다.

① -1　② 0　③ 1
④ 2　⑤ 없음

03 정적분 $\int_0^{\pi} \frac{\sin 2025x}{\sin x}dx$ 의 값은? [5점]

① 2025 ② 2024 ③ 0

④ $\frac{\pi}{2}$ ⑤ π

04 행렬 $A=(a_{ij})_{n\times n}$ 와 행렬 A 의 수반행렬 $adjA$ 에 대해 다음 중 $A(adj A)$ 의 (i, j) 성분과 값이 같은 것은? (단, A_{ij} 는 A 의 여인수 행렬의 (i, j) 성분) [3.5점]

① $\sum_{k=1}^{n} a_{kj}A_{ki}$ ② $\sum_{k=1}^{n} a_{ik}A_{jk}$ ③ $\sum_{k=1}^{n} a_{jk}A_{ik}$

④ $\sum_{k=1}^{n} a_{kj}A_{ik}$ ⑤ 없음

05 다음 중 옳지 않은 것은? (단, C는 적분 상수) [3.5점]

ㄱ. $\int \sec x dx = \ln|\tan x + \sec x| + C$ ㄴ. $\int \csc x\, dx = \ln|\cot x - \csc x| + C$

ㄷ. $\int \frac{dx}{\sqrt{a^2-x^2}} = \sin^{-1}\frac{x}{a} + C\ (a>0)$ ㄹ. $\int \frac{dx}{a^2+x^2} = \tan^{-1}\frac{x}{a} + C\ (a>0)$

ㅁ. $\int \coth x dx = \ln|\sinh x| + C$

① ㄱ ② ㄴ ③ ㄷ

④ ㄹ ⑤ ㅁ

06 극한 $\lim_{x\to\infty}\left(\frac{\pi}{2}-\sec^{-1}x\right)^{1/x}$ 의 값은? [4.5점]

① 0 ② 1 ③ $\frac{\pi}{2}$

④ π ⑤ $\frac{3\pi}{2}$

07 함수 $f(x)=\int_0^{\cos x}\frac{1}{2-t^2}dt$ 의 도함수는? [3.5점]

① $\frac{\sin x}{\cos^2 x-2}$ ② $\frac{1}{2-2\cos x\sin x}$

③ $\frac{1}{4}\left\{\frac{1}{(2+\cos x)^2}-\frac{1}{(2-\cos x)^2}\right\}$ ④ $\frac{\sin x}{4}\left\{\frac{1}{(2-x)^2}-\frac{1}{(2+x)^2}\right\}$

⑤ $\frac{\sin x}{4}\left\{\frac{1}{(2+\cos x)^2}-\frac{1}{(2-\cos x)^2}\right\}$

08 다음 중 수렴하는 무한급수를 모두 고른 것은? [4.5점]

ㄱ. $\sum_{n=1}^{\infty}\frac{\sqrt{n}}{n^2+n}$ ㄴ. $\sum_{n=2}^{\infty}\frac{(-1)^n}{\ln n}$

ㄷ. $\sum_{n=1}^{\infty}n^2e^{-n}$ ㄹ. $\sum_{n=1}^{\infty}\left(1-\cos\frac{2025}{n}\right)$

① ㄱ ② ㄱ, ㄴ ③ ㄱ, ㄴ, ㄷ

④ ㄱ, ㄴ, ㄹ ⑤ ㄱ, ㄴ, ㄷ, ㄹ

09 $\Omega=\{(x,\ y)\in\mathbb{R}^2 \mid 0\le x\le 1,\ 0\le y\le 1\}$ 일 때, 이중적분 $\iint_{\Omega} e^{|x-y|}\,dA$ 의 값은? [4점]

① $2(e-2)$ ② $2(e-1)$ ③ $2e$
④ $2(e+1)$ ⑤ $2(e+2)$

10 행렬 $A=(a_{ij})_{m\times n}$ 와 $B=(b_{ij})_{n\times m}$ 에 대해 다음 중 $(AB)^t$ 의 $(i,\ j)$ 성분과 값이 같은 것은? [3.5점]

① $\sum_{k=1}^{m} a_{ki}b_{jk}$ ② $\sum_{k=1}^{m} a_{kj}b_{ik}$ ③ $\sum_{k=1}^{n} a_{jk}b_{ki}$
④ $\sum_{k=1}^{n} a_{ik}b_{kj}$ ⑤ 없음

11 원기둥 좌표계로 나타낸 곡면 $r=z$ 와 구면 좌표계로 나타낸 곡면 $\rho=2\cos\phi$ 이 있다.
두 곡면의 교선 길이는? [4점]

① π ② 2π ③ 3π
④ 4π ⑤ 5π

12 원점 주변에서 정의된 함수 $f(x)$, $g(x)$, $h(x)$ 가 다음과 같다. $\frac{d}{dx}(h \circ f)(0)$ 의 값은? [3.5점]

$$f(x)=\frac{2\sin x}{g(x)+1}, \qquad g(x)\text{는 } g(0)=1\text{인 연속함수}, \qquad h(x)=x|x+1|$$

① -2 ② -1 ③ 0
④ 1 ⑤ 2

13 공간 벡터 $\vec{u}$, $\vec{v}$, $\vec{w}$에 대해 다음 중 옳은 것을 모두 고른 것은? [4점]

ㄱ. $(\vec{u}\times\vec{v})\cdot\vec{w} = \|\vec{u}\times\vec{v}\|\,\|\vec{w}\|\cos\theta$ (θ는 벡터 $\vec{u}\times\vec{v}$와 $\vec{w}$의 사잇각)
ㄴ. $\vec{u}\cdot(\vec{u}\times\vec{v})=\vec{v}\cdot(\vec{u}\times\vec{v})=0$
ㄷ. $(\vec{u}\times\vec{v})\cdot\vec{w}=\vec{u}\cdot(\vec{v}\times\vec{w})$
ㄹ. $\|\vec{u}-\vec{v}\|^2+\|\vec{u}+\vec{v}\|^2=2\|\vec{u}\|^2+2\|\vec{v}\|^2$

① ㄱ ② ㄱ, ㄴ ③ ㄱ, ㄴ, ㄷ
④ ㄱ, ㄴ, ㄹ ⑤ ㄱ, ㄴ, ㄷ, ㄹ

14 다음에 주어진 수열의 무한급수 $\sum_{n=1}^{\infty} a_n$ 의 값은? [5점]

$$a_1=1, \quad n^2 a_n=\sum_{k=1}^{n} a_k$$

① 2 ② 4 ③ 6
④ 8 ⑤ 10

15 기둥면 $x^2+y^2=3$ 와 평면 $x+z=2$ 가 만나는 점에서 함수 $f(x, y, z)=x+2y+3z$ 의 최댓값과 최솟값의 합은? [4점]

① 2 ② 4 ③ 6
④ 8 ⑤ 12

16 구면 $(x-5)^2+(y-4)^2+(z-3)^2=5$ 에 접하고 x 축을 포함하는 평면이 2 개 있다. 두 평면이 이루는 각을 θ 라고 할 때, $\cos\theta$ 의 값은? [4.5점]

① $\frac{1}{5}$ ② $\frac{1}{2}$ ③ $\frac{3}{5}$
④ $\frac{4}{5}$ ⑤ $\frac{\sqrt{3}}{2}$

17 다음 초깃값 문제의 해 $y(x)$ 는? (단, $0<y(x)<10$) [3.5점]

$$\frac{dy}{dx}=y(10-y), \quad y(0)=1$$

① $\frac{8e^{10x}}{9-e^{10x}}$ ② $\frac{11e^{9x}}{10+e^{9x}}$ ③ $\frac{10e^{10x}}{9+e^{10x}}$
④ $\frac{9e^{9x}}{10-e^{9x}}$ ⑤ $\frac{11e^{10x}}{10+e^{10x}}$

18 다음 곡선의 길이는? [3.5점]

$$P(t)=\left(\frac{t-\sin t}{2},\ \frac{1-\cos t}{2}\right)\ (0\le t\le 2\pi)$$

① 1 ② 2 ③ 4
④ 5 ⑤ 6

19 반구면 $z=\sqrt{4-x^2-y^2}$ 이 원기둥 $x^2+y^2\le 1$ 와 만나서 이루는 곡면의 넓이는? [4.5점]

① $16(2-\sqrt{3})\pi$ ② $8(2-\sqrt{3})\pi$ ③ $8(2+\sqrt{3})\pi$
④ $4(2-\sqrt{3})\pi$ ⑤ $4(2+\sqrt{3})\pi$

20 적분의 순서를 다음과 같이 바꿀 때 $a+b+c+d$ 의 값은? [4점]

$$\int_1^2\int_{-3x+6}^{4x-x^2} f(x,\,y)dydx+\int_2^4\int_0^{4x-x^2} f(x,\,y)dydx$$
$$=\int_3^4\int_b^a f(x,\,y)dxdy+\int_d^c\int_{2-\frac{y}{3}}^{2+\sqrt{4-y}} f(x,\,y)dxdy$$

① 5 ② 6 ③ 7
④ 8 ⑤ 9

21 멱급수 $\sum_{n=0}^{\infty}\left(-\frac{1}{4}\right)^n \frac{(2-3x)^n}{\sqrt{n}+1}$ 의 수렴구간은? [4점]

① $-\frac{1}{3} \le x < \frac{5}{3}$ ② $-\frac{1}{3} < x \le \frac{5}{3}$ ③ $-\frac{2}{3} \le x \le 2$

④ $-\frac{2}{3} \le x < 2$ ⑤ $-\frac{2}{3} < x \le 2$

22 곡선 $y = 3x - 2x^2$ 의 곡률이 최대가 되는 점을 (a, b), 그 점에서의 곡률과 곡률 반지름을 각각 c 와 d 라고 하자. 집합 $A = \{a, b, c, d\}$ 라 할 때, 다음 중 옳지 않은 것은? [3.5점]

① $\frac{4}{3} \in A$ ② $\frac{1}{4} \in A$ ③ $\frac{3}{4} \in A$

④ $4 \in A$ ⑤ $\frac{9}{8} \in A$

23 정적분 $\int_0^{\pi} \frac{x\sin^3 x}{\cos^2 x + 1}dx$ 의 값은? [5점]

① $\frac{\pi}{2}(\pi - 2)$ ② $\frac{\pi^2}{2}$ ③ $\frac{\pi}{4}(\pi - 1)$

④ π^2 ⑤ $\pi(\pi + 1)$

24 평면의 점 $P\left(0,\ \frac{1}{2}\right)$ 에서 함수 $f(x)=x^4-x^2+\frac{5}{2}$ 의 그래프에 그은 두 접선이 이루는 각이 θ 일 때 $\tan\theta$ 의 값은? [3.5점]

① $\frac{1}{3}$ ② $\frac{2}{3}$ ③ 1

④ $\frac{4}{3}$ ⑤ $\frac{5}{3}$

25 다음 매개 방정식으로 주어진 곡선을 y 축을 중심으로 회전시켜 얻은 회전면의 넓이는? [4.5점]

$$\begin{cases} x=2t-3 \\ y=t^2-1 \end{cases} \quad (0\le t\le 1)$$

① $2\pi\left\{\frac{4-\sqrt{2}}{3}+3\ln\left(1+\sqrt{2}\right)\right\}$ ② $2\pi\left\{\frac{4+\sqrt{2}}{3}+3\ln\left(1+\sqrt{2}\right)\right\}$

③ $2\pi\left\{4-\sqrt{2}+2\ln\left(1+2\sqrt{2}\right)\right\}$ ④ $2\pi\left\{\frac{4-\sqrt{2}}{5}+3\ln\left(2+\sqrt{2}\right)\right\}$

⑤ $2\pi\left\{\frac{4-\sqrt{2}}{3}+\ln\left(1+4\sqrt{2}\right)\right\}$

D A N K O O K   U N I V E R S I T Y

단국대학교

▶ 2025학년도 자연계 오전 ▶ 문항 수: 30문항 | 제한시간: 90분

2025 단국대 자연계 오전 영역별 문항 수

구분	미분법	적분법	선형대수	다변수 미적분	공학수학	일반수학	합계
문항수	3	4	6	6	11	-	30
백분율	10%	13.3%	20%	20%	36.7%	-	100%

DANKOOK
UNIVERSITY

단국대학교

- 2025학년도 자연계 오전
- 문항 수: 30문항 | 제한시간: 90분

01 $\lim_{x\to\infty} \frac{\sqrt{4x^2+1}}{x+1}$ 의 값은? [3점]

① 1 ② 2 ③ 3 ④ 4

02 $f(x) = \tan^{-1}x$ 에 대하여 $f'(1)$ 의 값은? [3점]

① $-\frac{1}{2}$ ② 0 ③ $\frac{1}{2}$ ④ 1

03 연속함수 $f(x)$ 가 $\int_0^1 f(2x)dx = 2$ 을 만족할 때, $\int_0^2 f(x)dx$ 의 값은? [3점]

① 3 ② $\frac{7}{2}$ ③ 4 ④ $\frac{9}{2}$

04 점 $(1,\ -1,\ 4)$ 에서 평면 $2x+y-2z=5$ 까지의 거리는? [3점]

① 1　② 2　③ 3　④ 4

05 $(I+2A)^{-1}=\begin{pmatrix} 1 & 1 \\ 5 & 4 \end{pmatrix}$일 때 $\det A$의 값은? (단, I는 2×2 단위행렬) [3점]

① $\frac{1}{8}$　② $\frac{1}{2}$　③ $\frac{7}{8}$　④ $\frac{5}{4}$

06 $\int_0^1 \frac{\ln x}{\sqrt{x}}\,dx$ 의 값은? [3점]

① -4　② -3　③ -2　④ -1

07 행렬 $\begin{pmatrix} 1 & 4 \\ 1 & a \end{pmatrix}$ 의 모든 고윳값의 합이 -1 일 때, 실수 a 의 값은? [3점]

① -4 ② -3 ③ -2 ④ -1

08 곡선 $y=\dfrac{x^3}{12}+\dfrac{1}{x}\ (1 \le x \le 4)$ 의 호의 길이는? [3점]

① $\dfrac{9}{2}$ ② 6 ③ 8 ④ $\dfrac{17}{2}$

09 $\ln(1+x)=\displaystyle\sum_{n=1}^{\infty} a_n x^n\ (-1<x<1)$ 일 때 $\displaystyle\sum_{n=1}^{\infty} a_n a_{n+1}$ 의 값은?
(단, a_n 은 실수, $n=1, 2, \cdots$) [3점]

① -1 ② -2 ③ -3 ④ -4

10 구간 $-1<t<1$ 에서 정의된 매개곡선 $r(t)=(t,\ t^2,\ t^3)$ 위의 점 $(0,\ 0,\ 0)$ 에서의 곡률의 값은? [3점]

① 1 ② 2 ③ 3 ④ 4

11 벡터장 $F(x,\ y,\ z)=x^2y\vec{i}+xy^2\vec{j}+axyz\vec{k}$ 에 대한 점 $(1,\ 1,\ 1)$ 에서의 curl 이 $2\vec{i}-2\vec{j}$ 이다. 실수 a 의 값은? [3점]

① 1 ② 2 ③ 3 ④ 4

12 $x^2+y^2=1$에서 $f(x,\ y)=x^2+2y^2$ 의 최댓값을 M, 최솟값을 m 이라 할 때, $M+m$ 의 값은? [3점]

① 1 ② 2 ③ 3 ④ 4

13 극곡선 $r = 1 + \cos\theta \ (0 \le \theta \le 2\pi)$ 의 길이는? [점3]

① 6 ② 7 ③ 8 ④ 9

14 다음 조건을 만족시키는 실수 a 의 값은? [3점]

(가) 세 점 $\mathrm{P}(1,\ -1,\ 0)$, $\mathrm{Q}(2,\ 0,\ -2)$, $\mathrm{R}(a,\ 1,\ -1)$을 포함하는 평면에서 세 점 P, Q, R 을 꼭짓점으로 하는 삼각형은 직각삼각형이다.
(나) 세 변 $\overline{\mathrm{PQ}}$, $\overline{\mathrm{QR}}$, $\overline{\mathrm{RP}}$ 중 $\overline{\mathrm{RP}}$ 의 길이가 가장 길다.

① 1 ② 2 ③ 3 ④ 4

15 $\int_0^1 \int_{\sqrt{y}}^1 \sqrt{x^3+1}\, dx dy$ 의 값은? [3점]

① $\frac{2}{9}(2\sqrt{2}-1)$ ② $\frac{2}{3}(2\sqrt{2}-1)$ ③ $\frac{2}{7}(3\sqrt{2}+1)$ ④ $\frac{2}{5}(3\sqrt{2}+1)$

16 $E = \{(x, y, z) \mid 0 \le x \le 1,\ 0 \le y \le 1-x,\ 0 \le z \le 2\}$ 에 대하여
$\iiint_E e^{x+y+z}\, dV$의 값은? [3점]

① e^2-1 ② e^2 ③ e^2+1 ④ e^2-e

17 $f_x(x, y) = 3x^2-3y^2,\ f_y(x, y) = -6xy+12y^2-6y-12$인 함수 $f(x, y)$ 의 극솟점은? [3점]

① $(-1, -1)$ ② $(-1, 1)$ ③ $\left(\frac{2}{3}, -\frac{2}{3}\right)$ ④ $(2, 2)$

18 입자가 곡선 $C = \{(x, y) \mid 0 \le x,\ 0 \le y,\ x^2+y^2=4\}$ 를 따라 시계 반대 방향으로 움직일 때 힘 $F(x, y) = -\vec{i}+\vec{j}$ 가 한 일 $W = \int_C F \cdot dr$ 의 값은? [3점]

① 1 ② 2 ③ 3 ④ 4

19 곡선 C가 세 점 $(0, 0)$, $(0, 1)$, $(-1, 1)$을 꼭짓점으로 하는 삼각형일 때, $\int_C e^{x^2}dx + 2\tan^{-1}x\,dy$ 의 값은? (단, C의 방향은 시계 반대 방향) [3점]

① $-\ln 2$ ② $\frac{\pi}{2} - \ln 2$ ③ $\frac{\pi}{2}$ ④ $\frac{\pi}{2} + \ln 2$

20 곡선 $C = \{(x, y, z) | x+y+z=1,\ x^2+y^2=1\}$ 과 벡터장 $F(x, y, z) = y^3\vec{i} - x^3\vec{j} + z^3\vec{k}$ 에 대하여 $\int_C F \cdot dr$ 의 값은? (단, C의 방향은 원점에서 볼 때 시계 방향) [3점]

① $-\frac{5\pi}{2}$ ② $-\frac{3\pi}{2}$ ③ $\frac{3\pi}{2}$ ④ $\frac{5\pi}{2}$

21 벡터 $\overrightarrow{u_1} = (6, 1)$, $\overrightarrow{u_2} = (2, 3)$, $\overrightarrow{u_1}' = (2, 2)$, $\overrightarrow{u_2}' = (4, -1)$에 대하여 $\mathbb{R}^2$의 기저 $B = \{\overrightarrow{u_1}, \overrightarrow{u_2}\}$ 에서 $B' = \{\overrightarrow{u_1}', \overrightarrow{u_2}'\}$ 으로의 전이행렬(transition matrix)은 $\begin{pmatrix} 1 & b \\ a & -1 \end{pmatrix}$이다. $a+b$ 의 값은? (단, a, b 는 상수) [3점]

① 1 ② 2 ③ 3 ④ 4

22 함수 $y=f(x)$ 는 미분방정식 $y'-xy^2+y=0$, $y(0)=1$ 의 해이다.

$\lim_{x\to a^+} f(x)=\infty$ 일 때, 실수 a 의 값은? [3점]

① -4 ② -3 ③ -2 ④ -1

23 $f(x)$ 와 $g(x)$ 의 론스키안(Wronskian)을 $h(x)=W(f,g)(x)$ 라 하자.

$f(1)=g(1)=f''(1)=1$, $g''(1)=3$ 일 때, 양수 $\dfrac{dh}{dx}(1)$ 의 값은? [3점]

① 1 ② 2 ③ 3 ④ 4

24 실수 k에 대하여 $f(t)=\begin{cases} 3 & (0<t<2) \\ k & (2\le t) \end{cases}$ 의 라플라스변환을 $F(s)$ 라 하자.

$F(3)=1+\dfrac{1}{3}e^{-6}$ 일 때, k 의 값은? [3점]

① 1 ② 2 ③ 3 ④ 4

25 베셀함수 $J_{1/2}(x)$ 는 미분방정식 $4x^2(y''+y)+4xy'=\alpha y$ 의 해이다. 실수 α 의 값은? [3점]

① 1　　② 2　　③ 3　　④ 4

26 입체 E 는 아래 그림과 같이 5개의 평면 $x+y=2$, $z=x+y$, $z=3$, $x=0$, $y=0$ 으로 둘러싸이고 z 축에 접하는 도형이다.

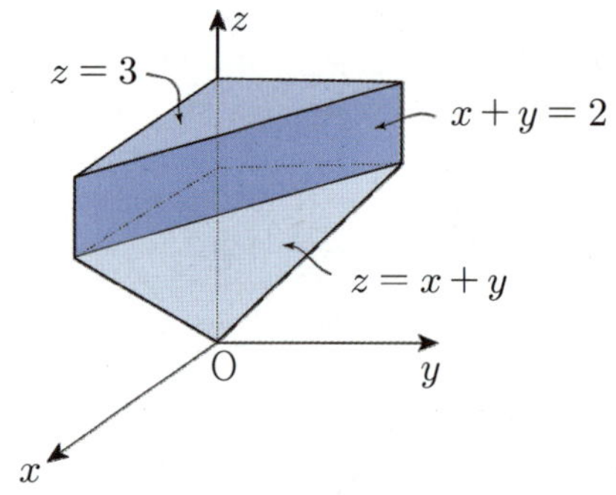

입체 E 의 경계면 S 의 방향이 E 의 바깥 방향을 향할 때, S 를 통과하는 벡터장 $F(x, y, z)=x^2\vec{i}+x^2z\vec{j}+y^4\vec{k}$ 의 유량(flux) $\iint_S F \cdot dS$ 의 값은? [5점]

① 4　　② 8　　③ 16　　④ 32

27 좌표평면의 영역 D 는 세 점 $(0, 0)$, $(3, 0)$, $(1, 1)$ 을 꼭짓점으로 하는 삼각형의 경계와 내부이다.

$\iint_D \cos(x+2y)\sin(x-y)\,dA = \frac{\sin 3}{3} - \frac{\sin 6}{12} - a$ 일 때, 실수 a 의 값은? [5점]

① $\frac{1}{2}$ ② 1 ③ $\frac{3}{2}$ ④ 2

28 $\vec{u} = (1, 2, 1)$에 대하여 $T(\vec{v}) = \vec{v} \times \vec{u}$, $\vec{v} \in \mathbb{R}^3$ 라 하자.

다음 중 옳은 것만을 있는 대로 모두 고른 것은? (단, $\vec{v} \times \vec{u}$ 는 $\vec{v}$와 $\vec{u}$의 외적) [5점]

ㄱ. $T(\vec{v}) = (-1, 0, 1)$인 $\vec{v}$는 무수히 많다.
ㄴ. T 의 치역은 3 차원 벡터공간이다.
ㄷ. 모든 $\vec{v} \in \mathbb{R}^3$ 에 대하여 $T(\vec{v}) = \vec{v}A$ 를 만족하는 행렬 A는 비대칭행렬이다.

① ㄱ ② ㄱ, ㄴ ③ ㄱ, ㄷ ④ ㄴ, ㄷ

29 구면 $\{(x, y, z) | x^2 + y^2 + z^2 = 5\}$ 위에 있는 부드러운 곡선 $r(t)$ 의 시작점은 $\mathrm{P}(0, 1, 2)$ 이고 끝점은 $\mathrm{Q}(0, 1, -2)$ 이다. 또한 함수 $f : \mathbb{R}^3 \to \mathbb{R}$ 는 모든 $\vec{x} \in \mathbb{R}^3$ 에 대하여 $\nabla f(\vec{x}) = (\sin \| \vec{x} \|) \vec{x}$, $f(\mathrm{P}) + f(\mathrm{Q}) = 4$ 를 만족시킨다. $f(\mathrm{Q})$ 의 값은? (힌트 : $\frac{d}{dt} f(r(t))$) [5점]

① 1 ② 2 ③ 3 ④ 4

30 함수 $y = f(x)$는 미분방정식 $x^2 y'' - 3xy' + 4y = \ln x \ (x > 0)$, $y(1) = 1$, $y'(1) = 1$ 의 해이다. $f(e)$ 의 값은? [5점]

① $\frac{1}{2}$ ② 1 ③ $\frac{3}{2}$ ④ 2

D A N K O O K   U N I V E R S I T Y

단국대학교

▶ 2025학년도 자연계 오후 ▶ 문항 수: 30문항 | 제한시간: 90분

2025 단국대 자연계 오후 영역별 문항 수

구분	미분법	적분법	선형대수	다변수 미적분	공학수학	일반수학	합계
문항수	4	4	5	8	9	-	30
백분율	13.3%	13.3%	16.7%	26.7%	30%		100%

DANKOOK UNIVERSITY

단국대학교

- 2025학년도 자연계 오후
- 문항 수: 30문항 | 제한시간: 90분

01 $\lim_{x\to 0} \ln(e+x)$의 값은? [3점]

① -1　② 0　③ 1　④ e

02 $f(x)=\sin x$ 에 대하여 $f'(x)=\frac{1}{2}$ 인 x 의 값은? (단, $\pi \le x \le 2\pi$) [3점]

① π　② $\frac{4}{3}\pi$　③ $\frac{5}{3}\pi$　④ 2π

03 모든 x 에 대하여 $f(-x)=f(x)$ 인 연속함수 $f(x)$ 가
$\int_{-1}^{0} f(x)\,dx=1,\ \int_{1}^{2} f(x)\,dx=2$ 를 만족시킬 때, $\int_{0}^{2} f(x)\,dx$ 의 값은? [3점]

① 1　② 2　③ 3　④ 4

04 $f(x, y, z) = x^2y - yz^2$ 의 점$(1, 2, 3)$ 에서 벡터 $\vec{v} = (a, b, 1)$ 방향으로의 방향도함수의 값이 0 이다. $a - 2b$ 의 값은? (단, a, b 는 실수) [3점]

① 1 ② 2 ③ 3 ④ 4

05 백터장 $F(x, y, z) = xz\vec{i} + yz\vec{j} + xy\vec{k}$ 에 대하여 점 $(1, 1, 1)$ 에서의 $curlF = a\vec{i} + b\vec{j} + c\vec{k}$ 이고 $divF = d$ 이다. $a+b+c+d$ 의 값은? (단, a, b, c, d 는 실수) [3점]

① 1 ② 2 ③ 3 ④ 4

06 행렬 $A = \begin{pmatrix} -1 & 3 & 0 \\ 1 & -2 & 1 \\ 0 & 1 & 2 \end{pmatrix}$ 의 역행렬 $A^{-1} = \begin{pmatrix} a_{11} & a_{12} & a_{13} \\ 2 & 2 & a_{23} \\ -1 & a_{32} & a_{33} \end{pmatrix}$ 에 대하여 $a_{11} + a_{23}$ 의 값은?
(단, a_{ij} 는 실수, i, $j = 1, 2, 3$) [3점]

① 1 ② 2 ③ 3 ④ 4

07 $\displaystyle\int_0^{\frac{\pi}{3}} \frac{\sin x}{\sqrt{2\cos x - 1}}\,dx$ 의 값은? [3점]

① 1　② 2　③ 3　④ 4

08 $-1 < x < 1$ 에서 $f(x) = \ln(1 + x^3)$ 을 매클로린급수로 나타낼 때, x^{60} 의 계수는? [3점]

① $-\dfrac{1}{20}$　② $-\dfrac{1}{10}$　③ $\dfrac{1}{20}$　④ $\dfrac{1}{10}$

09 극곡선 $r = 2\sin\theta$ 와 $r = 2\cos\theta$ 의 원점이 아닌 교점 P 에서 두 접선의 이루는 사잇각은? [3점]

① $\dfrac{\pi}{6}$　② $\dfrac{\pi}{4}$　③ $\dfrac{\pi}{3}$　④ $\dfrac{\pi}{2}$

10 영역 $R=\{(x,\ y)\,|\,0\le y\le \sqrt{9-x^2},\ \ -2\le x\le 2\}$ 를 x 축을 중심으로 한 바퀴 회전시켜 얻은 입체의 부피의 값은? [3점]

① 30π ② $\frac{92}{3}\pi$ ③ $\frac{94}{3}\pi$ ④ 32π

11 영역 $D=\{(x,\ y)|x\ge 0,\ \ x^2+y^2\le 4\}$ 에서 $f(x,\ y)=x^2+y^2-2x$ 의 최댓값은? [3점]

① 1 ② 2 ③ 3 ④ 4

12 곡면 S 위의 두 곡선의 매개방정식이 아래와 같을 때

$$r_1(t)=(1+t,\ 2+t^2,\ 3-t),\ \ -1\le t\le 1$$

$$r_2(u)=(u^2,\ 2u,\ 2+u),\ \ -2\le u\le 2,$$

곡면 S 위의 점 $(1,\ 2,\ 3)$ 에서 접평면의 방정식은? [3점]

① $x-3y+2z=1$ ② $x-2z=-5$
③ $-3x+y+z=2$ ④ $2x-3y+2z=2$

13 행렬 $A=\begin{pmatrix} a & 0 & 0 \\ 1 & 1 & 0 \\ 3 & 1 & b \end{pmatrix}$의 모든 고윳값의 합이 2 이고 $ab=-2$ 일 때, A^2 의 모든 고윳값의 합은?
(단, a, b 는 실수) [3점]

① 4 ② 6 ③ 8 ④ 10

14 네 점 P(1, 2, 3), Q(4, 0, −1), R(2, 5, 6), $S(-1, 3, 2)$ 을 꼭짓점으로 하는 사면체의 부피는? [3점]

① 5 ② 6 ③ 7 ④ 8

15 $x=se^t$, $y=s^2e^{-t}$ 이고 $u=xy(x+y)$ 라 할 때, $s=a$, $t=0$ 에서 $\dfrac{\partial u}{\partial t}=0$ 이다.
양의 실수 a 의 값은? [3점]

① 1 ② 2 ③ 3 ④ 4

16 $\int_0^1 \int_0^{\sqrt{1-x^2}} (1-x^2-y^2)dydx$ 의 값은? [3점]

① $\frac{\pi}{4}$　② $\frac{\pi}{6}$　③ $\frac{\pi}{8}$　④ $\frac{\pi}{10}$

17 $\frac{\partial f}{\partial x}(x, y) = ye^{xy}$, $\frac{\partial f}{\partial y}(x, y) = xe^{xy}$ 일 때, 곡면 $S = \{(x, y) \mid 8x^3 + y^3 = 16\}$ 위의 점 중에서 $f(x, y)$ 가 최대가 되는 점을 (a, b) 라 하자. $a+b$ 의 값은? (단, a, b 는 실수) [3점]

① 1　② 2　③ 3　④ 4

18 좌표평면의 네 직선

$$x-2y=-6,\ x+y=-1,\ x-2y=6,\ x+y=3$$

으로 둘러싸인 영역을 R 라 하자. $\iint_R (x+y)dA$ 의 값은? [3점]

① 12　② 14　③ 16　④ 18

19 좌표평면에서 경로 C는 다음과 같다.

> (가) C_1 은 점 $(0, 0)$ 으로부터 점 $\left(\frac{\pi}{2}, 0\right)$ 까지의 선분
> (나) C_2 는 점 $\left(\frac{\pi}{2}, 0\right)$ 으로부터 점 $\left(\frac{\pi}{2}, \pi\right)$ 까지의 선분
> (다) $C = C_1 \cup C_2$

입자가 점 $(0, 0)$ 으로부터 점 $\left(\frac{\pi}{2}, \pi\right)$ 까지 C를 따라 움직일 때,
힘 $F(x, y) = x\sin y\,\vec{i} + y\sin x\,\vec{j}$ 가 한 일 $W = \int_C F \cdot dr$의 값은? [3점]

① 0 ② $\frac{\pi^2}{2}$ ③ π^2 ④ $\frac{3\pi^2}{2}$

20 곡선 $C = \left\{(x, y) \mid (x-1)^2 + (y-3)^2 = 4\right\}$ 에 대하여
$\int_C (e^{2x}\sin 2y - y)dx + (e^{2x}\cos 2y + x)dy$ 의 값은? (단, C 의 방향은 시계 반대 방향) [3점]

① 4π ② 8π ③ 16π ④ 32π

21

평면 $x+2y+z=4$ 이 x 축, y 축, z 축과 만나는 점을 각각 P, Q, R 라 하자. 곡선 C는 점 P 에서 출발하여 순서대로 선분 $\overline{\text{PQ}}$, $\overline{\text{QR}}$, $\overline{\text{RP}}$ 를 따라 다시 점 P 로 돌아오는 경로이다.
벡터장 $F(x,\ y,\ z)=(x+2z)\vec{i}+(3x+y)\vec{j}+(2y-z)\vec{k}$ 에 대하여 $\int_C F \bullet dr$ 의 값은? [3점]

① 9　② 18　③ 36　④ 72

22

입체 $E=\{(x,\ y,\ z)\,|\,x^2+y^2 \le 1,\ 0 \le z \le 1\}$ 의 경계를 S라 하자. S의 방향이 E의 바깥 방향을 향할 때, S를 통과하는 벡터장 $F(x,\ y,\ z)=\frac{1}{3}x^3\vec{i}+\frac{1}{3}y^3\vec{j}+\frac{1}{3}z^3\vec{k}$ 의 유량(flux) $\iint_S F \bullet dS$ 의 값은? [3점]

① $\frac{\pi}{6}$　② $\frac{\pi}{2}$　③ $\frac{2\pi}{3}$　④ $\frac{5\pi}{6}$

23

기저 $B=\{<1,2,1>,\ <2,9,0>,\ <3,3,4>\}$ 에 대한 벡터 $<5,\ -1,9>$ 의 좌표벡터 $[<5,\ -1,9>]_B$ 가 $<1,\ a,\ 2>$ 일 때, 실수 a 의 값은? [3점]

① -4　② -3　③ -2　④ -1

24 두 함수 $f(x)$, $g(x)$ 의 론스키안(Wronskian)은 $W(f,\, g) = e^x$ 이다.

$$F(x) = af(x) + bg(x),\quad G(x) = cf(x) + dg(x)$$

에 대하여 $\det\begin{pmatrix} a & b \\ c & d \end{pmatrix} = 2$ 일 때 $W(F, G) = ke^x$ 이다. 상수 k 의 값은? (단, a, b, c, d 는 실수) [3점]

① 1 ② 2 ③ 3 ④ 4

25 연속함수 $f(t)$ 의 라플라스변환이 $\dfrac{1}{s^3 + 4s}$ 일 때, $f\left(\dfrac{\pi}{4}\right)$ 의 값은? [3점]

① $\dfrac{1}{4}$ ② $\dfrac{1}{3}$ ③ $\dfrac{1}{2}$ ④ 1

26 베셀함수 $J_{1/2}(x) = \sqrt{\dfrac{2}{\pi x}}\sin x$ 와 $J_{-1/2}(x) = \sqrt{\dfrac{2}{\pi x}}\cos x$ 에 대하여

$J_{3/2}(x) = \sqrt{\dfrac{2}{\pi}}\left(x^a \sin x - x^b \cos x\right)$ 이다. $a+b$ 의 값은? (단, a, b 는 실수) [5점]

① -1 ② -2 ③ -3 ④ -4

27 $\sigma(E)=\iiint_E (3-2x^2-2y^2-3z^2)\,dV$ 는 영역 $E=E_0$ 에서 최댓값을 갖는다.

입체 E_0 의 부피의 값은? [5점]

① $\frac{\pi}{2}$ ② π ③ $\frac{3}{2}\pi$ ④ 2π

28 선형변환 $T:\mathbb{R}^3 \to \mathbb{R}^3$, $T(\langle a, b, c\rangle)=\langle 3a+b,\ -2a-4b+3c,\ 5a+4b-2c\rangle$ 의 다음 설명 중 옳은 것만을 있는 대로 모두 고른 것은? [5점]

ㄱ. T 의 핵(kernel)의 원소는 영벡터뿐이다.
ㄴ. T 의 $rank$ 는 2이다.
ㄷ. $T \circ T$ 는 항등함수이다.

① ㄱ ② ㄴ ③ ㄱ, ㄷ ④ ㄴ, ㄷ

29 다음 조건을 만족하는 함수 $y = f(x)$ 가 무수히 많다.

> (가) $y'' + a^2 y = \sin x$
> (나) 임의의 양수 M 에 대하여 $|f(x)| > M$ 인 실수 x 가 존재한다.

양의 실수 a 의 값은? [5점]

① 1 ② 2 ③ 3 ④ 4

30 함수 $y = f(x)$ 는 구간 $0 \le x \le 1$ 에서 $(\cos x)y' + y = \sin x$, $y(0) = 2$ 를 만족시킨다. $f(1)$ 의 값은? [5점]

① 1 ② 2 ③ 3 ④ 4

M Y O N G J I   U N I V E R S I T Y

명지대학교

▶ **2025학년도 자연계** ▶ **문항 수:** 영어 30문항, 수학 25문항 | **제한시간:** 120분

2025 명지대 자연계 영역별 문항 수

구분	미분법	적분법	선형대수	다변수 미적분	공학수학	일반수학	합계
문항수	7	9	3	6	-	-	25
백분율	28%	36%	12%	24%	-	-	100%

MYONGJI UNIVERSITY

명지대학교

- 2025학년도 자연계
- **문항 수:** 영어 30문항, 수학 25문항 | **제한시간:** 120분

01 매개방정식 $x=1+t^2$, $y=2-t^3$ 에 대하여 $t=-1$ 일 때, $\frac{dy}{dx}$ 의 값은? [2점]

① $\frac{1}{2}$ ② 1 ③ $\frac{3}{2}$
④ 2 ⑤ $\frac{5}{2}$

02 함수 $f(x)=1-\frac{1}{x}+\frac{1}{x^2}$ $(x \neq 0)$ 은 $x=a$ 에서 극소이고, 그 그래프의 변곡점의 x 좌표는 b 이다. $a+b$ 의 값은? [2점]

① 1 ② 2 ③ 3
④ 4 ⑤ 5

03 그림과 같이 실수 a 가 $0 < a < 2$ 일 때, 포물선 $y=(x-2)^2$ 위의 점 $(a,\ (a-2)^2)$ 에서의 접선과 포물선 및 x 축과 y 축으로 둘러싸인 부분의 넓이는 $S(a)$ 라 하자. $S(a)$ 의 값이 최소가 되도록 하는 a 의 값은? [3점]

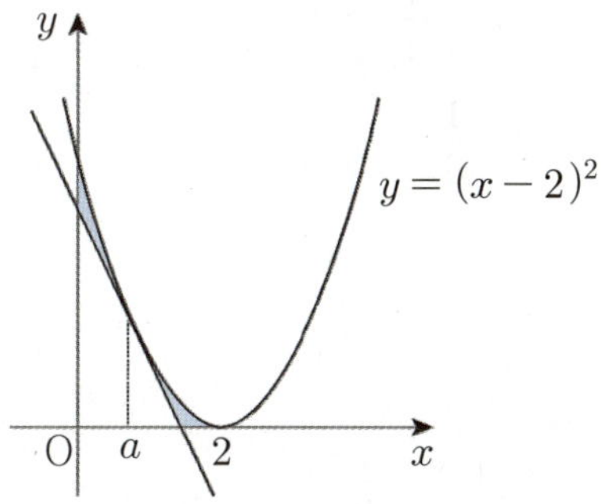

① $\frac{1}{6}$ ② $\frac{1}{3}$ ③ $\frac{1}{2}$
④ $\frac{2}{3}$ ⑤ $\frac{5}{6}$

04 〈보기〉에서 수렴하는 급수만을 있는 대로 고른 것은? [3점]

보기		
ㄱ. $\sum_{n=2}^{\infty} (-1)^n \frac{\sqrt{n}}{\ln n}$	ㄴ. $\sum_{n=1}^{\infty} \frac{(n+1)4^n}{3^{2n+1}}$	ㄷ. $\sum_{n=1}^{\infty} \left(\frac{2n+5}{3n+4}\right)^n$

① ㄱ ② ㄷ ③ ㄱ, ㄴ
④ ㄴ, ㄷ ⑤ ㄱ, ㄴ, ㄷ

05 두 벡터 $\vec{u}=(1,\ 2,\ \sqrt{3}\ ),\ \vec{v}=(a,\ 0,\ b)$ 가 $\|\vec{u}\times\vec{v}\| = \|\vec{u}\|\ \|\vec{v}\|$, $\|\vec{u}+\vec{v}\|^2 = \|\vec{u}\|^2+1$ 을 만족시킬 때, $\frac{b^2}{a^2}$ 의 값은? [3점]

① $\frac{1}{6}$ ② $\frac{1}{3}$ ③ $\frac{1}{2}$
④ $\frac{2}{3}$ ⑤ $\frac{5}{6}$

06 삼변수함수 $f(x, y, z) = x\tan^{-1}y + z\sin xy$ 에 대하여 점 $\mathrm{P}\left(\frac{\pi}{2}, 1, 1\right)$ 에서 $\vec{v} = (2, -2, 1)$ 방향으로의 f 의 변화율은? [3점]

① $-\frac{1}{3}$ ② $-\frac{1}{4}$ ③ 0

④ $\frac{1}{4}$ ⑤ $\frac{1}{3}$

07 그림과 같이 두 직선도로가 한 지점 O 에서 만나고, 점 O 에서 두 도로가 이루는 각의 크기는 60° 이다. 두 자동차 A, B 가 점 O 에서 동시에 출발하여 두 도로를 따라 달리고 있다. 자동차 A 의 속도는 80 km/h 이고 자동차 B 의 속도는 60 km/h 일 때, 30 분 후 두 자동차 A, B 사이의 거리의 변화율은? (단, 변화율의 단위는 km/h 이고, 도로의 폭은 무시한다.) [3점]

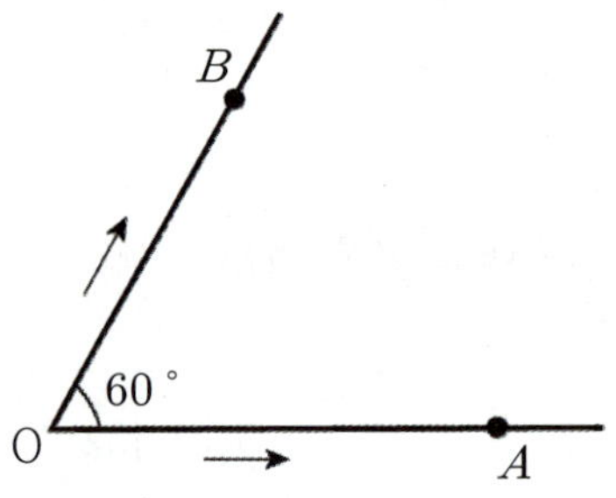

① $20\sqrt{13}$ ② $25\sqrt{13}$ ③ $30\sqrt{13}$

④ $35\sqrt{13}$ ⑤ $40\sqrt{13}$

08 $x > 0$에서 미분가능한 함수 $f(x)$가 다음 조건을 만족시킨다.

(가) $f(1) = -1$	(나) $x^2 f(x) + \{f(x)\}^4 = 0$

함수 $f(x)$ 의 $x = 1$ 에서의 선형화(일차근사식)을 $L(x)$ 라 할 때, $L(1.1)$ 의 값은? [3점]

① $-\frac{16}{15}$ ② $-\frac{11}{10}$ ③ $-\frac{17}{15}$

④ $-\frac{7}{6}$ ⑤ $-\frac{6}{5}$

09 두 벡터 $\vec{u}=(a, b, c)$, $\vec{v}=(2, \sqrt{2}, 1)$에 대하여 $\vec{u}$의 방향코사인을 성분으로 하는 벡터 $\left\langle \frac{1}{2}, \frac{\sqrt{2}}{2}, t \right\rangle$이고 $\vec{u} \cdot \vec{v} = 3\sqrt{2}$일 때, $a^2+b^2+c^2$의 값은? (단, $t<0$) [4점]

① 6 ② 8 ③ 10
④ 12 ⑤ 14

10 양의 정수 k에 대하여 $f(k)=\int_1^e x^{k-1}\ln x\,dx$라 할 때, $16f(4)-9f(3)$의 값은? [4점]

① $e^3(e-2)$ ② $2e^3(e-1)$ ③ $e^3(3e-2)$
④ $2e^4(e-1)$ ⑤ $e^4(3e-2)$

11 두 곡선 $y=x^2-2x+2$와 $y=2x-1$로 둘러싸인 영역을 y축으로 회전시켜 얻은 입체의 부피는? [4점]

① $\frac{10}{3}\pi$ ② 4π ③ $\frac{14}{3}\pi$
④ $\frac{16}{3}\pi$ ⑤ 6π

12 $0 < x < \dfrac{\pi}{2}$ 에서 정의된 두 함수 $\tan x$, $\cot x$ 의 역함수를 각각 $\tan^{-1}x$, $\cot^{-1}x$ 라 할 때,

$\displaystyle\sum_{n=1}^{\infty}\left\{\tan^{-1}(n+1)-\cot^{-1}(n+1)-\tan^{-1}n+\cot^{-1}n\right\}$ 의 값은? [4점]

① 0 ② $\dfrac{\pi}{4}$ ③ $\dfrac{\pi}{2}$

④ $\dfrac{3}{4}\pi$ ⑤ π

[13~14] 좌표평면에서 두 극곡선 C_1 : $r=2\cos 2\theta$ 와 C_2 : $r=1$ 에 대하여 13번과 14번의 두 물음의 답하시오.

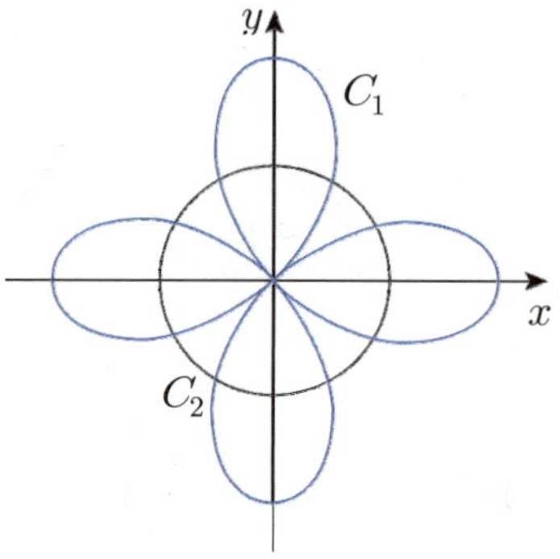

13 곡선 C_1 과 곡선 C_2 가 제1 사분면에서 만나는 서로 다른 두 점을 각각 A, B 라 할 때, 부채꼴 OAB 의 넓이는? (단, O 는 원점이다.) [4점]

① $\dfrac{\pi}{12}$ ② $\dfrac{\pi}{10}$ ③ $\dfrac{\pi}{8}$

④ $\dfrac{\pi}{6}$ ⑤ $\dfrac{\pi}{4}$

14 곡선 C_1 의 외부와 곡선 C_2 의 내부에 놓여있는 공통 영역의 넓이는? [4점]

① $\frac{\sqrt{3}}{2}-\frac{\pi}{6}$ ② $\sqrt{3}-\frac{\pi}{3}$ ③ $\frac{3\sqrt{3}}{2}-\frac{\pi}{2}$
④ $2\sqrt{3}-\frac{2}{3}\pi$ ⑤ $\frac{5\sqrt{3}}{2}-\frac{5}{6}\pi$

명지대학교 | 자연계

15 함수 $f(t)=\int_{3t}^{4t} e^{-s^2}ds$ 에 대하여 $\lim_{x\to0}\frac{\int_{x}^{2x} f(t)dt}{1-\cos x}$ 의 값은? [4점]

① 1 ② 2 ③ 3
④ 4 ⑤ 5

16 $\lim_{n\to\infty}\int_{0}^{\frac{1}{2}}(x+x^3+\cdots+x^{2n+1})dx$ 의 값은? [5점]

① $\ln 2\sqrt{3}$ ② $\ln\frac{5\sqrt{3}}{3}$ ③ $\ln\frac{4\sqrt{3}}{3}$
④ $\ln\sqrt{3}$ ⑤ $\ln\frac{2\sqrt{3}}{3}$

17 함수 $f : \mathbb{R} \to \mathbb{R}$ 과 $g : \mathbb{R}^2 \to \mathbb{R}$ 이 $f'(0)=1$, $\dfrac{\partial^2 g}{\partial y \partial x}(e, 0) = \dfrac{1}{e}$ 을 만족시킨다.

이변수함수 $h(x, y) = f\left(\dfrac{y}{x}\right) + g(e^x, \sin y)$에 대하여 $\dfrac{\partial^2 h}{\partial y \partial x}(1, 0)$ 의 값은?
(단, $f''(x)$ 와 $g(x, y)$ 의 이계편도함수가 존재한다.) [5점]

① 0　② $\dfrac{1}{e}$　③ $\dfrac{2}{e}$
④ 1　⑤ e

18 〈보기〉에서 옳은 것만을 있는 대로 고른 것은? [5점]

보기		
ㄱ. $\displaystyle\lim_{x\to\pi^-}\frac{\cos x}{1-\sin x}=0$	ㄴ. $\displaystyle\lim_{x\to 0}\frac{\tan x - x}{x^2}=0$	ㄷ. $\displaystyle\lim_{x\to 1^+}\left(\frac{1}{\ln x}-\frac{1}{x-1}\right)=\frac{1}{2}$

① ㄱ　② ㄴ　③ ㄷ
④ ㄱ, ㄴ　⑤ ㄴ, ㄷ

19 함수 $f(x) = \displaystyle\int_0^x \sin(\pi t^2)\,dt$ 의 매클로린(Maclaurin) 급수가 $\displaystyle\sum_{n=0}^{\infty} a_n x^n$ 일 때,

급수 $\displaystyle\sum_{n=1}^{\infty} \frac{n}{2^n} a_n$ 의 값은? [5점]

① $\sqrt{2}$　② $\dfrac{\sqrt{2}}{2}$　③ $\dfrac{\sqrt{2}}{3}$
④ $\dfrac{\sqrt{2}}{4}$　⑤ $\dfrac{\sqrt{2}}{5}$

20 곡선 $r(t)=(a\cos t,\ a\sin t,\ 2t)$ 의 단위접선벡터 $T(t)$ 가 $\frac{1}{\|\vec{v}\|}\left\|\frac{dT}{dt}\right\|=\frac{1}{4}$ 을 만족시킬 때, $t=0$ 에서 $t=5$ 까지 곡선 $r(t)$ 의 길이는? (단, $a>0$ 이고 $\vec{v}$ 는 r 의 속도벡터를 나타낸다.) [5점]

① $5\sqrt{5}$ ② $10\sqrt{2}$ ③ $5\sqrt{13}$
④ $10\sqrt{5}$ ⑤ $10\sqrt{13}$

21 좌표평면에서 $f(\theta)=1+\sin\theta$ 에 대하여 $\theta=\frac{\pi}{3}$ 일 때, 극곡선 $r=f(\theta)$ 위의 점을 P 라 하자. 점 P 에서 극곡선 $r=f(\theta)$ 에 접하는 직선이 x 축과 만나는 점을 Q 라 할 때, $\angle\text{OPQ}$ 의 크기는? (단, O 는 원점이다.) [5점]

① $\frac{\pi}{4}$ ② $\frac{\pi}{3}$ ③ $\frac{5}{12}\pi$
④ $\frac{\pi}{2}$ ⑤ $\frac{7}{12}\pi$

22 행렬 $A=\begin{pmatrix}-1 & -10 & 1\\ 2 & 7 & -1\\ 2 & 2 & 0\end{pmatrix}$의 고윳값 λ 와 이에 대응하는 고유벡터 $\langle a, b, c\rangle$ 가 다음 조건을 만족시킬 때, $ab+bc+ca$ 의 값은? [5점]

(가) λ 는 실수이다.	(나) $a^2+b^2+c^2=1$

① $\frac{2}{5}$ ② $\frac{4}{5}$ ③ $\frac{6}{5}$
④ $\frac{8}{5}$ ⑤ 2

23 〈보기〉에서 수렴하는 것만을 있는 대로 고른 것은? [5점]

보기			
ㄱ. $\displaystyle\int_{-2}^{2}\frac{1}{x^2}dx$	ㄴ. $\displaystyle\int_{0}^{1}\frac{\ln x}{\sqrt{x}}dx$	ㄷ. $\displaystyle\int_{1}^{\infty}\frac{1+e^{-x}}{x}dx$	ㄹ. $\displaystyle\int_{0}^{\infty}\frac{e^{x}}{e^{2x}+4}dx$

① ㄱ, ㄴ ② ㄱ, ㄷ ③ ㄴ, ㄷ
④ ㄴ, ㄹ ⑤ ㄷ, ㄹ

24 타원판 $\{(x,\,y)\,|\,x^2+4y^2\le 8\}$ 위에서 함수 $f(x,\,y)=x^2+2xy+4y^2$ 의 최댓값은? [5점]

① 10 ② 12 ③ 14
④ 16 ⑤ 18

25 $x\ge 0$ 에서 정의된 함수 $f(x)=\begin{cases} x, & (0\le x\le 1) \\ 0, & (1<x) \end{cases}$ 에 대하여

영역 $D=\{(x,\,y)\,|\,x\ge 0\}$ 에서의 중적분 $\displaystyle\iint_D f(x)f(x^2+y^2)\,dA$ 의 값은? [5점]

① $\frac{1}{5}$ ② $\frac{3}{10}$ ③ $\frac{2}{5}$
④ $\frac{1}{2}$ ⑤ $\frac{3}{5}$

S O G A N G U N I V E R S I T Y

서강대학교

▶ 2025학년도 자연계 ▶ 문항 수: 영어 30문항, 수학 20문항 | 제한시간: 120분

2025 서강대 자연계 영역별 문항 수

구분	미분법	적분법	선형대수	다변수 미적분	공학수학	일반수학	합계
문항수	2	3	5	4	6		20
백분율	10%	15%	25%	20%	30%		100%

SOGANG UNIVERSITY

서강대학교

- 2025학년도 자연계
- 문항 수: 영어 30문항, 수학 20문항 | 제한시간: 120분

01 적분 $\int_{-2}^{3} \frac{1}{x^2+36} dx$ 의 값은? [4점]

① $\frac{\pi}{36}$ ② $\frac{\pi}{24}$ ③ $\frac{\pi}{12}$
④ $\frac{\pi}{6}$ ⑤ $\frac{\pi}{4}$

02 다음 〈보기〉의 수열 또는 급수 중에서 수렴하는 것만을 있는 대로 고른 것은? [4점]

보기

ㄱ. $\lim_{n\to\infty} \frac{1}{\sqrt{n}} \sum_{k=1}^{2n} \frac{1}{k}$
ㄴ. $\sum_{n=3}^{\infty} \frac{1}{n(\ln n)\ln(\ln n)}$
ㄷ. $\sum_{n=2}^{\infty} \left(1-\frac{1}{\sqrt{n}}\right)^{n^2}$

① ㄱ ② ㄱ, ㄴ ③ ㄱ, ㄷ
④ ㄴ, ㄷ ⑤ ㄱ, ㄴ, ㄷ

03 공간에 두 점 $P(1, 1, 1)$ 와 $Q\left(\frac{\sqrt{2}+1}{3}, \frac{1}{3}, \frac{5}{3}\right)$ 가 있다.
점 R 이 평면 $x-y+2z=0$ 위를 움직일 때, $\overline{PR}+\overline{QR}$ 의 최솟값은? [4점]

① $\sqrt{2}$ ② $\sqrt{3}$ ③ $\sqrt{6}$
④ $2\sqrt{2}$ ⑤ $2\sqrt{3}$

04 집합 $\{(x, y) \in \mathbb{R}^2 \mid x^4 + 4y^4 = 1\}$ 에서 정의된 함수 $f(x, y) = x^4 + 8x^2y^2 + 16y^4$ 의 최댓값과 최솟값의 합은? [4점]

① 5 ② 6 ③ 7
④ 8 ⑤ 9

05 두 함수 $f(x, y) = \sinh(x^2y)$ 와 $g(x) = \int_{x^2}^{x^2-2x+2} e^{t^3x}\, dt$ 에 대하여 $h(x) = f(x, g(x))$ 일 때, $h'(1)$ 의 값은? [4점]

① $-2e$ ② $1-e$ ③ 0
④ $1+e$ ⑤ $2e$

06 곡선 C 는 $r(t) = t^3\vec{i} + t^2\vec{j} - 2t\vec{k}$ $(0 \le t \le 1)$ 로 주어지고 $(0, 0, 0)$ 에서 출발하여 $(1, 1, -2)$ 에서 끝난다. 벡터장 $F(x, y, z) = (x^2 - y^3)\vec{i} + yz\vec{j} + (x+z)\vec{k}$ 에 대하여, 적분 $\int_C F \cdot dr$ 의 값은? [4점]

① $\frac{7}{10}$ ② $\frac{4}{5}$ ③ $\frac{9}{10}$
④ 1 ⑤ $\frac{11}{10}$

07

S가 매개변수방정식

$$x = u + v, \quad y = 2u - v + 1, \quad z = -2u + 4v \ (0 \le u \le 1, \ 0 \le v \le 2)$$

으로 주어진 면일 때, 적분 $\iint_S (x + y + z) dS$ 의 값은? [4점]

① 8　　② 11　　③ 24
④ 72　　⑤ 99

08

행렬 $A = \begin{pmatrix} 0 & 0 & 1 \\ 1 & 0 & -1 \\ 0 & 1 & 3 \end{pmatrix}$에 대하여 $(A^2 + I)^{-1} = aA + bI$ 일 때, $a + b$ 의 값은?
(단, a 와 b 는 실수이고 I는 3×3 단위행렬이다.) [4점]

① $-\frac{1}{2}$　　② -1　　③ 0
④ 1　　⑤ $\frac{1}{2}$

09

행렬 $A = \begin{pmatrix} \frac{11}{20} & \frac{3}{20} \\ \frac{3}{20} & \frac{19}{20} \end{pmatrix}$에 대하여 $\lim_{n \to \infty} A^n$ 의 모든 성분의 합은? [4점]

① $\frac{2}{5}$　　② $\frac{7}{10}$　　③ 1
④ $\frac{13}{10}$　　⑤ $\frac{8}{5}$

10 $y(x)$ 가 초깃값 문제 $x^2+8xyy'-4y^2=0$, $y(4)=2$ 의 해일 때, $y(2)$ 의 값은? [4점]

① 0　② 1　③ $\sqrt{2}$
④ $\sqrt{3}$　⑤ 2

11 구간 $(-1, \infty)$ 에서 정의된 함수 $f(x)=(x+1)e^{2x}$ 의 역함수를 $g(x)$ 라고 할 때, $g'(1)+g''(1)$ 의 값은? [5점]

① $\frac{1}{81}$　② $\frac{1}{27}$　③ $\frac{1}{9}$
④ $\frac{1}{3}$　⑤ 1

12 극방정식 $r=1+\sin\theta$ $(0\le\theta<2\pi)$로 주어진 곡선에서 $r\le 1$ 인 부분의 길이가 $a+b\sqrt{2}$ 일 때, $a+b$ 의 값은? (단 a 와 b 는 유리수이다.) [5점]

① 3　② $\frac{7}{2}$　③ 4
④ $\frac{9}{2}$　⑤ 5

13 임의의 양수 t 에 대하여 $f(t)=\iint_{T(t)} e^{2y-x^2}dA$ 라고 하자. 여기서 $T(t)$ 는 꼭짓점이 $(-t,\ -t)$, $(t,\ -t)$, $(t,\ t)$ 인 삼각형으로 둘러싸인 영역이다. 극한 $\lim_{t\to\infty} f(t)$ 의 값은? [5점]

① $\dfrac{\sqrt{\pi}}{2e}$ ② $\dfrac{\sqrt{\pi}}{e}$ ③ $\sqrt{\pi}$
④ $\dfrac{e\sqrt{\pi}}{2}$ ⑤ $e\sqrt{\pi}$

14 적분 $\int_0^9 \int_{\sqrt{x}}^3 \int_0^{3-y} \cos(3-z)^4\, dzdydx$ 의 값은? [5점]

① $\dfrac{\sin 81}{2}$ ② $\dfrac{\sin 81}{3}$ ③ $\dfrac{\sin 81}{4}$
④ $\dfrac{\sin 81}{6}$ ⑤ $\dfrac{\sin 81}{12}$

15 A 가 $n\times n$ 행렬일 때, 다음 〈보기〉에서 옳은 것만을 있는 대로 고른 것은?
(단, n 은 자연수, A^T 는 A 의 전치행렬(transpose), 그리고 I 는 $n\times n$ 단위행렬이다.) [5점]

보기
ㄱ. A^TA 의 계급수(*rank*)는 A 의 계급수와 같다.
ㄴ. A 가 대각화 가능하면 A^T 도 대각화 가능하다.
ㄷ. $AX-XA=I$ 인 $n\times n$ 행렬 X 가 존재한다.

① ㄱ ② ㄱ, ㄴ ③ ㄱ, ㄷ
④ ㄴ, ㄷ ⑤ ㄱ, ㄴ, ㄷ

16 $\mathcal{L}$ 을 라플라스 변환이라고 하고, $\mathcal{L}^{-1}$ 를 $\mathcal{L}$ 의 역변환이라고 하자.

$f(t) = \mathcal{L}^{-1}\left\{\dfrac{4s}{(s+1)(s^2+4s+5)}\right\}(t)$ 일 때, $f(\pi)$ 의 값은? [5점]

① $-2^{-\pi}-2e^{-2\pi}$ ② $-2^{-\pi}+2e^{-2\pi}$ ③ $-2e^{-\pi}+e^{-2\pi}$
④ $-e^{-\pi}-e^{-2\pi}$ ⑤ $-e^{-\pi}+e^{-2\pi}$

17 연속함수 $f(x)$ 가 모든 실수 x 에 대하여 $x^2 = (1-x-e^{-x})f(x)$ 를 만족시킨다고 하자.

$f''(0)-f(0) = \dfrac{q}{p}$ 일 때, $p+q$ 의 값은? (단, p 와 q 는 서로소인 자연수이다.) [7점]

18 S 를 영역 $\left\{(x,\ y,\ z)\in\mathbb{R}^3 \mid x^2+y^2+(z-1)^2 \le 1 \text{이고 } z \ge \sqrt{x^2+y^2}\right\}$ 의 경계곡면이라고 하자.

벡터장 $F(x,\ y,\ z) = 2xz\,\vec{i}+2y\,\vec{j}+x\,\vec{k}$ 에 대하여 적분 $\iint_S F \cdot dS$ 의 값이 $\dfrac{q}{p}\pi$ 일 때, $p+q$ 의 값은?
(단, S 는 바깥으로 향하는 방향을 갖는 곡면이고 p 와 q 는 서로소인 자연수이다.) [7점]

19 3차원 공간에 있는 임의의 벡터 $< x_1, x_2, x_3 >$에 대하여

$$< y_1, y_2, y_3 > = < x_1, x_2, x_3 > \times < 1, 1, 1 >$$

라고 하자. 여기서 $\times$ 는 두 벡터의 외적(cross product)을 나타낸다.

$\begin{pmatrix} y_1 \\ y_2 \\ y_3 \end{pmatrix} = A \begin{pmatrix} x_1 \\ x_2 \\ x_3 \end{pmatrix}$ 을 만족하는 3×3 행렬 A 에 대하여 $(A^T)^9$ 의 $(3, 2)$ 성분을 a 라고 할 때,

$a + 100$ 의 값은? (단, A^T 는 A 의 전치행렬이다.) [7점]

20 $y(x)$ 가 초깃값 문제

$$y'' - y = 4xe^x, \ y(0) = -1, \ y'(1) = 13(e + e^{-1})$$

의 해일 때, $y'(0)$ 의 값은? [7점]

S E O U L   T E C H   U N I V E R S T Y

서울과학기술대학교

SEOULTECH

▶ 2025학년도 일반전형 ▶ 문항 수: 20문항 | 제한시간: 100분

2025 서울과학기술대 일반전형 영역별 문항 수

구분	미분법	적분법	선형대수	다변수 미적분	공학수학	일반수학	합계
문항수	3	1	5	4	7	-	20
백분율	15%	5%	25%	20%	35%	-	100%

SEOUL TECH UNIVERSITY

서울과학기술대학교

- 2025학년도 일반전형
- 문항 수: 20문항 | 제한시간: 100분

SEOULTECH

01 다음 중 옳은 식의 개수는? [4점]

ㄱ. $\lim_{h\to0}\frac{e^h-1}{h}=1$

ㄴ. $e=\lim_{n\to\infty}\left(1+\frac{1}{n}\right)^n$

ㄷ. $e=\lim_{n\to\infty}\left(1-\frac{1}{n}\right)^{-n}$

ㄹ. $e=\lim_{x\to1}x^{\frac{1}{x-1}}$

ㅁ. $e=\lim_{x\to0}(1+x)^{1/x}$

ㅂ. $e=\sum_{k=0}^{\infty}\frac{1}{k!}$

① 2 ② 3 ③ 4
④ 5 ⑤ 6

02 가로등이 6 m 높이의 기둥의 꼭대기에 고정되어 있다. 키가 2 m 인 사람이 기둥으로부터 반듯한 길을 따라 1.5 m/s 의 속력으로 기둥에서 멀어져간다고 하자. 사람이 기둥에서 10 m 떨어질 때, 그림자의 길이를 a m, 기둥으로부터 그림자의 끝까지의 거리의 변화율을 b m/s, 그림자의 길이의 변화율을 c m/s 라고 할 때, $a+b+c$ 의 값은? [4점]

① 6.5 ② 7.25 ③ 8
④ 8.25 ⑤ 8.75

03 곡선 $y=\sin x$, $y=\cos x$ 와 직선 $x=0$, $x=\frac{\pi}{2}$ 로 둘러싸인 영역을 y 축으로 회전하여 생기는 입체의 부피는? [6점]

① $\pi(\sqrt{2}-1)$ ② $\pi\left(1-\frac{1}{\sqrt{2}}\right)$ ③ $\pi^2(\sqrt{2}-1)$
④ $\pi^2\left(1-\frac{1}{\sqrt{2}}\right)$ ⑤ $\pi(\sqrt{2}\pi-4)$

04 직선 $y=x$ 와 포물선 $y=x^2$ 에 의해 둘러싸인 영역의 밀도가 일정하다고 하자. 이 영역의 질량 중심 좌표를 $(a,\ b)$ 라고 할 때, $a+b$ 의 값은? [6점]

① $\frac{7}{10}$ ② $\frac{9}{10}$ ③ $\frac{11}{10}$
④ $\frac{13}{10}$ ⑤ $\frac{15}{10}$

05 다음 두 급수를 모두 수렴하게 하는 자연수 k 의 개수는? [4점]

$$\sum_{n=0}^{\infty}\frac{1}{n^{k-1}},\qquad \sum_{n=1}^{\infty}\frac{k^n}{4^n n^2}$$

① 0 ② 1 ③ 2
④ 3 ⑤ 4

06 곡선 $x=2\cos t+\sin 2t,\ y=2\sin t+\cos 2t$ 를 따라 움직이는 물체의 속력이 0 이 되는 모든 t 값의 합은? (단, $0\le t\le\pi$) [6점]

① $\frac{\pi}{6}$ ② $\frac{5}{6}\pi$ ③ $\frac{\pi}{2}$
④ π ⑤ 2π

07 점 $(2, 1, -10)$ 으로부터 세 점 $P(1, 2, 2)$, $Q(4, 1, -2)$, $R(-2, -2, -4)$ 을 지나는 평면까지의 거리는? [4점]

① 4　② 5　③ 6
④ 7　⑤ 8

08 지면으로부터 높이가 10 m인 지점에서 수평선과 $\frac{\pi}{3}$ 의 각도를 이루고 초기속력 40 m/s 로 발사된 발사체가 있다. 발사체에 작용하는 힘은 중력뿐이라고 할 때, 발사체가 지면으로부터 가장 높이 올라갔을 때의 높이는? (단, 중력가속도 $g = 10\ \mathrm{m/s^2}$) [6점]

① 50 m　② 55 m　③ 60 m
④ 65 m　⑤ 70 m

09 연속확률변수 X, Y 의 결합밀도함수가

$$f(X=x,\ Y=y) = \begin{cases} Ce^{x^2+y^2}, & (x^2+y^2 \le 1) \\ 0, & (x^2+y^2 > 1) \end{cases}$$

일 때, X^2+Y^2 의 기댓값 $E(X^2+Y^2)$ 의 값은? (단, C 는 상수) [4점]

① $\frac{1}{e}$　② $\frac{1}{e+1}$　③ $\frac{\pi}{2e}$
④ $\frac{1}{e-1}$　⑤ $\frac{e}{\pi}$

10 삼각형의 세 꼭짓점 $(0, 0)$, $(1, 1)$, $(0, 1)$ 을 순서대로 잇는 닫힌 경로 C 에 대하여 다음 선적분의 값은? [6점]

$$\int_C x^2 \tanh^{-1}(x)dx + x\sin(y^2)dy$$

① $1-\cos 1$ ② $\sin^2\frac{1}{2}$ ③ $1+\cos 1$
④ $\cos^2\frac{1}{2}$ ⑤ 다른 보기 중에는 답 없음

11 곡면 S 가 $z=8-x^2-2y^2$ 의 그래프 중 $z \geq 0$ 인 부분일 때, 벡터장 $F=(x, y, z+1)$ 에 대하여 유량적분 $\iint_S F \cdot dS$ 의 값은? [6점]

① $52\sqrt{2}\pi$ ② $48\sqrt{2}\pi$ ③ $44\sqrt{2}\pi$
④ $11\sqrt{2}\pi$ ⑤ 다른 보기 중에는 답 없음

12 다음 중 보존적 벡터장의 개수는? [4점]

ㄱ. $\langle x, y, z \rangle$
ㄴ. $\langle \sin y\cos z, x\cos y\cos z, -x\sin y\sin z \rangle$
ㄷ. $\langle 2e^{x^2}x^2y+e^{x^2}y, e^{x^2} \rangle$
ㄹ. $\left\langle \frac{y^2}{x^2+1}, 2y\tan^{-1}x \right\rangle$

① 0 ② 1 ③ 2
④ 3 ⑤ 4

13 미분방정식 $(x-3)(x-5)\frac{dy}{dx}-(x-4)y=0$, $3<x<5$, $y\left(\frac{9}{2}\right)=\frac{\sqrt{3}}{2}$ 에 대하여 $y(4)$ 의 값은? [4점]

① 1　② i　③ 0
④ -1　⑤ $-i$

14 미분방정식 $y''-8y'+18y=0$, $y(0)=1$, $y\left(\frac{\sqrt{2}}{4}\pi\right)=0$ 에 대하여 $y\left(\frac{3\sqrt{2}}{4}\pi\right)$의 값은? [4점]

① 1　② $\frac{1}{2}$　③ 0
④ -1　⑤ $-\frac{1}{2}$

15 연속함수 $y(x)$ $(x\geq 0)$ 가 다음 미분방정식을 만족한다.

$$\frac{dy}{dx}+2y=\begin{cases}1, & (0<x<1)\\ 0, & (x>1)\end{cases}$$

$y(0)=0$ 일 때, $y(2)$ 의 값은? [6점]

① $\frac{1}{2}(e^{-5}-e^{-7})$　② $\frac{1}{2}(e^{-4}-e^{-6})$　③ $\frac{1}{2}(e^{-3}-e^{-5})$
④ $\frac{1}{2}(e^{-2}-e^{-4})$　⑤ $\frac{1}{2}(e^{-1}-e^{-3})$

16 미분방정식 $x\dfrac{dy}{dx} = 3xe^x - y + 6x^2$, $y(1) = 5$ 에 대하여, $\lim_{x \to 0} y(x)$ 의 값은? [6점]

① 1　② $\dfrac{1}{3}$　③ 0
④ -1　⑤ $-\dfrac{1}{3}$

17 행렬 $A = \begin{pmatrix} 1 & 0 & 1 & 0 & 0 \\ 0 & 2 & 2 & 0 & 0 \\ 1 & 1 & 3 & 0 & 0 \\ 0 & 0 & 0 & 1 & 1 \\ 0 & 0 & 0 & 1 & 2 \end{pmatrix}$ 의 행렬식은? [6점]

① 0　② 2　③ 3
④ 6　⑤ 10

18 행렬 A 의 고유값 λ_i 와 이에 대응하는 고유벡터 $\overrightarrow{x_i}$ 가 각각 $\lambda_1 = 1$, $\lambda_2 = 2$, $\lambda_3 = 3$, $\overrightarrow{x_1} = \begin{pmatrix} 1 \\ 0 \\ 0 \end{pmatrix}$, $\overrightarrow{x_2} = \begin{pmatrix} 1 \\ -1 \\ 0 \end{pmatrix}$, $\overrightarrow{x_3} = \begin{pmatrix} 0 \\ -1 \\ 1 \end{pmatrix}$ 일 때, 행렬 A 의 모든 성분의 합은? [6점]

① 0　② 1　③ 2
④ 3　⑤ 4

19 행렬 $A=\begin{pmatrix} \frac{1}{2} & \frac{1}{2} & \frac{1}{2} & a \\ \frac{1}{2} & b & \frac{1}{2} & -\frac{1}{2} \\ \frac{1}{2} & \frac{1}{2} & c & -\frac{1}{2} \\ d & -\frac{1}{2} & -\frac{1}{2} & \frac{1}{2} \end{pmatrix}$가 직교행렬일 때, $a+b+c+d$ 의 값은? [4점]

① 0　② 1　③ 2　④ -1　⑤ -2

20 다음 중 참인 명제의 개수는? [4점]

ㄱ. $n\times n$ 행렬 A 의 두 행을 교환하여 얻은 행렬을 B 라고 하면 $\det A=-\det B$ 이다.
ㄴ. $n\times n$ 행렬 A 의 한 행에 스칼라 k 를 곱하여 얻은 행렬을 B 라고 하면 $\det A=k\det B$ 이다.
ㄷ. $n\times n$ 행렬 A 의 한 행에 다른 행의 스칼라배를 더하여 얻은 행렬을 B 라고 하면 $\det A=\det B$ 이다.
ㄹ. $n\times n$ 행렬 A 의 $rank\,A$ 가 n 보다 작으면 $\det A=0$ 이다.

① 0　② 1　③ 2　④ 3　⑤ 4

THE UNIVERSITY OF SEOUL

서울시립대학교

서울시립대학교
UNIVERSITY OF SEOUL

▶ 2025학년도 자연계 I형 ▶ 문항 수: 25문항 | 제한시간: 60분

2025 서울시립대 자연계 I형 영역별 문항 수

구분	미분법	적분법	선형대수	다변수 미적분	공학수학	일반수학	합계
문항수	3	4	5	6	7	-	25
백분율	12%	16%	20%	24%	28%	-	100%

THE UNIVERSITY OF SEOUL

서울시립대학교

- 2025학년도 자연계 I형
- 문항 수: 25문항 | 제한시간: 60분

서울시립대학교
UNIVERSITY OF SEOUL

01 미분방정식 $x^2y'' - 2xy' + 2y = 0$ 의 해 $y(x)$ 가 $y(1) = 3$, $y'(1) = 4$ 를 만족시킬 때, $y(3)$ 의 값은? [3점]

① 15　② 16　③ 17　④ 18　⑤ 19

02 미분방정식 $(x^2+4)\dfrac{dy}{dx} + 4xy = 2x$ 의 해 $y(x)$ 가 $y(0) = 1$ 을 만족시킬 때, $y(2)$ 의 값은? [4점]

① $\dfrac{5}{64}$　② $\dfrac{5}{32}$　③ $\dfrac{5}{16}$　④ $\dfrac{5}{8}$　⑤ $\dfrac{5}{4}$

03 적분방정식 $f(t) + \int_0^t f(\tau)e^{t-\tau}d\tau = \sin 2t$ 를 만족시키는 $f(t)$ 에 대하여 $f(\pi)$ 의 값은? [4점]

① -1　② $-\dfrac{1}{2}$　③ 0　④ $\dfrac{1}{2}$　⑤ 1

04 함수 $f(x)=x\ \ (-\pi<x<\pi)$ 의 복소 푸리에(Fourier)급수가 $f(x)=\sum_{n=-\infty}^{\infty} c_n e^{inx}$ 일 때, c_2 의 값은? [4점]

① $-\frac{i}{2}$ ② $-\frac{i}{4}$ ③ 0
④ $\frac{i}{4}$ ⑤ $\frac{i}{2}$

05 다음에서 차수가 3 이하인 실수 계수 다항식으로 이루어진 벡터공간 $\mathbb{P}_3$ 의 부분공간만을 모두 고른 것은? [4점]

ㄱ. $\{x^3+a \mid a$는 실수$\}$
ㄴ. $\{f(x)\in\mathbb{P}_3 \mid f'(-1)=0\}$
ㄷ. $\{ax^2+bx+c \mid a, b, c$는 정수$\}$

① ㄱ ② ㄴ ③ ㄱ, ㄴ
④ ㄱ, ㄷ ⑤ ㄴ, ㄷ

06 행렬 $A=\begin{pmatrix} -4 & 0 & 3 \\ 0 & 4 & 0 \\ -2 & 0 & 1 \end{pmatrix}$에 대하여 A^{2025}의 모든 성분의 합은? [5점]

① $4^{2024}-4$ ② $4^{2024}-2$ ③ $4^{2025}-4$
④ $4^{2025}-2$ ⑤ 4^{2025}

07 다음에서 행렬 $A=\begin{pmatrix} 1 & 0 & 0 & -2 \\ 3 & 1 & 2 & 2 \\ 1 & 0 & 3 & 1 \\ 3 & 0 & 0 & 6 \end{pmatrix}$에 대한 설명 중 옳은 것만을 모두 고른 것은? [4점]

ㄱ. $rank(A)=4$ ㄴ. $\det\left(\frac{1}{3}A\right)=12$ ㄷ. 행렬 A는 대각화 가능하다.

① ㄱ ② ㄴ ③ ㄱ, ㄴ
④ ㄱ, ㄷ ⑤ ㄴ, ㄷ

08 두 곡선 $y=\sec^2 x$, $y=\tan^2 x$와 두 직선 $x=0$, $x=1$로 둘러싸인 영역을 직선 $x=-1$을 축으로 회전시켜 얻은 입체의 부피는? [4점]

① $\frac{\pi}{2}$ ② π ③ $\frac{3\pi}{2}$
④ 2π ⑤ 3π

09 다음에서 이상적분이 수렴하는 것만을 모두 고른 것은? [4점]

ㄱ. $\int_1^\infty \frac{dx}{\sqrt{x^4+x}}$　　ㄴ. $\int_1^\infty e^{-x^3}\tan^{-1}x\,dx$　　ㄷ. $\int_0^1 \frac{e^x}{x\sqrt{x}}\,dx$

① ㄱ　② ㄴ　③ ㄱ, ㄴ
④ ㄱ, ㄷ　⑤ ㄴ, ㄷ

10 극한 $\lim_{x\to 0}\frac{\tan 2x - \sin 2x}{\sin^{-1}x - \tan^{-1}x}$ 의 값은? [4점]

① 0　② 2　③ 4
④ 6　⑤ 8

11 이중적분 $\int_{-1}^{1}\int_{|y|}^{1} e^{1+x^2}\,dx\,dy$ 의 값은? [4점]

① e^2-e　② e^2+e　③ $2(e^2-e)$
④ $2(e^2+e)$　⑤ $4(e^2+e)$

12 다음에서 극한이 존재하는 것만을 모두 고른 것은? [4점]

ㄱ. $\lim_{(x,\,y)\to(0,\,0)} \dfrac{xy^2\cos y}{x^2+y^4}$

ㄴ. $\lim_{(x,\,y)\to(0,\,0)} x^2 y \sin\left(\dfrac{1}{x^2+y^2}\right)$

ㄷ. $\lim_{(x,\,y)\to(0,\,0)} \dfrac{x\sin^{-1}y}{\sqrt{x^2+y^2}}$

① ㄱ ② ㄴ ③ ㄱ, ㄴ
④ ㄱ, ㄷ ⑤ ㄴ, ㄷ

13 극곡선 $r=1+\cos\theta\ (0\le\theta\le 2\pi)$ 에서
벡터장 $F(x,y)=\tan^{-1}y\,\vec{i}+\left(2xy+\dfrac{x}{1+y^2}\right)\vec{j}$의 선적분의 값은? [4점]

① $-\dfrac{2}{3}$ ② 0 ③ $\dfrac{2}{3}$
④ $\dfrac{4}{3}$ ⑤ 2

14 점 P 는 원점으로부터 거리가 6 이고 점 Q 는 원점으로부터 거리가 8 인 점이다.
점 P 에서 점 Q 까지 연결하는 매끄러운 곡선 C와
벡터장 $F(x,y,z)=\dfrac{x\vec{i}+y\vec{j}+z\vec{k}}{(x^2+y^2+z^2)^{3/2}}$ 에 대하여 $\int_C F\cdot dr$ 의 값은? [4점]

① $-\dfrac{7}{24}$ ② $-\dfrac{1}{24}$ ③ 0
④ $\dfrac{1}{24}$ ⑤ $\dfrac{7}{24}$

15 정적분 $\int_{0}^{\frac{\pi}{2}} \frac{1}{2\sin x + \cos x + 2} dx$ 의 값은? [5점]

① $\ln \frac{3}{2}$ ② $\ln \frac{5}{3}$ ③ $\ln \frac{7}{4}$

④ $\ln \frac{9}{5}$ ⑤ $\ln \frac{11}{6}$

16 곡선 $x^y = y^x$ 의 점 (e^2, e^2) 에서 접선의 기울기가 a 일 때, $14a$ 의 값을 구하시오. [3점]

17 정적분 $\int_{0}^{3\sqrt{3}} \frac{x^3}{\sqrt{9+x^2}} dx$ 의 값을 구하시오. [3점]

18 다음 두 조건을 만족시키는 벡터 $\vec{a}$, $\vec{b}$ 에 대하여 $\| proj_{\vec{a}}\vec{b} \times proj_{\vec{b}}\vec{a} \|$ 의 값을 구하시오. [3점]

(가) 벡터 $\vec{a}$, $\vec{b}$ 의 사이의 각은 $\frac{\pi}{6}$ 이다. (나) $\vec{a}\times\vec{b} = \langle 1, \sqrt{6}, 3 \rangle$

19 급수 $\sum_{n=1}^{\infty} \frac{4n(n+1)}{3^n}$ 의 값을 구하시오. [4점]

20 점 $(-2, -3, 1)$ 을 지나고, 두 평면 $x+2y+3z=2$ 와 $2x-y+z=4$ 의 교선을 포함하는 평면이 $ax+by+cz=4$ 일 때, abc 의 값을 구하시오. [4점]

21 함수 $f(x, y) = xy(18 - 3x - 2y)$ 의 극댓값을 구하시오. [4점]

22 원뿔 $z = 1 + \sqrt{x^2 + y^2}$ 은 구 $x^2 + y^2 + z^2 = 25$ 를 두 입체로 나눈다.

두 입체의 부피 중 작은 값을 a 라 할 때, $\dfrac{3a}{\pi}$ 의 값을 구하시오. [4점]

23 이중적분 $\displaystyle\int_0^{\tan^{-1}\frac{2}{3}} \int_0^{3\sec\theta} r^3\, dr\, d\theta + \int_{\tan^{-1}\frac{2}{3}}^{\frac{\pi}{2}} \int_0^{2\csc\theta} r^3\, dr\, d\theta$ 의 값을 구하시오. [4점]

24 벡터장 $F(x, y, z) = yz\,\vec{i} + e^{xyz}\,\vec{j} - 2xy\,\vec{k}$ 와

곡면 $S = \{(x, y, z) \mid 4x^2 + y^2 + 4z^2 = 5,\ y \geq 1\}$ 에 대하여

$\left| \dfrac{1}{\pi} \iint_S \text{curl}\, F \cdot dS \right|$ 의 값을 구하시오. [5점]

25 일엽쌍곡면 $x^2 + y^2 - z^2 = 1$ 의 $0 \leq z \leq 1$ 인 곡면을 S 라 하자. S 의 넓이가

$\dfrac{\pi}{\sqrt{2}}\{\sqrt{a} + \ln(\sqrt{2} + \sqrt{b})\}$ 일 때, $10a + b$ 의 값을 구하시오. (단, a, b 는 자연수이다.) [5점]

S U N G K Y U N K W A N   U N I V E R S I T Y

성균관대학교

▶ 2025학년도 자연계 A형 ▶ 문항 수: 영어 25문항, 수학 20문항 | 제한시간: 90분

2025 성균관대 자연계 A형 영역별 문항 수

구분	미분법	적분법	선형대수	다변수 미적분	공학수학	일반수학	합계
문항수	2	-	5	7	6	-	20
백분율	10%	-	25%	35%	30%	-	100%

26 구간 $[1, \infty)$ 에서 정의된 함수 f 는 다음을 만족한다.

(가) 모든 x 에 대하여 $f(x) > 1$ 이다. (나) $\lim_{x \to \infty} \frac{f(x)}{x} = 1$ 이다.

두 급수 $S_1 = \sum_{n=1}^{\infty} \sin\left(\frac{1}{f(n)}\right)$ 과 $S_2 = \sum_{n=1}^{\infty} \sin\left(\frac{1}{f(n)^2}\right)$ 에 대하여 다음 중에서 옳은 것은? [2.3점]

① S_1 과 S_2 는 모두 발산한다.
② S_1 은 수렴하고, S_2 는 발산한다.
③ S_1 은 발산하고, S_2 는 수렴한다.
④ S_1 과 S_2 는 모두 수렴한다.
⑤ 두 급수 모두 수렴 여부에 대해 판정할 수 없다.

27 행렬 $A = \begin{pmatrix} 1 & -\sqrt{6} \\ -\sqrt{6} & 2 \end{pmatrix}$ 에 대하여 다음 중 $P^{-1}AP$ 가 대각행렬(diagonal matrix)이 되도록 하는 행렬 P 는? [2.3점]

① $\begin{pmatrix} 1 & \sqrt{2} \\ \sqrt{2} & -1 \end{pmatrix}$ ② $\begin{pmatrix} 2 & \sqrt{3} \\ \sqrt{3} & -3 \end{pmatrix}$ ③ $\begin{pmatrix} 3 & \sqrt{2} \\ \sqrt{2} & -2 \end{pmatrix}$
④ $\begin{pmatrix} 3 & \sqrt{2} \\ \sqrt{2} & -3 \end{pmatrix}$ ⑤ $\begin{pmatrix} 3 & \sqrt{6} \\ \sqrt{6} & -3 \end{pmatrix}$

28 다음 중 초깃값 문제

$$y'' + 3y' + 2y = g(t),\ \ y(0) = 2,\ \ y'(0) = -4$$

의 해가 될 수 있는 것은? (단, $g(t)$ 은 구간 $[0, \infty)$ 에서 정의된 함수이다.) [2.5점]

① $e^{-2t} + 2\int_0^t g(t-v)(e^{-v} - e^{-2v})dv$

② $2e^{-t} + 4e^{-2t} + \int_0^t g(t-v)(e^{-v} - e^{-2v})dv$

③ $\sin(2t) + \int_0^t g(t-v)e^{-2v}dv$

④ $2e^{-2t} + \int_0^t g(t-v)(e^{-v} - e^{-2v})dv$

⑤ $\cos(2t) + \int_0^t g(t-v)e^{-v}dv$

29 함수 $f(x) = \dfrac{x}{\sin x - x + 1}$ 와 6차 다항식 $g(x)$ 에 대하여 극한 $\lim_{x \to 0} \dfrac{f(x) - g(x)}{x^7}$ 이 존재할 때, $g(x)$ 의 x^6 의 계수는? [2.7점]

① $\dfrac{1}{3!}$

② $-\dfrac{1}{5!}$

③ $\left(\dfrac{1}{3!}\right)^2$

④ $\left(\dfrac{1}{5!}\right)^2$

⑤ $\dfrac{-1}{3! \cdot 5!}$

30 함수 $z = f(x, y)$ 가 방정식 $xyz + x + y^2 + z^3 = 0$ 을 만족한다. $f(-1, 1) < 0$ 인 점 $(-1, 1)$ 에서 $f(x, y)$ 의 선형근사식을 이용하여 $f(-1.02, 0.97)$ 의 근삿값을 구하면? [2.6점]

① -0.955

② -0.950

③ -0.945

④ -0.935

⑤ -0.925

31 행렬 $A=\begin{pmatrix} 2 & 2 & -3 \\ 0 & \frac{1}{2} & -1 \\ 0 & 0 & -1 \end{pmatrix}$ 에 대하여 A^{-3} 의 모든 고윳값(eigenvalue)의 합은?

(단, A^{-1} 은 A 의 역행렬이다.) [2.4점]

① $\frac{23}{4}$ ② $\frac{25}{4}$ ③ $\frac{55}{8}$

④ $\frac{57}{8}$ ⑤ $\frac{59}{8}$

32 E 가 제1 팔분공간(first octant)에서 곡면 $x^2+y+z=9$ 와 세 평면 $x=0$, $y=0$, $z=0$ 에 의해 둘러싸인 입체영역일 때, 적분 $\iiint_E f(x, y, z)\,dV$ 에 대한 표현 중 틀린 것은? [2.5점]

① $\int_0^3 \int_0^{9-x^2} \int_0^{9-y-x^2} f(x, y, z)\,dz\,dy\,dx$ ② $\int_0^9 \int_0^{9-z} \int_0^{9-z-x^2} f(x, y, z)\,dy\,dx\,dz$

③ $\int_0^3 \int_0^{9-x^2} \int_0^{9-z-x^2} f(x, y, z)\,dy\,dz\,dx$ ④ $\int_0^9 \int_0^{9-z} \int_0^{\sqrt{9-z-y}} f(x, y, z)\,dx\,dy\,dz$

⑤ $\int_0^9 \int_0^{\sqrt{9-y}} \int_0^{9-y-x^2} f(x, y, z)\,dz\,dx\,dy$

33 $y_1=x$ 와 $y_2=\frac{1}{x}$ 가 미분방정식

$$y''+p(x)y'+q(x)y=0,\ x>0$$

의 두 해일 때, 다음 중

$$y''+p(x)y'+q(x)y=\frac{2}{x^2},\ x>0$$

의 해가 되는 것은? [2.5점]

① $y(x)=\frac{2}{x}$ ② $y(x)=-2$ ③ $y(x)=-\frac{2}{x}$

④ $y(x)=-x^2$ ⑤ $y(x)=-\frac{1}{x^2}$

34 수열 $\{a_n\}$ 에서 $2a_{n+2}+3a_{n+1}+a_n=0$ $(n \geq 1)$ 인 관계가 성립하고, $\sum_{n=1}^{\infty} a_n = 1$ 을 만족할 때, 멱급수 $\sum_{n=1}^{\infty} a_n x^n$ 의 수렴 반경(radius of convergence)은? [2.7점]

① $\frac{1}{2}$ ② $\frac{2}{3}$ ③ $\frac{3}{2}$
④ $\frac{9}{5}$ ⑤ 2

35 행렬 $A=\begin{pmatrix} 1 & 0 & 1 & 1 \\ 0 & 1 & 2 & 1 \\ 2 & -1 & 0 & 1 \end{pmatrix}$ 에 대하여 선형변환 $T: \mathbb{R}^4 \to \mathbb{R}^3$ 는 $T(\vec{u})=A\vec{u}$ 로 정의된다.

영벡터가 아닌 열벡터 $\vec{v} \in \mathbb{R}^3$ 가 모든 열벡터 $\vec{u} \in \mathbb{R}^4$ 에 대하여 $T(\vec{u}) \cdot \vec{v}=0$ 을 만족하며, $\vec{v}$ 가 x -축의 양의 방향과 이루는 각을 θ 라 할 때, $|\cos\theta|$의 값은?
(단, $\cdot$ 는 $\mathbb{R}^3$ 상의 유클리드 내적이다.) [2.6점]

① $\frac{\sqrt{2}}{2}$ ② $\frac{\sqrt{6}}{3}$ ③ $\frac{\sqrt{3}}{4}$
④ $\frac{\sqrt{10}}{4}$ ⑤ $\frac{3\sqrt{2}}{5}$

36 좌표평면에서 영역 A 가 $A=\{(x,\, y) \mid 1 \leq x^2y \leq 2,\ 2 \leq x^3y \leq 4\}$ 일 때, 이중적분 $\iint_A x^4 y\, dx\, dy$ 의 값은? [2.4점]

① 1 ② 2 ③ 3
④ 4 ⑤ 5

37 구 $\{(x, y, z) \in \mathbb{R}^3 \mid x^2+y^2+z^2 \le 1\}$ 안의 점 (x, y, z) 에서의 밀도가 $\sqrt{(x^2+y^2)(x^2+y^2+z^2)}$ 일 때, 구의 질량을 구하면? [2.4점]

① $\frac{\pi}{3}$ ② $\frac{\pi}{2}$ ③ $\frac{3\pi^2}{8}$
④ $\frac{\pi^2}{6}$ ⑤ $\frac{\pi^2}{5}$

38 함수 $f(x)$ 는 $x=0$ 에서 미분가능하고, 다음을 만족한다. 이때, $f'(0)$ 를 구하면? [2.4점]

(가) 모든 x 에 대하여 $f(x) \ge 2x+1$ 이다.
(나) 모든 x, h 에 대하여 $f(x+h) \ge f(x)f(h)$ 이다.

① $\frac{1}{2}$ ② 1 ③ $\frac{3}{2}$
④ 2 ⑤ 3

39 선형변환 $T : \mathbb{R}^3 \to \mathbb{R}^3$ 와 평면 $p : x+y+z=0$ 는 임의의 벡터 $\vec{v} \in \mathbb{R}^3$ 에 대하여 다음을 만족한다.

(가) $\dfrac{2\vec{v}+T(\vec{v})}{3}$ 는 평면 p 상에 있다.
(나) $T(\vec{v})-\vec{v} \ne \vec{0}$ 이면 $T(\vec{v})-\vec{v}$ 는 평면 p 의 법선벡터이다.

변환 T 를 나타내는 행렬을 A 라 할 때, A 의 행렬식(determinant)의 값은? (단, $\vec{0}$ 는 영벡터이다.) [2.6점]

① -2 ② -3 ③ -4
④ -5 ⑤ -6

40 초깃값 문제 $\dfrac{dy}{dx} = \dfrac{x^4+y^4}{xy^3}$, $y(e)=e$, $x>0$ 의 해는? [2.6점]

① $y = \dfrac{e^x}{\sqrt{3-2\ln x}}$ ② $y = \dfrac{x}{\sqrt{2\ln x - 1}}$ ③ $y = x(4\ln x - 3)^{1/4}$

④ $y = x\left(\dfrac{8\ln x - 7}{9 - 8\ln x}\right)^{1/4}$ ⑤ $y = x(3-2\ln x)^{1/4}$

41 폐곡면 S는 입체 $\{(x, y, z) \mid x^2+y^2+z^2 \le 1,\ y \le x\}$ 의 경계 곡면(boundary surface)이다. S의 방향(orientation)이 바깥쪽을 향할 때, 벡터장 $F(x, y, z) = (x^3-3x,\ y^3+xy,\ z^3-xz)$가 곡면 S를 통과하는 유량(flux)은? [2.5점]

① $-\dfrac{4\pi}{5}$ ② $-\dfrac{2\pi}{3}$ ③ $\dfrac{3\pi}{2}$

④ $\dfrac{4\pi}{3}$ ⑤ $\dfrac{7\pi}{4}$

42 $F(x, y, z) = (2x+z,\ e^y,\ x)$ 이고 곡선 C가 $r(t) = (\cos t,\ \sin t,\ 3t)$ $(0 \le t \le 2\pi)$로 주어질 때, 선적분 $\displaystyle\int_C F \cdot dr$ 의 값은? [2.3점]

① 2π ② 3π ③ 4π

④ 5π ⑤ 6π

43 벡터공간 $\mathbb{R}^3$ 에 대하여, 다음 〈보기〉 중 선형변환을 모두 고르면? [2.3점]

보기

ㄱ. $\mathbb{R}^3$ 공간상의 임의의 점 P 를 원점 O$=(0, 0, 0)$ 로 대응시키는 변환

ㄴ. 직선 l : $\dfrac{x-2}{2}=\dfrac{y-3}{3}=\dfrac{z-4}{4}$ 에 대하여 $\mathbb{R}^3$ 공간상의 임의의 점 P 를 P 에 가장 가까운 l 상의 점으로 대응시키는 변환

ㄷ. 평면 q : $x+2y+3z=4$ 에 대하여 $\mathbb{R}^3$ 공간상의 임의의 점 P 를 P 에 가장 가까운 q 상의 점으로 대응시키는 변환

① ㄱ ② ㄴ ③ ㄱ, ㄴ
④ ㄱ, ㄷ ⑤ ㄱ, ㄴ, ㄷ

44 $y=\sum_{n=0}^{\infty}a_nx^n$ 가 미분방정식 $y''+x^2y'+2xy=0$ 의 멱급수해 (power series solution) 일 때, $y^{(101)}(0)$ 을 구하면? [2.7점]

① -3 ② $-\dfrac{3}{2}$ ③ 0
④ $\dfrac{3}{4}$ ⑤ 4

45 함수 f : $\mathbb{R}^2 \to \mathbb{R}$ 가 다음과 같이 정의된다.

$$f(x,\ y)=\begin{cases} \dfrac{(x^5y^3)^m}{x^{20}+x^{10}y^6+y^{12}}, & (x,\ y)\neq(0,\ 0) \\ 0, & (x,\ y)=(0,\ 0) \end{cases}$$

f 가 $\mathbb{R}^2$ 에서 연속함수가 되도록 하는 자연수 m 의 최솟값은? [2.7점]

① 1 ② 2 ③ 3
④ 4 ⑤ 5

S E J O N G   U N I V E R S I T Y

세종대학교

▶ 2025학년도 자연계 A형 ▶ 문항 수: 25문항 | 제한시간: 100분

2025 세종대 자연계 A형 영역별 문항 수

구분	미분법	적분법	선형대수	다변수 미적분	공학수학	일반수학	합계
문항수	5	6	4	7	3	-	25
백분율	20%	24%	16%	28%	12%	-	100%

SEJONG UNIVERSITY

세종대학교

- 2025학년도 자연계 A형
- 문항 수: 25문항 | 제한시간: 100분

01 $f(x, y) = \dfrac{1}{x^2 + y^2}$ 에 대하여 $f_y(0, 3)$ 의 값은? [7.1점]

① $-\dfrac{2}{81}$ ② $-\dfrac{1}{27}$ ③ $-\dfrac{4}{81}$
④ $-\dfrac{5}{81}$ ⑤ $-\dfrac{2}{27}$

02 $f(x) = \dfrac{x-3}{\tan(1-x)}$ 일 때, 극한 $\lim_{x \to 1} x^{f(x)}$ 을 구하면? [7.1점]

① e^{-2} ② e^{-1} ③ 1
④ e ⑤ e^2

03 거듭제곱급수 $\displaystyle\sum_{n=0}^{\infty} \frac{(x-3)^n}{\sqrt{2n+1}}$ 의 수렴반지름은? [7.1점]

① 1 ② 2 ③ 3
④ 4 ⑤ ∞

04 좌표공간에서 $x^5z^3 - 2y^4z + 2x^4y^3 = 1$ 로 주어지는 곡면 위의 점 $(1,\ 1,\ 1)$ 에서의 접평면의 방정식을 $z = f(x,\ y)$ 라 할 때, $f(0,\ -3)$ 의 값은? [7.1점]

① 6 ② 7 ③ 8
④ 9 ⑤ 10

05 양수 x 에 대하여 $\int_x^{x^2} \frac{dt}{24t + \sqrt{t}}$ 가 최소가 되도록 하는 x 의 값은? [7.4점]

① $\frac{1}{24}$ ② $\frac{1}{28}$ ③ $\frac{1}{32}$
④ $\frac{1}{36}$ ⑤ $\frac{1}{40}$

06 정적분 $\int_0^1 (\arcsin x)^2 dx$ 의 값은? [7.4점]

① $\frac{\pi^2}{4} - 1$ ② $\frac{\pi^2}{4} - 2$ ③ $\frac{\pi^2}{4} - 3$
④ $\frac{\pi^2}{4} - 4$ ⑤ $\frac{\pi^2}{4} - 5$

07 극곡선 $r=2+\cos 2\theta$ 와 이 극곡선을 원점을 중심으로 90° 회전하여 얻은 곡선의 공통 내부의 넓이는? [7.4점]

① $3\pi-4$
② $\frac{9}{2}\pi-\frac{25}{3}$
③ $\frac{9}{2}\pi-8$
④ $3\pi-3$
⑤ $5\pi-9$

08 다음 행렬 A 의 역행렬의 모든 원소의 절댓값의 합은? [7.4점]

$$A=\begin{pmatrix}1&1&1&1\\0&1&1&1\\0&0&1&1\\0&0&0&1\end{pmatrix}$$

① 6
② 7
③ 8
④ 9
⑤ 10

09 다음 〈보기〉의 급수 중에서 수렴하는 것만을 있는대로 고르면? [7.7점]

보기

ㄱ. $\sum_{n=1}^{\infty} \frac{1}{n} \sin \frac{n\pi}{4}$　　ㄴ. $\sum_{n=1}^{\infty} \left(1+\frac{1}{n}\right)^{-n}$　　ㄷ. $\sum_{n=2}^{\infty} \frac{1}{(\ln n)^2}$

① ㄱ　② ㄱ, ㄴ　③ ㄱ, ㄷ
④ ㄴ, ㄷ　⑤ ㄱ, ㄴ, ㄷ

10 $\arctan \frac{\sqrt{3}}{2} + \arctan \frac{2}{\sqrt{3}}$ 의 값은? [7.7점]

① $\frac{\pi}{6}$　② $\frac{\pi}{4}$　③ $\frac{\pi}{3}$
④ $\frac{\pi}{2}$　⑤ π

11 $f(x) = \frac{\pi}{8} + \arctan 2x$ 에 대하여 $(f^{-1})''\left(-\frac{\pi}{8}\right)$ 의 값은? [7.7점]

① -2　② -1　③ 0
④ 1　⑤ 2

12 이변수함수 $f(x, y)$ 에 대하여, 함수 $g(t)$ 를 $g(t)=f(2+3t, 3+4t)$ 라 정의하자.
$\vec{u}=\left(\frac{3}{5}, \frac{4}{5}\right)$, $D_{\vec{u}}f(2, 3)=2$, $D_{\vec{u}}f(5, 7)=3$ 일 때, $g'(1)$ 의 값은? [7.7점]

① 3 ② 6 ③ 9
④ 12 ⑤ 15

13 $\dfrac{1}{1-4x+3x^2}$ 의 매클로린 급수에서 x^5 의 계수는? [8.1점]

① 182 ② -182 ③ 364
④ -364 ⑤ 483

14 곡선 $\sqrt[3]{x^2}+\sqrt[3]{y^2}=9$ 의 길이는? [8.1점]

① 158 ② 160 ③ 162
④ 164 ⑤ 166

15 다음 조건을 만족시키는 행렬 A 의 모든 원소의 합은?

(단, $\overrightarrow{v_1}=\begin{pmatrix}2\\1\\-2\end{pmatrix}$, $\overrightarrow{v_2}=\begin{pmatrix}1\\2\\2\end{pmatrix}$, $\overrightarrow{v_3}=\begin{pmatrix}2\\-2\\1\end{pmatrix}$이다.) [8.1점]

$$A\overrightarrow{v_1}=\overrightarrow{v_1},\quad A\overrightarrow{v_2}=-2\overrightarrow{v_2},\quad A\overrightarrow{v_3}=4\overrightarrow{v_3}$$

① -5 ② -2 ③ 0
④ 2 ⑤ 5

16 특이적분 $\int_0^{\infty} e^{-2x^2}dx$ 의 값은? [8.1점]

① $\frac{\sqrt{\pi}}{\sqrt{2}}$ ② $\frac{\sqrt{\pi}}{2}$ ③ $\frac{\sqrt{\pi}}{2\sqrt{2}}$
④ $\frac{\sqrt{\pi}}{4}$ ⑤ $\frac{\sqrt{\pi}}{4\sqrt{2}}$

17 $A=\begin{pmatrix}2&1&0\\1&2&0\\0&0&3\end{pmatrix}$과 $\overrightarrow{x}=\begin{pmatrix}x\\y\\z\end{pmatrix}$에 대하여 $f(x,\ y,\ z)=\overrightarrow{x}^{t}A\overrightarrow{x}$ 라 하자.

$x^2+y^2+z^2=1$ 일 때 $f(x,\ y,\ z)$ 의 최댓값과 최솟값의 합은? [8.5점]

① $\frac{5}{2}$ ② 3 ③ $\frac{7}{2}$
④ 4 ⑤ $\frac{9}{2}$

18 정사각행렬 A 가 다음 조건을 만족시킬 때,
A 의 고윳값 1 에 대한 고유공간의 차원의 최댓값과 최솟값의 합은? [8.5점]

(가) A 의 특성다항식은 $(x-1)^8(x-2)^3$ 이다.
(나) A 의 최소다항식은 $(x-1)^3(x-2)^2$ 이다.

① 6 ② 7 ③ 8
④ 9 ⑤ 10

19 곡면 $S : x^2+2y^2+3z^2=1$ 을 통한 벡터마당 $F(x,\, y,\, z)=\left(y,\, x,\, z^3\right)$ 의 흐름량 $\iint_S F \cdot n\, dS$ 의 값은? [8.5점]

① $\dfrac{\sqrt{6}\,\pi}{45}$ ② $\dfrac{2\sqrt{6}\,\pi}{45}$ ③ $\dfrac{\sqrt{6}\,\pi}{15}$
④ $\dfrac{4\sqrt{6}\,\pi}{45}$ ⑤ $\dfrac{\sqrt{6}\,\pi}{9}$

20 $D=\left\{(x,\, y)\mid x^2+y^2\le y\right\}$ 에 속하는 점 $(x,\, y)$ 에서 원점까지의 거리를 $f(x,\, y)$ 라 정의할 때,
D 위에서 함수 f 의 평균값은? [8.5점]

① $\dfrac{5}{3\pi}$ ② $\dfrac{31}{18\pi}$ ③ $\dfrac{16}{9\pi}$
④ $\dfrac{11}{6\pi}$ ⑤ $\dfrac{17}{9\pi}$

21 극곡선 $r=\cos t,\ \theta=\sin t\ (0\le t\le 2\pi)$ 로 둘러싸인 영역의 넓이는? [8.8점]

① $\frac{2}{3}$ ② $\frac{4}{3}$ ③ 2
④ $\frac{8}{3}$ ⑤ $\frac{10}{3}$

22 곡면 S는 방정식 $z=5-y-2\sqrt{x^2+y^2}$ 을 만족시키며 원기둥 $x^2+y^2=4$ 의 안쪽에 놓인 위쪽 방향의 곡면이다. 벡터마당 $F=(3y^2,\ 2z^4,\ 3x^3)$ 에 대하여 적분 $\iint_S \mathrm{curl} F\cdot n\,dS$ 의 값은? [8.8점]

① -9π ② -16π ③ -25π
④ -36π ⑤ -49π

23 한 변의 길이가 1 인 정n각형 A_n 의 외접원을 O_n, 내접원을 I_n 이라 할 때, 다음 극한을 구하면? [8.8점]

$$\lim_{n\to\infty}\frac{(O_n\text{의 넓이})-(A_n\text{의 넓이})}{(A_n\text{의 넓이})-(I_n\text{의 넓이})}$$

① 1 ② 2 ③ 3
④ 4 ⑤ 5

24 정적분 $\int_0^{\frac{\pi}{4}} \frac{1}{\sin^6 x + \cos^6 x} dx$ 의 값은? [9.2점]

① $\frac{\pi}{6}$ ② $\frac{\pi}{4}$ ③ $\frac{\pi}{3}$

④ $\frac{5\pi}{12}$ ⑤ $\frac{\pi}{2}$

25 원점에서 출발하여 세 점 $(2, 2, 0)$, $(0, 2, 0)$, $(0, 0, 1)$ 을 순서대로 거쳐 다시 원점으로 돌아오는 선분들로 이루어진 경로를 C 라 하자. 벡터마당 $F(x, y, z) = \left(e^{x^2}, 2z, y\right)$ 에 대하여 선적분 $\int_C F \cdot dr$ 의 값은? [9.2점]

① $-\frac{5}{2}$ ② -2 ③ $-\frac{3}{2}$

④ -1 ⑤ $-\frac{1}{2}$

SOOKMYUNG WOMEN'S UNIVERSITY

숙명여자대학교

▶ 2025학년도 자연계 ▶ 문항 수: 20문항 | 제한시간: 60분

2025 숙명여자대 자연계 영역별 문항 수

구분	미분법	적분법	선형대수	다변수 미적분	공학수학	일반수학	합계
문항수	4	7	1	7	1	-	20
백분율	20%	35%	5%	35%	5%	-	100%

SOOKMYUNG WOMEN'S UNIVERSITY

숙명여자대학교

- 2025학년도 자연계
- 문항 수: 20문항 | 제한시간: 60분

01 함수 $f(x)=x^{\sin x}$ 에 대하여 $f'(\pi)$의 값은? [4점]

① $-\pi\ln\pi$　② $-\ln\pi$　③ $\frac{1}{\pi}-\ln\pi$

④ $\ln\pi$　⑤ $\pi\ln\pi$

02 $x=\ln(\csc\theta+\cot\theta)$ 일 때, $\csc\theta$ 와 같은 것은? [5점]

① $\operatorname{csch}x$　② $\sinh x$　③ $\coth x$

④ $\cosh x$　⑤ $\tanh x$

03 극한 $\lim_{x\to\infty}\left(\frac{x+a}{x-a}\right)^x=e$ 를 만족시키는 상수 a 의 값은? (단, $a>0$) [5점]

① $\frac{1}{e}$　② $\frac{1}{2}$　③ 1

④ 2　⑤ e

04 정적분 $\int_a^b (2+x-x^2)\,dx$ 의 값이 최대가 될 때, $a+b$ 의 값은? (단, $a<b$) [4점]

① -2 ② -1 ③ 0
④ 1 ⑤ 2

05 정적분 $\int_0^1 \frac{1}{(1+\sqrt{x})^3}\,dx$ 의 값은? [5점]

① $\frac{1}{4}$ ② $\frac{1}{2}$ ③ 1
④ 2 ⑤ 4

06 정적분 $\int_0^1 \tan^{-1}\left(\frac{1}{x}\right)dx$ 의 값은? [5점]

① $\frac{1}{8}\pi-\frac{1}{2}\ln 2$ ② $\frac{1}{4}\pi-\frac{1}{4}\ln 2$ ③ $\frac{1}{4}\pi+\frac{1}{4}\ln 2$
④ $\frac{1}{8}\pi+\frac{1}{2}\ln 2$ ⑤ $\frac{1}{4}\pi+\frac{1}{2}\ln 2$

07 곡선 $x=\cos^3 2\theta$, $y=\sin^3 2\theta$ $(0 \le \theta \le \pi)$ 로 둘러싸인 영역의 넓이는? [5점]

① $\frac{3}{32}\pi$ ② $\frac{3}{16}\pi$ ③ $\frac{3}{8}\pi$
④ $\frac{3}{4}\pi$ ⑤ 3π

08 곡선 $r=2\cos 3\theta$ $(0 \le \theta \le \pi)$ 로 둘러싸인 영역의 넓이는? [4점]

① $\frac{1}{6}\pi$ ② $\frac{1}{3}\pi$ ③ $\frac{1}{2}\pi$
④ π ⑤ 3π

09 다음 급수 중 수렴하는 것을 모두 고른 것은? [6점]

ㄱ. $\sum_{n=1}^{\infty} \frac{n!}{n^n}$ ㄴ. $\sum_{n=1}^{\infty} (-1)^n \sin\frac{\pi}{n}$

ㄷ. $\sum_{n=1}^{\infty} \left(1+\frac{1}{n}\right)^{n^2}$ ㄹ. $\sum_{n=1}^{\infty} (-1)^n \frac{2^n n!}{5\cdot 8\cdot 11\cdot \cdots \cdot (3n+2)}$

① ㄱ, ㄴ ② ㄴ, ㄷ, ㄹ ③ ㄱ, ㄷ, ㄹ
④ ㄱ, ㄴ, ㄹ ⑤ ㄱ, ㄴ, ㄷ, ㄹ

10 급수 $\sum_{n=1}^{\infty} \frac{n}{(n+1)!}$ 의 값은? [6점]

① $e-2$ ② $e-1$ ③ 1
④ 2 ⑤ $e+1$

11 L_1을 원점과 $(2,\ 0,\ -1)$ 을 지나는 직선이라 하고, L_2 를 $(1,\ -1,\ 1)$ 과 $(1,\ 0,\ 2)$ 를 지나는 직선이라 하자. 이때, L_1 과 L_2 사이의 최단 거리는? [5점]

① $\frac{1}{3}$ ② $\frac{2}{3}$ ③ 1
④ $\frac{4}{3}$ ⑤ $\frac{5}{3}$

12 함수 $f(x,\ y,\ z) = xe^y + ye^z + ze^x$ 위의 $(0,\ 0,\ 0)$ 에서 벡터 $\overrightarrow{OV} = (5,\ 1,\ -2)$ 방향으로의 방향도함수는? [4점]

① $\frac{4}{\sqrt{30}}$ ② $\frac{6}{\sqrt{30}}$ ③ $\frac{8}{\sqrt{30}}$
④ $\frac{10}{\sqrt{30}}$ ⑤ $\frac{12}{\sqrt{30}}$

13 곡면 $e^{xz}(x^2+y^2-z)=2$ 위의 점 $\mathrm{P}(1, -1, 0)$ 에서 접평면의 방정식은? [5점]

① $2x+2y+z=0$ ② $2x-2y+z=4$ ③ $2x-2y-z=4$
④ $x-y+z=2$ ⑤ $x-y-z=2$

14 점 $\mathrm{P}(4, 2, 0)$ 에서 원뿔 $z^2=x^2+y^2$ 위의 점까지 최단 거리는? [5점]

① $\sqrt{5}$ ② $2\sqrt{2}$ ③ $\sqrt{10}$
④ $\sqrt{15}$ ⑤ $2\sqrt{5}$

15 집합 D는 세 점 $(0, 0)$, $(0, 2)$, $(4, 0)$으로 둘러싸인 삼각형의 내부와 경계를 포함하는 영역이다. 이때, 집합 D에서 함수 $f(x, y)=x+y-xy$ 의 최댓값과 최솟값의 합은? [4점]

① 2 ② 3 ③ $\dfrac{25}{8}$
④ 4 ⑤ 5

16 곡선 $y=xe^{-x^2}$ $(x \geq 0)$ 및 직선 $y=0$, $x=a$ $(a>0)$으로 둘러싸인 영역을 y축을 중심으로 회전하여 만들어진 입체의 부피를 $V(a)$라 할 때, $\lim_{a \to \infty} V(a)$의 값은? [6점]

① $\dfrac{\pi\sqrt{\pi}}{4}$ ② $\dfrac{\pi\sqrt{\pi}}{2}$ ③ $\pi\sqrt{\pi}$

④ $2\pi\sqrt{\pi}$ ⑤ $4\pi\sqrt{\pi}$

17 이중적분 $\int_0^1 \int_{3y}^3 e^{x^2}\,dx\,dy$의 값은? [5점]

① $\dfrac{1}{9}e^9-1$ ② $\dfrac{1}{6}e^9-1$ ③ $\dfrac{1}{6}(e^9-1)$

④ $\dfrac{2}{3}e^9-1$ ⑤ $\dfrac{2}{3}(e^9-1)$

18 이중적분 $\iint_R \tan^{-1}\left(\dfrac{y}{x}\right)dA$의 값은? (단, $R=\{(x,\,y)\,|\,1 \leq x^2+y^2 \leq 4,\ 0 \leq y \leq x\}$) [6점]

① $\dfrac{3}{64}\pi^2$ ② $\dfrac{5}{64}\pi^2$ ③ $\dfrac{7}{64}\pi^2$

④ $\dfrac{9}{64}\pi^2$ ⑤ $\dfrac{11}{64}\pi^2$

19 좌표평면 위에서 곡선 $x^3+2y^3=xy\ (x,\ y \ge 0)$ 으로 둘러싸인 영역의 넓이는? [6점]

① $\frac{1}{24}$　② $\frac{1}{12}$　③ $\frac{1}{6}$
④ $\frac{1}{3}$　⑤ $\frac{1}{2}$

20 곡선 C가 $r(t)=(\ln t,\ e^t,\ t)\ \left(\frac{\pi}{2}\le t\le\pi\right)$로 주어질 때,

벡터장 $F(x,\ y,\ z)=\left(e^x,\ -\frac{1}{y}-\cos z,\ y\sin z\right)$ 의 선적분 $\int_C F\cdot dr$ 의 값은? [6점]

① $\frac{1}{2}e^{\frac{\pi}{2}}$　② $e^{\frac{\pi}{2}}$　③ $\frac{1}{2}e^{\pi}$
④ $e^{\pi}-1$　⑤ e^{π}

S O O N G S I L   U N I V E R S I T Y

숭실대학교

▶ **2025학년도 자연계** ▶ **문항 수:** 영어 25문항, 수학 25문항 | **제한시간:** 90분

2025 숭실대 자연계 영역별 문항 수

구분	미분법	적분법	선형대수	다변수 미적분	공학수학	일반수학	합계
문항수	5	8	3	5	4	-	25
백분율	20%	32%	12%	20%	16%	-	100%

SOONGSIL UNIVERSITY

숭실대학교

- 2025학년도 자연계
- 문항 수: 영어 25문항, 수학 25문항 | 제한시간: 90분

26 극한 $\lim_{h \to 0} \frac{1}{h}\left\{8\left(\frac{1}{2}+h\right)^8 - \frac{1}{32}\right\}$ 의 값을 구하시오. [1.7점]

① 0 ② $\frac{1}{2}$ ③ 1 ④ ∞

27 함수 $f(x) = \frac{\sqrt{2x+5} - \sqrt{x+7}}{x-2}$ $(x \neq 2)$ 가 $x=2$ 에서 연속이 되도록 $f(2)$ 의 값을 정의하시오. [1.7점]

① $f(2)=0$ ② $f(2)=\frac{1}{6}$ ③ $f(2)=\frac{1}{3}$ ④ $f(2)=1$

28 $A = \int_0^1 \sin\left(\frac{\pi x}{2}\right)dx$ 이고 $B = \int_0^1 2xe^x\,dx$ 일 때, 다음 중 가장 큰 값을 찾으시오. [1.7점]

① $A+B$ ② AB ③ A/B ④ B/A

29 다음 중 수렴하는 급수를 모두 고르시오. [1.7점]

ㄱ. $\sum_{n=1}^{\infty} \frac{\cos n}{n(n+1)}$	ㄴ. $\sum_{n=2}^{\infty} \frac{1}{\ln n}$
ㄷ. $\sum_{n=1}^{\infty} \left(1+\frac{1}{2n}\right)^{n^2}$	ㄹ. $\sum_{n=1}^{\infty} \frac{\ln n}{n^2}$

① ㄱ, ㄴ ② ㄴ, ㄷ ③ ㄱ, ㄹ ④ ㄱ, ㄷ, ㄹ

30 미분방정식 $y'' - 2y' + y = 0$ 의 일반해를 구하시오. [1.7점]

① $y = Ce^{2x} + De^{-x}$ ② $y = Ce^{x} + De^{-x}$

③ $y = (C + Dx)e^{x}$ ④ $y = (C + Dx)e^{-x}$

31 행렬 $\begin{pmatrix} 3 & 0 & 0 \\ 2 & 1 & 4 \\ 1 & 0 & a \end{pmatrix}$ 의 특성다항식이 $-x^3+bx^2-19x+12$ 일 때, 상수 b 의 값을 구하시오. [1.7점]

① -8　② -4　③ 4　④ 8

32 곡선 $x^2-xy-y^2=1$ $(x,\ y \geq 0)$ 위의 점 $(2,\ y_0)$ 에서의 변화율 $\dfrac{dy}{dx}$ 의 값을 구하시오. [2.0점]

① $-\dfrac{7}{4}$　② $-\dfrac{3}{4}$　③ $\dfrac{3}{4}$　④ $\dfrac{7}{4}$

33 x 축 위에서 움직이는 점 P 의 시간 $t>0$ 에서의 속도가 $v(t)=-\dfrac{\ln t}{t^2}$ 일 때,

이 점의 운동에 대한 설명으로 옳은 것을 모두 고르시오. [2.0점]

ㄱ. 점 P의 속도 $v(t)$ 의 최댓값이 존재한다.
ㄴ. 점 P의 속도 $v(t)$ 의 최솟값이 존재한다.
ㄷ. 점 P의 속도 $v(t)$ 의 부호는 정확히 한 번 바뀐다.
ㄹ. 점 P 의 가속도 $v'(t)$ 의 부호는 정확히 한 번 바뀐다.

① ㄱ, ㄴ　② ㄴ, ㄹ　③ ㄷ, ㄹ　④ ㄴ, ㄷ, ㄹ

34 극좌표로 정의된 곡선 $r=1+\cos\theta$ 위의 점 $Q(r,\theta)$ 에서의 접선의 기울기가 1 일 때, 다음 중 Q 의 θ 좌표가 될 수 있는 값을 고르시오. [2.0점]

① $\theta=\frac{3\pi}{2}$ ② $\theta=\frac{5\pi}{3}$ ③ $\theta=\frac{7\pi}{4}$ ④ $\theta=\frac{11\pi}{6}$

35 정적분 $\int_0^2 \sqrt{-x^2+8x}\,dx$ 의 값을 구하시오. [2.0점]

① $\frac{4\pi}{3}-2\sqrt{3}$ ② $\frac{8\pi}{3}-2\sqrt{3}$ ③ $\frac{2\pi}{3}$ ④ 4

36 $T_n=\sum_{k=1}^{n}\frac{n}{(k+2)(k+2n)}$ 일 때, $\lim_{n\to\infty} e^{T_n}$ 의 값을 구하시오. [2.0점]

① $\frac{1}{3}$ ② $\frac{2}{3}$ ③ $\frac{4}{3}$ ④ 3

37 $F(x)=\int_{3x-5}^{2x^2-7} e^{-t^2}dt$ 일 때, 곡선 $y=F(x)$ 의 $x=2$ 에서의 접선의 방정식을 구하시오. [2.0점]

① $5x-ey=10$ ② $5x-y=10$ ③ $ex+y=2e$ ④ $ex-5y=e$

38 x 축과 y 축, $x=1$, 곡선 $y=\dfrac{2}{x+1}$ 로 둘러싸인 영역을 x 축을 중심으로 회전시킨 입체의 부피를 V_x 라고 하고 y 축을 중심으로 회전시킨 입체의 부피를 V_y 라고 할 때, 두 부피의 비율 V_y/V_x 의 값을 구하시오. [2.0점]

① $1-\ln 2$ ② $2-\ln 4$ ③ 1 ④ $\dfrac{e}{2}$

39 멱급수 $\sum_{n=1}^{\infty}\dfrac{n!x^n}{1\cdot 3\cdot \cdots \cdot (2n+1)}$ 의 수렴반경을 구하시오. [2.0점]

① 0 ② $\dfrac{1}{2}$ ③ 2 ④ ∞

40 함수 $f(x)=\int_0^x \frac{\cos u}{1-u}du$ 의 $x=0$ 에서의 4 차 테일러 다항식을 구하시오. [2.0점]

① $x+\frac{x^2}{2}+\frac{x^3}{6}+\frac{x^4}{8}$ ② $x+\frac{x^2}{2}+\frac{x^3}{3}+\frac{x^4}{4}$

③ $x+\frac{x^2}{2}+\frac{x^3}{2}+\frac{x^4}{2}$ ④ $x+x^2+x^3+x^4$

41 함수 $g(x)=e^x$ 에 대하여 $g\left(\sum_{n=1}^{\infty}\frac{(-1)^n}{n\cdot 3^n}\right)$ 의 값을 구하시오. [2.0점]

① 0 ② $\frac{1}{3}$ ③ $\frac{3}{4}$ ④ $\frac{4}{3}$

42 상수 c 와 d 에 의하여 정의되는

연립방정식 $\begin{cases} x+2y+3z=1 \\ x+3y+5z=0 \\ y+cz=d \end{cases}$ 에 대한 설명으로 올바른 것을 모두 고르시오. [2.0점]

ㄱ. 해가 무한히 많이 존재하도록 하는 c 와 d 를 찾을 수 있다.
ㄴ. $c=2$ 이면 해가 존재하지 않는다.
ㄷ. $cd=-2$ 이면 해가 반드시 존재한다.

① ㄱ, ㄴ ② ㄱ, ㄷ ③ ㄴ, ㄷ ④ ㄱ, ㄴ, ㄷ

43 함수 $G(x, y) = x^3 + y^3 + 3xy$ 의 극점을 모두 구하고 각 극점의 종류를 판별하시오. [2.0점]

① $(0, 0)$: 안장점, $(-1, -1)$: 극대점　② $(0, 0)$: 안장점, $(-1, -1)$: 극소점
③ $(0, 0)$: 극소점, $(1, 1)$: 극대점　④ $(0, 0)$: 극소점, $(1, -1)$: 안장점

44 미분방정식 $\frac{dy}{dx} = y\ln y$ 의 해 $y = f(x)$ 가 $f(0) = \frac{1}{e}$ 을 만족할 때,
$x = \ln 2$ 에서 $y = f(x)$ 에 접하는 접선의 기울기를 구하시오. [2.0점]

① $-e^2$　② $-\frac{2}{e^2}$　③ $\frac{1}{e^2}$　④ $\frac{e^2}{2}$

45 이상적분 $A = \int_0^{\infty} \left(\frac{x}{x^2+1} - \frac{B}{2x+4} \right) dx$ 가 수렴할 때 AB 의 값을 구하시오. [2.3점]

① $\ln 2$　② $\ln 4$　③ $\ln 6$　④ $\ln 8$

46 세 곡면 $z=0$, $2x^2+y^2=R^2$, $z=10$ 으로 둘러싸인 기둥이 곡면 $z=2x^2+y^2+1$ 에 의하여 부피가 똑같은 두 조각으로 나누어질 때 R 의 값을 구하시오. [2.3점]

① $2\sqrt{2}$　② 4　③ $4\sqrt{2}$　④ 8

47 곡선 $C: x^2+y^2=1\ (x,\ y\geq 0)$ 위에서 계산한 적분의 절댓값 $\left|\int_C xy\,dx+y(x-x^2)\,dy\right|$ 의 값을 구하시오. [2.3점]

① $\frac{1}{4}$　② $\frac{1}{2}$　③ 1　④ $\frac{5}{4}$

48 함수 $F(x,\ y)=e^{\frac{1}{2}x^2-y^2}(x+2\sqrt{2}y)$ 의 임계점을 $(x_1,\ y_1)$ 이라고 할 때, $3\cdot|x_1+y_1|$ 의 값을 구하시오. [2.3점]

① $\sqrt{6}-\sqrt{3}$　② $\sqrt{2}-1$　③ $\sqrt{2}+1$　④ $\sqrt{6}+\sqrt{3}$

49 선형사상 $T : \mathbb{R}^2 \to \mathbb{R}$ 이 $T(2,\,1) = \sin\theta$, $T(1,\,3) = \cos\theta$ 를 만족한다고 하자.

$T(1,\,-1) = 0$ 일 때, $T(2,\,3)$의 값을 구하시오. (단, $0 \le \theta \le \frac{\pi}{2}$) [2.3점]

① $\frac{16}{25}$ ② $\frac{24}{25}$ ③ 1 ④ $\frac{7}{5}$

50 미분방정식 $y'' + 4y = 12\sin 2x$ 의 해가 $y(0) = 0$, $y\left(\frac{\pi}{4}\right) = 0$ 을 만족할 때,

$y\left(\frac{\pi}{6}\right)$ 의 값을 구하시오. [2.3점]

① $-\frac{\sqrt{3}\,\pi}{4}$ ② $-\frac{\pi}{4}$ ③ $\frac{\pi}{4}$ ④ $\frac{\sqrt{3}\,\pi}{4}$

A J O U U N I V E R S I T Y

아주대학교

▶ 2025학년도 자연계 ▶ 문항 수: 영어 25문항, 수학 25문항 | 제한시간: 90분

2025 아주대 자연계 영역별 문항 수

구분	미분법	적분법	선형대수	다변수 미적분	공학수학	일반수학	합계
문항수	5	6	-	11	2	1	25
백분율	20%	24%	-	44%	8%	4%	100%

AJOU UNIVERSITY

아주대학교

- 2025학년도 자연계
- **문항 수:** 영어 25문항, 수학 25문항 | **제한시간:** 90분

26 $\alpha = \cos^{-1}\left(\cos\frac{19}{4}\pi\right)$ 에 관한 내용 중 옳지 않은 것을 모두 고르세요. [0.8점]

① $\cos\alpha + \sin\alpha > 0$ ② $\alpha < 0$ ③ $\sin\alpha = \sin\frac{19}{4}\pi$

④ $\cos\alpha = \cos\frac{19}{4}\pi$ ⑤ $\sin 2\alpha > 0$

27 y 를 x 에 대한 함수라 할 때,

음함수 $x^2 - xy + y^2 = 4$ 의 점 $(x, y) = (2, 2)$ 에서 $\frac{d^2y}{dx^2}$ 를 구하세요. [0.8점]

① -3 ② $-\frac{3}{2}$ ③ 0

④ 2 ⑤ 3

28 곡선 $y = \int_{\frac{\pi}{2}}^{x} \sqrt{\sin^6 t - 1}\, dt \left(\frac{\pi}{2} \le x \le \pi\right)$ 의 길이를 구하세요. [1.0점]

① $\frac{4}{3}$ ② $\frac{1}{3}$ ③ 0

④ $\frac{2}{3}$ ⑤ 1

29 자연수 n 에 대하여, $I_n = \int_0^{\frac{\pi}{4}} \tan^n x\, dx$ 라고 하자. $a_n = I_n - I_{n+4}$ 일 때,

$\sum_{n=1}^{\infty} a_n$ 을 구하세요. [1.1점]

① $\frac{3}{4}$ ② $\frac{5}{6}$ ③ $\frac{2}{15}$

④ $\frac{1}{6}$ ⑤ $\frac{1}{20}$

30 연속인 순증가 함수(strictly increasing function) $f : [0, 2] \to [2, 2\sqrt{5}]$ 가

$f(0) = 2$, $f(2) = 2\sqrt{5}$ 그리고 $\int_0^2 \sqrt{\{f(x)\}^2 + 5}\, dx = 7$ 을 만족한다.

이때 $\int_3^5 g\left(\sqrt{x^2 - 5}\right) dx$ 는 얼마인지 구하세요. (단, g 는 f 의 역함수이다.) [1.0점]

① 1 ② 2 ③ 3

④ 4 ⑤ 5

31 실수로 이루어진 수열 $\{a_n\}$ 에 대한 〈보기〉의 내용 중 옳은 것을 모두 고르세요. [1.0점]

보기

ㄱ. 무한급수 $\sum_{n=1}^{\infty} a_n$ 이 조건부 수렴하면 $\sum_{n=1}^{\infty} n\sqrt{n}\, a_n$ 은 발산한다.

ㄴ. 무한급수 $\sum_{n=1}^{\infty} \frac{a_n}{\sqrt{n}}$ 이 수렴하면 $\sum_{n=1}^{\infty} (-1)^n a_n$ 은 수렴한다.

ㄷ. 무한급수 $\sum_{n=1}^{\infty} (-1)^n a_n$ 이 발산하면 $\sum_{n=1}^{\infty} a_n$ 은 발산한다.

ㄹ. 무한급수 $\sum_{n=1}^{\infty} (-1)^n a_n$ 이 수렴하면 $\sum_{n=1}^{\infty} \frac{a_n}{2^n}$ 은 수렴한다.

① 0 개 ② 1 개 ③ 2 개

④ 3 개 ⑤ 4 개

32 〈아래〉 극한을 구하세요. [0.8점]

$$\lim_{x\to1}\frac{1-\sin\frac{\pi}{2}x}{(x-1)^2}$$

① 발산 ② 0 ③ $\frac{\pi^2}{8}$

④ $\frac{\pi^2}{4}$ ⑤ $\frac{\pi^2}{2}$

33 극한값 $\lim_{x\to0}\frac{\tan^{-1}(x)-P(x)}{x^8}=\frac{2}{3}$ 을 만족하는 최소 차수의 다항식 $P(x)$ 에 대해 $P(1)$ 의 값을 구하세요. [0.8점]

① $-\frac{1}{35}$ ② $-\frac{2}{35}$ ③ $-\frac{1}{7}$

④ $\frac{1}{35}$ ⑤ $\frac{2}{35}$

34 $x>-1$ 에서 $f(x)=\int_0^x\frac{\sin t}{t+1}dt$ 라고 하자. $f(x)=\sum_{n=0}^{\infty}a_nx^n$ 로 표현될 때, 계수 a_0, a_1, a_2, a_3, a_4 의 합을 구하세요. [1.0점]

① $\frac{1}{2}$ ② $\frac{9}{24}$ ③ $\frac{5}{24}$

④ $\frac{1}{24}$ ⑤ 0

35 실수 전체에서 〈아래〉와 같이 정의된 함수 f 에 대하여 $f''(0)$을 구하세요. [1.0점]

$$f(x)=\begin{cases} e^{-\frac{1}{|x|}}, & x\neq 0 \\ 0, & x=0 \end{cases}$$

① 0　② -1　③ $-\frac{1}{2}$

④ 1　⑤ 존재하지 않음

36 〈보기〉에서 수렴하는 이상 적분(improper integral)은 모두 몇 개인지 고르세요. [1.1점]

보기

ㄱ. $\int_0^\infty \frac{e^{-x^2}}{|x-2|^{3/2}}dx$　ㄴ. $\int_0^\infty \frac{1}{1+x^4}dx$　ㄷ. $\int_{2025}^\infty e^{-\sqrt{(\ln x)^3}}dx$　ㄹ. $\int_0^{2025} \frac{\cos x}{\sqrt{x}}dx$

① 0 개　② 1 개　③ 2 개

④ 3 개　⑤ 4 개

37 함수 $f(x,\,y)=\begin{cases} x^2\tan^{-1}\left(\frac{y}{x}\right)-y^2\tan^{-1}\left(\frac{x}{y}\right), & x\neq 0 \text{ and } y\neq 0 \\ 0, & x=0 \text{ or } y=0 \end{cases}$ 일 때,

$f_x(0,\,y)$ $(y\neq 0)$ 을 구하세요. [1.0점]

① 0　② y　③ $-y$

④ 1　⑤ 발산

38 〈아래〉 적분을 구하세요. [1.0점]

$$\int_0^1 \int_{\sqrt[4]{y}}^1 \frac{1}{x^5+1}\, dx dy$$

① $\frac{1}{5}\ln 2$ ② $\ln 2$ ③ $\frac{1}{4}\ln 2$

④ $\ln 3$ ⑤ $\frac{1}{5}$

39 평면상의 영역 $D = \{(x,\ y) : 0 \le x \le 2,\ x^2 \le y \le 4\}$ 모양의 얇은 판(lamina)이 있다.
임의의 각 점에서의 밀도가 x좌표의 제곱에 비례한다고 할 때,
이 얇은 판의 질량중심의 x-좌표를 구하세요. [1.0점]

① $\frac{4}{5}$ ② $\frac{3}{5}$ ③ $\frac{3}{2}$

④ $\frac{5}{3}$ ⑤ $\frac{5}{4}$

40 평면 $\mathbb{R}^2$ 에서 매개변수곡선 $x = 1 - \cos t,\ y = \sin(t)\sin(2t),\ 0 \le t \le \pi$ 과
x 축으로 둘러싸인 영역을 y 축을 중심으로 회전하여 얻은 입체의 부피를 구하세요. [1.1점]

① 0 ② $\frac{\pi}{2}$ ③ π

④ 2π ⑤ $\frac{5\pi}{2}$

41 매끄러운 곡선 $f(x)$ 가 두 점 $(0, 3)$, $(6, 11)$ 을 지날 때,

$\lim_{n\to\infty}\sum_{k=1}^{n}\sqrt{1+\left\{f'\left(\frac{6k}{n}\right)\right\}^2}\cdot\frac{3}{n}$ 의 최솟값을 구하세요. [1.0점]

① 5 ② 6 ③ 8
④ 3 ⑤ 4

42 곡면 $x^2-y^2-2z^2=1$ 위의 점 $(-2, -1, 1)$ 에서의 접평면은 z 축과 $(0, 0, a)$ 에서 만난다. 이때 a 의 값을 구하세요. [1.0점]

① $-\frac{1}{2}$ ② $-\frac{1}{4}$ ③ $\frac{1}{4}$
④ 1 ⑤ $\frac{1}{2}$

43 〈아래〉 멱급수의 수렴 반경을 구하세요. [1.0점]

$$\sum_{n=1}^{\infty}\frac{(-1)^n 2^n n!}{n^n}x^n$$

① $\frac{1}{e}$ ② $\frac{2}{e}$ ③ 1
④ $\frac{e}{2}$ ⑤ e

아주대학교 | 자연계

44 곡선 $x^2+2y^2=1$ 상에서 함수 $f(x, y)=x^2y$ 의 최댓값을 M, 최솟값을 m 이라 할 때, $M-m$ 의 값을 구하세요. [1.0점]

① $\frac{\sqrt{6}}{6}$ ② $\frac{\sqrt{6}}{9}$ ③ $\frac{2\sqrt{6}}{9}$

④ $\frac{2\sqrt{3}}{9}$ ⑤ $\frac{\sqrt{3}}{6}$

45 xy 평면의 곡선 C 가 그림과 같이 점 $(-1, 0)$ 에서 출발하여 선분을 따라 점 $(0, 0)$ 까지 진행한 뒤, 원 $x^2+(y-1)^2=1$ 의 오른쪽 반원을 따라 점 $(0, 2)$ 까지 진행한다.

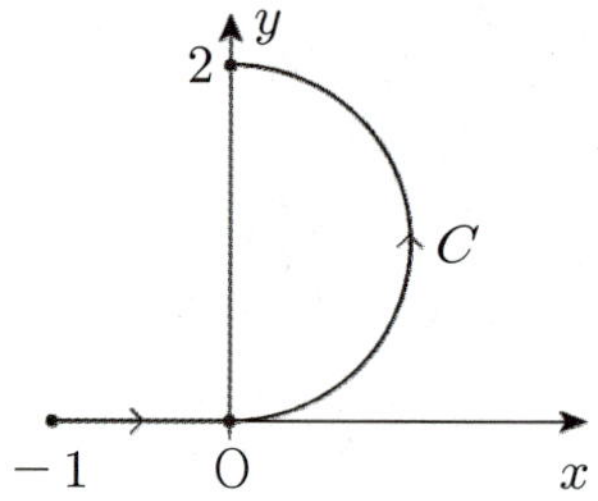

이때, 〈아래〉 선적분을 구하세요. [1.1점]

$$\int_C (xy+1)\,dx + x\,dy$$

① $\frac{\pi}{2}+\frac{1}{3}$ ② $\pi+1$ ③ $\frac{\pi}{2}+\frac{2}{3}$

④ $\frac{\pi}{2}-\frac{2}{3}$ ⑤ $\frac{\pi}{2}-\frac{1}{3}$

46

xy 평면의 네 점 $(0, 0)$, $(2, -2)$, $(3, 0)$, $(1, 2)$ 을 꼭짓점으로 가지는 평행사변형 영역을 D 라 할 때, 〈아래〉 값을 구하세요. [1.1점]

$$\iint_D x\,dxdy$$

① 2 ② 3 ③ 6
④ 8 ⑤ 9

47

평면상의 벡터장 $F(x, y) = (-y\vec{i} + x\vec{j})/(x^2 + 4y^2)$ 일 때,
양의 방향을 따르는 타원 $C : x^2 + 4y^2 = 1$ 에서의 〈아래〉 선적분을 구하세요. [1.1점]

$$\int_C F \cdot dr$$

① $\frac{\pi}{2}$ ② π ③ 2π
④ $\frac{5\pi}{2}$ ⑤ 0

48

$\mathbb{R}^3$ 에서 평면 $z = 1$ 위로의 반구면 $z = \sqrt{4 - x^2 - y^2}$ 의 영역을 S 라 할 때,
〈아래〉 곡면적분을 구하세요. [1.1점]

$$\iint_S (2 - z)dS$$

① π ② 2π ③ 3π
④ 5π ⑤ 6π

[49 – 50] 영역 $D=\{(x,\ y):\ x^2+y^2 \le 9\}$ 에서 정의된 함수 $f(x,\ y)=(x+y)(x^2+y^2)-6x-6y$에 관하여 물음에 답하세요.

49 함수 f 의 $\left(\frac{1}{2},\ \frac{1}{2}\right)$ 에서의 선형 근사(linear approximation) 함수는 $L(x,\ y)=ax+by+c$ 이다. 이때 $a+b+c$ 의 값을 구하세요. [1.0점]

① -10　② -8　③ -1
④ 8　⑤ 10

50 함수 f 는 영역 D 의 내부에서 (가) 개의 임계점을 가지며, 그 중 극대점은 (나) 개, 극소점은 (다) 개이고, 모든 안장점(saddle point)에서의 함숫값의 합은 (라) 이다.
(가), (나), (다), (라)의 합을 구하세요. [1.1점]

① 4　② 5　③ 6
④ 7　⑤ 8

I N H A   U N I V E R S I T Y

인하대학교

▶ 2025학년도 자연계 ▶ 문항 수: 영어 20문항, 수학 30문항 | 제한시간: 120분

2025 인하대 자연계 영역별 문항 수

구분	미분법	적분법	선형대수	다변수 미적분	공학수학	일반수학	합계
문항수	2	7	6	7	6	2	30
백분율	6.7%	23.3%	20%	23.3%	20%	6.7%	100%

INHA
UNIVERSITY

인하대학교

- **2025학년도 자연계**
- **문항 수:** 영어 20문항, 수학 30문항 | **제한시간:** 120분

21 $\lim_{x \to 0^+} \frac{e^{\sqrt{x}} - 1 - \sqrt{x}}{3x}$ 의 값은? [1점]

① $\frac{1}{6}$ ② $\frac{1}{3}$ ③ $\frac{1}{2}$
④ $\frac{2}{3}$ ⑤ $\frac{5}{6}$

22 함수 $f(x) = \arcsin(\tan x)$ 에 대하여 $f'\left(\frac{\pi}{6}\right)$ 의 값은? [1점]

① $\frac{1}{6}\sqrt{6}$ ② $\frac{1}{3}\sqrt{6}$ ③ $\frac{1}{2}\sqrt{6}$
④ $\frac{2}{3}\sqrt{6}$ ⑤ $\frac{5}{6}\sqrt{6}$

23 $f(x)=\int_0^{x^2} \frac{e^{x(t+3)}}{t+3}\,dt$ 일 때, $f'(1)$ 의 값은? [1점]

① $\frac{3}{2}e^4+2e^3$　② $\frac{3}{2}e^4+e^3$　③ $\frac{3}{2}e^4$

④ $\frac{3}{2}e^4-e^3$　⑤ $\frac{3}{2}e^4-2e^3$

24 정적분 $\int_0^2 \frac{x^2}{x^3+1}\,dx$ 의 값은? [1점]

① $\frac{1}{3}\ln 3$　② $\frac{2}{3}\ln 3$　③ $\ln 3$

④ $\frac{4}{3}\ln 3$　⑤ $\frac{5}{3}\ln 3$

25 곡선 $y=\frac{x^2}{4}-\ln\sqrt{x}$ $(1 \le x \le e)$ 의 길이는? [1점]

① $\frac{e^2-2}{4}$　② $\frac{e^2-1}{4}$　③ $\frac{e^2}{4}$

④ $\frac{e^2+1}{4}$　⑤ $\frac{e^2+2}{4}$

26 극방정식 $r = 2 + \sin\theta \ (0 \le \theta \le 2\pi)$ 로 주어진 곡선으로 둘러싸인 영역의 넓이는? [1점]

① $\frac{1}{2}\pi$　② $\frac{3}{2}\pi$　③ $\frac{5}{2}\pi$　④ $\frac{7}{2}\pi$　⑤ $\frac{9}{2}\pi$

27 $x^2 + 4y^2 = 1$ 일 때, xy^2 의 최댓값은? [1점]

① $\frac{\sqrt{3}}{3}$　② $\frac{\sqrt{3}}{6}$　③ $\frac{\sqrt{3}}{9}$　④ $\frac{\sqrt{3}}{12}$　⑤ $\frac{\sqrt{3}}{18}$

28 두 사건 A 와 B 는 독립이고, $\mathrm{P}(A) = \frac{3}{4}$, $\mathrm{P}(A \cup B) = \frac{11}{12}$ 를 만족할 때, 확률 $\mathrm{P}(B)$ 의 값은? [1점]

① $\frac{1}{3}$　② $\frac{5}{12}$　③ $\frac{1}{2}$　④ $\frac{7}{12}$　⑤ $\frac{2}{3}$

29 방정식 $x^4+x^3+x^2+x+1=0$ 의 한 근을 ω 라 할 때,

$\omega^5+\omega^{10}+\omega^{15}+\cdots+\omega^{2025}$ 를 간단히 하면? [1점]

① -1 ② 0 ③ 81
④ 405 ⑤ 2025

30 좌표평면의 세 점 $(3,\ 0)$, $(0,\ 9)$, $(7,\ 2)$ 를 꼭짓점으로 하는 삼각형의 외접원의 반지름의 길이는? [1점]

① 5 ② 6 ③ 7
④ 8 ⑤ 9

31 좌표공간에서 평면 $\frac{x}{2}-\frac{y}{3}+z=1$ 과 원점 사이의 거리는? [1점]

① $\frac{2}{7}$ ② $\frac{3}{7}$ ③ $\frac{4}{7}$
④ $\frac{5}{7}$ ⑤ $\frac{6}{7}$

32 $\int_0^{\frac{\sqrt{\pi}}{2}}\int_y^{\frac{\sqrt{\pi}}{2}} 2\cos\left(x^2+\frac{\pi}{4}\right)dxdy$ 의 값은? [1점]

① $\frac{\sqrt{2}-1}{2}$ ② $\frac{\sqrt{3}-1}{2}$ ③ $\frac{\sqrt{3}-\sqrt{2}}{2}$
④ $\frac{2-\sqrt{2}}{2}$ ⑤ $\frac{2-\sqrt{3}}{2}$

33 3 변수 함수 $f(x, y, z)$ 가

$$\frac{\partial f}{\partial x}=4xy\cos\left(x^2y+\frac{\pi}{6}\right),\ \frac{\partial f}{\partial y}=2x^2\cos\left(x^2y+\frac{\pi}{6}\right)+2yz^2,\ \frac{\partial f}{\partial z}=2y^2z$$

을 만족시키고 $f(0, 0, 0)=2$ 일 때, $f(0, 1, 2)$ 의 값은? [1점]

① 2 ② 4 ③ 6
④ 8 ⑤ 10

34 행렬 $A=\begin{pmatrix}3 & 7\\ -1 & -2\end{pmatrix}$ 에 대하여 $A^{2025}=\begin{pmatrix}a & b\\ c & d\end{pmatrix}$ 일 때, $a+b+c+d$ 의 값은? [1점]

① -2 ② -1 ③ 0
④ 1 ⑤ 2

35 미분방정식 $y' = \dfrac{y}{1+x^2}$, $y(0)=1$ 의 해 $y(x)$ 에 대하여 $y(1)$ 의 값은? [1점]

① $e^{\frac{\pi}{6}}$ ② $e^{\frac{\pi}{5}}$ ③ $e^{\frac{\pi}{4}}$
④ $e^{\frac{\pi}{3}}$ ⑤ $e^{\frac{\pi}{2}}$

36 미분방정식 $f''(x)+f'(x)-6f(x)=e^x$, $f(0)=f'(0)=1$ 의 해 $f(x)$ 에 대하여 $f''(0)$ 의 값은? [1.5점]

① 6 ② 7 ③ 8
④ 9 ⑤ 10

37 미분방정식 $x^2f''(x)-2f(x)=x$, $f(1)=f'(1)=1$ 의 해 $f(x)$ 에 대하여 $f(2)$ 의 값은? [1.5점]

① 3 ② $\dfrac{13}{4}$ ③ $\dfrac{7}{2}$
④ $\dfrac{15}{4}$ ⑤ 4

38 좌표공간에서 $z=\frac{1}{4}(x^2+y^2)$ 과 $z=\sqrt{x^2+y^2}$ 으로 둘러싸인 영역의 부피는? [1.5점]

① $\frac{16}{3}\pi$　② $\frac{20}{3}\pi$　③ 8π
④ $\frac{28}{3}\pi$　⑤ $\frac{32}{3}\pi$

39 행렬 $A=\begin{pmatrix} a & a & b \\ a & b & a \\ b & a & a \end{pmatrix}$ 의 행렬식을 계산하면? [1.5점]

① $-(2a+b)(a-b)^2$　② $-(a+b)(a-b)^2$　③ $-b(a-b)^2$
④ $(a-b)^3$　⑤ $(2a-b)(a-b)^2$

40 행렬 $A=\begin{pmatrix} 1 & 2 \\ 3 & 4 \end{pmatrix}$ 에 대하여 행렬 B 가 $A+2B=AB$ 를 만족할 때,
행렬 $AB-BA$ 의 모든 원소의 합은? [1.5점]

① 0　② 1　③ 2
④ 3　⑤ 4

41 특이적분 $\int_0^\infty \frac{1}{\sqrt{t}} e^{-t}\, dt$ 의 값은? [1.5점]

① $\frac{\sqrt{\pi}}{2}$ ② $\frac{\sqrt{2\pi}}{2}$ ③ $\sqrt{\pi}$

④ $\sqrt{2\pi}$ ⑤ $2\sqrt{\pi}$

42 곡면 $S=\{(x, y, z)\in\mathbb{R}^3 \mid z=x^2+y^2,\ x^2+y^2 \le 1\}$ 위에서 $\iint_S \sqrt{4z+1}\, dS$의 값은? [1.5점]

① π ② 3π ③ 5π

④ 7π ⑤ 9π

43 좌표공간에서

$$S_1=\{(x, y, z)\in\mathbb{R}^3 \mid x^2+y^2+z^2 \le 4\},\quad S_2=\{(x, y, z)\in\mathbb{R}^3 \mid z \ge \sqrt{3(x^2+y^2)}\}$$

일 때, 영역 $S_1 \cap S_2$ 의 부피는? [1.5점]

① $\frac{8}{3}(\sqrt{2}-1)\pi$ ② $\frac{8}{3}(\sqrt{3}-\sqrt{2})\pi$ ③ $\frac{8}{3}(2-\sqrt{3})\pi$

④ $\frac{8}{3}(\sqrt{5}-2)\pi$ ⑤ $\frac{8}{3}(\sqrt{6}-\sqrt{5})\pi$

44 좌표평면 위의 곡선 $y=\cosh x$ $(0 \le x \le 2)$를 x축을 중심으로 회전시켰을 때, 생기는 곡면의 겉넓이는? [1.5점]

① $\frac{\pi}{4}(e^4-e^{-4})$
② $\frac{\pi}{4}(e^4-e^{-4}+4)$
③ $\frac{\pi}{4}(e^4-e^{-4}+8)$
④ $\frac{\pi}{4}(e^4-e^{-4}+12)$
⑤ $\frac{\pi}{4}(e^4-e^{-4}+16)$

45 정적분 $\int_1^2 x^x(1+x+x\ln x)\,dx$의 값은? [1.5점]

① 5
② 6
③ 7
④ 8
⑤ 9

46 좌표공간에서 두 직선 $x-2=\frac{y+3}{-6}=\frac{z+1}{2}$, $3-x=\frac{y+2}{9}=\frac{z-1}{-4}$ 사이의 거리는? [2점]

① 1
② 2
③ 3
④ 4
⑤ 5

47 좌표공간에서

$S_1 = \{(x,\ y,\ z) \in \mathbb{R}^3 \mid x^2 + y^2 + z^2 = 4\}$, $S_2 = \{S_2 = \{(x,\ y,\ z) \in \mathbb{R}^3 \mid (x-1)^2 + y^2 \le 1,\ z \ge 0\}$

일 때, 곡면 $S_1 \cap S_2$ 의 넓이는? [2점]

① $4\pi - 2$　② $4\pi - 4$　③ $4\pi - 6$

④ $4\pi - 8$　⑤ $4\pi - 10$

48 좌표평면에서 곡선 $C : [0,\ \pi] \to \mathbb{R}^2$ 가 $C(t) = (\cos t,\ \sin t)$ $(0 \le t \le \pi)$ 일 때,

선적분 $\int_C (xy^2 - y^3 + 3x^2)\,dx + \{x^3 + e^{y^2} + \cos(y^3 + 1)\}\,dy$ 의 값은? [2점]

① $\frac{3}{4}\pi - 1$　② $\frac{3}{4}\pi - 2$　③ $\frac{3}{4}\pi - 3$

④ $\frac{3}{4}\pi - 4$　⑤ $\frac{3}{4}\pi - 5$

49 좌표공간에서 영역 V는 $V=\left\{(x,\ y,\ z)\in\mathbb{R}^3 \,\middle|\, 0\le z\le\sqrt{1-x^2-y^2}\right\}$으로 주어진다. V의 경계를 S라 하고, V의 바깥 방향의 단위법선벡터를 $\vec{n}$이라 하자. 벡터장 $F(x,\ y,\ z)=(xy^2+ye^{-z^2},\ yz^2+ze^{-x^2},\ zx^2+xe^{-y^2})$에 대해서 F의 S에 대한 유속 $\iint_S F\cdot\vec{n}\,dS$의 값은? [2점]

① $\frac{1}{5}\pi$　② $\frac{4}{15}\pi$　③ $\frac{1}{3}\pi$

④ $\frac{2}{5}\pi$　⑤ $\frac{7}{15}\pi$

50 좌표공간에서 곡면 S는 $z=x^2+y^2,\ 0\le z\le 4$으로 주어진다. 벡터장 $F(x,\ y,\ z)=\left(\sin(x^2+1)-y\sqrt{z},\ x^3+ze^{-y^2},\ \ln(x^2+y^2+1)+e^{z^2}\right)$이고, $\vec{n}\cdot(0,\ 0,\ 1)>0$을 만족하는 곡면 S의 단위법선벡터 $\vec{n}$에 대해서 $\iint_S(\nabla\times F)\cdot\vec{n}\,dS$의 값은? [2점]

① 4π　② 8π　③ 12π

④ 16π　⑤ 20π

C H U N G - A N G   U N I V E R S I T Y

중앙대학교

중앙대학교

▶ 2025학년도 자연계 A형 ▶ 문항 수: 30문항 | 제한시간: 60분

2025 중앙대 자연계 A형 영역별 문항 수

구분	미분법	적분법	선형대수	다변수 미적분	공학수학	일반수학	합계
문항수	10	7	7	3	3	-	30
백분율	33.4%	23.3%	23.3%	10%	10%		100%

CHUNG-ANG
UNIVERSITY

중앙대학교

- 2025학년도 자연계 A형
- **문항 수:** 30문항 | **제한시간:** 60분

CAU 중앙대학교

01 $\frac{d}{dx}\left\{\frac{x^4(x-1)}{(x+2)(x^2+1)}\right\}\Big|_{x=2}$ 의 값은? [3점]

① $\frac{16}{25}$　② $\frac{11}{5}$　③ $\frac{19}{25}$　④ $\frac{39}{25}$

02 멱급수 $\sum_{n=1}^{\infty}\frac{n!}{n^n}x^n = x+\frac{1}{2}x^2+\frac{2}{9}x^3+\cdots$ 의 수렴반경은? [3점]

① $\frac{1}{e}$　② 1　③ e　④ $+\infty$

03 $f(x)=\arctan x$ 일 때, $\lim_{h\to 0}\dfrac{f(1+h)-2f(1)+f(1-h)}{h^2}$ 의 값은? [3점]

① -1 ② $-\dfrac{1}{2}$ ③ 0 ④ $\dfrac{1}{2}$

04 행렬 $B=\begin{pmatrix}1 & 1 & 0\\ 1 & -1 & 0\\ 0 & 0 & 0\end{pmatrix}$의 고윳값(eigenvalue)이 아닌 것은? [2.5점]

① $-\sqrt{2}$ ② 0 ③ $\dfrac{\sqrt{2}}{2}$ ④ $\sqrt{2}$

05 공간상의 벡터 $\vec{a}$, $\vec{b}$, $\vec{c}$ 를 $\vec{a}=(1, 1, 1)$, $\vec{b}=(2, 3, 4)$, $\vec{c}=(4, 9, 16)$ 이라고 할 때, $\vec{a}\cdot(\vec{b}\times\vec{c})$ 의 값은? [2.5점]

① 2 ② 6 ③ 12 ④ 16

06 실수 전체에서 정의된 함수 $f(x)=x^3+\frac{1}{2}x$ 의 역함수를 $f^{-1}(x)$ 라 할 때, $\left.\frac{d}{dx}\{f^{-1}(x)\}\right|_{x=9}$ 의 값은? [4점]

① $\frac{1}{25}$ ② $\frac{2}{25}$ ③ $\frac{4}{25}$ ④ $\frac{8}{25}$

07 함수 $y=y(x)$ 가 $y^3-x^2=4$ 를 만족할 때, 이계도함수 $\frac{d^2y}{dx^2}$ 을 구하면? [3점]

① $\frac{6y-8}{9y^5}$ ② $\frac{6y^2-8x}{9y^5}$ ③ $\frac{6y^3-8x^2}{9y^5}$ ④ $\frac{6y^4-8x^3}{9y^5}$

08 $T\vec{x}=\begin{pmatrix} 1 & 2 & 1 \\ 0 & 1 & 1 \\ -1 & 3 & 4 \end{pmatrix}\vec{x}$, $\vec{x}\in\mathbb{R}^3$ 일 때, T 의 치역(range)에 속하지 않는 벡터는? [4점]

① $(-1, 0, 1)$ ② $(5, 1, 0)$ ③ $(4, 1, 1)$ ④ $(-3, 1, 3)$

09 폐구간 $\left[-\frac{\pi}{2}, \frac{\pi}{2}\right]$ 에서 다음과 같이 정의되는 함수 $S(x)$ 의 최솟값은? [2.5점]

$$S(x) = \begin{cases} \dfrac{\sin x}{x}, & (x \neq 0) \\ 1, & (x = 0) \end{cases}$$

① $\frac{3\sqrt{3}}{2\pi}$ ② $\frac{2\sqrt{2}}{\pi}$ ③ $\frac{2}{\pi}$ ④ 1

10 임의의 실수 a, b 에 대하여 행렬 M 을 $M = \begin{pmatrix} a & b & b & b \\ a & a & b & a \\ a & b & a & a \\ b & b & b & a \end{pmatrix}$ 이라고 할 때,

M 의 행렬식을 구하면? [3.5점]

① $a(a-b)^3$ ② $-b(a-b)^3$ ③ $(a-b)^4$ ④ $-(a-b)^4$

11 $\mathbb{R}^2$ 에서의 극좌표 (r, θ) 로 나타낸 곡선 $r = \frac{16}{5+3\cos\theta}$ $(0 \leq \theta \leq 2\pi)$ 이

둘러싸고 있는 영역의 면적은? [4점]

① 5π ② 10π ③ 15π ④ 20π

중앙대학교 | 자연계 A형

12 $0 < a < b$ 일 때, $\lim_{n\to\infty}(a^n + b^n)^{\frac{1}{n}}$ 의 값은? [3점]

① 1　② a　③ b　④ $a+b$

13 함수 $g(x)$ 의 도함수가 연속이고 $g(1) = \sqrt{3}$, $g(0) = 1$ 일 때,

$\int_0^1 \frac{g(x)g'(x)}{\sqrt{1+\{g(x)\}^2}}dx$ 의 값은? [2.5점]

① $\frac{2-\sqrt{2}}{2}$　② $2-\sqrt{2}$　③ $\frac{2+\sqrt{2}}{2}$　④ $2+\sqrt{2}$

14 $\int_0^{\frac{\pi}{2}} t^2 \sin(2t)\,dt$ 의 값은? [3점]

① $\frac{\pi^2-4}{8}$　② $\frac{\pi^2-2}{8}$　③ $\frac{\pi^2+2}{8}$　④ $\frac{\pi^2+4}{8}$

15 $\int_{-1}^{1} \frac{6x+7}{(x+2)^2}\,dx$ 의 값은? [3점]

① $6\ln 3 - \frac{10}{3}$ ② $6\ln 3 - \frac{5}{3}$ ③ $6\ln 3 + \frac{5}{3}$ ④ $6\ln 3 + \frac{10}{3}$

16 $\Omega = \{(x, y, z) \in \mathbb{R}^3 : z > 0,\ x^2+y^2+z^2 \le 1\}$ 이라고 할 때,
$\iiint_{\Omega} (x^2+y^2)z\,dxdydz$ 의 값은? [4점]

① $\frac{\pi}{21}$ ② $\frac{\pi}{18}$ ③ $\frac{\pi}{15}$ ④ $\frac{\pi}{12}$

17 $\frac{1}{\pi}\int_{0}^{\frac{3}{4}} \frac{dx}{\sqrt{x(1-x)}}$ 의 값은? [4점]

① $\frac{1}{6}$ ② $\frac{1}{3}$ ③ $\frac{1}{2}$ ④ $\frac{2}{3}$

18 $(x^2+1)f'(x)+4xf(x)=x$, $f(2)=1$ 을 만족하는 함수 $f(x)$ 에 대하여 $f(0)$ 의 값은? [3.5점]

① 1 ② $\frac{79}{4}$ ③ 19 ④ 25

19 $\mathbb{R}^2$ 상의 부드러운 폐곡선 C 가 둘러싸고 있는 영역의 넓이를 s 라고 할 때,
$\int_C (2y+3)\,dx+(6x-11)\,dy$ 의 값은? [2.5점]

① $4s$ ② $6s$ ③ $8s$ ④ $12s$

20 $\int_1^e (\ln x)^2\,dx$ 의 값은? [3점]

① $e-2$ ② e ③ $e+2$ ④ $2e$

21 $n \times n$ 행렬 A 가 $A^T = -A$ 를 만족할 때, A 를 반대칭행렬이라고 한다. 반대칭행렬 A 에 관한 다음의 설명 중 옳은 것을 모두 고르면?
(단, A^T 는 A 의 전치행렬을, $\det(A)$ 는 A 의 행렬식을 나타낸다.) [3점]

ㄱ. $A - A^T$ 는 반대칭행렬이다.
ㄴ. n 이 홀수면 $\det(A) = 0$ 이다.
ㄷ. n 이 짝수면 $\det(A) < 0$ 이다.
ㄹ. 대각성분의 합은 0 이다.

① ㄱ, ㄴ, ㄷ ② ㄱ, ㄴ, ㄹ
③ ㄱ, ㄷ, ㄹ ④ ㄴ, ㄷ, ㄹ

22 $\ln\left(\frac{1+x}{1-x}\right) = \sum_{n=0}^{\infty} B_n x^n \ (-1 < x < 1)$의 전개식에서 $B_5 + B_8$ 의 값은? [3점]

① $\frac{1}{4}$ ② $\frac{2}{5}$ ③ $\frac{13}{20}$ ④ $\frac{5}{8}$

23 $P_4(\mathbb{R})$ 을 차수가 4 이하이고 실수계수를 가지는 다항식의 벡터공간이라 하고,
$W = \left\{p \in P_4(R) : p(x) = x^4 p\left(\frac{1}{x}\right)\right\}$ 이라 할 때, 부분공간 W 의 차원(dimension)은? [3.5점]

① 1 ② 2 ③ 3 ④ 4

중앙대학교 | 자연계 A형

24 $\sum_{n=0}^{\infty} \frac{(n+1)^2}{3^n}$ 의 값은? [4점]

① $\frac{8}{27}$ ② $\frac{1}{3}$ ③ $\frac{7}{2}$ ④ $\frac{9}{2}$

25 $Q = \{(x, y) \in \mathbb{R}^2 : 5x^2 + 2\sqrt{2}xy + 4y^2 = 1\}$ 이라 하면 Q는 타원을 나타낸다.
Q의 이심률(eccentricity)은? [4점]

① $\frac{\sqrt{2}}{5}$ ② $\frac{\sqrt{2}}{4}$ ③ $\frac{\sqrt{2}}{3}$ ④ $\frac{\sqrt{2}}{2}$

26 $\frac{1}{\sqrt{1-x^2}} = \sum_{k=0}^{\infty} A_k x^{2k}$ $(-1 < x < 1)$ 의 전개식에서 $\frac{A_5}{A_4}$ 의 값은? [4점]

① $\frac{7}{10}$ ② $\frac{9}{10}$ ③ $\frac{11}{10}$ ④ $\frac{13}{10}$

27 다음 중 발산하는 적분을 모두 고르면? [3.5점]

ㄱ. $\displaystyle\int_0^1 \frac{dx}{\sqrt{1-x}}$	ㄴ. $\displaystyle\int_1^4 \frac{dx}{(x-2)^2}$	ㄷ. $\displaystyle\int_1^\infty \frac{dx}{\sqrt{1+x^2}}$	ㄹ. $\displaystyle\int_1^\infty \frac{dx}{\sqrt{2+x^3}}$

① ㄱ, ㄴ ② ㄴ, ㄷ ③ ㄱ, ㄹ ④ ㄷ, ㄹ

28 $h''(x)+2h'(x)-15h(x)=0$, $h(0)=0$, $h'(0)=-1$ 을 만족하는 함수 $h(x)$ 에 대하여 $h(-1)$ 의 값은? [3.5점]

① $\frac{1}{8}\left(e^{-5}-e^{3}\right)$ ② $\frac{1}{8}\left(e^{5}-e^{-3}\right)$ ③ $\frac{1}{8}\left(e^{5}-e^{3}\right)$ ④ $\frac{1}{8}\left(e^{-5}-e^{-3}\right)$

29 좌표평면에서 점 $(-1, 1)$ 과 곡선 $xy=1$ 사이의 거리는? [4점]

① $\sqrt{3}$ ② $\sqrt{5}$ ③ $\sqrt{3}+1$ ④ $\sqrt{5}+1$

30 $P=\left\{(x, y) : 0 \le x-y \le \pi,\ 0 \le x+2y \le \frac{\pi}{2}\right\}$ 이라고 할 때,

$\iint_P \sin(x-y)\cos(x+2y)\,dxdy$ 의 값은? [4점]

① $\frac{1}{6}$ ② $\frac{1}{3}$ ④ $\frac{1}{2}$ ④ $\frac{2}{3}$

T E C H   U N I V E R S I T Y   O F   K O R E A

한국공학대학교

▶ 2025학년도 일반편입 ▶ 문항 수: 25문항 | 제한시간: 60분

2025 한국공학대 일반편입 영역별 문항 수

구분	미분법	적분법	선형대수	다변수 미적분	공학수학	일반수학	합계
문항수	3	4	-	7	11	-	25
백분율	12%	16%	-	28%	44%	-	100%

TECH
UNIVERSITY OF
KOREA

한국공학대학교

- 2025학년도 일반편입
- 문항 수: 25문항 | 제한시간: 60분

01 $f(x)=\int_0^{x^2}\sqrt{1+3t}\,dt$ 이고 $g(y)=\int_2^{y} f(x)\,dx$ 일 때, $g''(1)$ 의 값은? [3점]

① 2 ② 4 ③ 6 ④ 8

02 $f(x)=x\cos^{-1}x-\sqrt{1-x^2}$ 일 때, $f'\left(\frac{1}{2}\right)$ 의 값은? [3점]

① $\frac{\pi}{6}$ ② $\frac{\pi}{4}$ ③ $\frac{\pi}{3}$ ④ $\frac{\pi}{2}$

03 극좌표가 $\left(4, \frac{\pi}{3}\right)$ 와 $\left(6, \frac{2\pi}{3}\right)$ 인 두 점 사이의 거리는? [3점]

① $2\sqrt{7}$ ② $3\sqrt{7}$ ③ $2\sqrt{21}$ ④ $3\sqrt{21}$

04 점 $(1, 2, 3)$ 에서 벡터 $\vec{v}=(2, -1, 2)$ 의 방향으로 함수 $f(x, y, z)=x^2y+y^2z$ 의 방향도함수는? [3점]

① $\frac{11}{2}$　② 4　③ $\frac{5}{2}$　④ 1

05 $f(x, y, z)=x^2y^3z^4+\tan^{-1}(x^2\sqrt{z})$ 일 때, $f_{zxy}(x, y, z)$ 를 구하면? [3점]

① $24xy^2z^3+\frac{4x^3z}{(1+x^4z)}$　② $24xy^2z^3+\frac{1}{1+x^4z}$

③ $24xy^2z^3+\frac{2x\sqrt{z}}{1+x^4z}$　④ $24xy^2z^3$

06 길이가 5 m인 사다리가 수직인 벽면에 기대어 있다. 사다리 바닥이 1 m/s 의 비율로 벽면으로부터 미끄러진다. 사다리 바닥이 벽면으로부터 3 m 떨어질 때, 사다리와 바닥 사이의 각의 변화율은? [4점]

① $-\frac{1}{5}$ rad/s　② $-\frac{1}{4}$ rad/s

③ $-\frac{1}{3}$ rad/s　④ $-\frac{1}{2}$ rad/s

07 사이클로이드(cycloid) $\begin{cases} x = 3(\theta - \sin\theta) \\ y = 3(1 - \cos\theta) \end{cases}$ 에 대하여 $\theta = \frac{\pi}{6}$ 인 점에서 접선의 기울기는? [4점]

① $\sqrt{3}$ ② $\frac{3}{2}\sqrt{3}$ ③ $2 + \sqrt{3}$ ④ $1 + 2\sqrt{3}$

08 곡선 $y = 1 + \frac{1}{2}\cosh 2x \ (0 \le x \le 1)$ 의 길이는? [4점]

① $\frac{1}{2}\cosh 2$ ② $\frac{1}{2}\sinh 2$ ③ $2\cosh 2$ ④ $2\sinh 2$

09 곡선 $y = \sqrt{\ln x}$ 와 두 직선 $y = 0$, $x = e$ 로 유계된 영역을 x 축을 중심으로 회전시킬 때 생기는 입체의 부피는? (단, $\lim_{x \to 0}(1+x)^{1/x} = e$) [4점]

① $\frac{\pi}{4}$ ② $\frac{\pi}{2}$ ③ $\frac{3}{4}\pi$ ④ π

10 점 $(0, 2, 1)$ 에서 매개변수곡선 $x = \ln t$, $y = 2t$, $z = t^2$의 법평면의 방정식은 $ax + by + cz = 6$ 이다. $a + b + c$ 의 값은? [4점]

① 4 ② 5 ③ 6 ④ 7

11 점 $(1, 1, 2)$ 에서 곡선 $C : r(t) = (t, t, 1 + t^2)$의 곡률은? [5점]

① $\frac{\sqrt{3}}{9}$ ② $\frac{\sqrt{5}}{9}$ ③ $\frac{\sqrt{3}}{3}$ ④ $\frac{\sqrt{5}}{3}$

12 반복적분 $\int_0^2 \int_{y/2}^1 y \cos(x^3 - 1)\, dx\, dy$ 의 값은? [5점]

① $\frac{2}{3}\sin 1$ ② $\frac{4}{3}\sin 1$ ③ $2\sin 1$ ④ $\frac{8}{3}\sin 1$

13 영역 D가 $D=\left\{(x,\ y)\mid 0 \le x \le 2,\ 0 \le y \le \sqrt{4-x^2}\right\}$ 일 때,
이중적분 $\iint_D e^{-x^2-y^2}\,dA$ 의 값은? [5점]

① $\frac{\pi}{2}\left(1-e^{-2}\right)$　② $\pi\left(1+e^{-4}\right)$　③ $\frac{\pi}{4}\left(1+e^{-2}\right)$　④ $\frac{\pi}{4}\left(1-e^{-4}\right)$

14 미분방정식 $\left(kx^2y+e^y-2x\right)dx+\left(xe^y+x^3+2y\right)dy=0$ 이 완전미분방정식이 되기 위한 상수 k 의 값은? [3점]

① 1　② 2　③ 3　④ 4

15 미분방정식 $(x^2+1)dy=\frac{x}{\sin y}dx,\ y(0)=\pi$ 의 해는? [4점]

① $\cos y-\ln\left(x^2+1\right)+1=0$　② $\cos y+\frac{1}{2}\ln\left(x^2+1\right)+1=0$

③ $\cos y-\ln\left(x^2+1\right)+2=0$　④ $\cos y+\frac{1}{2}\ln\left(x^2+1\right)+2=0$

16 상수 a, b 에 대하여 미분방정식 $ax^2y'' + bxy' + y = 0$ 의 일반해가 $y = c_1 x^{1/2}\cos(\ln x) + c_2 x^{1/2}\sin(\ln x)$ 일 때, $a+b$ 의 값은? (단, c_1, c_2 는 상수이다.) [4점]

① $\frac{4}{5}$ ② $\frac{5}{4}$ ③ $\frac{8}{5}$ ④ $\frac{5}{2}$

17 미분방정식 $\frac{dy}{dx} = 1 + (y-x)^2$, $y(0) = \frac{1}{2}$ 의 해를 $y(x)$ 라 할 때, $y(3)$ 의 값은? [4점]

① 1 ② 2 ③ 3 ④ 4

18 함수 $y_1(x) = x$ 가 미분방정식 $(x^2 - x)y'' - xy' + y = 0$ 의 해일 때, 다음 중 구간 $(1, \infty)$ 에서 $y_1(x)$ 와 일차독립인 해 $y_2(x)$ 는? [4점]

① $xe^{-x} + x^2e^x$ ② $xe^{-x} + x\ln x$ ③ $x\ln x + 1$ ④ $x^2\ln x + 1$

한국공학대학교 | 일반편입

19 감마(Gamma)함수 $\Gamma(\alpha)=\int_0^{\infty} t^{\alpha-1}e^{-t}dt$, $(\alpha>0)$에 대하여 $\Gamma\left(\frac{1}{2}\right)=\sqrt{\pi}$ 임을 이용하여

이상적분 $\int_0^1 x^2\left(\ln\frac{1}{x}\right)^{\frac{1}{2}}dx$ 의 값을 구하면? [4점]

① $\frac{\sqrt{3\pi}}{6}$ ② $\frac{2\sqrt{3\pi}}{3}$ ③ $\frac{3\sqrt{3\pi}}{5}$ ④ $\frac{\sqrt{3\pi}}{18}$

20 함수 $f(t)=\begin{cases}\sin t, & 0\le t<\pi \\ 0, & t\ge\pi\end{cases}$ 를 단위계단함수(unit step function)로 나타내고

$f(t)$ 의 라플라스 변환을 구하면? (단, $\mathcal{L}\{f(t)\}$ 는 $f(t)$ 의 라플라스 변환이다.) [4점]

① $f(t)=\sin t+\sin t\,u(t-\pi)$

$\mathcal{L}\{f(t)\}=\frac{1}{s^2+1}(1-e^{-\pi s})$

② $f(t)=\sin t-\sin t\,u(t-\pi)$

$\mathcal{L}\{f(t)\}=\frac{1}{s^2+1}(1+e^{-\pi s})$

③ $f(t)=\sin t-\sin t\,u(t-\pi)$

$\mathcal{L}\{f(t)\}=\frac{1}{s^2+1}(1-e^{\pi s})$

④ $f(t)=\sin t+\sin t\,u(t-\pi)$

$\mathcal{L}\{f(t)\}=\frac{1}{s^2+1}(1+e^{\pi s})$

21 미분방정식 $y'' + y = \csc x$의 일반해는? (단, c_1, c_2는 상수이다.) [4점]

① $y = c_1 \cos x + c_2 \sin x - x\cos x - \sin x \ln|\cos x|$
② $y = c_1 \cos x + c_2 \sin x + x\cos x - \sin x \ln|\sin x|$
③ $y = c_1 \cos x + c_2 \sin x - x\cos x + \sin x \ln|\sin x|$
④ $y = c_1 \cos x + c_2 \sin x + x\cos x + \sin x \ln|\cos x|$

22 $f(t) = t^2 * \cos t$ 일 때, $f\left(\frac{\pi}{2}\right)$의 값은?
(단, $g(t) * h(t)$는 함수 $g(t)$와 $h(t)$의 합성곱 (convolution)이다.) [4점]

① $\pi - 2$ ② $\frac{\pi^2}{2}$ ③ $\frac{\pi^2}{4}$ ④ $\pi + 2$

23 함수 $F(s) = \ln\left(\frac{s-2}{s+3}\right)$의 라플라스 역변환 $\mathcal{L}^{-1}\{F(s)\}$를 $f(t)$라 할 때, $f(1)$의 값은? [5점]

① $e^{-3} - e^2$ ② $e^3 - e^{-2}$ ③ $e^{-3} + e^2$ ④ $e^3 + e^{-2}$

24 적분방정식 $y(t) = \cos t + e^{-t}\int_0^t e^u y(u)\,du$ 을 만족시키는 $y(t)$ 는? [5점]

① $t\sin t + \cos t$ ② $\sin t - \cos t$
③ $t\cos t - \sin t$ ④ $\cos t + \sin t$

25 연립미분방정식 $\begin{cases} \dfrac{dx}{dt} = x - 2y \\ \dfrac{dy}{dt} = 5x - y \end{cases}$, $x(0) = 1$, $y(0) = 2$ 의 해를 $x(t)$, $y(t)$ 라 할 때, $x\left(\dfrac{\pi}{3}\right)$ 의 값은? [5점]

① 1 ② 0 ③ -1 ④ -2

HANKUK UNIVERSITY OF FOREIGN STUDIES

한국외국어대학교

▶ 2025학년도 자연계 T1-2 A형 ▶ 문항 수: 영어 25문항, 수학 20문항 | 제한시간: 90분

2025 한국외국어대 자연계 T1-2 A형 영역별 문항 수

구분	미분법	적분법	선형대수	다변수 미적분	공학수학	일반수학	합계
문항수	6	5	-	-	-	9	20
백분율	30%	20%	-	-	-	45%	100%

한국외국어대학교

- 2025학년도 자연계 T1-2 A형
- 문항 수: 영어 25문항, 수학 20문항 | 제한시간: 90분

26 $0 \le \theta \le 2\pi$일 때, 이차방정식 $2x^2-(2\cos\theta)x+\sin\theta=0$ 이 오직 하나의 실근을 가지도록 하는 모든 θ의 값의 합은? [4점]

① $\frac{\pi}{2}$ ② π ③ 2π
④ 3π ⑤ 4π

27 자연수 n에 대하여 좌표평면 위의 점 $(-n, 0)$에서 포물선 $y^2=4x$에 그은 두 접선이 포물선과 만나는 점을 각각 P, Q라 하자. 선분 $\overline{\mathrm{PQ}}$의 길이 l이 $5 \le l \le 10$을 만족시키는 n의 개수는? [4점]

① 3 ② 4 ③ 5
④ 6 ⑤ 7

28 밑면이 변의 길이가 a인 정사각형이고 높이가 b인 직육면체 모양의 뚜껑이 없는 용기를 만들고자 한다. 이 용기의 겉넓이가 24이면서 부피가 최대가 될 때, a^2+b^2의 값은? [4점]

① 4 ② 6 ③ 8
④ 10 ⑤ 12

29 좌표평면에서 원 $x^2+y^2=4$의 내부나 경계 위에 있고 x좌표와 y좌표가 모두 정수인 점 중에서 서로 다른 두 점을 임의로 선택할 때, 두 점 사이의 거리가 $\sqrt{2}$ 이하일 확률은? [4점]

① $\frac{12}{39}$　② $\frac{14}{39}$　③ $\frac{16}{39}$　④ $\frac{9}{13}$　⑤ $\frac{20}{39}$

30 명중률이 $\frac{2}{3}$인 사수가 활을 쏘아서 풍선 2개를 터뜨리고자 한다. 이 사수가 활을 쏘는 시행을 할 때, 풍선 2개를 터뜨리는 시행 횟수가 5 이상이 될 확률은?
(단, 한 번의 시행에서 풍선은 1개만 터질 수 있고, 사수는 풍선 2개를 터뜨릴 때까지 시행을 계속한다.) [4.7점]

① $\frac{2}{27}$　② $\frac{1}{9}$　③ $\frac{4}{27}$　④ $\frac{5}{27}$　⑤ $\frac{2}{9}$

31 실수 $a\ (a>1)$, b에 대하여 함수

$$f(x)=\begin{cases}\sqrt{x-1} & ,\ x\le a \\ \lim_{n\to\infty}\dfrac{x^{n+1}+bx^n}{4x^n+3} & ,\ x>a\end{cases}$$

가 $x=a$에서 미분가능할 때, ab의 값은? [4.7점]

① 15　② 18　③ 21　④ 24　⑤ 27

32 삼차방정식 $x^3-3nx^2+64=0$의 2보다 큰 서로 다른 두 실근의 개수가 2가 되도록 하는 모든 자연수 n의 값의 합은? [4.8점]

① 3 ② 6 ③ 9
④ 12 ⑤ 15

33 $0 \le x \le \frac{\pi}{2}$에서 정의된 함수 $f(x)$와 $f(x)$의 역함수 $g(x)$가

$g(3f(x)+2\cos 2x)=x$ 를 만족시킬 때, $\lim_{h\to 0}\frac{4g(2h)-\pi}{h}$의 값은? [5점]

① -4 ② -2 ③ 1
④ 2 ⑤ 4

34 좌표평면 위를 움직이는 점 P의 시각 t $\left(\frac{\pi}{4} \le t \le \frac{3\pi}{4}\right)$에서의 위치 (x, y)가

$x=\cos t+\ln\left(\tan\frac{1}{2}t\right)$, $y=\sin t$이다. 시각 $t=\frac{\pi}{4}$에서 $t=\frac{\pi}{2}$까지 점 P가 움직인 거리는? [5점]

① $\frac{1}{2}\ln 2$ ② $\ln 2$ ③ $\frac{3}{2}\ln 2$
④ $2\ln 2$ ⑤ $\frac{5}{2}\ln 2$

35 음함수의 식 $x=y^3+y+2$로 주어진 곡선 $y=f(x)$ $(x \geq 0)$과 그 곡선 위의 점 $(4, 1)$에서의 접선과 x축으로 둘러싸인 영역의 넓이는? [5점]

① $\frac{7}{12}$ ② $\frac{2}{3}$ ③ $\frac{3}{4}$
④ $\frac{5}{6}$ ⑤ $\frac{11}{12}$

36 어떤 A 제품 품질 검사기는 정상제품 중에서 2%는 불량품으로, 불량품 중에서 5%는 정상제품으로 잘못 판정한다고 한다. 어느 공장에서 생산된 A 제품 중에서 정상제품이 95%이고 불량품이 5%일 때, 이 검사기가 불량품으로 판정한 제품이 실제로는 정상제품일 확률은? [5점]

① $\frac{2}{7}$ ② $\frac{9}{28}$ ③ $\frac{5}{14}$
④ $\frac{11}{28}$ ⑤ $\frac{3}{7}$

37 $n \geq 3$인 자연수 n에 대하여 다항식 $(1+x)^n$의 전개식에서 x^{n-3}의 계수를 a_c이라 할 때, $\lim_{n\to\infty}\left(\frac{a_n}{a_{n+1}}\right)^{2n}$의 값은? [5점]

① e^6 ② e^4 ③ 1
④ e^{-4} ⑤ e^{-6}

38 이계도함수가 연속인 함수 $f(x)$가 $x>0$일 때

$$\int_1^x (\ln x - \ln t) f''(t)\,dt = 3(x-1)^2$$

을 만족시키고, $f(1) = f'(1) = 1$이다. $f(2)$의 값은? [5점]

① 6 ② 7 ③ 8
④ 9 ⑤ 10

39 실수 a, b에 대하여 $\lim_{x\to e} \frac{(\ln x)^{\ln x} - a}{x-e} = b$일 때, $\frac{a}{b}$의 값은? [5.2점]

① $\frac{2}{e}$ ② $\frac{1}{e}$ ③ $\frac{e}{2}$
④ e ⑤ $2e$

40 실수 a에 대하여 $z = a + (2a+1)i$라 하자. 모든 실수 a에 대하여 $|z-k|$의 최솟값이 $\sqrt{5}$가 되도록 하는 모든 실수 k의 값의 곱은? (단, $i = \sqrt{-1}$이고, 복소수 z에 대하여 $|z| = \sqrt{z\bar{z}}$이다.) [5.3점]

① -12 ② -10 ③ -8
④ -6 ⑤ -4

41 한 개의 주사위를 던져서 2나 5가 나오는 사건을 A라 하자. 한 개의 주사위를 던지는 시행을 n번 반복할 때, 사건 A가 일어나는 횟수를 확률변수 X라 하자. $\mathrm{E}(X^2)=\mathrm{V}(5X)$일 때, 자연수 n의 값은? (단, $\mathrm{E}(X)$와 $\mathrm{V}(X)$는 각각 X의 기댓값과 분산이다.) [5.3점]

① 6 ② 12 ③ 24
④ 36 ⑤ 48

42 수열 $\{a_n\}$이 모든 자연수 n에 대하여 $\sum_{k=1}^{n} 9^k a_k = 2^n + 3^n$을 만족시킬 때, $\sum_{n=1}^{\infty} a_n$의 값은? [6점]

① $\frac{2}{3}$ ② $\frac{44}{63}$ ③ $\frac{46}{63}$
④ $\frac{16}{21}$ ⑤ $\frac{50}{63}$

43 모든 자연수 n에 대하여 $a_n = \frac{1}{n}\left(\sum_{k=1}^{n} \ln k\right) - \ln n$일 때, $\lim_{n\to\infty} a_n$의 값은? [6점]

① -4 ② -2 ③ -1
④ $-\frac{1}{2}$ ⑤ $-\frac{1}{4}$

44 수열 $\{a_n\}$이

$$a_1 = 2,\ 2na_{n+1} = (n+1)a_n \ (n \geq 1)$$

을 만족시킬 때, $\sum_{n=1}^{\infty} a_n$의 값은? [6점]

① 8 ② 9 ③ 10
④ 11 ⑤ 12

45 $x > 0$에서 정의된 함수 $f(x) = \int_0^{\infty} \sqrt{t}\, e^{-\sqrt{xt}}\, dt$에 대하여 $f'(1)$의 값은? [6점]

① 6 ② 4 ③ 2
④ -4 ⑤ -6

KOREA AEROSPACE UNIVERSITY

한국항공대학교

▶ 2025학년도 자연계 ▶ 문항 수: 영어 20문항, 수학 20문항 | 제한시간: 90분

2025 한국항공대 자연계 영역별 문항 수

구분	미분법	적분법	선형대수	다변수 미적분	공학수학	일반수학	합계
문항수	1	3	4	5	7	-	20
백분율	5%	15%	20%	25%	35%	-	100%

KOREA
AEROSPACE
UNIVERSITY

한국항공대학교

- **2025학년도 자연계**
- **문항 수:** 영어 20문항, 수학 20문항 | **제한시간:** 90분

01 함수 $y(x)$ 가 미분방정식 $x^2y'' - 2xy' + 2y = 0$ 에 대하여 조건 $y(1) = 1$ 과 $y'(1) = 3$ 을 만족할 때, $y(2)$ 의 값은? [3.8점]

① 1 ② 3 ③ 4 ④ 6

02 함수 $y(x)$ 가 미분방정식 $y' = 2xy^2$ 에 대하여 조건 $y(1) = \frac{1}{2}$ 을 만족할 때, $y(3)$ 의 값은? [3.8점]

① $-\frac{1}{9}$ ② $-\frac{1}{6}$ ③ $-\frac{1}{4}$ ④ $-\frac{1}{2}$

03 다음 중 대각화가 불가능한 행렬은? [4.1점]

① $\begin{pmatrix} 1 & 2 \\ 4 & 1 \end{pmatrix}$ ② $\begin{pmatrix} 2 & 2 \\ 0 & -3 \end{pmatrix}$ ③ $\begin{pmatrix} 2 & -1 \\ 1 & 4 \end{pmatrix}$ ④ $\begin{pmatrix} 1 & 2 \\ 0 & 4 \end{pmatrix}$

04 행렬 $\begin{pmatrix} 1 & 2 & 3 & 4 \\ 2 & 3 & 1 & 5 \\ 3 & 4 & 5 & 2 \\ 4 & 5 & 6 & 2 \end{pmatrix}$ 의 행렬식 값은? [4.2점]

① -24 ② -18 ③ -12 ④ -6

05 영역 $D=\{(x,\ y)\,|\,4x^2+y^2 \le 16\}$ 에서의 이변수 함수 $f(x,\ y)=8x^2+4y$ 의 최댓값을 M, 최솟값을 m 이라 할 때, $\dfrac{m}{M}$ 의 값은? [4.3점]

① $-\dfrac{11}{34}$ ② $-\dfrac{8}{17}$ ③ $-\dfrac{21}{34}$ ④ $-\dfrac{13}{17}$

06 〈보기〉의 급수 중 수렴하는 급수의 개수는? [4.4점]

보기

ㄱ. $\displaystyle\sum_{n=2}^{\infty}\left(\frac{n}{\ln n}\right)^n$

ㄴ. $\displaystyle\sum_{n=1}^{\infty}\frac{2\cdot 5\cdot 8\cdot \cdots \cdot (3n-1)}{3\cdot 7\cdot 11\cdot \cdots \cdot (4n-1)}$

ㄷ. $\displaystyle\sum_{n=2}^{\infty}\frac{1}{n\ln n}$

① 0 ② 1 ③ 2 ④ 3

한국항공대학교 | 자연계

07 극한 $\lim_{x \to 0} \frac{x\cos x - \sin x}{2x^2 \sin x}$ 의 값은? [4.5점]

① -6 ② $-\frac{1}{6}$ ③ $-\frac{1}{4}$ ④ -4

08 미분방정식 $(3x^2y + 2y^3)dx + (x^3 + 6xy^2)dy = 0$ 의 일반해를 $ax^m y^n + bx^v y^w = C$ 라 할 때, $\frac{a}{b}(m+n+v+w)$ 의 값으로 가능한 것은? [4.6점]

① 1 ② 2 ③ 4 ④ 8

09 함수 $y(t)$ 가 미분방정식 $\frac{dy}{dt} + y - 6\int_0^t y(\tau)\,d\tau = 5$ 에 대하여 조건 $y(0) = 5$ 를 만족할 때, $y(\ln 2)$ 의 값은? [4.7점]

① $\frac{49}{4}$ ② $\frac{65}{8}$ ③ $\frac{33}{8}$ ④ $\frac{17}{4}$

10 영행렬이 아닌 $n \times n$ 행렬 A 와 B 에 대하여 〈보기〉 중 참인 명제는 모두 몇 개인가? [4.8점]

보기

ㄱ. A 가 대칭행렬이고 B 가 대각행렬이면 $AB = BA$ 이다.

ㄴ. AA^T 는 대칭행렬이다.

ㄷ. $tr(A) \geq tr(B)$ 이면 $tr(A^2) \geq tr(B^2)$ 이다.

ㄹ. $\det(A) \geq \det(B)$ 이면 $\det(A^2) \geq \det(B^2)$ 이다.

① 1 ② 2 ③ 3 ④ 4

11 미분방정식 $y'' - y' - 6y = xe^x$ 의 해를 $y(x) = c_1 e^{ax} + c_2 e^{bx} + Axe^x + Be^x$ 이라 할 때, $\dfrac{abA}{B}$ 의 값은? [4.9점]

① -6 ② -12 ③ -36 ④ -48

12 정적분 $\displaystyle\int_0^1 \frac{x}{\sqrt{3-2x-x^2}}\,dx$ 의 값은? [5.1점]

① $\sqrt{3} - \dfrac{\pi}{3}$ ② $\sqrt{3} - \dfrac{\pi}{4}$ ③ $\sqrt{3} + \dfrac{\pi}{4}$ ④ $\sqrt{3} + \dfrac{\pi}{3}$

13 함수 $g(x)=\int_0^{\cos x}\sqrt{1+\sin t+\cos t}\,dt$ 에 대하여 함수 $f(x)=\int_1^{g(x)}\frac{1}{\sqrt{1+t^3}}\,dt$ 일 때,

$f'\left(\frac{\pi}{2}\right)$ 의 값은? [5.3점]

① $-\frac{\pi}{2}$ ② $-\sqrt{2}$ ③ $-\frac{\pi}{3}$ ④ $-\frac{\sqrt{2}}{2}$

14 극좌표로 정의된 두 곡선 $r=\cos 2\theta$ 와 $r=\frac{1}{2}$ 로 만들어지는 영역 중 색칠된 영역의 넓이는? [5.4점]

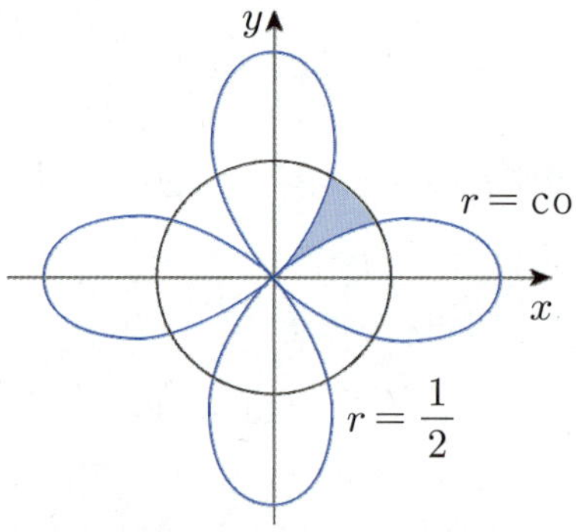

① $\frac{3\sqrt{3}+\pi}{48}$ ② $\frac{-4+\sqrt{3}+\pi}{16}$ ③ $\frac{-8+3\sqrt{3}+\pi}{16}$ ④ $\frac{3\sqrt{3}-\pi}{48}$

15 벡터장 $F(x, y, z)=z\sin^{-1}(y^3)\vec{i}+z^3\ln(x^{100}+1)\vec{j}+z^2\vec{k}$ 에 대하여

포물면 $x^2+y^2+z=3$ 과 평면 $z=2$ 로 둘러싸인 영역에서의 선다발(flux)을 구하면?
(단, 영역의 방향은 바깥쪽 방향이다.) [5.5점]

① $\frac{7}{3}\pi$ ② $\frac{13}{3}\pi$ ③ $\frac{19}{3}\pi$ ④ $\frac{25}{3}\pi$

16 벡터장 $F(x, y) = \left(\frac{x^5 + x^3y^2 - y}{x^2 + y^2}\right)\vec{i} + \left(\frac{x^2\cos y + y^2\cos y + x}{x^2 + y^2}\right)\vec{j}$ 에 대하여

선적분 $\int_C F \cdot dr$ 을 구하면? (단, C는 타원 $\frac{x^2}{4} + \frac{y^2}{9} = 1$ 이며 양의 방향의 곡선이다.) [5.7점]

① π ② 2π ③ 3π ④ 4π

17 행렬 $A = \begin{pmatrix} 2 & 5 \\ -1 & 8 \end{pmatrix}$, 벡터 $\vec{b} = \begin{pmatrix} -2 \\ 4 \end{pmatrix}$ 와 모든 성분이 실수인 벡터 $\vec{x}$에 대하여

$\vec{x}^T A \vec{x} + \vec{x}^T \vec{b}$ 가 최소가 되게 하는 벡터 $\vec{x}$ 의 모든 성분의 합은? [5.9점]

① $\frac{3}{2}$ ② $-\frac{5}{2}$ ③ $-\frac{3}{2}$ ④ $\frac{1}{2}$

18 고윳값으로 2 와 3 을 갖는 3×3 행렬 A 에 대하여 고윳값 2 에 대한 고유벡터는 $\begin{pmatrix} 1 \\ 2 \\ -2 \end{pmatrix}$ 이고

고윳값 3에 대한 고유벡터는 $\begin{pmatrix} 2 \\ 1 \\ -3 \end{pmatrix}$ 일 때, $A^3\begin{pmatrix} 0 \\ 3 \\ -1 \end{pmatrix}$ 의 모든 성분의 합은? [6.2점]

① 16 ② 27 ③ 35 ④ 42

19 반복적분 $\int_0^1 \int_{\sin^{-1}y}^{\frac{\pi}{2}} \cos x \sqrt{3+\cos^2 x}\, dxdy$ 의 값은? [6.3점]

① $\frac{4}{3}-\sqrt{2}$ ② $\frac{8}{3}-\sqrt{2}$ ③ $\frac{4}{3}-\sqrt{3}$ ④ $\frac{8}{3}-\sqrt{3}$

20 점 $\mathrm{P}(0, 0, 1) \in \mathbb{R}^3$ 에서 삼변수 함수 $f(x, y, z) = 3z + e^{x^2-y^2}$ 의 최대변화율 M 이라 하자. 점 P 에서의 f 의 방향도함수의 값이 $\frac{M}{3}$ 이 되는 모든 벡터 $\vec{v}$ 에 대하여 $\frac{\vec{v}}{\|\vec{v}\|}$ 의 끝점이 만드는 도형의 둘레의 길이는? [6.5점]

① π ② $\frac{2\sqrt{2}}{3}\pi$ ③ $\frac{4\sqrt{2}}{3}\pi$ ④ $\frac{8}{9}\pi$

H A N S U N G   U N I V E R S I T Y

한성대학교

▶ 2025학년도 공과대 A형 ▶ 문항 수: 수학 20문항, 영어 25문항 | 제한시간: 90분

2025 한성대 공과대 A형 영역별 문항 수

구분	미분법	적분법	선형대수	다변수 미적분	공학수학	일반수학	합계
문항수	5	3	6	1	3	2	20
백분율	25%	15%	30%	5%	15%	10%	100%

HANSUNG
UNIVERSITY

한성대학교

- **2025학년도 공과대 A형**
- **문항 수:** 수학 20문항, 영어 25문항 | **제한시간:** 90분

01 행렬 $A=\begin{pmatrix} 1 & 2 & 3 & 0 & 2 \\ 0 & 1 & 1 & 0 & 1 \\ 0 & 0 & 1 & 0 & 3 \\ 0 & 0 & 0 & 2 & 0 \\ 0 & 0 & 0 & 0 & x \end{pmatrix}$ 일 경우, 실수 x 에 대한 $\det(2A)-\det(A^2)$ 의 최댓값은? [2점]

① 32 ② 64 ③ 128 ④ 256

02 행렬 $A=\begin{pmatrix} 2 & 0 & 1 \\ 4 & 2 & 3 \\ 3 & 0 & 0 \end{pmatrix}$ 에 대하여 $\det(A^2-A)$ 의 값은? [2점]

① 16 ② 20 ③ 24 ④ 28

03 x 에 대한 다항식 $f(x)$ 가 $\lim_{x\to4}\frac{f(x)}{x-4}=2$ 와 $\lim_{x\to\infty}\frac{f(x)}{\sqrt{x^4+x^2+1}}=2$ 를 만족시킬 때 $f(x)$ 의 실근의 합은? [2.5점]

① 7 ② -7 ③ 14 ④ -14

04 $\cos(\pi+\theta)-\sin\left(\frac{\pi}{2}+\theta\right)=1$ 이고 $\tan\theta>0$ 일 때, $\sin(-\theta)$ 의 값은? [2.5점]

① $-\frac{\sqrt{3}}{2}$ ② $\frac{\sqrt{3}}{2}$ ③ $-\frac{\sqrt{3}}{3}$ ④ $\frac{\sqrt{3}}{3}$

05 수열 $\{a_n\}$ 에 대하여 $a_1=2$ 이고 급수 $\sum_{n=1}^{\infty}(na_n-3)$ 이 수렴할 때,

$\sum_{n=1}^{\infty}\{(n+1)a_{n+1}-na_n\}$ 의 값은? [3점]

① 1 ② -1 ③ 2 ④ -2

06 $\lim_{x\to1}\frac{x^{10}+3x-4}{x-1}$ 의 값은? [1.5점]

① 11 ② 12 ③ 13 ④ 14

07 행렬 $A=\begin{pmatrix} 2 & 1 & 0 \\ 1 & 2 & 0 \\ 0 & 0 & 2 \end{pmatrix}$에 대해 행렬 $K=\begin{pmatrix} a & 1 & 0 \\ -1 & b & 0 \\ 0 & 0 & 1 \end{pmatrix}$가 $K^{-1}AK=\begin{pmatrix} 1 & 0 & 0 \\ 0 & c & 0 \\ 0 & 0 & d \end{pmatrix}$을 만족시킬 경우 $a^2+b^2+c^2+d^2$ 의 값은? [3점]

① 11 ② 15 ③ 19 ④ 26

08 xy 좌표평면에서 직선 $y=1$ 을 원점을 중심으로 시계 방향으로 60° 회전시켜 얻은 직선을 m 이라고 하자. 직선 m 과 직선 $y=1$ 의 교점의 x 좌표는? [3점]

① 1 ② $\frac{\sqrt{3}}{2}$ ③ $\frac{\sqrt{3}}{3}$ ④ $\frac{\sqrt{3}}{4}$

09 행렬 $A=\begin{pmatrix} 2 & 0 \\ 1 & 1 \end{pmatrix}$에 대한 역행렬 A^{-1} 의 고윳값의 합은? [1.5점]

① $-\frac{1}{2}$ ② $\frac{1}{2}$ ③ $-\frac{3}{2}$ ④ $\frac{3}{2}$

10 n 차 정방행렬 A, B에 대해 다음 중 옳은 것의 개수는? [2.5점]

ㄱ. $(A-B^T)^T = B - A^T$

ㄴ. $(kAB)^{-1} = \frac{1}{k}A^{-1}B^{-1}$ (여기서, k는 0이 아닌 실수이다.)

ㄷ. A와 B가 대칭행렬인 경우 BA도 대칭행렬이다.

ㄹ. A와 B가 직교행렬인 경우 $A^T(A+B)B^T = A^T + B^T$

① 1 ② 2 ③ 3 ④ 4

11 미분방정식 $y'' + 2y' + 2y = 0$, $y(0) = 2$, $y(\frac{\pi}{2}) = 0$의 해가 $y(x)$라고 할 때, $y'(0)$의 값은? [2.5점]

① -2 ② 0 ③ 2 ④ π

12 점 P는 곡선 $y = x^2 + 2$ 위의 한 점이고, 점 Q는 직선 $y = 2x - 4$ 위의 한 점일 때, 두 점 P와 Q 사이의 거리의 최솟값은? [2.5점]

① 2 ② $\sqrt{5}$ ③ $\frac{\sqrt{15}}{5}$ ④ $\sqrt{10}$

13 $f(x)=(x^2+2)\int_0^2 \cos t\,dt$ 일 때, $f'(0)$ 의 값은? [2.5점]

① 1　　② 2　　③ 3　　④ 4

14 곡선 $y=-x^2+2x$ $(0 \le x \le 2)$ 와 직선 $y=ax$ 사이 영역의 넓이가 $\frac{9}{16}$ 일 때, 양수 a 의 값은? [2.5점]

① $\frac{1}{3}$　　② $\frac{1}{2}$　　③ 1　　④ $\frac{3}{2}$

15 두 개의 특수한 동전 A와 B가 있다. 동전 A 를 던졌을 때 앞면이 나올 확률이 $\frac{3}{10}$이고, 동전 B 를 던졌을 때 앞면이 나올 확률이 $\frac{3}{5}$이다. 임의의 동전을 선택하여 던졌을 때 앞면이 나온다면 그 동전이 A 동전일 확률은? (단, 각 동전이 선택될 확률은 $\frac{1}{2}$로 같다.) [3점]

① $\frac{1}{4}$　　② $\frac{1}{3}$　　③ $\frac{1}{2}$　　④ $\frac{2}{3}$

16 함수 $f(x)=x^3+x-2$ 에 대하여 $f^{-1}(x)=g(x-8)$ 일 때, $g'(0)$ 의 값은? [2.5점]

① $\sqrt{\frac{7}{3}}$　② $\sqrt{3}$　③ $\frac{1}{13}$　④ $\frac{1}{4}$

17 좌표평면 위 영역 $0 \le x \le 2$, $0 \le y \le 2$ 위에 균일하게 점을 찍을 때, 찍힌 점이 $y=-x^2+2x+1$ 과 x 축 사이에 존재할 확률은? [2.5점]

① $\frac{5}{12}$　② $\frac{1}{2}$　③ $\frac{2}{3}$　④ $\frac{5}{6}$

18 경로 C 가 점 $(1, 0)$ 에서 점 $(0, 1)$ 까지 제1 사분면에서 반시계 방향으로 진행하는 원호일 때, 벡터함수 $F(r)=(-y, -xy)$ 에 대해 선적분 $\int_C F(r) \cdot dr$ 의 값은? [3점]

① $\frac{\pi}{4}-\frac{1}{3}$　② $\frac{\pi}{4}+\frac{1}{3}$　③ $\frac{\pi}{4}-\frac{7}{12}$　④ $\frac{\pi}{4}+\frac{1}{12}$

19 $z = 4x^2 + 9y^2$ 인 곡면의 아래 공간 중 xy 평면에서 $(0, 0)$, $(3, 0)$, $(3, 2)$, $(0, 2)$ 를 꼭짓점으로 하는 직사각형 위 영역의 부피는? [2.5점]

① 36 ② 72 ③ 144 ④ 194

20 연립방정식 $y_1' - 2y_1 + 3y_2 = 0$ 과 $y_2' - y_1 + 2y_2 = 0$ 에 대해 $y_1(0) = 1$, $y_2(0) = 0$ 이 성립할 때, $\int_0^{\infty} e^{-3t} y_2(t)\,dt$ 의 값은? [3점]

① $\frac{1}{8}$ ② $\frac{3}{8}$ ③ $\frac{5}{8}$ ④ $\frac{7}{8}$

H A N Y A N G U N I V E R S I T Y

한양대학교

▶ **2025학년도 서울 자연계 A형** ▶ **문항 수:** 영어 35문항, 수학 25문항 | **제한시간:** 130분

2025 한양대 서울 자연계 A형 영역별 문항 수

구분	미분법	적분법	선형대수	다변수 미적분	공학수학	일반수학	합계
문항수	1	2	8	4	9	1	25
백분율	4%	8%	32%	16%	36%	4%	100%

37 좌표평면 위에 두 점 $\mathrm{F}(a, 0)$, $\mathrm{F}'(-a, 0)$ $(a>0)$ 을 초점으로 하는 타원을 $\dfrac{x^2}{25}+\dfrac{y^2}{9}=1$ 이 있다. 점 $\mathrm{A}(-8, 9)$ 와 타원 위의 점 P 에 대하여 $\overline{\mathrm{AP}}-\overline{\mathrm{PF}'}$ 의 최솟값은? [3점]

① 4 ② $2\sqrt{5}$ ③ $2\sqrt{6}$
④ 5 ⑤ $3\sqrt{3}$

38 $x=0$ 에서 함수 $f(x)=\dfrac{1}{\sqrt{4+3x}}$ 의 테일러 급수가 $\displaystyle\sum_{n=0}^{\infty} a_n x^n$ 이다. $\dfrac{a_{11}}{a_{10}}$ 의 값은? [4점]

① $-\dfrac{3}{4}$ ② $-\dfrac{129}{176}$ ③ $-\dfrac{63}{88}$
④ $-\dfrac{123}{176}$ ⑤ $-\dfrac{15}{12}$

39 점 $(1, 2)$ 에서 미분가능한 함수 $f(x, y)$ 의 두 단위벡터 $\vec{u}=\left(\frac{3}{5}, -\frac{4}{5}\right)$, $\vec{v}=\left(-\frac{12}{13}, \frac{5}{13}\right)$ 에 대한 방향도함수(directional derivative)의 값이 각각 $D_{\vec{u}}f(1, 2) = \frac{26}{5}$, $D_{\vec{v}}f(1, 2) = -\frac{82}{13}$ 이다. 곡면 $z = f(x, y)$ 위의 점 $(1, 2, f(1, 2))$ 에서의 접평면이 점 $(3, 5, 3)$ 을 지날 때, $\| \nabla f(1, 2) \|^2 + f(1, 2)$ 의 값은? [4점]

① 34 ② 37 ③ 40
④ 43 ⑤ 46

40 연속 함수 $f(x)$ 가 모든 실수 x 에 대하여
$f(x) \times \int_0^x f(t)\,dt = e^x + 3x - 1$ 을 만족시킬 때, $\{f(0)\}^2 + \left\{\int_0^2 f(x)\,dx\right\}^2$ 의 값은? [4점]

① $2e^2 + 6$ ② $2e^2 + 8$ ③ $2e^2 + 10$
④ $2e^2 + 12$ ⑤ $2e^2 + 14$

41 $\int_0^1 \int_{y^{1/3}}^1 \cos(\pi x^2)\,dx\,dy$ 의 값은? [3점]

① $-\frac{1}{2\pi^2}$ ② $-\frac{1}{\pi^2}$ ③ $-\frac{3}{2\pi^2}$
④ $-\frac{2}{\pi^2}$ ⑤ $-\frac{5}{2\pi^2}$

42 〈보기〉에서 수렴하는 급수를 모두 고른 것은? [5점]

보기

ㄱ. $\sum_{n=1}^{\infty} \frac{n^2+n+3}{n^3\{\ln(n+2)\}^2}$

ㄴ. $\sum_{n=1}^{\infty} \frac{2^n n!}{(n+1)^n}$

ㄷ. $\sum_{n=1}^{\infty} \left(2-n\sin\frac{2}{n}\right)$

① ㄱ ② ㄷ ③ ㄱ, ㄴ
④ ㄴ, ㄷ ⑤ ㄱ, ㄴ, ㄷ

43 $r(t)=(3\cos t,\ \sin t)\ (0 \le t \le 2\pi)$ 로 나타내어지는 곡선 C 와 벡터장 $F(x,\ y) = (e^x + xy,\ \sin y + x)$ 에 대하여 선적분 $\int_C F \cdot dr$ 의 값은? [4점]

① $\frac{3\pi}{2}$ ② 2π ③ $\frac{5\pi}{2}$
④ 3π ⑤ $\frac{7\pi}{2}$

44 3×3 행렬 A 와 B 에 대하여 $A^3 = B^2$ 이고 $\det(B) = 27$ 일 때, $\det(2A^TBA^{-1}B^{-1}A)$ 의 값은? (단, A^T 는 A 의 전치 행렬이다.) [3점]

① 18 ② 24 ③ 54
④ 72 ⑤ 96

45 〈보기〉에서 옳은 것을 모두 고른 것은? [4점]

보기

ㄱ. 행렬 $A=\begin{pmatrix} 0 & a+b & c+2 \\ a & 2 & c \\ 4 & a+b & 4 \end{pmatrix}$가 대칭행렬일 때,

행렬 $B=\begin{pmatrix} b & a & -2 \\ b-a & 0 & 1 \\ c & -1 & b \end{pmatrix}$는 반대칭행렬 (skew symmetric matrix)이다.

ㄴ. 벡터 $\begin{pmatrix} 5 \\ 1 \\ 1 \end{pmatrix}$은 행렬 $\begin{pmatrix} 1 & 2 & 3 \\ 0 & -1 & 3 \\ 0 & 0 & 2 \end{pmatrix}$의 가장 큰 고윳값에 대응하는 고유벡터이다.

ㄷ. $\lambda=1$ 이 행렬 $A=\begin{pmatrix} 3 & a \\ b & -5 \end{pmatrix}$의 고윳값이면 $\lambda=-3$ 도 A 의 고윳값이다.

ㄹ. 두 행렬 $\begin{pmatrix} 1 & 0 & -2 \\ 0 & 5 & 0 \\ -2 & 0 & 4 \end{pmatrix}$와 $\begin{pmatrix} 0 & 0 & 0 \\ 0 & 5 & 0 \\ 0 & 0 & 5 \end{pmatrix}$은 닮은 행렬이다.

① ㄱ, ㄴ, ㄷ ② ㄱ, ㄴ, ㄹ ③ ㄱ, ㄷ, ㄹ
④ ㄴ, ㄷ, ㄹ ⑤ ㄱ, ㄴ, ㄷ, ㄹ

46 벡터 $\overrightarrow{u_1}=(2,\ 1,\ 1)$ 과 $\overrightarrow{u_2}=(-1,\ 2,\ 3)$ 으로 생성되는 $\mathbb{R}^3$ 의 부분 공간 U에 대하여 $\{\overrightarrow{v_1},\ \overrightarrow{v_2}\}$ 는 U의 직교 기저 (orthogonal basis)이다. $\|\overrightarrow{v_1}\|=\frac{5}{3}$, $\|\overrightarrow{v_2}\|=\frac{1}{3}$ 이고, $\overrightarrow{u_1}=a_1\overrightarrow{v_1}+a_2\overrightarrow{v_2}$, $\overrightarrow{u_2}=b_1\overrightarrow{v_1}+b_2\overrightarrow{v_2}$ 일 때, $|a_1b_2-a_2b_1|$의 값은? [4점]

① $3\sqrt{3}$ ② $3\sqrt{5}$ ③ $5\sqrt{3}$
④ $5\sqrt{5}$ ⑤ $9\sqrt{3}$

47 행렬 $A=\begin{pmatrix} 2 & 1 & 0 & 4 \\ 2 & 1 & 1 & 2 \\ 4 & 2 & 3 & 2 \end{pmatrix}$ 에 대하여 $A\vec{v}=\begin{pmatrix} 2 \\ 3 \\ r \end{pmatrix}$ 을 만족하는 벡터 $\vec{v}$가 존재할 때,

$rank(A)\times r$ 의 값은? [4점]

① 6 ② 8 ③ 10
④ 12 ⑤ 14

48 행렬 $A=\begin{pmatrix} 1 & 1 \\ 0 & -1 \\ 2 & 0 \\ 1 & 1 \end{pmatrix}$ 의 열공간을 V 라 할 때, 벡터 $\vec{a}=\begin{pmatrix} 1 \\ 2 \\ -1 \\ 0 \end{pmatrix}$ 의 V 로의 정사영 $proj_V\vec{a}$ 는? [4점]

① $\left(-\frac{5}{14}, \frac{2}{7}, -\frac{1}{7}, -\frac{5}{14}\right)^T$
② $\left(\frac{5}{14}, -\frac{2}{7}, -\frac{1}{7}, \frac{5}{14}\right)^T$
③ $\left(-\frac{5}{14}, -\frac{2}{7}, \frac{1}{7}, -\frac{5}{14}\right)^T$
④ $\left(\frac{5}{14}, \frac{2}{7}, -\frac{1}{7}, \frac{5}{14}\right)^T$
⑤ $\left(\frac{5}{14}, -\frac{2}{7}, \frac{1}{7}, \frac{5}{14}\right)^T$

49 고윳값이 $1, -1, 2$ 인 3×3 행렬 A 에 대하여 $B=A^3-5A^2$ 일 때, $\det(B)$ 의 값은? [3점]

① -288 ② -144 ③ -72
④ -48 ⑤ -24

50 행렬 $A=\begin{pmatrix}1 & 1 & -1\\ 1 & 1 & -1\end{pmatrix}$의 특이값 분해 (singular value decomposition)가

$$A=\begin{pmatrix}u_{11} & u_{12}\\ u_{21} & -\dfrac{1}{\sqrt{2}}\end{pmatrix}\begin{pmatrix}\sqrt{6} & \sigma_{12} & \sigma_{13}\\ \sigma_{21} & 0 & \sigma_{23}\end{pmatrix}\begin{pmatrix}\dfrac{1}{\sqrt{3}} & v_{12} & v_{13}\\ v_{21} & -\dfrac{1}{\sqrt{2}} & v_{23}\\ v_{31} & 0 & \dfrac{2}{\sqrt{6}}\end{pmatrix}^{T}$$

일 때, $u_{11}^2+(\sigma_{12}^2+\sigma_{13}^2+\sigma_{21}^2+\sigma_{23}^2)+(v_{12}^2+v_{23}^2+v_{31}^2)$ 의 값은? [5점]

① $\dfrac{7}{6}$ ② $\dfrac{4}{3}$ ③ $\dfrac{3}{2}$

④ $\dfrac{5}{3}$ ⑤ $\dfrac{11}{6}$

51 $F(s)=\dfrac{s-1}{s^2+4s+4}$의 라플라스 역변환을 $f(t)$라 할 때, $f(1)$의 값은? [3점]

① $-2e^{-2}$ ② $-e^{-2}$ ③ e^{-2}

④ $2e^{-2}$ ⑤ $3e^{-2}$

52 미분방정식 $\dfrac{d^2y}{dt^2}+5\dfrac{dy}{dt}+4y=6e^{-t}$ 의 해 $y(t)$ 가 $y(0)=2y'(0)=3$ 을 만족할 때,

$y(1)$ 의 값은? [3점]

① $3e^{-1}-e^{-4}$ ② $5e^{-1}-e^{-4}$ ③ $3e^{-1}-2e^{-4}$

④ $-3e^{-1}+e^{-4}$ ⑤ $-5e^{-1}+e^{-4}$

53 미분방정식 $x^2y'' - 15xy' + 68y = 0$, $x > 0$ 의 해 $y(x)$ 가 $y(1) = 3$, $y'(1) = 30$ 을 만족할 때,

$y\left(e^{\frac{\pi}{8}}\right)$ 의 값은? [4점]

① $\sqrt{2}e^{\pi}$ ② $2\sqrt{2}e^{\pi}$ ③ $3\sqrt{2}e^{\pi}$
④ $4\sqrt{2}e^{\pi}$ ⑤ $5\sqrt{2}e^{\pi}$

54 연립미분방정식 $\begin{cases} x'(t) = x(t) + y(t) \\ y'(t) = -x(t) + y(t) \end{cases}$ 의 해 $\begin{pmatrix} x(t) \\ y(t) \end{pmatrix}$ 가 $\begin{pmatrix} x(0) \\ y(0) \end{pmatrix} = \begin{pmatrix} 2 \\ 4 \end{pmatrix}$ 를 만족할 때,

$x(\pi)$ 의 값은? [4점]

① $2e^{\pi}$ ② e^{π} ③ $-e^{\pi}$
④ $-2e^{\pi}$ ⑤ $-3e^{\pi}$

55 미분방정식 $y'' + y = \sec x$, $\left(-\frac{\pi}{2} < x < \frac{\pi}{2}\right)$ 의 해 $y(x)$ 가

$y(0) = \ln 2$, $y\left(\frac{\pi}{3}\right) = \frac{\sqrt{3}}{6}\pi$ 를 만족할 때, $y\left(\frac{\pi}{4}\right)$ 의 값은? [5점]

① $\frac{\sqrt{2}}{4}\ln 2 + \frac{\sqrt{2}}{8}\pi$ ② $\frac{\sqrt{2}}{4}\ln 2 + \frac{\sqrt{2}}{6}\pi$ ③ $\frac{\sqrt{2}}{2}\ln 2 + \frac{\sqrt{2}}{8}\pi$
④ $\frac{\sqrt{2}}{2}\ln 2 + \frac{\sqrt{2}}{6}\pi$ ⑤ $\frac{\sqrt{2}}{6}\ln 2 + \frac{\sqrt{2}}{8}\pi$

56 미분방정식 $(x^2-x)y''+(3x-1)y'+y=0$, $(0<x<1)$ 의 해 $y(x)$ 가 $y\left(\frac{1}{2}\right)=0$, $y'\left(\frac{1}{2}\right)=-12$ 를 만족할 때, $y\left(\frac{1}{4}\right)$ 의 값은? [5점]

① $\ln 2$ ② $2\ln 2$ ③ $3\ln 2$
④ $4\ln 2$ ⑤ $5\ln 2$

※ 아래 주관식 문제 [57–61]의 정답 표기는 답안지의 「주관식 답란 표기방법」을 참조하시오.

57 제1 팔분공간(first octant)에서 곡면 $xy=1$, $xy=4$, $yz=4$, $yz=16$, $zx=1$, $zx=9$ 로 둘러싸인 입체의 부피를 구하시오. [4점]

58 좌표평면에서 극방정식으로 주어진 곡선 $r=6-6\sin\theta$ 의 내부와 곡선 $r=6-2\sin\theta$ 의 내부에 공통으로 포함되는 부분의 넓이는 $a\pi-b$ 이다. $a+b$ 의 값을 구하시오.
(단, a 와 b 는 유리수이다.) [4점]

59 미분방정식 $y' + \frac{4y}{x} = 3y^2$ $(x > 0)$ 의 해 $y(x)$ 가 $y(1) = \frac{1}{3}$ 을 만족할 때,

$y(2) = \frac{q}{p}$ 이다. $p+q$ 의 값을 구하시오. (단, p 와 q 는 서로소인 자연수이다.) [4점]

60 행렬 $A = \begin{pmatrix} 1 & -1 \\ 1 & 1 \end{pmatrix}\begin{pmatrix} \cos\theta & -\sin\theta \\ \sin\theta & \cos\theta \end{pmatrix}$ 에 대하여 선형변환 ϕ_A 를 $\phi_A(\vec{v}) = A\vec{v}$, $\vec{v} \in \mathbb{R}^2$ 이라 하자.

합성변환 $\phi_A^{25} = \underbrace{\phi_A \cdot \phi_A \cdot \cdots \cdot \phi_A}_{25times}$ 가 x 축 위의 모든 점을 x 축 위의 점으로 보낼 때,

양수 θ 의 최솟값은 $\frac{q}{p}\pi$ 이다. $p+q$ 의 값을 구하시오. (단, p 와 q 는 서로소인 자연수이다.) [5점]

61 30L 의 수조 안에 소금 2kg 이 녹아있는 10 L 의 물이 들어있다. 소금의 농도가 0.1 kg/L 인 물이 3 L/min 의 비율로 수조 안으로 들어오고, 동시에 잘 섞여진 물이 2 L/min 의 비율로 수조 밖으로 나간다. 수조의 물이 20 L 가 되는 순간, 수조 안에 있는 소금의 양이 $\frac{q}{p}$ kg 이다. $p+q$ 의 값을 구하시오.

(단, p 와 q 는 서로소인 자연수이고, 수조 안으로 들어오는 물의 속도는 일정하고 수조 밖으로 나가는 물의 속도도 일정하다.) [5점]

H O N G I K   U N I V E R S I T Y

홍익대학교

▶ **2025학년도 서울 자연계 A형** ▶ **문항 수:** 영어 25문항, 수학 15문항 | **제한시간:** 70분

2025 홍익대 서울 자연계 A형 영역별 문항 수

구분	미분법	적분법	선형대수	다변수 미적분	공학수학	일반수학	합계
문항수	1	3	2	2	7		15
백분율	6.7%	20%	13.3%	13.3%	46.7%		100%

HONGIK
UNIVERSITY

홍익대학교

- 2025학년도 서울 자연계 A형
- 문항 수: 영어 25문항, 수학 15문항 | 제한시간: 70분

26 다음 ①~④ 중 값이 다른 것과 같지 않은 것을 고르시오.

① $\lim\limits_{x \to 0} \dfrac{\int_0^{2x} \sin(\tan t)\,dt}{2x^2}$

② $y = x^{\sin x}$ 일 때, $\left.\dfrac{dy}{dx}\right|_{x=\frac{\pi}{2}}$

③ $\lim\limits_{x \to \infty} (e^x + x)^{\frac{1}{x}}$

④ $\dfrac{1}{2}\displaystyle\int_0^{\frac{\pi^2}{4}} \frac{\cos\sqrt{x}}{\sqrt{x}}\,dx$

27 극한 $\lim\limits_{n \to \infty} \displaystyle\sum_{k=1}^{n} \frac{1}{2\sqrt{nk}+k}$ 의 값을 구하시오.

① $2\ln\dfrac{3}{2}$　② $2\ln\dfrac{2}{3}$　③ $2\ln\dfrac{3}{4}$　④ $2\ln\dfrac{4}{3}$

28 다음 급수 중 수렴 값이 가장 큰 것을 고르시오.

① $\displaystyle\sum_{n=1}^{\infty} \frac{n}{2^n}$　② $\displaystyle\sum_{n=1}^{\infty} \frac{(-1)^n}{2n+1}$　③ $\displaystyle\sum_{n=1}^{\infty} \frac{1}{n!}$　④ $\displaystyle\sum_{n=1}^{\infty} \frac{(-1)^n}{n+1}$

29 다음 선형계(linear system, 1차연립방정식)

$$\begin{aligned} x + \quad y + 3z &= 2 \\ x - 2y + 6z &= 8 \\ x - 3y + az &= b \end{aligned}$$

가 유일한 해를 가질 필요충분조건을 바르게 구한 것을 고르시오.

① $a \neq 7$ ② $a \neq 7,\ b \neq 10$ ③ $a \neq 7,\ b = 10$ ④ $a = 7,\ b = 10$

30 행렬 $A = \begin{bmatrix} \frac{1}{2} & \frac{1}{2} & \frac{1}{2} & \frac{1}{2} \\ \frac{1}{2} & \frac{1}{2} & -\frac{1}{2} & -\frac{1}{2} \\ \frac{1}{2} & -\frac{1}{2} & \frac{1}{2} & -\frac{1}{2} \\ \frac{1}{2} & -\frac{1}{2} & -\frac{1}{2} & \frac{1}{2} \end{bmatrix}$ 의 역행렬 $A^{-1} = [b_{ij}]$ 의

모든 원소의 합 $\sum_{i=1}^{4}\sum_{j=1}^{4} b_{ij}$와 행렬식 $\det(A^{-1})$의 값을 각각 바르게 구한 것을 고르시오.

① 1, −1 ② 1, 1 ③ 2, −1 ④ 2, 1

31 다음 극방정식 중에서 그래프가 같지 않은 것으로 짝지어진 것을 고르시오.

① $\begin{cases} r = 1 + \cos\theta \\ r = -1 + \cos\theta \end{cases}$ ② $\begin{cases} r = \cos 2\theta \\ r = -\cos 2\theta \end{cases}$

③ $\begin{cases} r^2 = \cos\theta \\ r^2 = -\cos\theta \end{cases}$ ④ $\begin{cases} r^2 = \cos 2\theta \\ r^2 = -\cos 2\theta \end{cases}$

32 x, y에 대한 이변수함수 z가 $xe^{y}-z=\arctan(yz)$로 정의된다. $(x, y, z)=(-1, 0, -1)$일 때 $\frac{\partial z}{\partial x}$의 값을 구하시오.

① -1 ② 0 ③ $\frac{2}{3}$ ④ 1

33 평면 영역 R은 $|x|+|y|\le 1$로 정의된다. 이중적분 $\iint_R \frac{(x-y)^2}{\sqrt{(x+y)^2+4}}\,dA$의 값을 구하시오.

① $\frac{1}{3}\ln\left(\frac{\sqrt{5}+1}{\sqrt{5}-1}\right)$ ② $\frac{2}{3}\ln\left(\frac{\sqrt{5}+1}{\sqrt{5}-1}\right)$

③ $\frac{1}{3}\ln\left(\frac{\sqrt{5}}{2}+\frac{1}{2}\right)$ ④ $\frac{2}{3}\ln\left(\frac{\sqrt{5}}{2}+\frac{1}{2}\right)$

34 초깃값 문제 $\frac{dy}{dx}+y\tan x=\sec x$, $y(0)=1$의 해 $y(x)$에 대해서 다음 중 옳지 않은 것을 고르시오.

① $y\left(\frac{\pi}{6}\right)=\frac{1+\sqrt{3}}{2}$ ② $y'\left(\frac{\pi}{4}\right)=\sqrt{2}$

③ $y''+y=0$의 해이다. ④ $\sqrt{2}\sin\left(x+\frac{\pi}{4}\right)$와 같다.

35 미분방정식 $y'' - ay' + by = 4e^x$에 대해 $y_p = kx^2e^x$가 하나의 특수해가 될 때, $a+b+k$의 값을 구하시오.

① -1 ② 1 ③ 3 ④ 5

36 다음 ㄱ ~ ㄹ 중 등식이 성립하는 것을 모두 고르시오. (단, $\mathcal{L}\{f(t)\} = \int_0^\infty e^{-st}f(t)\,dt$)

ㄱ. $\int_0^{\frac{\pi}{2}} \frac{\sqrt{1-\sin^2\theta}}{\sqrt{1-\sin\theta}}\,d\theta = \int_{\frac{\pi}{2}}^{\pi} \frac{\sqrt{1-\sin^2\theta}}{\sqrt{1-\sin\theta}}\,d\theta$

ㄴ. $\int_0^{\frac{\pi}{2}} \frac{\sqrt{1-\sin^2\theta}}{\sqrt{1-\sin\theta}}\,d\theta = \int_{-\frac{\pi}{2}}^{0} \frac{\sqrt{1-\sin^2\theta}}{\sqrt{1-\sin\theta}}\,d\theta$

ㄷ. $\mathcal{L}\left\{\int_0^t e^{\tau}f(\tau)\,d\tau\right\} = \mathcal{L}\left\{e^t\int_0^t f(\tau)\,d\tau\right\}$

ㄹ. $\int_0^t e^{\tau}\cos(t-\tau)\,d\tau = e^t\int_0^t e^{-\tau}\cos\tau\,d\tau$

① ㄹ ② ㄱ, ㄹ ③ ㄴ, ㄷ ④ ㄱ, ㄴ, ㄹ

홍익대학교 | 서울 자연계 A형

37 평면 영역 R의 경계 곡선 C가 조각별 매끄러운 단순 닫힌곡선일 때, (가) ~ (다) 중 R의 면적을 나타내는 것의 개수를 구하시오. (단, 선적분은 양의 방향으로 수행된다.)

(가) $\oint_C 2024y\,dx + 2025x\,dy$

(나) $\oint_C \left(\frac{\ln y}{x} + y^2\right)dx + \left(\frac{\ln x}{y} + x^2\right)dy$

(다) $\oint_C ye^x\,dx + (e^x + x)\,dy$

① 0개 ② 1개 ③ 2개 ④ 3개

38 평면 $z = y$와 포물면 $z = x^2 + y^2$으로 둘러싸인 입체영역의 경계곡면 S에 대해 벡터장 $F = (x^2y - 2xyz)\vec{i} + \{y^2z + y(1 - 2xz)\}\vec{j} + (z^2x - 2xyz)\vec{k}$ 의 면적분 $\iint_S F \cdot \vec{n}\,dS$ 의 값을 구하시오. (단, $\vec{n}$ 은 S의 바깥 방향 단위법선벡터이다.)

① $\frac{\pi}{4}$ ② $\frac{\pi}{8}$ ③ $\frac{\pi}{16}$ ④ $\frac{\pi}{32}$

39 모든 실수 x에 대해 두 함수 $f(x)$와 $g(x)$가 $f(x)=\dfrac{2}{\pi}\displaystyle\int_0^{\infty}\dfrac{\cos\alpha x}{1+a^2}d\alpha$,

$g(x)=\dfrac{2}{\pi}\displaystyle\int_0^{\infty}\dfrac{\alpha\sin\alpha x}{1+\alpha^2}d\alpha$로 정의될 때, 다음 중 옳지 않은 것을 고르시오.

① $x>0$일 때 $f(x)=g(x)$이다.

② $x<0$일 때 $g(x)=-e^{-x}$이다.

③ $x<0$일 때 $f(x)=e^x$이다.

④ $\displaystyle\int_0^{\infty}f(x)\sin\alpha x\,dx=\dfrac{\alpha}{1+\alpha^2}$이다.

40 파동방정식 $\dfrac{\partial^2u}{\partial t^2}=\dfrac{\partial^2u}{\partial x^2}$이 경계조건 $u(0,t)=u(1,t)=0$을 만족한다. 고정된 x에 대해서 $u(x,t)$의 라플라스 변환을 $\mathcal{L}\{u(x,t)\}=\displaystyle\int_0^{\infty}e^{-st}u(x,t)\,dt=U(x,s)$라고 할 때, 다음 중 옳지 않은 것을 고르시오.

① 초기조건 $u(x,0)=\sin\pi x$, $\left.\dfrac{\partial u}{\partial t}\right|_{t=0}=u_t(x,0)=0$이 주어졌을 때, 파동방정식에 라플라스 변환을 취하면 $\dfrac{d^2U}{dx^2}-s^2U(x,s)=-s\cdot\sin\pi x$이다.

② 초기조건 $u(x,0)=0$, $\left.\dfrac{\partial u}{\partial t}\right|_{t=0}=u_t(x,0)=\sin\pi x$이 주어졌을 때, 파동방정식에 라플라스 변환을 취하면 $\dfrac{d^2U}{dx^2}-s^2U(x,s)=\sin\pi x$이다.

③ 초기조건 $u(x,0)=\sin\pi x$, $\left.\dfrac{\partial u}{\partial t}\right|_{t=0}=u_t(x,0)=0$이 주어지면 파동방정식의 해는 $u(x,t)=\cos\pi t\sin\pi x$이다.

④ 초기조건 $u(x,0)=0$, $\left.\dfrac{\partial u}{\partial t}\right|_{t=0}=u_t(x,0)=\sin\pi x$이 주어지면 파동방정식의 해는 $u(x,t)=\dfrac{1}{\pi}\sin\pi t\sin\pi x$이다.

편입 합격의 길을 제시하는 김영 로드맵

김영편입 수학 시리즈

기본 개념과 문제 해결력을 높이는 이론서

미분법

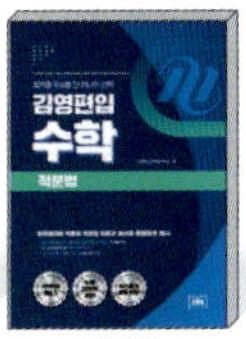

적분법

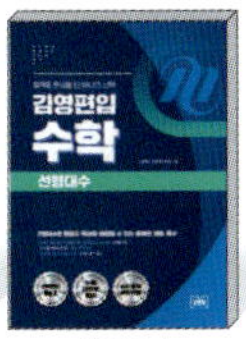

선형대수

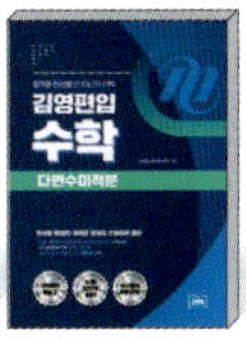

다변수미적분

공학수학

필수 공식 500개로 완성하는 공식집

수학 공식집

대학별 실전대비를 위한 기출문제 해설집

수학 기출문제 해설집

김영편입 온라인 서점과 **시중 대형서점**에서 구입 가능

(교보문고, yes24, 알라딘, 영풍문고 등)

김영편입

수학

2026학년도 대비

기출문제 해설집

문제편

완벽 활용 가이드

1 **출제경향 분석**
영역별 문항 분류표와 심층 분석 자료를 통해 출제 경향을 파악하고 학습 우선순위 설정

2 **실전 대비 연습**
제한 시간 내 기출 풀이 훈련으로 실전 감각과 문제 해결력 증진

3 **문항별 출제 영역 명시 & 다른 풀이 제공**
문항별 출제영역을 명시하여 학습 방향 제시, 다양한 풀이로 사고력 향상

4 **빈출 유형 반복 학습**
빈출 문제의 반복 학습을 통해 응용력과 풀이력 강화

편입은 김영! 김영편입!

김영편입

수학

교육서비스 브랜드 대상

누적 8만부 돌파

2024 대한민국 브랜드 어워즈
대학편입교육 대상(한경비즈니스)
산출근거 후면표기

2026학년도 대비

기출문제 해설집

해설편

2025학년도 24개 대학 25개 유형의 편입수학 기출문제 수록!

기출로 완성하는 합격 전략
김영편입 수학
기출문제 해설집

대학별 출제 문항 분류표 &
상위권 대학
심층 분석 수록

정확한 해설과
사고력을 키우는 다른 풀이로
문제 해결력 완성

김앤북
KIM&BOOK

김영편입 컨텐츠평가연구소

김영편입 컨텐츠평가연구소는 편입 시험의 다양한 문제 유형과 난이도를 분석하여 수험생에게 올바른 학습 방향을 제시해 줄 목적으로 설립된 메가스터디의 부설 기관이다. 수십 년간 시행되어 온 대학별 편입 시험을 심층 분석하여 실전에 가까운 컨텐츠를 개발하고 있으며, 김영편입의 우수한 교수진과 축적된 컨텐츠를 기반으로 다양한 교재를 출판하고 있다.

주요 집필 교재

「김영편입 영어 시리즈」 이론서 / 기출 1, 2 단계 / 워크북 1, 2 단계
「김영편입 수학 시리즈」 이론서 / 워크북 / 공식집
「김영편입 연도별 기출문제 해설집 시리즈」 영어 / 수학 / 연고대
「MVP Starter」, 「MVP 시리즈 Vol. 1, 2」, 「해독제 Vol. 1, 2」 등

김영편입

수학 2026학년도 대비 기출문제 해설집

초판1쇄 인쇄 2025년 6월 16일
초판1쇄 발행 2025년 6월 30일
편저 김영편입 컨텐츠평가연구소
기획총괄 최진호
기획 이순옥, 신종규, 이은지, 조정욱, 이상혁, 하예진
감수 신기섭
디자인 김소진, 서제호, 서진희, 조아현
제작 조재훈, 김승규, 정광표
마케팅 지다영

발행처 ㈜아이비김영
펴낸이 김석철
등록번호 제22-3190호
주소 (06729) 서울 서초구 강남대로 279, 백향빌딩 4, 5층
전화 (대표전화) 1661-7022
팩스 02)599-5611

ISBN 979-11-7349-060-6 13410
정가 36,000원

잘못된 책은 바꿔드립니다.

편입은 김영! 김영편입!

김영 편입

수학

2026학년도 대비

기출문제 해설집

해설편

2025학년도 24개 대학 25개 유형의 편입수학 기출문제 수록!

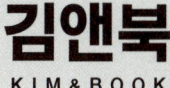

김앤북
KIM&BOOK

CONTENTS

문제편

해설편

2025학년도 기출문제

K I M & B O O K

김영편입

수학

2026학년도 대비

기출문제 해설집

K I M Y O U N G

해설편

TEST p. 20~28

01	②	02	①	03	④	04	②	05	②
06	④	07	③	08	④	09	③	10	②
11	③	12	②	13	④	14	④	15	③
16	④	17	①	18	①	19	③	20	②
21	③	22	①	23	②	24	①	25	④

01 미분법 ②

$$\lim_{x\to0}\frac{x^3\sin\frac{1}{x}}{\sin x}=\lim_{x\to0}\frac{x^2\sin\frac{1}{x}}{\frac{\sin x}{x}}=\frac{0}{1}=0$$

($\because$ (i) $\lim_{x\to0}\frac{\sin x}{x}=1$

(ii) $-x^2\le x^2\sin\frac{1}{x}\le x^2$ 이고,

$\lim_{x\to0}(-x^2)=\lim_{x\to0}x^2=0$ 이므로

조임정리에 의해 $\lim_{x\to0}x^2\sin\frac{1}{x}=0$)

02 다변수 미적분 ①

$$\nabla f(2,1)=\left(2xy,\,x^2+\frac{1}{2\sqrt{y}}\right)\Bigg|_{(2,1)}=\left(4,\,\frac{9}{2}\right)$$

$$\therefore\ |\nabla f(2,1)|=\sqrt{16+\frac{81}{4}}=\frac{\sqrt{145}}{2}$$

03 공학수학 ④

발산정리에 의해

$$\iint_S F\cdot dS$$

$$=\iiint_E \mathrm{div}\,F\,dV=\iiint_E(2z+3z^2)\,dV$$

$$=\int_0^{2\pi}\int_0^{\pi}\int_0^{2}(2\rho\cos\phi+3\rho^2\cos^2\phi)\rho^2\sin\phi\,d\rho\,d\phi\,d\theta$$

$$=\int_0^{2\pi}\int_0^{\pi}\left[\frac{1}{2}\rho^4\cos\phi\sin\phi+\frac{3}{5}\rho^5\cos^2\phi\sin\phi\right]_0^2 d\phi\,d\theta$$

$$=\int_0^{2\pi}\int_0^{\pi}\left(8\cos\phi\sin\phi+\frac{96}{5}\cos^2\phi\sin\phi\right)d\phi\,d\theta$$

$$=\int_0^{2\pi}\left[-4\cos^2\phi-\frac{32}{5}\cos^3\phi\right]_0^{\pi}d\theta$$

$$=\int_0^{2\pi}\frac{64}{5}d\theta=\frac{128}{5}\pi$$

04 적분법 ②

곡면의 넓이 S_y 는 $r^2=5\cos2\theta$ 의 제1 사분면상의 곡선 $r=\sqrt{5\cos2\theta}\ \left(0\le\theta\le\frac{\pi}{4}\right)$ 를 y 축으로 회전한 곡면의 겉넓이를 2 배 하여 구할 수 있다.

$r'=\frac{-5\sin2\theta}{\sqrt{5\cos2\theta}}$ 이므로

$$r^2+(r')^2=5\cos2\theta+\frac{25\sin^2 2\theta}{5\cos2\theta}=\frac{25}{5\cos2\theta}$$

$$\therefore\ S_y=4\pi\int_0^{\frac{\pi}{4}}\sqrt{5\cos2\theta}\cos\theta\frac{5}{\sqrt{5\cos2\theta}}d\theta$$

$$=20\pi\int_0^{\frac{\pi}{4}}\cos\theta\,d\theta$$

$$=4\pi\,[\sin\theta]_0^{\frac{\pi}{4}}=10\sqrt{2}\pi$$

05 다변수 미적분 ②

$$P=\frac{x+y}{y+z}=1+\frac{4\sin w}{u}$$

$$\Rightarrow\ \frac{\partial P}{\partial u}=-\frac{4\sin w}{u^2}$$

$$\Rightarrow\ \frac{\partial^2 P}{\partial w\partial u}=-\frac{4\cos w}{u^2}$$

$$\Rightarrow\ \frac{\partial^2 P}{\partial w\,\partial u}\Bigg|_{\left(2,\frac{\pi}{3},\frac{\pi}{2}\right)}=0$$

06 선형대수 ④

$$A^TA=\begin{pmatrix}3&2\\2&3\\2&-2\end{pmatrix}\begin{pmatrix}3&2&2\\2&3&-2\end{pmatrix}=\begin{pmatrix}13&12&2\\12&13&-2\\2&-2&8\end{pmatrix}\ 의$$

고유방정식은 $\lambda^3-34\lambda^2+225\lambda=0$ 이므로

$\lambda=25,\ 9,\ 0$ 이다.

따라서 특이값은 $\sigma_1=\sqrt{25}=5,\ \sigma_2=\sqrt{9}=3,$

$\sigma_3=0$ 이므로 $\sigma_1+\sigma_2+\sigma_3=8$

07 공학수학 ③

$2(x-1)^2y''+(x-1)y'-3y=0$

$\Rightarrow 2t^2y''(t)+ty'(t)-3y(t)=0$ ($\because$ $x-1=t$ 로 치환)

따라서 보조방정식은 $2m(m-1)+m-3=0$ 에서

$m=\frac{3}{2}, -1$

$y(t)=c_1t^{\frac{3}{2}}+c_2t^{-1}$ 에서

$y(x)=c_1(x-1)^{\frac{3}{2}}+c_2(x-1)^{-1}$

$\quad =2(x-1)^{\frac{3}{2}}+(x-1)^{-1}$ ($\because$ $y(2)=3,\ y'(2)=2$)

$\therefore\ y(5)=\frac{65}{4}$

| 다른 풀이 |

$2(x-1)^2y''+(x-1)y'-3y=0$

$\Rightarrow 2y''(t)-3y(t)=0$ ($\because$ $x-1=e^t$로 치환)

$\frac{dy}{dx}=\frac{dy}{dt}\frac{dt}{dx}=\frac{1}{x-1}\frac{dy}{dt}=e^{-t}\frac{dy}{dt}$

$\frac{d^2y}{dx^2}=\frac{d}{dx}\left(e^{-t}\frac{dy}{dt}\right)=\frac{d}{dt}\left(e^{-t}\frac{dy}{dt}\right)\frac{dt}{dx}$

$\quad =\left(-e^{-t}\frac{dy}{dt}+e^{-t}\frac{d^2y}{dt^2}\right)e^{-t}$

$\quad =e^{-2t}\left(\frac{d^2y}{dt^2}-\frac{dy}{dt}\right)$

따라서 $y'=e^{-t}\frac{dy}{dt}$ 이고 $y''=e^{-2t}\left(\frac{d^2y}{dt^2}-\frac{dy}{dt}\right)$ 이다.

위의 식을 주어진 미분방정식에 대입하여 정리하면

$2\frac{d^2y}{dt^2}-\frac{dy}{dt}-3y=0$

따라서 보조방정식 $2m^2-m-3=0$에서 $m=\frac{3}{2}, -1$

$y=c_1e^{\frac{3}{2}t}+c_2e^{-t}$

$\quad =c_1(x-1)^{\frac{3}{2}}+c_2(x-1)^{-1}$

$\quad =2(x-1)^{\frac{3}{2}}+(x-1)^{-1}$ ($\because$ $y(2)=3,\ y'(2)=2$)

$\therefore\ y(5)=16+\frac{1}{4}=\frac{65}{4}$

08 다변수 미적분 ④

$D_1=\left\{(x,y)|\sqrt{1-x^2}\le y\le \sqrt{3}x,\ \frac{1}{2}\le x\le 1\right\}$,

$D_2=\{(x,y)|0\le y\le\sqrt{1-x^2},\ 1\le x\le 2\}$,

$D=D_1\cup D_2$ 라 하자.

$\iint_{D_1}\tan^{-1}\frac{y}{x}dydx+\iint_{D_2}\tan^{-1}\frac{y}{x}dydx$

$=\iint_D\tan^{-1}\frac{y}{x}dydx=\int_0^{\frac{\pi}{3}}\int_1^2\theta r\,dr\,d\theta$

$=\frac{1}{2}[\theta^2]_1^2\frac{1}{2}[r^2]_0^{\frac{\pi}{3}}=\frac{\pi^2}{12}$

09 선형대수 ③

ㄱ. $\begin{vmatrix}1&1&1\\0&1&1\\1&0&1\end{vmatrix}=\begin{vmatrix}1&1&1\\-1&0&0\\0&-1&0\end{vmatrix}=\begin{vmatrix}-1&0\\0&-1\end{vmatrix}=1$

ㄴ. $\begin{vmatrix}1&1&1&1&1\\0&1&1&1&1\\1&0&1&1&1\\1&1&0&1&1\\1&1&1&0&1\end{vmatrix}=\begin{vmatrix}1&1&1&1&1\\-1&0&0&0&0\\0&-1&0&0&0\\0&0&-1&0&0\\0&0&0&-1&0\end{vmatrix}$ ₩

$=\begin{vmatrix}-1&0&0&0\\0&-1&0&0\\0&0&-1&0\\0&0&0&-1\end{vmatrix}=1$

ㄷ. $\begin{vmatrix}1&1&1&1&1&1&1\\0&1&1&1&1&1&1\\1&0&1&1&1&1&1\\1&1&0&1&1&1&1\\1&1&1&0&1&1&1\\1&1&1&1&0&1&1\\1&1&1&1&1&0&1\end{vmatrix}=\begin{vmatrix}1&1&1&1&1&1&1\\-1&0&0&0&0&0&0\\0&-1&0&0&0&0&0\\0&0&-1&0&0&0&0\\0&0&0&-1&0&0&0\\0&0&0&0&-1&0&0\\0&0&0&0&0&-1&0\end{vmatrix}$

$=\begin{vmatrix}-1&0&0&0&0&0\\0&-1&0&0&0&0\\0&0&-1&0&0&0\\0&0&0&-1&0&0\\0&0&0&0&-1&0\\0&0&0&0&0&-1\end{vmatrix}=1$

따라서 〈보기〉에 주어진 모든 행렬들의 행렬식의 합은 3 이다.

10 다변수 미적분 ②

$a_n=(-1)^n\frac{(x+2)^n}{n2^n}$ 이라 하자.

비율판정법을 이용하면

$\lim_{n\to\infty}\left|\frac{a_{n+1}}{a_n}\right|=\lim_{n\to\infty}\left|\frac{n(x+2)}{2(n+1)}\right|=\frac{1}{2}|x+2|<1$

$\Leftrightarrow -4<x<0$

(i) $x=-4$ 일 때 $\sum_{n=1}^{\infty}\frac{1}{n}$ 은 p 급수 판정법에 의해 발산한다.

(ii) $x=0$ 일 때 $\sum_{n=1}^{\infty}\frac{(-1)^n}{n}$ 은 교대급수 판정법에 의해 수렴한다.

따라서 수렴구간은 $-4<x\le 0$이고 수렴하는 정수의 개수는 4개다.

11 선형대수 ③

E의 직교여공간의 기저 $\vec{n}=(1,\ -1,1,1)$에 대하여

$proj_{\vec{n}}\vec{u}=\dfrac{\vec{n}\cdot\vec{u}}{\|\vec{n}\|^2}\vec{n}=\dfrac{1}{2}(1,\ -1,1,1)$

$proj_E\vec{u}=\vec{u}-proj_{\vec{n}}\vec{u}$

$=(1,0,\ -1,2)-\dfrac{1}{2}(1,\ -1,1,1)$

$=\left(\dfrac{1}{2},1,-\dfrac{3}{2},\dfrac{3}{2}\right)=(a,b,c,d)$

$\therefore\ a+2b+3c+4d=3$

12 다변수 미적분 ②

$g(x,y,z)=x^2+\dfrac{y^2}{2}+\dfrac{z^2}{3}$이라 하자.

$\begin{cases}\nabla f=\lambda\nabla g\\ g(x,y,z)=1\end{cases}$ 에서

$\begin{cases}\dfrac{12x}{6x^2+1}=2\lambda x,\ \dfrac{6y}{3y^2+1}=\lambda y,\ \dfrac{4z}{2z^2+1}=\dfrac{2}{3}\lambda z & \cdots\cdots ㉠\\ x^2+\dfrac{y^2}{2}+\dfrac{z^2}{3}=1 & \cdots\cdots ㉡\end{cases}$

(i) $x,y,z\neq 0$인 경우

㉠에서

$\dfrac{6}{6x^2+1}=\dfrac{6}{3y^2+1}=\dfrac{6}{2z^2+1}$

$\Rightarrow\ y^2=2x^2,\ z^2=\dfrac{3}{2}y^2=3x^2$

㉡에 대입하면

$3x^2=1\ \Rightarrow\ x^2=\dfrac{1}{3},\ y^2=\dfrac{2}{3},\ z^2=1$

이 경우가 f의 값의 가장 클 때

$f(x,y,z)=\ln(6x^2+1)+\ln(3y^2+1)+\ln(2z^2+1)$

$=\ln(6x^2+1)(3y^2+1)(2z^2+1)$

$=\ln(6x^2+1)^3$

$=\ln 27$

(ii) x,y,z의 값 중 두 개가 0이고 하나가 0이 아닌 경우

$(x,y,z)=(0,0,\pm\sqrt{3}),\ (0,\pm\sqrt{2},0),\ (\pm1,0,0)$

이 경우가 f의 값이 가장 작을 때

$f(x,y,z)=\ln(6x^2+1)+\ln(3y^2+1)+\ln(2z^2+1)$

$=\ln 7$

따라서 $M=\ln 27,\ m=\ln 7$이고 $M+m=\ln 189$이다.

13 다변수 미적분 ④

$z=\sqrt{4-x^2}\ \Rightarrow\ 1+z_x^2+z_y^2=1+\dfrac{x^2}{4-x^2}=\dfrac{4}{4-x^2}$

이므로 곡면적은 다음과 같다.

$S=\iint_D\sqrt{1+z_x^2+z_y^2}\,dA$

$=\int_0^3\int_0^{\sqrt{3}}\dfrac{2}{\sqrt{4-x^2}}dxdy$

$=\int_0^3\left[2\sin^{-1}\dfrac{x}{2}\right]_0^{\sqrt{3}}dy$

$=\int_0^3\dfrac{2\pi}{3}dy=2\pi$

14 적분법 ④

$g(-x)=f(-|-x|-1)=f(-|x|-1)=g(x)$이므로 우함수이고

$x\ \geq\ 0$일 때,

$g(x)=\dfrac{1}{24}\{2(x+1)^4-8(x+1)^3-(x+1)^2+30(x+1)\}$

이고

$g'(x)=\dfrac{1}{24}(8(x+1)^3-24(x+1)^2-2(x+1)+30)$

($x+1=t$로 치환)

$\Rightarrow\ g'(t)=\dfrac{1}{24}(8t^3-24t^2-2t+30)$ (단, $t\ \geq\ 1$)

$=\dfrac{1}{24}2(t+1)(2t-3)(2t-5)$

이므로 $t=\dfrac{3}{2}$와 $t=\dfrac{5}{2}$에서 임계점을 갖는다. 따라서

$g(x)=\dfrac{1}{24}\{2(x+1)^4-8(x+1)^3-(x+1)^2+30(x+1)\}$

는 $x=\dfrac{1}{2}$와 $x=\dfrac{3}{2}$에서 임계점을 가지며

$g\left(\dfrac{1}{2}\right)=\dfrac{207}{192},\ g\left(\dfrac{3}{2}\right)=\dfrac{175}{192},\ g(0)=\dfrac{184}{192}$이므로

$x=\dfrac{3}{2}$에서 최솟값 $g\left(\dfrac{3}{2}\right)=\dfrac{175}{192}$를 갖는다.

그러므로 함수 $g(x)$의 그래프와 직선 $y=k$로 둘러싸인 부분의 넓이를 A라고 할 때,

$A=2\int_0^{\frac{3}{2}}\left\{g(x)-\dfrac{175}{192}\right\}dx$

$=2\int_0^{\frac{3}{2}}\left[\dfrac{1}{24}\{2(x+1)^4-8(x+1)^3\right.$

$\left.-(x+1)^2+30(x+1)\}-\dfrac{175}{192}\right]dx$

$=\dfrac{3}{10}$

15 공학수학 ③

$r'+r\tan\theta=2\cos^2\theta\sin\theta$는 1 계 선형미분방정식이므로 일반해는 다음과 같다.

$$r=e^{-\int \tan\theta d\theta}\left(\int 2\cos^2\theta\sin\theta e^{\int \tan\theta d\theta}d\theta+C\right)$$
$$=\cos\theta\left(\int 2\cos\theta\sin\theta d\theta+C\right)$$
$$=\cos\theta(\sin^2\theta+C)$$
$$=\cos\theta\left(\sin^2\theta-\frac{1}{4}\right)\quad\left(\because\ r\left(\frac{\pi}{6}\right)=0\right)$$
$$\therefore\ r\left(\frac{\pi}{4}\right)=\frac{\sqrt{2}}{8}$$

16 공학수학 ④

(i) 보조방정식 $m^2-2m-3=0$에서 $m=3,\ -1$이므로 보조해 $y_c=ae^{3x}+be^{-x}$이다.

(ii) 특수해 y_p를 구하자.

$$y_p=\frac{1}{D^2-2D-3}\{2e^x-10\sin x\}$$
$$=\frac{2}{D^2-2D-3}\{e^x\}-\frac{10}{D^2-2D-3}\{\sin x\}$$
$$=\frac{2}{1-2-3}e^x+\mathrm{Im}\left[\frac{5}{2+i}(\cos x+i\sin x)\right]$$
$$=-\frac{1}{2}e^x+\mathrm{Im}\left[(2-i)(\cos x+i\sin x)\right]$$
$$=-\frac{1}{2}e^x+2\sin x-\cos x$$

(i), (ii)에 의하여 일반해는 다음과 같다.

$$y=ae^{3x}+be^{-x}-\frac{1}{2}e^x+2\sin x-\cos x$$
$$=\frac{3}{2}e^{3x}+2e^{-x}-\frac{1}{2}e^x+2\sin x-\cos x$$
$$(\because\ y(0)=2,\ y'(0)=4)$$
$$\therefore\ a\times b\times c\times p\times q=\frac{3}{2}\times 2\times\left(-\frac{1}{2}\right)\times 2\times -1$$
$$=3$$

17 선형대수 ①

S의 고유방정식

$|S-\lambda I|=(\lambda-1)(\lambda-2)(\lambda-3)=0$에서 $\lambda=1,2,3$

A의 고유치 $\lambda=1,2,3$

B의 고유치 $\lambda=1^3,2^3,3^3$

C의 고유치 $\lambda=1,\frac{1}{2},\frac{1}{3}$

$$\Rightarrow\ D=E_A\cup E_B\cup E_C=\left\{\frac{1}{2},\frac{1}{3},1,2,3,8,27\right\}$$

따라서 D의 모든 원소의 합은

$$\frac{1}{2}+\frac{1}{3}+1+2+3+8+27=\frac{251}{6}$$

18 다변수 미적분 ①

$$x+n=\frac{1}{x^2-1}\ \Rightarrow\ (x+n)(x^2-1)=1$$
$$\Rightarrow\ x^3+nx^2-x-(n+1)=0$$

근과 계수의 관계로부터

$a_n=\alpha_n+\beta_n+\gamma_n=-n$,

$b_n=\alpha_n\beta_n+\beta_n\gamma_n+\alpha_n\gamma_n=-1$,

$c_n=\alpha_n\beta_n\gamma_n=n+1$

이므로

$$a_n^3+b_n^3+c_n^3=(-n)^3+(-1)^3+(n+1)^3$$
$$=3n(n+1)$$

따라서

$$\sum_{n=k}^{\infty}\frac{1}{a_n^3+b_n^3+c_n^3}=\frac{1}{3}\sum_{n=k}^{\infty}\frac{1}{n(n+1)}$$
$$=\frac{1}{3}\sum_{n=k}^{\infty}\left(\frac{1}{n}-\frac{1}{n+1}\right)$$
$$=\frac{1}{3k}=\frac{1}{2025}$$

이므로 $k=675$

19 선형대수 ③

행렬 A의 고유방정식 $\lambda^3-3\lambda^2=0$에서 $\lambda=0,\ 0,\ 3$

$\lambda=0$에 대응되는 고유벡터는 $\begin{pmatrix}-\frac{1}{\sqrt{6}}\\-\frac{1}{\sqrt{6}}\\\frac{2}{\sqrt{6}}\end{pmatrix}$, $\begin{pmatrix}-\frac{1}{\sqrt{2}}\\\frac{1}{\sqrt{2}}\\0\end{pmatrix}$

$\lambda=3$에 대응되는 고유벡터는 $\begin{pmatrix}\frac{1}{\sqrt{3}}\\\frac{1}{\sqrt{3}}\\\frac{1}{\sqrt{3}}\end{pmatrix}$

따라서 직교행렬 $P=\begin{pmatrix}-\frac{1}{\sqrt{6}}&\frac{1}{\sqrt{3}}&-\frac{1}{\sqrt{2}}\\-\frac{1}{\sqrt{6}}&\frac{1}{\sqrt{3}}&\frac{1}{\sqrt{2}}\\\frac{2}{\sqrt{6}}&\frac{1}{\sqrt{3}}&0\end{pmatrix}$

$$\therefore\ a+2b+c+p+3q=-\frac{\sqrt{6}}{6}+\sqrt{2}$$

20 공학수학 ②

$C_1:r(t)=\left(\frac{1}{2}\cos t,\ \frac{1}{3}\sin t\right),\ 0\le t\le 2\pi$라 하자.

$$\int_C \frac{-y}{4x^2+9y^2}dx+\frac{x}{4x^2+9y^2}dy$$
$$=\int_{C_1} \frac{-y}{4x^2+9y^2}dx+\frac{x}{4x^2+9y^2}dy$$
$$=\int_0^{2\pi}\left(-\frac{1}{3}\sin t,\ \frac{1}{2}\cos t\right)\cdot\left(-\frac{1}{2}\sin t,\ \frac{1}{3}\cos t\right)dt$$
$$=\int_0^{2\pi}\frac{1}{6}dt$$
$$=\frac{\pi}{3}$$

21 적분법 ③

$$\int_1^e \frac{\ln x^2}{(1+\ln x)^2}dx$$
$$=\int_1^e \frac{2\ln x}{(1+\ln x)^2}dx=\int_0^1 \frac{2te^t}{(1+t)^2}dt$$
$$=2\int_0^1\left(\frac{1}{1+t}-\frac{1}{(1+t)^2}\right)e^t dt$$
$$=2\int_0^1 \frac{e^t}{1+t}dt-2\int_0^1 \frac{e^t}{(1+t)^2}dt$$
$$=2\left(\left[\frac{e^t}{1+t}\right]_0^1+\int_0^1 \frac{e^t}{(1+t)^2}dt\right)-2\int_0^1 \frac{e^t}{(1+t)^2}dt$$
$$=2\left(\frac{e}{2}-1\right)=e-2$$

22 적분법 ①

$$\int_{-\sqrt{3}}^{-1} 2\tan^{-1}x\,dx+\int_{-\sqrt{3}}^{-1}\sin^{-1}\left(\frac{2x}{1+x^2}\right)dx$$
$$=\int_{-\sqrt{3}}^{-1}\left\{2\tan^{-1}x+\sin^{-1}\left(\frac{2x}{1+x^2}\right)\right\}dx$$

$\tan^{-1}x=u$로 치환하면

$\tan u=x,\ \sec^2 u\,du=dx$ 이므로

$$\int_{-\frac{\pi}{3}}^{-\frac{\pi}{4}}(2u+\sin^{-1}(\sin 2u))\sec^2 u\,du$$
$$=\int_{-\frac{\pi}{3}}^{-\frac{\pi}{4}}(2u-\pi-2u)\sec^2 u\,du$$
$$=-\pi\int_{-\frac{\pi}{3}}^{-\frac{\pi}{4}}\sec^2 u\,du$$
$$=-\pi[\tan u]_{-\frac{\pi}{3}}^{-\frac{\pi}{4}}=(1-\sqrt{3})\pi$$

23 선형대수 ②

A의 열공간의 기저는 A^T의 행공간의 기저이므로

기본행연산에 의해

$$A^T=\begin{pmatrix}3&1&1\\2&-4&10\\-1&3&-7\end{pmatrix}\sim\begin{pmatrix}1&-3&7\\2&-4&10\\3&1&1\end{pmatrix}$$
$$\sim\begin{pmatrix}1&-3&7\\0&2&-4\\0&10&-20\end{pmatrix}\sim\begin{pmatrix}1&-3&7\\0&2&-4\\0&0&0\end{pmatrix}$$
$$\sim\begin{pmatrix}1&-3&7\\0&1&-2\\0&0&0\end{pmatrix}\sim\begin{pmatrix}1&0&1\\0&1&-2\\0&0&0\end{pmatrix}$$

이므로 A의 열공간의 기저는 $\begin{pmatrix}1\\0\\1\end{pmatrix},\ \begin{pmatrix}0\\1\\-2\end{pmatrix}$이다.

따라서 $B=\begin{pmatrix}1&0\\0&1\\1&-2\end{pmatrix}$라고 할 때,

$$\hat{x}=(B^TB)^{-1}B^Tb$$
$$=\begin{pmatrix}2&-2\\-2&5\end{pmatrix}^{-1}\begin{pmatrix}3\\-4\end{pmatrix}$$
$$=\frac{1}{6}\begin{pmatrix}7\\-2\end{pmatrix}\text{이므로}$$

$$A\hat{x}=B\hat{x}=\begin{pmatrix}1&0\\0&1\\1&-2\end{pmatrix}\frac{1}{6}\begin{pmatrix}7\\-2\end{pmatrix}=\frac{1}{6}\begin{pmatrix}7\\-2\\11\end{pmatrix}\ \text{이고}$$

$$\vec{b}-A\hat{x}=\begin{pmatrix}2\\-2\\1\end{pmatrix}-\frac{1}{6}\begin{pmatrix}7\\-2\\11\end{pmatrix}=\frac{1}{6}\begin{pmatrix}5\\-10\\-5\end{pmatrix}$$

이다. 그러므로 $\vec{b}-A\hat{x}$의 모든 성분의 합은 $-\frac{5}{3}$이다.

| 다른 풀이 |

$$A=\begin{pmatrix}3&2&-1\\1&-4&3\\1&10&-7\end{pmatrix}\sim\begin{pmatrix}1&-4&3\\0&14&-10\\0&14&-10\end{pmatrix}$$
$$\sim\begin{pmatrix}1&-4&3\\0&14&-10\\0&0&0\end{pmatrix}$$

이므로 A의 열공간의 기저 $\{(3,1,1),(1,-2,5)\}$이고

$$\begin{vmatrix}i&j&k\\3&1&1\\1&-2&5\end{vmatrix}=<7,-14,-7>//<1,-2,-1>$$

이므로

열공간은 $\{(x,y,z)\,|\,x-2y-z=0\}$이다.

$$\vec{b}-A\hat{x}=proj_{N(A^T)}\vec{b}$$
$$=proj_{(1,-2,-1)}(2,-2,1)$$
$$=\frac{5}{6}(1,-2,-1)$$

따라서 $b-A\hat{x}$의 모든 성분의 합은 $-\frac{5}{3}$이다.

24 적분법 ①

(나)에서 $f(x)$의 1차항의 계수는 -2

(다)에서 $f(x)$는 3차함수이면서 최고차항의 계수는 4

(가)에서 $f(a)+f(-a)=0$이므로 $f(x)$는 기함수

따라서 $f(x)=4x^3-2x$이고

$$\int_{-\frac{\pi}{2}}^{\frac{\pi}{2}} \frac{f(x)\sin x}{1+e^{-f(x)}}dx+\int_{-\frac{\pi}{2}}^{\frac{\pi}{2}} \frac{f(x)\sin(x)}{1+e^{f(x)}}dx$$

$$=\int_{-\frac{\pi}{2}}^{\frac{\pi}{2}}(4x^3-2x)\sin x\,dx$$

$$=2\int_{0}^{\frac{\pi}{2}}(4x^3-2x)\sin x\,dx$$

$$=8\int_{0}^{\frac{\pi}{2}}x^3\sin x\,dx-4\int_{0}^{\frac{\pi}{2}}x\sin x\,dx$$

$$=\left[24(x^2-2)\sin x-8x(x^2-6)\cos x-4\sin x+4x\cos x\right]_0^{\frac{\pi}{2}}$$

$$=6\pi^2-52$$

$$\therefore \int_{-\frac{\pi}{2}}^{\frac{\pi}{2}} \frac{f(x)\sin x}{1+e^{-f(x)}}dx=3\pi^2-26$$

25 미분법 ④

$$\lim_{x\to0}\left(\csc^2 x-\frac{1}{x^2}\right)$$

$$=\lim_{x\to0}\left(\frac{x^2-\sin^2 x}{x^2\sin^2 x}\right)$$

$$=\lim_{x\to0}\left(\frac{2x-\sin 2x}{2x\sin^2 x+x^2\sin 2x}\right)$$

$$=\lim_{x\to0}\left(\frac{2-2\cos 2x}{2x^2\cos 2x+4x\sin 2x+2\sin^2 x}\right)$$

$$=\lim_{x\to0}\left(\frac{4\sin 2x}{-4x^2\sin 2x+12x\cos 2x+6\sin 2x}\right)$$

$$=\lim_{x\to0}\left(\frac{8\cos 2x}{-8x^2\cos 2x-32x\sin 2x+24\cos 2x}\right)=\frac{1}{3}$$

| 다른 풀이 |

$$\lim_{x\to0}\left(\csc^2 x-\frac{1}{x^2}\right)=\lim_{x\to0}\left\{\left(\frac{1}{3}+\frac{1}{x^2}+\frac{x^2}{15}+\cdots\right)-\frac{1}{x^2}\right\}=\frac{1}{3}$$

TEST p. 30~36

21	③	22	③	23	②	24	②	25	①
26	④	27	③	28	④	29	②	30	③
31	①	32	④	33	①	34	①	35	④
36	①	37	②	38	②	39	④	40	②

21 일반수학 ③

$z=a+bi\ (a,b\in\mathbb{R})$이라 하자.

$z^2=(a+bi)^2=a^2-b^2+2abi=i$ 에서

$\begin{cases} a^2-b^2=0 \\ 2ab=1 \end{cases}$이고

이를 풀면

$\begin{cases} a=\dfrac{1}{\sqrt{2}} \\ b=\dfrac{1}{\sqrt{2}} \end{cases},\ \begin{cases} a=-\dfrac{1}{\sqrt{2}} \\ b=-\dfrac{1}{\sqrt{2}} \end{cases}$

$\therefore\ z=\dfrac{1}{\sqrt{2}}+i\dfrac{1}{\sqrt{2}},\ z=-\dfrac{1}{\sqrt{2}}-i\dfrac{1}{\sqrt{2}}$

22 다변수 미적분 ③

① $\displaystyle\sum_{n=2}^{\infty}\left|(-1)^n\frac{\ln n}{n^2}\right|=\sum_{n=2}^{\infty}\frac{\ln n}{n^2}<\sum_{n=2}^{\infty}\frac{n^{\frac{1}{2}}}{n^2}=\sum_{n=2}^{\infty}\frac{1}{n^{\frac{3}{2}}}$

에서 $\displaystyle\sum_{n=2}^{\infty}\frac{1}{n^{\frac{3}{2}}}$은 p급수 판정법에 의해 수렴하므로

$\displaystyle\sum_{n=2}^{\infty}\frac{\ln n}{n^2}$은 절대수렴한다.

② $\displaystyle\sum_{n=1}^{\infty}\left|\frac{\sin n}{n^2}\right|\le\sum_{n=1}^{\infty}\frac{1}{n^2}$에서 $\displaystyle\sum_{n=1}^{\infty}\frac{1}{n^2}$은 p급수

판정법에 의해 수렴하므로 $\displaystyle\sum_{n=1}^{\infty}\frac{\sin n}{n^2}$은 절대수렴한다.

③ (i) $\displaystyle\sum_{n=1}^{\infty}\cos(n\pi)\sin\left(\frac{1}{n}\right)=\sum_{n=1}^{\infty}(-1)^n\sin\left(\frac{1}{n}\right)$에서

$\displaystyle\lim_{n\to\infty}\sin\frac{1}{n}=0$이므로 교대급수 판정법에 의해

$\displaystyle\sum_{n=1}^{\infty}\cos(n\pi)\sin\left(\frac{1}{n}\right)$은 수렴한다.

(ii) $\displaystyle\sum_{n=1}^{\infty}\left|\cos(n\pi)\sin\left(\frac{1}{n}\right)\right|=\sum_{n=1}^{\infty}\sin\left(\frac{1}{n}\right)$에서

$\displaystyle\lim_{n\to\infty}\frac{\sin\left(\frac{1}{n}\right)}{\frac{1}{n}}=1$이고 $\displaystyle\sum_{n=1}^{\infty}\frac{1}{n}$은 p급수 판정법에

의해 발산하므로 극한비교 판정법에 의해

$\displaystyle\sum_{n=1}^{\infty}\sin\left(\frac{1}{n}\right)$은 발산한다.

따라서 $\displaystyle\sum_{n=1}^{\infty}\cos(n\pi)\sin\left(\frac{1}{n}\right)$은 조건부 수렴한다.

④ $\displaystyle\sum_{n=1}^{\infty}\left|\frac{(-1)^n}{n}\sin\left(\frac{1}{n}\right)\right|=\sum_{n=1}^{\infty}\frac{1}{n}\sin\left(\frac{1}{n}\right)$에서

$\displaystyle\lim_{n\to\infty}\frac{\frac{1}{n}\sin\left(\frac{1}{n}\right)}{\frac{1}{n^2}}=1$이고 $\displaystyle\sum_{n=1}^{\infty}\frac{1}{n^2}$은 p급수 판정법에 의해

수렴하므로 극한비교판정법에 의해 $\displaystyle\sum_{n=1}^{\infty}\frac{1}{n}\sin\left(\frac{1}{n}\right)$은

수렴한다.

따라서 $\displaystyle\sum_{n=1}^{\infty}\frac{(-1)^n}{n}\sin\left(\frac{1}{n}\right)$은 절대수렴한다.

23 미분법 ②

$\displaystyle\sum_{n=0}^{\infty}x^n=\frac{1}{1-x},\ |x|<1$ 에서

양변을 미분하면 $\displaystyle\sum_{n=1}^{\infty}nx^{n-1}=\frac{1}{(1-x)^2}$

즉, $\displaystyle\sum_{n=1}^{\infty}nx^{n-1}=\frac{1}{(1-x)^2},\ |x|<1$ ······ ㉠

이고, ㉠에서 양변에 x를 곱하면

$\displaystyle\sum_{n=1}^{\infty}nx^n=\frac{x}{(1-x)^2},\ |x|<1$ ······ ㉡

㉡에서 $x=\dfrac{1}{2}$ 을 대입한 식을 이용하여 계산하면

$$\sum_{n=0}^{\infty}\frac{n+1}{2^n}=\sum_{n=0}^{\infty}\frac{n}{2^n}+\sum_{n=0}^{\infty}\frac{1}{2^n}$$

$$=\frac{\frac{1}{2}}{\left(1-\frac{1}{2}\right)^2}+\frac{1}{1-\frac{1}{2}}$$

$$=2+2$$

$$=4$$

24 미분법 ②

$f(x)=\sqrt[3]{x+1}$ 라 하고 테일러 급수 전개하면

$$f(x)=\sum_{n=0}^{\infty}\frac{f^{(n)}(0)}{n!}x^n$$

$$=1+\frac{1}{3}x-\frac{1}{9}x^2+\frac{5}{81}x^3-\cdots$$

$x=0.3$ 을 대입하면

$$\sqrt[3]{1.3}=1+\frac{0.3}{3}-\frac{(0.3)^2}{9}+\frac{5(0.3)^3}{81}-\cdots$$

$$\approx 1+\frac{0.3}{3}-\frac{(0.3)^2}{9}$$

$$=1.09$$

로 근사하면 오차는 $\frac{5(0.3)^3}{81}<0.002$이므로 보기 중 $\sqrt[3]{1.3}$ 과 차가 0.002 이하인 값은 1.09 이다.

25 미분법 ①

$$\lim_{x\to 0}\frac{e^x-1-x-\frac{1}{2}x^2}{x^3}$$

$$=\lim_{x\to 0}\frac{\left(1+x+\frac{1}{2!}x^2+\frac{1}{3!}x^3+\frac{1}{4!}x^4+\cdots\right)-1-x-\frac{1}{2}x^2}{x^3}$$

$$\lim_{x\to 0}\frac{\frac{1}{3!}x^3+\frac{1}{4!}x^4+\cdots}{x^3}=\lim_{x\to 0}\left(\frac{1}{3!}+\frac{1}{4!}x+\cdots\right)$$

$$=\frac{1}{3!}=\frac{1}{6}$$

26 미분법 ④

$$y=\frac{(x+2)^2\sqrt{x+3}}{2x+1}$$

$$\ln y=\ln\frac{(x+2)^2\sqrt{x+3}}{2x+1}$$

$$=2\ln(x+2)+\frac{1}{2}\ln(x+3)-\ln(2x+1)$$

$$\Rightarrow \frac{y'}{y}=\frac{2}{x+2}+\frac{1}{2(x+3)}-\frac{2}{2x+1}$$

$$\Rightarrow y'=\left(\frac{2}{x+2}+\frac{1}{2(x+3)}-\frac{2}{2x+1}\right)y$$

$$\Rightarrow y'|_{x=1}=\left(\frac{2}{3}+\frac{1}{8}-\frac{2}{3}\right)\cdot 6=\frac{3}{4}$$

따라서 접선의 방정식은

$y-6=\frac{3}{4}(x-1) \Leftrightarrow y=\frac{3}{4}x+\frac{21}{4}$ 이므로 y 절편은

$y=\frac{21}{4}$ 이다.

27 선형대수 ③

$$proj_{<1,1,1,1>}<1,2,3,4>$$

$$=\frac{<1,2,3,4>\bullet<1,1,1,1>}{\|<1,1,1,1>\|^2}<1,1,1,1>$$

$$=\frac{10}{4}<1,1,1,1>$$

$$\therefore\ \|proj_{<1,1,1,1>}<1,2,3,4>\|=\frac{5}{2}\sqrt{4}=5$$

28 다변수 미적분 ④

$$\nabla f(0,0)=<f_x(0,0),f_y(0,0)>$$

$$=\left\langle\frac{2e^{2x+y}}{1+e^{2x+y}},\frac{e^{2x+y}}{1+e^{2x+y}}\right\rangle\bigg|_{(0,0)}$$

$$=\left\langle 1,\frac{1}{2}\right\rangle$$

이므로

$$f_x(0,0)+f_y(0,0)=1+\frac{1}{2}=\frac{3}{2}$$

29 다변수 미적분 ②

$f(1,1)=10$이고

$$\begin{cases}f_x(x,y)=2x+4\\ f_y(x,y)=2y-4\end{cases}\Rightarrow\begin{cases}f_x(1,1)=6\\ f_y(1,1)=-2\end{cases}$$ 이므로

선형근사식 함수는 다음과 같다.

$$L(x,y)=f(1,1)+(x-1)f_x(1,1)+(y-1)f_y(1,1)$$

$$=10+6(x-1)-2(y-1)$$

$$=6x-2y+6$$

$$\therefore\ 2a+2b+c=2\cdot 6+2\cdot(-2)+6=14$$

30 다변수 미적분 ③

$$\begin{cases}f_x(x,y)=2xy+2x=0 & \cdots\cdots ㉠\\ f_y(x,y)=x^2+2y=0 & \cdots\cdots ㉡\end{cases}$$

㉠에서 $x(y+1)=0$이므로 $x=0,\ y=-1$

(i) $x=0$을 ㉡에 대입하면 $y=0$

(ii) $y=-1$을 ㉡에 대입하면 $x^2-2=0 \Rightarrow x=\pm\sqrt{2}$

따라서 임계점은 $(0,0)$, $(\sqrt{2},-1)$, $(-\sqrt{2},-1)$ 로 3개다.

31 다변수 미적분 ①

$$\nabla f(-2,0,1)=\left(e^{\sin y+z},\ xe^{\sin y+z}\cos y,\ xe^{\sin y+z}\right)\Big|_{(-2,0,1)}$$

$$=(e,-2e,-2e)$$

이고 단위벡터 $\vec{v} = \frac{1}{\sqrt{3}}(-1,1,1)$ 이므로

$$D_{\vec{v}}f(-2,0,1) = \nabla f(-2,0,1) \cdot \vec{v}$$
$$= (e, -2e, -2e) \cdot \frac{1}{\sqrt{3}}(-1,1,1)$$
$$= \frac{-e-2e-2e}{\sqrt{3}} = -\frac{5\sqrt{3}e}{3}$$

32 다변수 미적분 ④

$f(x,y,z) = x^2+xy+2y^2+z^2-8$이라 하면

$\nabla f(1,1,2) = (2x+y, x+4y, 2z)|_{(1,1,2)} = (3,5,4)$이다.

따라서 접평면의 방정식

$W: 3(x-1)+5(y-1)+4(z-2)=0$

$\Leftrightarrow\ 3x+5y+4z-16=0$이고

점 $(1,2,3)$과 W 사이의 거리는

$$\frac{|3\cdot1+5\cdot2+4\cdot3-16|}{\sqrt{3^2+5^2+4^2}} = \frac{9}{5\sqrt{2}} = \frac{9\sqrt{2}}{10}$$

33 다변수 미적분 ①

$$\int_0^1\int_{\arcsin y}^{\frac{\pi}{2}} e^{\cos x}dxdy = \int_0^{\frac{\pi}{2}}\int_0^{\sin x} e^{\cos x}dydx$$
$$= \int_0^{\frac{\pi}{2}} e^{\cos x}\sin x\,dy$$
$$= -\left[e^{\cos x}\right]_0^{\frac{\pi}{2}} = e-1$$

34 다변수 미적분 ①

두 곡면으로 둘러싸인 영역의 부피는 V라 하면 다음과 같다.

$$V = \iint_{x^2+y^2\le1}\{2-x^2-y^2-(x^2+y^2)\}dA$$
$$= \int_0^{2\pi}\int_0^1(2-2r^2)r\,dr\,d\theta$$
$$= \int_0^{2\pi}\left[r^2-\frac{1}{2}r^4\right]_0^1 d\theta$$
$$= \frac{1}{2}\int_0^{2\pi}d\theta$$
$$= \frac{1}{2}\times2\pi = \pi$$

35 공학수학 ④

$C: r(t) = (\cos t, \sin t),\ 0\le t\le 2\pi$는 중심이 원점인 단위원이고, 단위원 내부에서 함수 $F(x,y)$가 해석적이므로 Green 정리를 사용할 수 있다.

$D: x^2+y^2\le1$이라 할 때,

$$\int_C F\cdot dr = \iint_D\{1-(-1)\}dA$$
$$= \iint_D 2dA = 2\times(D\text{의 넓이}) = 2\pi$$

| 다른 풀이 |

$$\int_C F\cdot dr$$
$$= \int_0^{2\pi}F(r(t))\cdot r'(t)dt$$
$$= \int_0^{2\pi}(\cos^2t+2\cos t-\sin t,\ \sin^2t+\cos t+2\sin t)\cdot(-\sin t, \cos t)dt$$
$$= \int_0^{2\pi}(-\cos^2t\sin t+\sin^2t\cos t+1)dt$$
$$= \left[\frac{1}{3}\cos^3t+\frac{1}{3}\sin^3t+t\right]_0^{2\pi}$$
$$= \frac{1}{3}+2\pi-\frac{1}{3} = 2\pi$$

36 선형대수 ①

좌표변환 행렬은 가역행렬이므로 보기 중 행렬식이 0인 것을 찾으면 된다.

보기 ①의 행렬의 행렬식 $\begin{vmatrix}1&2&3\\4&5&6\\7&8&9\end{vmatrix}=0$

37 선형대수 ②

$L\begin{pmatrix}2\\1\end{pmatrix} = 2\begin{pmatrix}2\\1\end{pmatrix}+\begin{pmatrix}1\\2\end{pmatrix}=\begin{pmatrix}5\\4\end{pmatrix}$, $L\begin{pmatrix}1\\2\end{pmatrix}=\begin{pmatrix}2\\1\end{pmatrix}+0\begin{pmatrix}1\\2\end{pmatrix}=\begin{pmatrix}2\\1\end{pmatrix}$ 이고

$\begin{pmatrix}3\\3\end{pmatrix}=c_1\begin{pmatrix}2\\1\end{pmatrix}+c_2\begin{pmatrix}1\\2\end{pmatrix}$을 만족하는 $c_1=1$, $c_2=1$ 이다.

따라서 $L\begin{pmatrix}3\\3\end{pmatrix}=L\begin{pmatrix}2\\1\end{pmatrix}+L\begin{pmatrix}1\\2\end{pmatrix}=\begin{pmatrix}5\\4\end{pmatrix}+\begin{pmatrix}2\\1\end{pmatrix}=\begin{pmatrix}7\\5\end{pmatrix}$이고,

$$\left\|L\begin{pmatrix}3\\3\end{pmatrix}\right\| = \sqrt{7^2+5^2}$$
$$= \sqrt{74}$$

38 선형대수 ②

$\begin{pmatrix}a&b\\b&c\end{pmatrix}\begin{pmatrix}2\\1\end{pmatrix}=\begin{pmatrix}2\\1\end{pmatrix}$에서

$2a+b=2\ \Rightarrow\ b=2-2a$ …… ㉠

$2b+c=1\ \Rightarrow\ c=1-2b=4a-3$ …… ㉡

$\lambda=6$을 고유방정식 $\lambda^2-(a+c)\lambda+ac-b^2=0$에 대입하면

$36-6(a+c)+ac-b^2=0$ …… ㉢

㉠, ㉡, ㉢을 연립하여 풀면 $a=2$, $b=-2$, $c=5$
$\therefore\ a+b+c=2-2+5=5$

39 공학수학 ④

$f'(x)+3f(x)=6$

$\Rightarrow\ f(x)=e^{-\int 3dx}\left(\int 6e^{\int 3dx}dx+C\right)$

$=e^{-3x}(2e^{3x}+C)$

$=2+Ce^{-3x}$

$f(0)=3$이므로 $2+C=3$ $\quad\therefore\ C=1$

따라서 $f(x)=2+e^{-3x}$ 이므로 $\lim_{x\to\infty}f(x)=2$

40 공학수학 ②

$f'(x)+xf(x)=x^2$ $\quad(x=-x$ 대입)

$\Rightarrow\ f'(-x)-xf(-x)=x^2$이므로

$\{f'(x)-f'(-x)\}+x\{f(x)+f(-x)\}=0$이 성립한다.

$f(x)+f(-x)=u$로 치환하면 $u'+xu=0$이므로

$u=Ce^{-\frac{1}{2}x^2}=f(x)+f(-x)$가 성립한다.

초기 조건 $f(0)=e^2$을 대입하면 $C=2e^2$이므로

$f(x)+f(-x)=2e^2e^{-\frac{1}{2}x^2}$ 이고

$f(2)+f(-2)=2e^2e^{-2}=2$

▶ 문항 수: 영어 20문항, 수학 20문항 | 제한시간: 60분

TEST p. 38~44

21	③	22	①	23	①	24	②	25	④
26	⑤	27	③	28	④	29	②	30	③
31	③	32	⑤	33	②	34	⑤	35	②
36	④	37	④	38	①	39	③	40	④

21 미분법 ③

$$\lim_{x\to\infty}\left(\sqrt{x^2+7x}-\sqrt{x^2+x}\right)$$

$$=\lim_{x\to\infty}\left(\sqrt{x^2+7x}-\sqrt{x^2+x}\right)\times\frac{\sqrt{x^2+7x}+\sqrt{x^2+x}}{\sqrt{x^2+7x}+\sqrt{x^2+x}}$$

$$=\lim_{x\to\infty}\frac{6x}{\sqrt{x^2+7x}+\sqrt{x^2+x}}=3$$

22 적분법 ①

$$\int_0^{\frac{\pi}{4}}\frac{1+\sin x}{1-\sin x}dx$$

$$=\int_0^{\frac{\pi}{4}}\frac{1+\sin x}{1-\sin x}\times\frac{1+\sin x}{1+\sin x}dx$$

$$=\int_0^{\frac{\pi}{4}}\frac{1+2\sin x+\sin^2 x}{\cos^2 x}dx$$

$$=\int_0^{\frac{\pi}{4}}\left\{\sec^2 x+2\frac{\sin x}{\cos^2 x}+(\sec^2 x-1)\right\}dx$$

$$=\left[\tan x+2\frac{1}{\cos x}+\tan x-x\right]_0^{\frac{\pi}{4}}=2\sqrt{2}-\frac{\pi}{4}$$

23 적분법 ①

곡선 $y=\sqrt{x}$ 와 두 직선 $y=0$, $x=2$ 로 둘러싸인 영역을 직선 $x=-1$ 을 축으로 회전하여 생기는 입체의 부피를 V라고 하면 다음과 같다.

$$V=2\pi\int_0^2(x+1)\sqrt{x}\,dx$$

$$=2\pi\int_0^2 x^{\frac{3}{2}}+x^{\frac{1}{2}}dx=2\pi\left[\frac{2}{5}x^{\frac{5}{2}}+\frac{2}{3}x^{\frac{3}{2}}\right]_0^2$$

$$=\frac{88\sqrt{2}}{15}\pi$$

24 적분법 ②

ㄱ. $\int_2^\infty\frac{1-e^{-2x}}{x}dx$과 $\int_2^\infty\frac{1}{x}dx$의 수렴성이 같으며 $\int_2^\infty\frac{1}{x}dx$은 이상점 ∞일 때, $p=1$이므로 발산한다.

따라서 $\int_2^\infty\frac{1-e^{-2x}}{x}dx$도 발산한다.

ㄴ. $\int_0^\infty\frac{1}{1+x^2}dx=[\tan^{-1}x]_0^\infty=\frac{\pi}{2}$이므로 수렴한다.

ㄷ. $\int_{\frac{\pi}{4}}^\infty\frac{3+\sin x}{2x}dx$과 $\int_{\frac{\pi}{4}}^\infty\frac{3}{2x}dx=\frac{3}{2}\int_{\frac{\pi}{4}}^\infty\frac{1}{x}dx$의 수렴성이 같으며 $\int_{\frac{\pi}{4}}^\infty\frac{1}{x}dx$은 이상점 ∞일 때, $p=1$이므로 발산한다. 따라서 $\int_{\frac{\pi}{4}}^\infty\frac{3+\sin x}{2x}dx$도 발산한다.

25 미분법 ④

매개변수 방정식 $x=t^2$, $y=t^3-4t$일 때,

매개변수 미분법에 의하여 $\frac{dy}{dx}=\frac{\frac{dy}{dt}}{\frac{dx}{dt}}=\frac{3t^2-4}{2t}$이므로

$t=-2$일 때, $\frac{dy}{dx}=-2=\tan\alpha$이고

$t=2$일 때, $\frac{dy}{dx}=2=\tan\beta$이므로

$$\tan\theta=|\tan(\alpha-\beta)|=\left|\frac{\tan\alpha-\tan\beta}{1+\tan\alpha\tan\beta}\right|=\frac{4}{3}$$

$$\therefore\ \sin\theta=\frac{4}{5}$$

26 미분법 ⑤

$f(x)=e^x+e^{-x}=2\cosh x$이므로 $g(x)=\cosh^{-1}\left(\frac{x}{2}\right)$

$$g'(x)=\frac{1}{\sqrt{\left(\frac{x}{2}\right)^2-1}}\cdot\frac{1}{2}$$

$$\therefore\ g'(4)=\frac{1}{\sqrt{3}}\cdot\frac{1}{2}=\frac{\sqrt{3}}{6}$$

27 적분법 ③

$r=\dfrac{3}{1+2\sin\theta} \Leftrightarrow r+2r\sin\theta=3$

이므로 직교좌표계로 변환하면

$\sqrt{x^2+y^2}+2y=3 \Leftrightarrow x^2+y^2=(3-2y)^2$

$\Leftrightarrow x^2-3y^2+12y-9=0$

$y=ax+b$ 를 점근선이라 가정하면

$x^2-3(ax+b)^2+12(ax+b)-9=0$

$\Leftrightarrow (1-3a^2)x^2+(-6ab+12a)x+\cdots=0$ 이므로

점근선의 기울기는 $a=\pm\dfrac{1}{\sqrt{3}}$ 이다.

그러므로 m_1m_2 의 절댓값은 $\dfrac{1}{3}$ 이다.

28 다변수 미적분 ④

ㄱ. $a_n=\left(\dfrac{n}{n+1}\right)^{n^2}$ 이라 할 때,

$\lim\limits_{n\to\infty}a_n^{\frac{1}{n}}=\lim\limits_{n\to\infty}\left(\dfrac{n}{n+1}\right)^n=e^{-1}<1$ 이므로

n 승근 판정법에 의하여 무한급수 $\sum\limits_{n=1}^{\infty}\left(\dfrac{n}{n+1}\right)^{n^2}$ 이 수렴한다.

ㄴ. $\sum\limits_{n=1}^{\infty}\dfrac{\cos(n\pi)}{n+2}=\sum\limits_{n=1}^{\infty}(-1)^n\dfrac{1}{n+2}$ 이고,

$\lim\limits_{n\to\infty}\dfrac{1}{n+2}=0$ 이므로 교대급수 판정법에 의하여

$\sum\limits_{n=1}^{\infty}\dfrac{\cos(n\pi)}{n+2}$ 는 수렴한다.

ㄷ. $\lim\limits_{n\to\infty}\dfrac{n\sin^2\left(\frac{1}{n}\right)}{\frac{1}{n}}=\lim\limits_{n\to\infty}\dfrac{\sin^2\left(\frac{1}{n}\right)}{\frac{1}{n^2}}=1$ 이고

$\sum\limits_{n=1}^{\infty}\dfrac{1}{n}$ 이 발산하므로 극한 비교 판정법에 의하여

$\sum\limits_{n=1}^{\infty}n\sin^2\left(\dfrac{1}{n}\right)$ 이 발산한다.

29 미분법 ②

$\dfrac{1}{1-x}=1+x+x^2+x^3+\ldots=\sum\limits_{n=0}^{\infty}x^n,\ |x|<1$ 에서

양변에 x^2을 곱하면 $\dfrac{x^2}{1-x}=\sum\limits_{n=0}^{\infty}x^{n+2}$

양변을 x로 미분하면 $\dfrac{2x-x^2}{(1-x)^2}=\sum\limits_{n=0}^{\infty}(n+2)x^{n+1}$

양변을 x로 미분하면

$$\frac{(2-2x)(1-x)^2+2(2x-x^2)(1-x)}{(1-x)^4}=\sum_{n=0}^{\infty}(n+2)(n+1)x^n$$

$\Leftrightarrow \dfrac{2}{(1-x)^3}=\sum\limits_{n=0}^{\infty}(n+2)(n+1)x^n$

$x=\dfrac{1}{3}$ 을 대입하면

$\dfrac{2}{\left(\frac{2}{3}\right)^3}=\sum\limits_{n=0}^{\infty}(n+2)(n+1)\left(\dfrac{1}{3}\right)^n$

$\therefore \sum\limits_{n=0}^{\infty}(n+2)(n+1)\left(\dfrac{1}{3}\right)^n=\dfrac{27}{4}$

30 다변수 미적분 ③

ㄱ. [반례] $a_n=\dfrac{1}{n^2}$ 이라 하면 $\sum\limits_{n=1}^{\infty}a_n=\sum\limits_{n=1}^{\infty}\dfrac{1}{n^2}$ 은

수렴하지만 $\sum\limits_{n=1}^{\infty}\sqrt{a_n}=\sum\limits_{n=1}^{\infty}\dfrac{1}{n}$ 은 발산한다. (거짓)

ㄴ. [반례] $a_n=\dfrac{1}{n},\ b_n=\dfrac{1}{n\ln n}$ 이라 하면

급수 $\sum\limits_{n=1}^{\infty}a_n=\sum\limits_{n=1}^{\infty}\dfrac{1}{n}$ 과 $\sum\limits_{n=1}^{\infty}b_n=\sum\limits_{n=1}^{\infty}\dfrac{1}{n\ln n}$ 은

발산하지만 $\sum\limits_{n=1}^{\infty}a_nb_n=\sum\limits_{n=1}^{\infty}\dfrac{1}{n^2\ln n}$ 은 수렴한다. (거짓)

ㄷ. $\sum\limits_{n=1}^{\infty}\left|\dfrac{(b_n)^n\cos(n\pi)}{n+1}\right|=\sum\limits_{n=1}^{\infty}\dfrac{(b_n)^n}{n+1}$ 이고

$a_n=\dfrac{(b_n)^n}{n+1}$ 이라 할 때,

$\lim\limits_{n\to\infty}a_n^{\frac{1}{n}}=\lim\limits_{n\to\infty}\dfrac{b_n}{(n+1)^{\frac{1}{n}}}=\dfrac{2}{3}<1$ 이므로 n 승근

판정법에 의하여 수렴한다. 그러므로

$\sum\limits_{n=1}^{\infty}\dfrac{(b_n)^n\cos(n\pi)}{n+1}$ 은 절대 수렴한다. (참)

31 선형대수 ③

점 A 를 $(0,1,1)$, 점 B 를 $(1,0,1)$, 점 C 를 $(1,1,0)$, 점 D 를 (a,b,c), 사면체의 부피를 V라고 할 때,

$V=\dfrac{1}{6}\left|\overrightarrow{AB}\cdot\left(\overrightarrow{AC}\times\overrightarrow{AD}\right)\right|$

$=\dfrac{1}{6}\left\|\begin{vmatrix}1&-1&0\\1&0&-1\\a&b-1&c-1\end{vmatrix}\right\|=\dfrac{1}{6}|a+b+c-2|=1$

이므로 $a+b+c=8$ 또는 $a+b+c=-4$ 이다.

32 다변수 미적분 ⑤

$\nabla f(1, 1)=(a, b)$라고 할 때, $\overrightarrow{u}=\overrightarrow{i}+2\overrightarrow{j}$방향의

단위벡터를 $\overrightarrow{u_1}=\frac{1}{\sqrt{5}}(1, 2)$,

$\overrightarrow{v}=2\overrightarrow{i}+\overrightarrow{j}$ 방향의 단위벡터를 $\overrightarrow{v_1}=\frac{1}{\sqrt{5}}(2, 1)$,

$\overrightarrow{w}=\overrightarrow{i}+\overrightarrow{j}$ 방향의 단위벡터를 $\overrightarrow{w_1}=\frac{1}{\sqrt{2}}(1, 1)$ 이라 하면

$D_{\vec{u}}f=\nabla f \cdot \overrightarrow{u_1}$

$=(a, b)\cdot \frac{1}{\sqrt{5}}(1, 2)$

$=\frac{1}{\sqrt{5}}(a+2b)=3$,

$D_{\vec{v}}f=\nabla f \cdot \overrightarrow{v_1}$

$=(a, b)\cdot \frac{1}{\sqrt{5}}(2, 1)$

$=\frac{1}{\sqrt{5}}(2a+b)=2$

㉠, ㉡을 연립하여 풀면 $a=\frac{\sqrt{5}}{3}$, $b=\frac{4}{3}\sqrt{5}$

$\therefore\ D_{\vec{w}}f=\nabla f \cdot \overrightarrow{w_1}$

$=(a, b)\cdot \frac{1}{\sqrt{2}}(1, 1)$

$=\frac{1}{\sqrt{2}}(a+b)=\frac{5\sqrt{5}}{3\sqrt{2}}=\frac{5\sqrt{10}}{6}$

33 다변수 미적분 ②

ㄴ. $z=2x^2-3y^2$일 때, $z_x=4x$, $z_y=-6y$이므로
$(0, 0)$에서 임계점을 갖고
$z_{xx}=4$, $z_{yy}=-6$, $z_{xy}=0$에 의하여
$\Delta(0, 0)=4\times(-6)-0^2<0$이므로
$(0, 0)$에서 안장점을 갖는다.

ㄹ. $z=2xy$일 때, $z_x=2y$, $z_y=2x$이므로
$(0, 0)$에서 임계점을 갖고
$z_{xx}=0$, $z_{yy}=0$, $z_{xy}=2$에 의하여
$\Delta(0, 0)=0\times 0-2^2<0$이므로
$(0, 0)$에서 안장점을 갖는다.

34 다변수 미적분 ⑤

$f=x^2+4y^2-z^2$ 이라 할 때, 접평면의 법선벡터는 $\nabla f=(2x, 8y, -2z) \Rightarrow \nabla f(3, 2, 0)=(6, 16, 0)$ 과 평행이고 접평면은 점 $\mathrm{P}(3, 2, 0)$ 을 지나므로 접평면의 방정식은 $3x+8y=25$ 이다.

35 다변수 미적분 ②

곡면 $y^2=xz+3x+3z+9$ 위의 한 점을 (x, y, z),
곡면 위의 점 (x, y, z) 와 원점 $(0, 0, 0)$ 사이의 거리를 d 라고 할 때, $d=\sqrt{x^2+y^2+z^2}$ 이다.

$f(x, y, z)=x^2+y^2+z^2$,

$g(x, y, z)=xz+3x+3z-y^2+9$ 이라 하면

라그랑주 승수법에 의하여 $\nabla f // \nabla g$ 일 때,

즉, $(2x, 2y, 2z)//(z+3, -2y, x+3)$

$\Rightarrow \lambda(x, y, z)=(z+3, -2y, x+3)$ 일 때, 최댓값 또는 최솟값을 갖는다.

(i) $\lambda=-2$일 때, $-2x=z+3$, $-2z=x+3$ 이므로
$x=-1$, $z=-1$ 이고 $y^2=4$ 이다.
따라서 $d=\sqrt{1+4+1}=\sqrt{6}$ 이다.

(ii) $\lambda\neq-2$ 일 때, $y=0$ 이고
$(z-x)(z+x+3)=0$ 이다.

ⓐ $z=x$ 일 때,
$0=x^2+6x+9 \Leftrightarrow (x+3)^2=0$ 이므로
$x=-3$, $z=-3$, $y=0$ 이다.
따라서 $d=\sqrt{9+0+9}=3\sqrt{2}$ 이다.

ⓑ $z=-x-3$ 일 때,
$0=x(-x-3)+3x+3(-x-3)+9$
$\Leftrightarrow x(x+3)=0$ 이므로
$x=0$ 일 때, $z=-3$, $y=0$ 이고
$x=-3$ 일 때, $z=0$, $y=0$ 이다.
따라서 $d=\sqrt{9}=3$ 이다.

(i)과 (ii)에 의하여 $d=\sqrt{6}$ 이다.

36 다변수 미적분 ④

$0\le y\le 8$, $\frac{y}{2}\le x\le 4 \Leftrightarrow 0\le x\le 4$, $0\le y\le 2x$

이므로 $\int_0^8\int_{\frac{y}{2}}^4 e^{x^2}dxdy=\int_0^4\int_0^{2x}e^{x^2}dydx$ 가 성립한다.

$$\therefore \int_0^8\int_{\frac{y}{2}}^4 e^{x^2}dxdy=\int_0^4\int_0^{2x}e^{x^2}dydx$$

$$=\int_0^4 2x\,e^{x^2}dx=\left[e^{x^2}\right]_0^4$$

$$=e^{16}-1$$

37 다변수 미적분 ④

$D=\left\{(x, y)\,\middle|\, x\ge 0,\ x^2+\left(y-\frac{1}{2}\right)^2\le\frac{1}{4}\right\}$라 하면 영역 R의 부피는 다음과 같다.

$$V=\iint_D \sqrt{1-x^2-y^2}\,dA=\int_0^{\frac{\pi}{2}}\int_0^{\sin\theta}\sqrt{1-r^2}\,r\,drd\theta$$

$$=\int_0^{\frac{\pi}{2}}\left(-\frac{1}{2}\right)\cdot\frac{2}{3}\left[(1-r^2)^{\frac{3}{2}}\right]_0^{\sin\theta}d\theta$$

$$=-\frac{1}{3}\int_0^{\frac{\pi}{2}}(\cos^3\theta-1)d\theta \qquad (\because \text{ wallis 공식})$$

$$=\frac{3\pi-4}{18}$$

38 다변수 미적분 ①

$u=xy$, $v=\dfrac{y}{x}$ 라고 치환하면

$1\le u\le 4$, $1\le v\le 4$ 이고

$$|J^{-1}|=\left|\begin{vmatrix} y & x \\ -\dfrac{y}{x^2} & \dfrac{1}{x}\end{vmatrix}\right|=2\frac{y}{x}=2v \text{ 이므로}$$

$$\iint_R \frac{y}{x}dA=\int_1^4\int_1^4 v\frac{1}{2v}dudv=\frac{1}{2}\int_1^4\int_1^4 1dudv=\frac{9}{2}$$

39 공학수학 ③

벡터장 $F(x,\,y)=(2\sin y,\,2x\cos y)$ 라고 할 때,

$\dfrac{\partial}{\partial x}(2x\cos y)=2\cos y=\dfrac{\partial}{\partial y}(2\sin y)$ 이므로 벡터장

F는 보존적 벡터장이다.

$$\therefore\ \int_C 2\sin y\,dx+2x\cos y\,dy=[2x\sin y]_{(0,\,0)}^{\left(\frac{\sqrt{\pi}}{2},\,\frac{\pi}{4}\right)}$$

$$=\sqrt{\pi}\cdot\frac{\sqrt{2}}{2}=\frac{\sqrt{2\pi}}{2}$$

40 공학수학 ④

방정식 $4x^2+9y^2=36$ 으로 둘러싸인 영역을 D 라고 할 때, 벡터장 $F(x,\,y)=\left(3y+e^x\sqrt{1+x^2},\,8x-e^{y^2}\right)$ 은 해석적이므로 그린정리에 의하여

$$\int_C\left(3y+e^x\sqrt{1+x^2}\right)dx+\left(8x-e^{y^2}\right)dy$$

$$=\iint_D(8-3)dA=5\times(\text{영역 } D\text{의 넓이})=30\pi$$

TEST p. 46~52

26	③	27	④	28	③	29	③	30	①
31	④	32	②	33	②	34	③	35	①
36	④	37	①	38	④	39	③	40	②
41	①	42	①	43	②	44	④	45	②

26 미분법 ③

$-1<x<0$일 때, $\dfrac{x+1+[x]}{x-|x|}=\dfrac{x+1-1}{x+x}=\dfrac{1}{2}$이므로

$\displaystyle\lim_{x\to0^-}\frac{x+1+[x]}{x-|x|}=\frac{1}{2}$이다.

27 미분법 ④

주어진 곡선을 $y=f(x)$라 하면

$$\lim_{x\to\pm\infty}f(x)$$

$$=\lim_{x\to\pm\infty}\left\{\frac{\sin\frac{1}{x}}{\frac{1}{x}}+\frac{1}{x}\tan^{-1}x+\frac{x}{\sqrt{x^2+x+1}+\sqrt{x^2+1}}\right\}$$

$$=1+0\pm\frac{1}{2}$$

이므로 f의 수평점근선은 $y=\dfrac{1}{2}$과 $y=\dfrac{3}{2}$이다.

28 미분법 ③

$y=\sin^7x\ (0\le x\le\pi)$의 그래프는 직선 $x=\dfrac{\pi}{2}$에 대칭이므로 구하는 넓이는

$\displaystyle\int_0^{2\pi}|\sin^7x|dx=4\int_0^{\frac{\pi}{2}}\sin^7x\,dx$이다.

$u=\cos x$라 두면

$$\int_0^{\frac{\pi}{2}}\sin^7x\,dx=\int_0^1(1-u^2)^3du$$
$$=\int_0^1(1-3u^2+3u^4-u^6)du$$
$$=1-1+\frac{3}{5}-\frac{1}{7}=\frac{16}{35}$$

이므로 넓이는 $\dfrac{64}{35}$이다.

29 다변수 미적분 ③

$$V=\iint_{y^2+z^2\le100}\int_{\frac{3}{5}\sqrt{y^2+z^2}}^{6}dxdydz-\iint_{y^2+z^2\le\frac{400}{9}}\int_{\frac{3}{5}\sqrt{y^2+z^2}}^{4}dxdydz$$

$$=\int_0^{2\pi}\int_0^{10}\left(6-\frac{3}{5}r\right)rdrd\theta-\int_0^{2\pi}\int_0^{\frac{20}{3}}\left(4-\frac{3}{5}r\right)rdrd\theta$$

$$=\int_0^{2\pi}\left[3r^2-\frac{1}{5}r^3\right]_0^{10}d\theta-\int_0^{2\pi}\left[2r^2-\frac{1}{5}r^3\right]_0^{\frac{20}{3}}d\theta$$

$$=\int_0^{2\pi}100\,d\theta-\int_0^{2\pi}\frac{800}{27}d\theta$$

$$=200\pi-\frac{1600}{27}\pi$$

$$=\frac{3800}{27}\pi$$

| 다른 풀이 |

주어진 곡면과 평면 $x=4$의 교선의 방정식은

$$4^2=\frac{3^2}{5^2}(z^2+y^2)$$

즉, 중심이 원점이고 반지름이 $\dfrac{20}{3}$인 원이다.

또한, 주어진 곡면과 평면 $x=6$의 교선의 방정식은

$$6^2=\frac{3^2}{5^2}(z^2+y^2)$$

즉, 중심이 원점이 반지름이 $\dfrac{30}{3}$인 원이다.

따라서 주어진 영역의 부피는 밑면과 윗면의 반지름이 각각, $\dfrac{30}{3}$과 $\dfrac{20}{3}$이고 높이가 2인 원뿔대의 부피이다.

$$\therefore\ V=\frac{\pi}{3}\left\{6\cdot\left(\frac{30}{3}\right)^2-4\cdot\left(\frac{20}{3}\right)^2\right\}$$
$$=\frac{\pi}{27}(5400-1600)=\frac{3800}{27}\pi$$

30 미분법 ①

$$f'(x)=a(x-2)^{a-1}(3-x)^b-b(x-2)^a(3-x)^{b-1}$$
$$=(x-2)^{a-1}(3-x)^{b-1}(3a-ax-bx+2b)=0$$

이면 $2<x<3$이므로 $x=\dfrac{3a+2b}{a+b}$이다.

$\lim_{x\to 2^+} f(x) = \lim_{x\to 3^-} f(x) = 0$이고 $f(x) > 0$이므로

f는 $x = \dfrac{3a+2b}{a+b}$에서

최댓값 $f\left(\dfrac{3a+2b}{a+b}\right) = \left(\dfrac{a}{a+b}\right)^a \left(\dfrac{b}{a+b}\right)^b$를 갖는다.

31 선형대수 ④

상삼각행렬의 성질에 의하여

$A^{2024} = \begin{pmatrix} 2^{2024} & * & * \\ 0 & 0 & * \\ 0 & 0 & (-2)^{2024} \end{pmatrix}$의 꼴이다.

그러므로 $\mathrm{tr}(A^{2024}) = 2^{2025}$이다.

32 선형대수 ②

ㄱ. $\| a\vec{v_1} + b\vec{v_2} + c\vec{v_3} \|^2$

$= (a\vec{v_1} + b\vec{v_2} + c\vec{v_3}) \cdot (a\vec{v_1} + b\vec{v_2} + c\vec{v_3})$

$= a^2 \| \vec{v_1} \|^2 + b^2 \| \vec{v_2} \|^2 + c^2 \| \vec{v_3} \|^2$

$+ 2ab(\vec{v_1} \cdot \vec{v_2}) + 2bc(\vec{v_2} \cdot \vec{v_3}) + 2ac(\vec{v_3} \cdot \vec{v_1})$

$= a^2 + b^2 + c^2 \qquad (\because \vec{v_i} \cdot \vec{v_j} = \begin{cases} 1, & i = j \\ 0, & i \neq j \end{cases})$

$\Rightarrow \| av_1 + bv_2 + cv_3 \| = \sqrt{a^2+b^2+c^2}$ (거짓)

ㄴ. 정규직교집합의 정의에 의하여 참이다. (참)

ㄷ. [반례] $V = \mathbb{R}^4$의 표준기저 $\vec{v_1} = (1,0,0,0)$, $\vec{v_2} = (0,1,0,0)$, $\vec{v_3} = (0,0,1,0)$, $\vec{v_4} = (0,0,0,1)$을 생각하자. $\{\vec{v_1}, \vec{v_2}, \vec{v_3}\}$는 $\mathbb{R}^4$의 부분집합이며 정규직교집합이다. 그러나 $\dim(V) = 4$이다. (거짓)

33 선형대수 ②

A의 서로 다른 고윳값에 대응하는 고유벡터는 일차독립이다. $\{(1,1,1), (0,1,1), (1,0,0)\}$는 일차독립이 아니므로 정답은 ②이다.

34 선형대수 ③

연립방정식 $\begin{pmatrix} 1 & -1 & 0 \\ 0 & 1 & -1 \\ 0 & 0 & 1 \end{pmatrix}\begin{pmatrix} x \\ y \\ z \end{pmatrix} = \begin{pmatrix} 1 & 0 & 0 \\ 1 & 1 & 0 \\ 1 & 1 & 1 \end{pmatrix}\begin{pmatrix} 2 \\ -1 \\ 3 \end{pmatrix} = \begin{pmatrix} 2 \\ 1 \\ 4 \end{pmatrix}$를

후진대입법으로 풀면 $(x, y, z) = (7, 5, 4)$를 얻는다.

35 선형대수 ①

삼각형의 넓이는 $\dfrac{1}{2}\left| \begin{vmatrix} 2 & 3 \\ 4 & 1 \end{vmatrix} \right| = \dfrac{1}{2}|2-12| = 5$이다.

36 다변수 미적분 ④

ㄱ. $f(x) = \dfrac{1}{x\ln x}$ $(x \geq 10)$이라 두면

$\int_{10}^{\infty} f(x)dx = \int_{10}^{\infty} \dfrac{1}{x\ln x}dx = \ln(\ln x)|_{10}^{\infty} = \infty$이므로

적분 판정법에 의하여 $\sum_{n=10}^{\infty} \dfrac{(-1)^n}{n\ln n}$는 절대수렴하지 않는다.

ㄴ. $\lim_{n\to\infty}(\sqrt[n]{n}-1)^{\frac{n}{n}} = \lim_{n\to\infty}(n^{1/n}-1) = 0$이므로 n승근 판정법에 의해 $\sum_{n=1}^{\infty}(-1)^n(\sqrt[n]{n}-1)^n$은 절대수렴한다.

ㄷ. $k + k\sin^2 k \leq 2k$이므로 $\dfrac{1}{k+k\sin^2 k} \geq \dfrac{1}{2k}$이다.

조화급수는 발산하므로 $\dfrac{1}{2}\sum_{k=1}^{\infty}\dfrac{1}{k}$는 발산하고 따라서

비교판정법에 의해 $\sum_{k=1}^{\infty}\dfrac{(-1)^k}{k+k\sin^2 k}$는 절대수렴하지 않는다.

ㄹ. $\lim_{n\to\infty}\dfrac{10+(-1)^n n}{10^8 n} \neq 0$이므로 발산에 대한 n항 판정법에 의하여 $\sum_{n=1}^{\infty}\dfrac{10+(-1)^n n}{10^8 n}$는 발산하고 따라서 주어진 급수는 절대수렴하지 않는다.

ㅁ. $a_n = \dfrac{1 \cdot 3 \cdot 5 \cdot \cdots \cdot (2n-1)}{2 \cdot 5 \cdot 8 \cdot \cdots \cdot (3n-1)}$라 하면

$\lim_{n\to\infty}\left|\dfrac{a_{n+1}}{a_n}\right| = \lim_{n\to\infty}\dfrac{2n+1}{3n+2} = \dfrac{2}{3} < 1$이므로 비율판정법에 의해

$\sum_{n=10}^{\infty}(-1)^n a_n = \sum_{n=10}^{\infty}(-1)^n\dfrac{1 \cdot 3 \cdot 5 \cdot \cdots \cdot (2n-1)}{2 \cdot 5 \cdot 8 \cdot \cdots \cdot (3n-1)}$는 절대수렴한다.

37 미분법 ①

$f(x) = \dfrac{1}{2}\sin(2x+1)$이므로

$f'(x) = \cos(2x+1)$

$= \sin\left(2x+1+\dfrac{\pi}{2}\right)$

이고

$f''(x) = 2\cos\left(2x+1+\dfrac{\pi}{2}\right)$

$= 2\sin\left(2x+1+2\cdot\dfrac{\pi}{2}\right)$

이다. 이 과정을 반복하면 수학적 귀납법에 따라

$f^{(n)}(x)=2^{n-1}\sin\left(2x+1+\frac{\pi}{2}\cdot n\right)$이다.

38 다변수 미적분 ④

점 $(1, 2, 3)$에서 주어진 곡면 위의 점 (x, y, z)까지 거리를 d라 하면

$$d^2=(x-1)^2+(y-2)^2+(z-3)^2$$
$$=x^2-2x+1+y^2-4y+4+z^2-6z+9$$
$$=x^2-2x+1+xz-3x-z+8+4+z^2-6z+9$$
$$=x^2-5x+xz+z^2-7z+22$$

이고 위 식의 우변을 $f(x, z)$라 하자.

$f_x=2x-5+z=0$, $f_z=2z-7+x=0$이라 두면, $x=1$, $z=3$이다.

f의 임계점 $(1, 3)$에서 $f_{xx}(1, 3)=2$, $f_{zz}(1, 3)=2$이고 $f_{xz}(1, 3)=1$이므로

$$D(1, 3)=f_{xx}(1, 3)f_{zz}(1, 3)-\{f_{xz}(1, 3)\}^2$$
$$=4-1=3>0 \text{ 이고}$$

$f_{xx}(1, 3)=2>0$ (또는 $f_{zz}(1, 3)=2>0$)이다.

따라서 점 $(1, 3)$에서 f는 유일한 극솟값을 갖고 이때, d는 최솟값을 갖는다. 주어진 곡면에 $x=1$, $z=3$을 대입하면 $y=-1$ 또는 $y=5$이므로 구하는 점은 $(1, 5, 3)$과 $(1, -1, 3)$이다.

39 적분법 ③

$$\int_0^\infty\left(\frac{1}{\sqrt{x^2+9}}-\frac{C}{x+3}\right)dx$$
$$=\left[\sinh^{-1}\frac{x}{3}-C\ln|x+3|\right]_0^\infty$$
$$=\lim_{x\to\infty}\ln\left|\frac{x+\sqrt{x^2+9}}{(x+3)^C}\right|-\ln\frac{3}{3^C}$$

이고 이 극한이 수렴하기 위해서는 $C=1$이어야 한다. 따라서

$$\int_0^\infty\left(\frac{1}{\sqrt{x^2+9}}-\frac{C}{x+3}\right)dx=\ln 2-\ln 1=\ln 2 \text{이다.}$$

40 미분법 ②

극한에 있는 함수를 통분하여 정리하면

$$\frac{\tan(x+2)}{(x+2)^3}+a+\frac{b}{(x+2)^2}$$
$$=\frac{\tan(x+2)+a(x+2)^3+b(x+2)}{(x+2)^3} \text{이고,}$$

$\lim_{x\to-2}(x+2)^2=0$이므로 극한이 존재하려면 $\lim_{x\to-2}\left\{\frac{\tan(x+2)}{x+2}+b\right\}=0$이어야 한다. 그러므로 $b=-1$이다. 이제 $b=-1$이라 두고 로피탈의 정리를 적용하면

$$1=\lim_{x\to-2}\frac{\tan(x+2)+a(x+2)^3-(x+2)}{(x+2)^3}$$
$$=\lim_{x\to-2}\frac{\sec^2(x+2)+3a(x+2)^2-1}{3(x+2)^2}$$
$$=\lim_{x\to-2}\frac{2\sec^2(x+2)\tan(x+2)+6a(x+2)}{6(x+2)}$$
$$=\frac{1}{3}+a$$

이다. 따라서, $a=\frac{2}{3}$, $b=-1$이다.

41 선형대수 ①

ㄱ. $A^k=-I_n$이면

$A^k-I_n=(A-I_n)(A^{k-1}+A^{k-2}+\cdots+I_n)=-2I_n$이므로

$A-I_n$은 가역행렬이다. (참)

ㄴ. $A^k=O_n$이면

$A^k-I_n=(A-I_n)(A^{k-1}+A^{k-2}+\cdots+I_n)=-I_n$이므로

$A-I_n$은 가역행렬이다. (참)

ㄷ. $A=I_n$이라 하면 $A^k=I_n$이고 $A-I_n=O_n$이므로

가역행렬이 아니다. (거짓)

그러므로 항상 참인 것은 ㄱ, ㄴ 이다.

42 선형대수 ①

$$\begin{vmatrix}-2&3&-1\\-1&1&0\\1&2&-1\end{vmatrix}=2 \text{이고 크라메르 공식에 의하여}$$

$$\begin{pmatrix}-2&3&-1\\-1&1&0\\1&2&-1\end{pmatrix}\begin{pmatrix}2\\3\\4\end{pmatrix}=\begin{pmatrix}1\\1\\4\end{pmatrix}=\begin{pmatrix}a\\b\\c\end{pmatrix} \text{이다.}$$

그러므로 $a+b+c=6$이다.

43 선형대수 ②

$m=n$이고 $A=I_n$, $B=O_n$이라 하면

$nullity(AB)=n$이고 $nullity(A)=0$이다. 그러므로 ②는 거짓이다.

44 선형대수 ④

① 선형변환 $L:\mathbb{R}^3\to\mathbb{R}^2$, $L(x, y, z)=(x, y)$로 정의하자. $\vec{v_1}=(1, 0, 0)$, $\vec{v_2}=(0, 1, 0)$,

$\overrightarrow{v_3} = (0, 0, 1)$ 이라 하면 $\{\overrightarrow{v_1}, \overrightarrow{v_2}, \overrightarrow{v_3}\}$는 일차독립이다.

② 선형변환 $L : \mathbb{R}^3 \to \mathbb{R}^3$, $L(x, y, z) = (x, y, z)$로 정의하자. $rank(L) = 3$이므로 $\ker(L) = \{0\}$이다.

③ 차원정리에 의해 $\dim(\mathrm{Im}(L)) + \dim(\ker(L)) = \dim(V)$이다.

④ $\{L(a\overrightarrow{v_i} + b\overrightarrow{v_j}) \mid a, b \in \mathbb{R}$ 이고 $i, j = 1, 2, 3\}$ $= span\{L(\overrightarrow{v_1}), L(\overrightarrow{v_2}), L(\overrightarrow{v_3})\}$ 이므로 W의 부분공간이 된다.

따라서 항상 참인 것은 ④이다.

45 선형대수 ②

②가 나머지 셋과 동치가 되려면 A의 열벡터들은 $\mathbb{R}^n$의 정규직교기저를 이루어야 한다.

KYUNG HEE UNIVERSITY 경희대학교

▶ 문항 수: 30문항 | 제한시간: 90분

TEST p. 54~64

01	⑤	02	④	03	②	04	①	05	④
06	②	07	③	08	④	09	③	10	①
11	①	12	③	13	③	14	⑤	15	⑤
16	③	17	①	18	④	19	②	20	③
21	⑤	22	②	23	①	24	⑤	25	④
26	③	27	④	28	②	29	③	30	①

01 미분법 ⑤

$f(x)=3\cos x-x-1$에서 $f'(x)=-3\sin x-1$이므로

$$x_2=x_1-\frac{f(x_1)}{f'(x_1)}$$

$$=\frac{\pi}{2}-\frac{-\frac{\pi}{2}-1}{-4}$$

$$=\frac{\pi}{2}-\frac{\pi}{8}-\frac{1}{4}=\frac{3\pi}{8}-\frac{1}{4}$$

02 미분법 ④

$$f'(x)=\frac{-2\sin 2x}{\sqrt{\cos^2 2x+1}}$$

$$\cdot\ f'\left(\frac{\pi}{6}\right)=\frac{-2\sin\frac{\pi}{3}}{\sqrt{\cos^2\frac{\pi}{3}+1}}$$

$$=\frac{-2\cdot\frac{\sqrt{3}}{2}}{\sqrt{\frac{1}{4}+1}}$$

$$=-\frac{2\sqrt{3}}{\sqrt{5}}=-2\sqrt{\frac{3}{5}}$$

03 적분법 ②

$$\int_{\frac{\pi}{3}}^{\frac{\pi}{2}}\frac{dx}{1-\cos x}=\int_{\frac{\pi}{3}}^{\frac{\pi}{2}}\frac{1+\cos x}{\sin^2 x}dx$$

$$=\int_{\frac{\pi}{3}}^{\frac{\pi}{2}}\csc^2 x\,dx+\int_{\frac{\pi}{3}}^{\frac{\pi}{2}}\frac{\cos x}{\sin^2 x}dx$$

$$=-[\cot x]_{\frac{\pi}{3}}^{\frac{\pi}{2}}-\left[\frac{1}{\sin x}\right]_{\frac{\pi}{3}}^{\frac{\pi}{2}}$$

$$=\frac{1}{\sqrt{3}}-1+\frac{2}{\sqrt{3}}=\sqrt{3}-1$$

04 미분법 ①

$$f'(x)=\frac{1}{1+x^2}=(1+x^2)^{-1}$$

$$\Rightarrow f''(x)=-2x(1+x^2)^{-2}$$

$$\Rightarrow f^{(3)}(x)=\{-2(1+x^2)^2+8x(1+x^2)\}(1+x^2)^{-4}$$

$$=\{-2(1+x^2)+8x^2\}(1+x^2)^{-3}$$

이므로 $f^{(3)}(1)=(-2(1+1)+8)(1+1)^{-3}=\frac{1}{2}$

따라서 $T_3(x)$의 최고차항의 계수는

$$\frac{f^{(3)}(1)}{3!}=\frac{\frac{1}{2}}{6}=\frac{1}{12}$$

05 선형대수 ④

평면의 법선벡터

$\vec{n}=(1,\ -1,\ 1)\times(-1,\ 1,\ 0)=(-1,\ -1,\ 0)$이고 평면 위의 한 점을 $(2,\ 1,\ 3)$이라 하면 평면의 방정식은

$$-x-y+3=0\ \Leftrightarrow\ -\frac{1}{3}x-\frac{1}{3}y+1=0$$

따라서 $a+b+c=-\frac{1}{3}-\frac{1}{3}+0=-\frac{2}{3}$

06 다변수 미적분 ②

$f(2,1,-1)=-2$이고

$$\nabla f(2,1,-1)=(y^2z^3,\ 2xyz^3,\ 3xy^2z^2)|_{(2,\ 1,\ -1)}$$

$$=(f_x(2,1,-1),\ f_y(2,1,-1),\ f_z(2,1,-1))$$

$$=(-1,\ -4,\ 6)$$

선형근사식은

$L(x,y,z)=-2-(x-2)-4(y-1)+6(z+1)$이므로

$L(1.9,1.1,-0.8)$

$=-2-(1.9-2)-4(1.1-1)+6(-0.8+1)$

$=-2+0.1-0.4+1.2$

$=-1.1$

07 다변수 미적분 ③

$(s, t, u)=(1, -1, 1)$이므로 $(x, y)=(-2, -1)$이다.

$\frac{\partial z}{\partial s}=\frac{\partial z}{\partial x}\frac{\partial x}{\partial s}+\frac{\partial z}{\partial y}\frac{\partial y}{\partial s}=3x^2\cdot 1+6y\cdot tu^2$에서

$\left.\frac{\partial z}{\partial s}\right|_{(s,t,u)=(1,-1,1)}=12\cdot 1+(-6)\cdot(-1)=18$

$\frac{\partial z}{\partial t}=\frac{\partial z}{\partial x}\frac{\partial x}{\partial t}+\frac{\partial z}{\partial y}\frac{\partial y}{\partial t}=3x^2\cdot 2+6y\cdot su^2$에서

$\left.\frac{\partial z}{\partial t}\right|_{(s,t,u)=(1,-1,1)}=12\cdot 2+(-6)\cdot 1=18$

$\frac{\partial z}{\partial u}=\frac{\partial z}{\partial x}\frac{\partial x}{\partial u}+\frac{\partial z}{\partial y}\frac{\partial y}{\partial u}=3x^2\cdot(-1)+6y\cdot 2stu$에서

$\left.\frac{\partial z}{\partial u}\right|_{(s,t,u)=(1,-1,1)}=12\cdot(-1)+(-6)\cdot(-2)=0$

$\therefore\ \left.\frac{\partial z}{\partial s}+\frac{\partial z}{\partial t}+\frac{\partial z}{\partial u}\right|_{(1,-1,1)}=18+18+0=36$

08 다변수 미적분 ④

$\begin{cases} f_x(x,y)=3x^2+2y=0 \cdots\cdots ㉠ \\ f_y(x,y)=2x+2y=0 \cdots\cdots ㉡ \end{cases}$

식 ㉡에서 $y=-x$를 식 ㉠에 대입하여 풀면 $x=0,\ \frac{2}{3}$

따라서 임계점은 $(0,0)$, $\left(\frac{2}{3}, -\frac{2}{3}\right)$

$f_{xx}=6x$, $f_{xy}=2$, $f_{yy}=2$이므로

$H(x,y)=6x\cdot 2-4=12x-4$

(i) $H(0,0)=-4<0$이므로 $(0,0)$은 안장점

(ii) $H\left(\frac{2}{3}, -\frac{2}{3}\right)=4>0$이고

$f_{xx}\left(\frac{2}{3}, -\frac{2}{3}\right)=4>0$이므로 $\left(\frac{2}{3}, -\frac{2}{3}\right)$는 극소점이다.

09 적분법 ③

$S=\int_{\frac{\pi}{3}}^{\pi}(1+\cos\theta)^2d\theta-\int_{\frac{\pi}{3}}^{\frac{\pi}{2}}(3\cos\theta)^2d\theta$

$=\int_{\frac{\pi}{3}}^{\pi}(1+2\cos\theta+\cos^2\theta)\,d\theta-9\int_{\frac{\pi}{3}}^{\frac{\pi}{2}}\cos^2\theta d\theta$

$=\int_{\frac{\pi}{3}}^{\pi}\left(1+2\cos\theta+\frac{1}{2}(1+\cos2\theta)\right)d\theta$

$-\frac{9}{2}\int_{\frac{\pi}{3}}^{\frac{\pi}{2}}(1+\cos2\theta)d\theta$

$=\left[\frac{3}{2}\theta+2\sin\theta+\frac{1}{4}\sin2\theta\right]_{\frac{\pi}{3}}^{\pi}-\frac{9}{2}\left[\theta+\frac{1}{2}\sin2\theta\right]_{\frac{\pi}{3}}^{\frac{\pi}{2}}$

$=\frac{3}{2}\pi-\frac{\pi}{2}-\sqrt{3}-\frac{\sqrt{3}}{8}-\frac{3}{4}\pi+\frac{9\sqrt{3}}{8}=\frac{\pi}{4}$

10 다변수 미적분 ①

$\iint_R\frac{dA}{y^4+1}=\int_0^1\int_0^{y^3}\frac{1}{y^4+1}dxdy=\int_0^1\left[\frac{x}{y^4+1}\right]_0^{y^3}dy$

$=\int_0^1\frac{y^3}{y^4+1}dy=\frac{1}{4}[\ln(y^4+1)]_0^1=\frac{1}{4}\ln2$

11 다변수 미적분 ①

$\int_0^1\int_0^{x^2}\int_z^{x^2}e^{\frac{z}{2y}}dydzdx$

$=\int_0^1\int_{\sqrt{y}}^1\int_0^y e^{\frac{z}{2y}}dzdxdy$

$=\int_0^1\int_{\sqrt{y}}^1\left[2ye^{\frac{z}{2y}}\right]_0^y dxdy$

$=\int_0^1\int_{\sqrt{y}}^1\left(2ye^{\frac{1}{2}}-2y\right)dxdy$

$=\int_0^1\left[2xye^{\frac{1}{2}}-2xy\right]_{\sqrt{y}}^1dy$

$=\int_0^1\left(2ye^{\frac{1}{2}}-2y\sqrt{y}\,e^{\frac{1}{2}}-2y+2y\sqrt{y}\right)dy$

$=\left[y^2e^{\frac{1}{2}}-\frac{4}{5}y^{\frac{5}{2}}e^{\frac{1}{2}}-y^2+\frac{4}{5}y^{\frac{5}{2}}\right]_0^1$

$=e^{\frac{1}{2}}-\frac{4}{5}e^{\frac{1}{2}}-1+\frac{4}{5}=\frac{\sqrt{e}-1}{5}$

| 다른 풀이 |

$\int_0^1\int_0^{x^2}\int_z^{x^2}e^{\frac{z}{2y}}dydzdx$

$=\int_0^1\int_0^y\int_{\sqrt{y}}^1 e^{\frac{z}{2y}}dxdzdy=\int_0^1\int_0^y\left[xe^{\frac{z}{2y}}\right]_{\sqrt{y}}^1dzdy$

$=\int_0^1\int_0^y\left(e^{\frac{z}{2y}}-\sqrt{y}\,e^{\frac{z}{2y}}\right)dzdy$

$=\int_0^1\left[2ye^{\frac{z}{2y}}-2y\sqrt{y}\,e^{\frac{z}{2y}}\right]_0^y dy$

$=\int_0^1\left(2ye^{\frac{1}{2}}-2y\sqrt{y}\,e^{\frac{1}{2}}-2y+2y\sqrt{y}\right)dy$

$=\left[y^2e^{\frac{1}{2}}-\frac{4}{5}y^{\frac{5}{2}}e^{\frac{1}{2}}-y^2+\frac{4}{5}y^{\frac{5}{2}}\right]_0^1$

$=e^{\frac{1}{2}}-\frac{4}{5}e^{\frac{1}{2}}-1+\frac{4}{5}=\frac{\sqrt{e}-1}{5}$

12 다변수 미적분 ③

$u=x-2y$, $v=3x+4y$로 변수변환하면

$$|J|=\frac{1}{\left|\begin{vmatrix}1 & -2\\ 3 & 4\end{vmatrix}\right|}=\frac{1}{10}$$

영역 $D=\{(u,v)\,|\,-v\le u\le v, 5\le v\le 10\}$

$$\iint_R e^{\frac{x-2y}{3x+4y}}dA=\frac{1}{10}\iint_D e^{\frac{u}{v}}dudv$$

$$=\frac{1}{10}\int_5^{10}\int_{-v}^{v}e^{\frac{u}{v}}dudv$$

$$=\frac{1}{10}\int_5^{10}v\left[e^{\frac{u}{v}}\right]_{-v}^{v}dv$$

$$=\frac{1}{10}\int_5^{10}v\,(e-e^{-1})\,dv$$

$$=\frac{1}{20}(e-e^{-1})\,[v^2]_5^{10}$$

$$=\frac{75}{20}(e-e^{-1})=\frac{15}{4}(e-e^{-1})$$

13 공학수학 ③

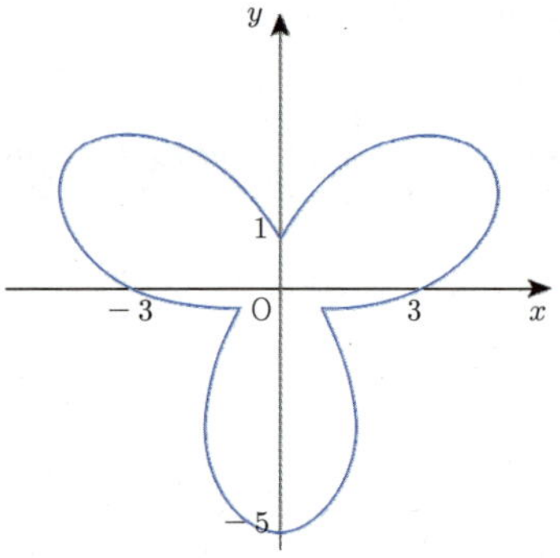

a가 충분히 작은 상수일 때,
$C_1 : r(t)=(a\cos t, a\sin t)$, $0\le t\le 2\pi$라 하자.

$$\int_C F\cdot dr=\int_{C_1}F\cdot dr$$

$$=\int_0^{2\pi}a^2(2\sin t\cos t, \sin^2 t-\cos^2 t)\cdot a(-\sin t,\cos t)dt$$

$$=a^3\int_0^{2\pi}(-2\sin^2 t\cos t+\cos t\sin^2 t-\cos^3 t)\,dt$$

$$=a^3\int_0^{2\pi}\{-\sin^2 t\cos t-\cos t(1-\sin^2 t)\}dt$$

$$=-a^3\int_0^{2\pi}\cos t\,dt$$

$$=-a^3[\sin t]_0^{2\pi}=0$$

14 공학수학 ⑤

⑤ [반례] $f(x,y,z)=x$, $F(x,y,z)=(1,1,1)$이라 하면

$\nabla\cdot(fF)=\nabla\cdot(x,x,x)=1+1+1=3$,

$\nabla f\cdot(\nabla\times F)=(1,0,0)\cdot(0,0,0)=0$ (거짓)

| 참고 |

$\nabla\cdot(fF)=\nabla f\cdot F+f(\nabla\cdot F)=\nabla f\cdot F+f(\mathrm{div}F)$

15 공학수학 ⑤

$curl\,F=0$이므로 F는 보존적 벡터장이며 포텐셜 함수 $f(x,y,z)=xe^{yz}+C$이다.
선적분의 기본정리에 의해

$$\int_C F\cdot dr=f(1,2,3)-f(0,0,0)=e^6-0=e^6$$

16 공학수학 ③

$\frac{y}{x}=u$로 치환하면 $y=ux$, $y'=u'x+u$

$y'=\frac{y}{x}+3x^3\cos^2\left(\frac{y}{x}\right)$

$\Rightarrow u'x+u=u+3x^3\cos^2 u$

$\Rightarrow u'=3x^2\cos^2 u$

$\Rightarrow \frac{1}{\cos^2 u}du=2x^2dx$

$\Rightarrow \int\frac{1}{\cos^2 u}du=\int 2x^2dx$

$\Rightarrow \tan u=x^3+C \Rightarrow u=\tan^{-1}(x^3+C)$

$\Rightarrow \frac{y}{x}=\tan^{-1}(x^3+C)$

$\therefore\ y=x\tan^{-1}(x^3+C)$

$y(1)=0$이므로 $1+C=0$에서 $C=-1$

따라서 $y=x\tan^{-1}(x^3-1)$

$\therefore\ \alpha+\beta+\gamma=1+3-1=3$

17 공학수학 ①

$\frac{dy}{dx}=-(3y-1)\sec^2 x$

$\Rightarrow \frac{1}{3y-1}dy=-\sec^2 x\,dx$

$\Rightarrow \int\frac{1}{3y-1}dy=-\int\sec^2 x\,dx$

$\Rightarrow \frac{1}{3}\ln(3y-1)=-\tan x+C_1$

$\Rightarrow \ln(3y-1)=-3\tan x+C_2$

$\Rightarrow 3y-1=C_3e^{-3\tan x}$

$\Rightarrow 3y=1+C_3e^{-3\tan x}$

$\therefore\ y=\frac{1}{3}+Ce^{-3\tan x}$

$y\left(\frac{\pi}{4}\right)=\frac{4}{3}$이므로 $\frac{3}{4}=\frac{1}{3}+Ce^{-3\tan\frac{\pi}{4}}$에서 $C=e^3$

따라서 $y=\frac{1}{3}+e^{3-3\tan x}$

$\therefore\ abc=\frac{1}{3}\cdot 3\cdot(-3)=-3$

18 공학수학 ④

(i) 보조방정식 $m^2-6m+13=0$에서 $m=3\pm 2i$

$\therefore$ 보조해 $y_c=e^{3t}(A\cos 2t+B\sin 2t)$

(ii) 특수해 $y_p=D\cos\left(\frac{t}{2}\right)+C\sin\left(\frac{t}{2}\right)$라 하자.

$y_p{}'=-\frac{1}{2}D\sin\frac{t}{2}+\frac{1}{2}C\cos\frac{t}{2}$,

$y_p{}''=-\frac{1}{4}D\cos\frac{t}{2}-\frac{1}{4}C\sin\frac{t}{2}$ …… ㉠

㉠을 $y''-6y'+13y=3\sin\left(\frac{t}{2}\right)-6\cos\left(\frac{t}{2}\right)$에 대입하여 정리하면

$\left(3D-\frac{1}{4}C+13C\right)\sin\frac{t}{2}+\left(-\frac{D}{4}-3C+13D\right)\cos\frac{t}{2}$

$=3\sin\left(\frac{t}{2}\right)-6\cos\left(\frac{t}{2}\right)$

$\Rightarrow\begin{cases}3D+\frac{51}{4}C=3\\ \frac{51}{4}D-3C=-6\end{cases}$

$\Rightarrow D=-\frac{24}{61},\ C=\frac{20}{61}$

$\Rightarrow y_p=-\frac{24}{61}\cos\frac{t}{2}+\frac{20}{61}\sin\frac{t}{2}$

따라서

$y=y_c+y_p$

$=e^{3t}(A\cos 2t+B\sin 2t)-\frac{24}{61}\cos\frac{t}{2}+\frac{20}{61}\sin\frac{t}{2}$ 이고,

$y'=3e^{3t}(A\cos 2t+B\sin 2t)$
$+e^{3t}(-2A\sin 2t+2B\cos 2t)$
$+\frac{12}{61}\sin\frac{t}{2}+\frac{10}{61}\cos\frac{t}{2}$이다.

$y(0)=0$이므로 $A=\frac{24}{61}$, $y'(0)=0$이므로 $B=-\frac{41}{61}$

$\therefore\ \frac{A+B+C+D}{k}=\frac{\frac{24}{61}-\frac{41}{61}+\frac{20}{61}-\frac{24}{61}}{3}$

$=-\frac{7}{61}$

19 공학수학 ②

(i) 보조방정식

$m^3-2m^2-9m+18=(m-2)(m-3)(m+3)=0$에서

$m=2,3,-3$

$\therefore$ 보조해 $y_c=c_1e^{2x}+c_2e^{3x}+c_3e^{-3x}$

(ii) 특수해 $y_p=\frac{1}{(D-2)(D^2-9)}\{e^{2x}\}=-\frac{1}{5}xe^{2x}$

따라서 $y=c_1e^{2x}+c_2e^{3x}+c_3e^{-3x}-\frac{1}{5}xe^{2x}$,

$y'=2c_1e^{2x}+3c_2e^{3x}-3c_3e^{-3x}-\frac{1}{5}(2x+1)e^{2x}$,

$y''=4c_1e^{2x}+9c_2e^{3x}+9c_3e^{-3x}-\frac{4}{5}(x+1)e^{2x}$

초기 조건에 의해 $y(0)=c_1+c_2+c_3=\frac{9}{2}$,

$y'(0)=2c_1+3c_2-3c_3=9$,

$y''(0)=4c_1+9c_2+9c_3=8$이므로 이를 연립하여 풀면

$c_1=\frac{13}{2}$, $c_2=-\frac{5}{3}$, $c_3=-\frac{1}{3}$

그러므로

$y=\frac{13}{2}e^{2x}-\frac{5}{3}e^{3x}-\frac{1}{3}e^{-3x}-\frac{1}{5}xe^{2x}$

$=-\frac{5}{3}e^{3x}-\frac{1}{3}e^{-3x}+\left(\frac{13}{2}-\frac{1}{5}x\right)e^{2x}$

$\therefore\ -\frac{1/s}{p+q}+r=-\frac{-5}{-\frac{5}{3}-\frac{1}{3}}+\frac{13}{2}=-\frac{5}{2}+\frac{13}{2}=4$

20 공학수학 ③

$y'+4y=1$

$\Rightarrow(a_1+2a_2x+3a_3x^2+4a_4x^3+\cdots)$
$+4(a_0+a_1x+a_2x^2+a_3x^3+a_4x^4+\cdots)-1=0$

$\Rightarrow(a_1+4a_0-1)+(2a_2+4a_1)x$
$+(3a_3+4a_2)x^2+(4a_4+4a_3)x^3+\cdots=0$

$y(0)=\frac{5}{4}$이므로 $a_0=\frac{5}{4}$

$a_1+4a_0-1=0$에서 $a_1=-4$

$2a_2+4a_1=0$에서 $a_2=8$

$3a_3+4a_2=0$에서 $a_3=-\frac{32}{3}$

$4a_4+4a_3=0$에서 $a_4=\frac{32}{3}$

따라서 $s(x)=\frac{5}{4}-4x+8x^2-\frac{32}{3}x^3+\frac{32}{3}x^4$이다.

$\therefore\ s(1)=\frac{5}{4}-4+8-\frac{32}{3}+\frac{32}{3}=\frac{21}{4}$

21 공학수학 ⑤

보조방정식 $m^2-4m+4=0$에서 $m=2$(중근) 이므로

일반해는 $y=(c_1+c_2\ln x)x^2$이고

$y'=2(c_1+c_2\ln x)x+c_2x$

초기 조건

$y(1)=(c_1+c_2\ln 1)(1)=c_1=-\pi$,

$y'(1)=2c_1+c_2=2\pi$이므로 $c_2=4\pi$

따라서 $y=(-\pi+4\pi\ln x)x^2$

$\therefore\ pqr=-\pi\times 4\pi\times 2=-8\pi^2$

22 공학수학 ②

(i) 보조방정식 $m^2+9=0$에서 $m=\pm 3i$

$\therefore\ y_c=c_1\cos 3x+c_2\sin 3x$

(ii) 매개변수변화법을 이용하여 특수해 y_p를 구하자.

$$W=\begin{vmatrix}\cos 3x & \sin 3x\\ -3\sin 3x & 3\cos 3x\end{vmatrix}=3,$$

$$W_1=\begin{vmatrix}0 & \sin 3x\\ \frac{1}{4}\csc 3x & 3\cos 3x\end{vmatrix}=-\frac{1}{4},$$

$$W_2=\begin{vmatrix}\cos 3x & 0\\ -3\sin 3x & \frac{1}{4}\csc 3x\end{vmatrix}=\frac{1}{4}\cot 3x$$

$$y_p=\cos 3x\int\frac{-\frac{1}{4}}{3}dx+\sin 3x\int\frac{\frac{\cot 3x}{4}}{3}dx$$

$$=-\frac{1}{12}x\cos 3x+\frac{1}{36}\sin 3x\ln|\sin 3x|$$

$$\therefore\ B(A+C)=3\left(-\frac{1}{12}+\frac{1}{36}\right)=3\left(-\frac{2}{36}\right)=-\frac{1}{6}$$

23 공학수학 ①

$$\mathcal{L}^{-1}\{F(s)\}=\mathcal{L}^{-1}\left\{\frac{5s^2}{s^4+3s^2-4}\right\}$$

$$=\mathcal{L}^{-1}\left\{\frac{4}{s^2+4}+\frac{1}{s^2-1}\right\}$$

$=2\sin 2t+\sinh t$이므로

$g(t)=\sinh t$이고

$g^{-1}(t)=\sinh^{-1}t=\ln(t+\sqrt{t^2+1})$이다.

$\therefore\ g^{-1}(1)=\ln(1+\sqrt{2})$

24 선형대수 ⑤

행렬 A는 일차독립인 3개의 고유벡터를 가지므로 대각화가능하다. 그러므로

$$A=PDP^{-1}=\frac{1}{3}\begin{pmatrix}1&-1&-1\\1&0&1\\1&1&0\end{pmatrix}\begin{pmatrix}4&0&0\\0&1&0\\0&0&1\end{pmatrix}\begin{pmatrix}1&1&1\\-1&-1&2\\-1&2&-1\end{pmatrix}=\begin{pmatrix}2&1&1\\1&2&1\\1&1&2\end{pmatrix}$$

따라서 행렬 A의 모든 성분의 합은 12이다.

25 선형대수 ④

ㄱ. (i) $A=\begin{pmatrix}a&b\\c&d\end{pmatrix}$, $B=\begin{pmatrix}x&y\\z&w\end{pmatrix}$로 놓으면

$AB=\begin{pmatrix}ax+bz & ay+bw\\ cx+dz & cy+dw\end{pmatrix}$,

$BA=\begin{pmatrix}ax+cy & bx+dy\\ az+cw & bz+dw\end{pmatrix}$이다.

$AB=BA$를 만족할 조건은

ⓐ $ax+bz=ax+cy\ \Rightarrow\ bz-cy=0$이 모든 y,z에 대하여 성립해야 하므로 $b,c=0$

ⓑ $ay+bw=bx+dy$

$\Rightarrow\ (a-d)y+b(w-x)=0$이 모든 x,y,w에 대하여 성립해야 하므로 $a=d$이고 $b=0$

ⓒ $cx+dz=az+cw$

$\Rightarrow\ c(x-w)+(d-a)z=0$이 모든 x,w,z에 대하여 성립해야 하므로 $a=d$이고 $c=0$

ⓓ $cy+dw=bz+dw\ \Rightarrow\ bz-cy=0$이 모든 y,z에 대하여 성립해야 하므로 $b,c=0$

ⓐ~ⓓ에 의하여 $a=d$, $b=c=0$이다.

(ii) $A=\begin{pmatrix}k&0\\0&k\end{pmatrix}=kI$라 하면

$AB=k\begin{pmatrix}x&y\\z&w\end{pmatrix}=BA$이므로 성립한다.

(i), (ii)에 의해 주어진 명제는 성립한다. (참)

ㄴ. [반례] $A=\begin{pmatrix}1&0\\0&1\\0&0\end{pmatrix}$이라 하면 $A^TA=\begin{pmatrix}1&0\\0&1\end{pmatrix}$이고

$rank(A)=2\neq 3$ (거짓)

ㄷ. $|A|=bc(c^2-b^2)+ac(c^2-a^2)-ab(b^2-a^2)$

$=bc(c-b)(c+b)+ac(c-a)(c+a)$

$-ab(b-a)(b+a)$

$=abc(c-b)-acb(c+a)+abc(b+a)$

$(\because\ a=b+c)$

$=abc(c-b-c-a+b+a)=0$ (거짓)

ㄹ. $A^T-3\begin{pmatrix}1&2\\-1&3\end{pmatrix}=\begin{pmatrix}2&1\\1&1\end{pmatrix}^{-1}=\begin{pmatrix}1&-1\\-1&2\end{pmatrix}$

$\Rightarrow\ A^T=\begin{pmatrix}3&6\\-3&9\end{pmatrix}+\begin{pmatrix}1&-1\\-1&2\end{pmatrix}=\begin{pmatrix}4&5\\-4&11\end{pmatrix}$

$\Rightarrow\ |A^T|=|A|=64$ (참)

ㅁ. $\forall\, A,B\in U$, $k\in\mathbb{R}$이라 하자.

(i) $(A+B)^T=A^T+B^T=-A-B=-(A+B)$이므로 $A+B\in U$

(ii) $(kA)^T=kA^T=-kA$이므로 $kA\in U$

따라서 U는 $M_{2\times 2}$의 부분공간이다. (참)

26 선형대수 ③

고유방정식은 $|A-\lambda I|=\lambda^3-2\lambda^2-\lambda+2=0$이므로
$\lambda=-1, 1, 2$이고 각각의 고유치에 대응되는 고유벡터는
$(-2, -2, 1)$, $(1, 1, 0)$, $(3, 4, 1)$이다.
행렬 A는 대각화가능하므로 $A=PDP^{-1}$에서

$$A^{10}=PD^{10}P^{-1}$$

$$=\begin{pmatrix}-2&1&3\\-2&1&4\\1&0&1\end{pmatrix}\begin{pmatrix}(-1)^{10}&0&0\\0&1^{10}&0\\0&0&2^{10}\end{pmatrix}\begin{pmatrix}1&-1&1\\6&-5&2\\-1&1&0\end{pmatrix}$$

$$=\begin{pmatrix}-2&1&3\\-2&1&4\\1&0&1\end{pmatrix}\begin{pmatrix}1&0&0\\0&1&0\\0&0&2^{10}\end{pmatrix}\begin{pmatrix}1&-1&1\\6&-5&2\\-1&1&0\end{pmatrix}$$

$$=\begin{pmatrix}-2&1&3\cdot 2^{10}\\-2&1&4\cdot 2^{10}\\1&0&2^{10}\end{pmatrix}\begin{pmatrix}1&-1&1\\6&-5&2\\-1&1&0\end{pmatrix}$$

$$=\begin{pmatrix}4-3\cdot 2^{10}&-3+3\cdot 2^{10}&0\\4-4\cdot 2^{10}&-3+4\cdot 2^{10}&0\\1-2^{10}&-1+2^{10}&1\end{pmatrix}\text{이다.}$$

따라서 행렬 A의 모든 성분의 합은 3이다.

27 선형대수 ④

L_1의 표준행렬을 $A=\begin{pmatrix}2&5\\5&4\end{pmatrix}$,

L_2의 표준행렬을 $B=\begin{pmatrix}2&0\\0&-3\end{pmatrix}$이라 하면

$L_2\circ L^{-1}$의 표준행렬은

$$BA^{-1}=\begin{pmatrix}2&0\\0&-3\end{pmatrix}\begin{pmatrix}2&5\\5&4\end{pmatrix}^{-1}=-\frac{1}{17}\begin{pmatrix}8&-10\\15&-6\end{pmatrix}\text{이다.}$$

$$\Rightarrow (L_2\circ L^{-1})(1,3)=BA^{-1}\begin{pmatrix}1\\3\end{pmatrix}$$

$$=-\frac{1}{17}\begin{pmatrix}8&-10\\15&-6\end{pmatrix}\begin{pmatrix}1\\3\end{pmatrix}=\begin{pmatrix}\frac{22}{17}\\\frac{3}{17}\end{pmatrix}$$

따라서 $(L_2\circ L^{-1})(1,3)$ 성분들의 합은 $\frac{25}{17}$

28 선형대수 ②

A의 열공간의 직교여공간은 A^T의 해공간이다.

$$A^T=\begin{pmatrix}1&1&0&1\\0&0&1&1\\0&1&1&-1\end{pmatrix}\sim\begin{pmatrix}1&0&0&3\\0&1&0&-2\\0&0&1&1\end{pmatrix}\text{이므로 } A^T\vec{v}=0\text{의 해}$$

$$\vec{v}=\begin{pmatrix}-3t\\2t\\-t\\t\end{pmatrix}=t\begin{pmatrix}-3\\2\\-1\\1\end{pmatrix}\text{이므로}$$

$$A^T\text{의 해공간}=\text{span}\left\{\begin{pmatrix}-3\\2\\-1\\1\end{pmatrix}\right\}\text{이다.}$$

$$\therefore\ a+|b|=-3+1=-2$$

29 선형대수 ③

최소제곱직선을 $y=ax+b$라 하고 주어진 좌표를 대입하여 행렬로 표현하면

$$\begin{pmatrix}-1&1\\0&1\\1&1\\2&1\end{pmatrix}\begin{pmatrix}a\\b\end{pmatrix}=\begin{pmatrix}1\\-1\\0\\2\end{pmatrix}$$

$$\Rightarrow \begin{pmatrix}-1&0&1&2\\1&1&1&1\end{pmatrix}\begin{pmatrix}-1&1\\0&1\\1&1\\2&1\end{pmatrix}\begin{pmatrix}a\\b\end{pmatrix}=\begin{pmatrix}-1&0&1&2\\1&1&1&1\end{pmatrix}\begin{pmatrix}1\\-1\\0\\2\end{pmatrix}$$

$$\Rightarrow \begin{pmatrix}6&2\\2&4\end{pmatrix}\begin{pmatrix}a\\b\end{pmatrix}=\begin{pmatrix}3\\2\end{pmatrix}\ \Rightarrow\ a=\frac{2}{5},\ b=\frac{3}{10}$$

$$A\hat{x}=\begin{pmatrix}-1&1\\0&1\\1&1\\2&1\end{pmatrix}\begin{pmatrix}\frac{2}{5}\\\frac{3}{10}\end{pmatrix}=\frac{1}{10}\begin{pmatrix}-1\\3\\7\\11\end{pmatrix},\ \vec{w}=\begin{pmatrix}1\\-1\\0\\2\end{pmatrix}\text{이라 하자.}$$

그러면 최소제곱오차는

$$\|\vec{w}-A\hat{x}\|=\frac{1}{10}|(11,-13,-7,9)|=\frac{2\sqrt{105}}{10}=\frac{\sqrt{105}}{5}$$

30 선형대수 ①

A의 수반행렬은 A의 여인수 행렬의 전치행렬이므로

$$adj\,A=\begin{pmatrix}4&0&-1\\-2&5&-2\\1&0&1\end{pmatrix}$$

$$\therefore\ a+b+c+d+e=0-1-2+1+0=-2$$

TEST p. 66~74

01	②	02	⑤	03	⑤	04	②	05	④
06	②	07	①	08	⑤	09	①	10	③
11	②	12	④	13	⑤	14	①	15	⑤
16	③	17	③	18	③	19	④	20	③
21	④	22	①	23	①	24	④	25	②

01 일반수학 ②

ㄱ. X에서 Y로의 함수의 개수는 2^n이고 X의 부분집합의 개수도 2^n이다. (참)

ㄴ. f가 단사 함수일 때 성립한다. (거짓)

ㄷ. f가 전사 함수일 때 성립한다. (거짓)

ㄹ. $f(x)=x$, $g(x)=-x$이라 하면 $f(x)+g(x)=0$는 일대일 함수가 아니다. (거짓)

02 미분법 ⑤

$$\lim_{h\to0}\frac{f(h)-f(0)}{h}=\lim_{h\to0}\frac{h^n\sin\left|\frac{1}{h}\right|}{h}$$

$$=\lim_{h\to0}h^{n-1}\sin\left|\frac{1}{h}\right|=0$$

이 성립하기 위해서 $n-1>0$이어야 한다.

따라서 $n>1$이므로 정수 n의 최댓값은 존재하지 않는다.

03 적분법 ⑤

$I_n=\int_0^\pi \frac{\sin nx}{\sin x}dx$라 하자.

$$\int_0^\pi \frac{\sin nx}{\sin x}-\frac{\sin(n-2)x}{\sin x}dx$$

$$=\int_0^\pi \frac{\sin nx-\sin(n-2)x}{\sin x}dx$$

$$=\int_0^\pi \frac{2\cos(n-1)x\sin x}{\sin x}dx$$

$$=2\int_0^\pi \cos(n-1)x\,dx$$

$$=\frac{2}{n-1}[\sin(n-1)x]_0^\pi=0$$

$$\Rightarrow I_n=\int_0^\pi\frac{\sin nx}{\sin x}dx=\int_0^\pi\frac{\sin(n-2)x}{\sin x}dx=I_{n-2}$$

즉, $I_n=I_{n-2}$

$$\therefore \int_0^\pi\frac{\sin 2025x}{\sin x}dx=\int_0^\pi\frac{\sin 2023x}{\sin x}dx$$

$$=\cdots=\int_0^\pi\frac{\sin 3x}{\sin x}dx$$

$$=\int_0^\pi\frac{\sin x}{\sin x}dx=\pi$$

04 선형대수 ②

행렬 A 의 여인수 행렬의 (i,j) 성분을 A_{ij} 라 하면 $adj(A)=(A_{ij})_{n\times n}$

따라서 $A(adj(A))$ 의 (i,j) 성분은

$$\sum_{k=1}^n a_{ik}(adj(A))_{kj}=\sum_{k=1}^n a_{ik}A_{jk}$$

05 적분법 ④

ㄹ. $\int\frac{dx}{a^2+x^2}dx=\frac{1}{a}\tan^{-1}\frac{x}{a}+C\ (a>0)$

이므로 옳지 않은 것은 ④ 뿐이다.

06 미분법 ②

$$\lim_{x\to\infty}\left(\frac{\pi}{2}-\sec^{-1}x\right)^{\frac{1}{x}}=\lim_{x\to\infty}\left(\sin^{-1}\frac{1}{x}\right)^{\frac{1}{x}}$$

$$=\lim_{t\to0}(\sin^{-1}t)^t \quad \left(\frac{1}{x}=t \text{ 치환}\right)$$

$$=\lim_{t\to0}e^{t\ln(\sin^{-1}t)}$$

$$=e^{\lim_{t\to0}t\ln(\sin^{-1}t)}$$

이고,

$$\lim_{t\to0}t\ln(\sin^{-1}t)=\lim_{t\to0}\frac{\ln(\sin^{-1}t)}{\frac{1}{t}}$$

$$=\lim_{t\to0}\frac{\frac{\frac{1}{\sqrt{1-t^2}}}{\sin^{-1}t}}{-\frac{1}{t^2}}=\lim_{t\to0}\left(-\frac{\frac{t^2}{\sqrt{1-t^2}}}{\sin^{-1}t}\right)$$

$$=\lim_{t\to0}\left(-\frac{\frac{t}{\sqrt{1-t^2}}}{\frac{\sin^{-1}t}{t}}\right)=0$$

이므로

$$\lim_{x\to\infty}\left(\frac{\pi}{2}-\sec^{-1}x\right)^{\frac{1}{x}}=e^{\lim_{t\to0}t\ln(\sin^{-1}t)}=e^0=1$$

07 미분법 ①

$g(x)=\dfrac{1}{2-x^2}$ 의 원시함수를 $G(x)$ 라 하면

$G'(x)=f(x)$ 이고,

$f(x)=\displaystyle\int_0^{\cos x}\frac{1}{2-t^2}dt=G(\cos x)-G(0)$ 이므로

$$f'(x)=G'(\cos x)\cdot(-\sin x)$$
$$=\frac{\sin x}{\cos^2x-2}$$

08 미분법 ⑤

ⓐ $\displaystyle\lim_{n\to\infty}\frac{\frac{\sqrt{n}}{n^2+n}}{\frac{1}{n\sqrt{n}}}=\lim_{n\to\infty}\frac{n^2}{n^2+n}=1$ 이고 $\displaystyle\sum_{n=1}^{\infty}\frac{1}{n\sqrt{n}}$ 은

수렴하므로 극한비교판정법에 의해 $\displaystyle\sum_{n=1}^{\infty}\frac{\sqrt{n}}{n^2+n}$ 은

수렴한다.

ⓑ $a_n=\dfrac{1}{\ln n}$ 은 양의 감소수열이고 $\displaystyle\lim_{n\to\infty}\frac{1}{\ln n}=0$ 이므로

교대급수판정법에 의해 $\displaystyle\sum_{n=2}^{\infty}\frac{(-1)^n}{\ln n}$ 은 수렴한다.

ⓒ $\displaystyle\int_1^{\infty}x^2e^{-x}dx<\int_0^{\infty}x^2e^{-x}dx=\Gamma(3)=2!$ 이므로

비교판정법에 의해 $\displaystyle\sum_{n=1}^{\infty}n^2e^{-n}$ 은 수렴한다.

ⓓ $\displaystyle\lim_{n\to\infty}\frac{1-\cos\frac{2025}{n}}{\frac{1}{n^2}}=\lim_{n\to\infty}n^2\left(1-\cos\frac{2025}{n}\right)$

$$=\lim_{t\to0}\frac{1-\cos2025t}{t^2}=\lim_{t\to0}\frac{2025\sin2025t}{2t}$$
$$=\lim_{t\to0}\frac{(2025)^2\cos2025t}{2}=\frac{(2025)^2}{2}$$

이고 $\displaystyle\sum_{n=1}^{\infty}\frac{1}{n^2}$ 은 수렴하므로 극한비교판정법에 의해

$\displaystyle\sum_{n=1}^{\infty}\left(1-\cos\frac{2025}{n}\right)$ 는 수렴한다.

09 다변수 미적분 ①

$$\iint_{\Omega}e^{|x-y|}dA=\int_0^1\int_0^x e^{x-y}dydx+\int_0^1\int_x^1 e^{y-x}dydx$$
$$=\int_0^1\left[-e^{x-y}\right]_0^x dx+\int_0^1\left[e^{y-x}\right]_x^1dx$$
$$=\int_0^1(-1+e^x)dx+\int_0^1(e^{1-x}-1)dx$$
$$=\left[-x+e^x\right]_0^1+\left[-e^{1-x}-x\right]_0^1$$
$$=2(e-2)$$

10 선형대수 ③

$(AB)^T$ 의 (i,j) 성분은 AB 의 (j,i) 성분이며

행렬 A 의 j 번째 행벡터 $(a_{j1},a_{j2},\cdots,a_{jk},\cdots,a_{jn})$ 와

i 번째 열벡터 $\begin{pmatrix}b_{1i}\\b_{2i}\\\vdots\\b_{ki}\\\vdots\\b_{ni}\end{pmatrix}$ 의 내적이다.

$$\therefore\ (AB)^T=\sum_{k=1}^{n}a_{jk}b_{ki}$$

11 다변수 미적분 ②

$r=z\ \Rightarrow\ z=\sqrt{x^2+y^2}$ ······ ㉠

$\rho=2\cos\phi\ \Rightarrow\ x^2+y^2+(z-1)^2=1$ ······ ㉡

㉠을 ㉡에 대입하여 정리하면 두 곡면의 교선은 $z=1$ 과

평면상의 원 $x^2+y^2=1$ 을 나타낸다.

따라서 교선의 길이는 2π 이다.

12 미분법 ④

$$f(x)=\frac{2\sin x}{g(x)+1}$$
$$\Rightarrow f'(x)=\frac{2\cos x\{g(x)+1\}-2\sin x\cdot g'(x)}{\{g(x)+1\}^2}$$
$$\Rightarrow f'(0)=1\ (\because\ f(0)=0,\ g(0)=1)$$
$$h(0^+)=\lim_{a\to0^+}\frac{h(a)-h(0)}{a}=\lim_{a\to0^+}\frac{a|a+1|}{a}$$
$$=\lim_{a\to0^+}|a+1|=1,$$
$$h(0^-)=\lim_{a\to0^-}\frac{h(a)-h(0)}{a}=\lim_{a\to0^-}\frac{a|a+1|}{a}$$
$$=\lim_{a\to0^-}|a+1|=1$$

이므로 $h'(0)=1$

$$\therefore\ \frac{d}{dx}(h\circ f)(0)=h'(f(0))f'(0)=1$$

13 미분법 ⑤

ㄱ. 내적의 정의로부터

$(\vec{u}\times\vec{v})\cdot\vec{w}=\|\vec{u}\times\vec{v}\|\,\|\vec{w}\|\cos\theta$ 이다. (참)

ㄴ. $\vec{u}\times\vec{v}$ 는 $\vec{u}$ 와 $\vec{v}$ 에 모두 수직이므로

$\vec{u}\cdot(\vec{u}\times\vec{v})=\vec{v}\cdot(\vec{u}\times\vec{v})=0$ (참)

ㄷ. 스칼라 삼중곱에 대한 계산은 행렬식 계산과 같다. (참)

ㄹ. $\|\vec{u}-\vec{v}\|^2=(\vec{u}-\vec{v})\cdot(\vec{u}-\vec{v})$

$=\|\vec{u}\|^2-2\vec{u}\cdot\vec{v}+\|\vec{v}\|^2$,

$\|\vec{u}+\vec{v}\|^2=(\vec{u}+\vec{v})\cdot(\vec{u}+\vec{v})$

$=\|\vec{u}\|^2+2\vec{u}\cdot\vec{v}+\|\vec{v}\|^2$

이므로

$\|\vec{u}-\vec{v}\|^2+\|\vec{u}+\vec{v}\|^2=2\|\vec{u}\|^2+2\|\vec{v}\|^2$ (참)

14 미분법 ①

$S_n=n^2a_n=\sum_{k=1}^{n}a_k,\ S_{n-1}(n-1)^2a_{n-1}=\sum_{k=1}^{n-1}a_k$ 이라

하자.

$S_n-S_{n-1}=n^2a_n-(n-1)^2a_{n-1}=a_n$

$\Rightarrow (n^2-1)a_n=(n-1)^2a_{n-1}$

$\Rightarrow (n+1)a_n=(n-1)a_{n-1}$

$\Rightarrow a_n=\frac{n-1}{n+1}a_{n-1}$

$=\frac{n-1}{n+1}\cdot\frac{n-2}{n}a_{n-2}$

$\vdots$

$=\frac{n-1}{n+1}\cdot\frac{n-2}{n}\cdot\frac{n-3}{n-1}\cdot\frac{2}{4}\cdot\frac{1}{3}a_1$

$=\frac{(n-1)(n-2)\cdot\cdots\cdot2\cdot1}{(n+1)n(n-1)\cdot\cdots\cdot4\cdot3}$ $(\because a_1=1)$

$=\frac{2(n-1)!}{n(n+1)(n-1)!}=\frac{2}{n(n+1)}=\frac{2}{n}-\frac{2}{n+1}$

부분합 $S_n=2\left(1-\frac{1}{n+1}\right)$ 이므로 $\lim_{n\to\infty}S_n=2$

$\therefore \sum_{n=1}^{\infty}a_n=\sum_{n=1}^{\infty}\frac{2}{n(n+1)}=2$

15 다변수 미적분 ⑤

$f: x+2y+3z,\ g: x^2+y^2-3,\ h: x+z-2$라 하면

$\begin{cases}\nabla f=\lambda\nabla g+\mu\nabla h\\ g(x,y,z)=0,\ h(x,y,z)=0\end{cases}$

$(1,2,3)=\lambda(2x,2y,0)+\mu(1,0,1)$에서

$\mu=3,\ \frac{y}{x}=-1$이므로

$g(x,y,z)=0$에서

$x=\pm\frac{\sqrt{6}}{2},\ y=\mp\frac{\sqrt{6}}{2},\ z=2\mp\frac{\sqrt{6}}{2}$ 이다.

$f\left(\frac{\sqrt{6}}{2},-\frac{\sqrt{6}}{2},2-\frac{\sqrt{6}}{2}\right)=6-2\sqrt{6}$,

$f\left(-\frac{\sqrt{6}}{2},\frac{\sqrt{6}}{2},2+\frac{\sqrt{6}}{2}\right)=6+2\sqrt{6}$ 이므로

최댓값은 $6+2\sqrt{6}$, 최솟값은 $6-2\sqrt{6}$ 이고

합은 12이다.

| 다른 풀이 |

$x^2+y^2=3$ 을 매개화하면 $x=\sqrt{3}\cos t,\ y=\sqrt{3}\sin t$

$x+z=2$ 에서 $z=2-x=2-\sqrt{3}\cos t$

$f(x,y,z)=x+2y+3z$ 에 대입하여 정리하면

$f(t)=-2\sqrt{3}\cos t+2\sqrt{3}\sin t+6$

$=2\sqrt{6}\sin\left(t-\frac{\pi}{4}\right)+6$ ($\because$ 삼각함수 합성)

그러므로 최댓값 $M=2\sqrt{6}+6$ 이고

최솟값 $m=-2\sqrt{6}+6$ 이다.

$\therefore M+m=12$

16 다변수 미적분 ③

x 축을 포함하는 평면의 방정식을 $by+cz=0$ 라 하자.

구의 중심 $(5,4,3)$ 에서 평면까지의 거리는 구의 반지름의 길이와 같으므로

$\frac{|4b+3c|}{\sqrt{b^2+c^2}}=\sqrt{5}$

$\Leftrightarrow \sqrt{5}\sqrt{b^2+c^2}=|4b+3c|$

$\Rightarrow 5(b^2+c^2)=(4b+3c)^2$

$\Rightarrow 11b^2+24bc+4c^2=0$

$\Rightarrow b=\frac{-24c\pm\sqrt{400c^2}}{22}$

$=\frac{-24c\pm20c}{22}$

$\Rightarrow b=-\frac{2c}{11},\ -2c$

(ⅰ) $b=-\frac{2c}{11}$ 이면 $-\frac{2c}{11}y+cz=0\Rightarrow -2y+11z=0$

(ⅱ) $b=-2c$이면 $-2cy+cz=0\Rightarrow -2y+z=0$

(ⅰ), (ⅱ)에 의하여 두 평면의 법선벡터는 각각

$\vec{n_1}=(0,-2,11),\ \vec{n_2}=(0,-2,1)$

$\therefore \cos\theta=\frac{\vec{n_1}\cdot\vec{n_2}}{\|\vec{n_1}\|\|\vec{n_2}\|}$

$=\frac{0\cdot0+(-2)\cdot(-2)+11\cdot1}{\sqrt{125}\cdot\sqrt{5}}$

$=\frac{15}{25}=\frac{3}{5}$

17 공학수학 ③

$$\frac{dy}{dx}=y(10-y)$$

$$\Rightarrow \frac{1}{y(10-y)}dy=dx$$

$$\int dx=\int \frac{1}{y(10-y)}dy$$

$$\Rightarrow x+c=\frac{1}{10}\{\ln y-\ln(10-y)\}$$

$$\Rightarrow 10x+c=\ln\frac{y}{10-y}$$

$$\Rightarrow ce^{10x}=\frac{y}{10-y}$$

$$\Rightarrow \frac{1}{9}e^{10x}=\frac{y}{10-y} \quad (\because y(0)=1)$$

$$\Rightarrow (10-y)e^{10x}=9y$$

$$\therefore y=\frac{10e^{10x}}{9+e^{10x}}$$

18 공학수학 ③

$x'(t)=\frac{1}{2}(1-\cos t)$, $y'(t)=\frac{1}{2}\sin t$

$$\Rightarrow \{x'(t)\}^2+\{y'(t)\}^2=\frac{1}{2}(1-\cos t)$$

이므로 곡선 길이는 다음과 같다.

$$l=\int_0^{2\pi}\sqrt{\{x'(t)\}^2+\{y'(t)\}^2}\,dt$$

$$=\int_0^{2\pi}\sqrt{\frac{1}{2}(1-\cos t)}\,dt=\int_0^{2\pi}\sin\frac{t}{2}dt$$

$$=-2\left[\cos\frac{t}{2}\right]_0^{2\pi}=-2(-1-1)=4$$

19 다변수 미적분 ④

$z_x=\frac{-x}{\sqrt{4-x^2-y^2}}$, $z_y=\frac{-y}{\sqrt{4-x^2-y^2}}$

이므로 곡면의 넓이는 다음과 같다.

$$S=\iint_D\sqrt{1+(z_x)^2+(z_y)^2}\,dA$$

$$=\iint_{x^2+y^2\le 1}\sqrt{1+\frac{x^2+y^2}{4-x^2-y^2}}\,dA$$

$$=\iint_{x^2+y^2\le 1}\sqrt{\frac{4}{4-x^2-y^2}}\,dA$$

$$=\int_0^{2\pi}\int_0^1\frac{2r}{\sqrt{4-r^2}}drd\theta=\int_0^{2\pi}[-2\sqrt{4-r^2}]_0^1 d\theta$$

$$=2\pi(-2\sqrt{3}+4)$$

$$=4(2-\sqrt{3})\pi$$

20 다변수 미적분 ③

$$\int_1^2\int_{-3x+6}^{4x-x^2}f(x,y)dydx+\int_2^4\int_0^{4x-x^2}f(x,y)dydx$$

$$=\int_3^4\int_{2-\sqrt{4-y}}^{2+\sqrt{4-y}}f(x,y)dxdy+\int_0^3\int_{2-\frac{y}{3}}^{2+\sqrt{4-y}}f(x,y)dxdy$$

이므로 $a=2+\sqrt{4-y}$, $b=2-\sqrt{4-y}$, $c=3$, $d=0$

$\therefore a+b+c+d=7$

21 다변수 미적분 ④

$$a_n=\frac{\left(\frac{3x-2}{4}\right)^n}{\sqrt{n}+1}=\frac{(3x-2)^n}{4^n(\sqrt{n}+1)}$$ 이라 하자.

비율판정법을 이용하면

$$\lim_{n\to\infty}\left|\frac{a_{n+1}}{a_n}\right|=\lim_{n\to\infty}\left|\frac{(3x-2)^{n+1}}{4^{n+1}(\sqrt{n+1}+1)}\cdot\frac{4^n(\sqrt{n}+1)}{(3x-2)^n}\right|$$

$$=\frac{1}{4}|3x-2|<1$$

$\Leftrightarrow -4<3x-2<4 \quad \therefore -\frac{2}{3}<x<2$

(i) $x=-\frac{2}{3}$ 일 때 $\sum_{n=0}^{\infty}\frac{(-1)^n}{\sqrt{n}+1}$ 은 교대급수 판정법에 의해 수렴한다.

(ii) $x=2$ 일 때 $\sum_{n=0}^{\infty}\frac{1}{\sqrt{n}+1}$ 은 p 급수 판정법에 의해 발산한다.

따라서 수렴구간은 $-\frac{2}{3}\le x<2$

22 다변수 미적분 ①

$y'=3-4x$, $y''=-4$ 이므로 곡률은 다음과 같다.

$$k=\frac{|y''|}{\{1+(y')^2\}^{\frac{3}{2}}}=\frac{4}{\{1+(3-4x)^2\}^{\frac{3}{2}}}$$

곡률이 최대가 되려면 $1+(3-4x)^2$ 이 최소이면 된다.

$1+(3-4x)^2\ge 1$이므로

$(3-4x)^2=0$ 즉, $x=\frac{3}{4}$ 일 때 최솟값을 갖는다.

따라서 곡률이 최대가 되는 점의 x 좌표는 $a=\frac{3}{4}$ 이고

y 좌표는 $b=\frac{9}{8}$ 이고

그때의 곡률 $c=\frac{4}{\{1+(3-3)^2\}^{\frac{3}{2}}}=4$, 곡률의 반지름은

곡률의 역수이므로 $d=\frac{1}{4}$

$\therefore\ A=\{a, b, c, d\}=\left\{\frac{3}{4}, \frac{9}{8}, 4, \frac{1}{4}\right\}$

23 미분법 ①

$$\int_0^{\pi}\frac{x\sin^3 x}{\cos^2 x+1}dx=\int_0^{\pi}\frac{(\pi-x)\sin^3(\pi-x)}{\cos^2(\pi-x)+1}dx$$
$$=\int_0^{\pi}\frac{(\pi-x)\sin^3 x}{\cos^2 x+1}dx$$
$$=\int_0^{\pi}\frac{\pi\sin^3 x}{\cos^2 x+1}dx-\int_0^{\pi}\frac{x\sin^3 x}{\cos^2 x+1}dx$$

$$\Rightarrow \int_0^{\pi}\frac{x\sin^3 x}{\cos^2 x+1}dx$$
$$=\frac{\pi}{2}\int_0^{\pi}\frac{\sin^3 x}{\cos^2 x+1}dx=\frac{\pi}{2}\int_0^{\pi}\frac{\sin x(1-\cos^2 x)}{\cos^2 x+1}dx$$
$$=\frac{\pi}{2}\int_{-1}^{1}\frac{1-t^2}{t^2+1}dt \qquad (\because\ \cos x=t \text{ 로 치환})$$
$$=\pi\int_0^1\frac{1-t^2}{t^2+1}dt=\pi\int_0^1\left(-1+\frac{2}{t^2+1}\right)dt$$
$$=\pi\left[-t+2\tan^{-1}t\right]_0^1$$
$$=\pi\left(-1+\frac{\pi}{2}\right)=\frac{\pi}{2}(\pi-2)$$

24 미분법 ④

접점의 좌표를 $\left(t, t^4-t^2+\frac{5}{2}\right)$ 라고 하자.

$f'(x)=4x^3-2x$ 에서 접선의 기울기는 $f'(t)=4t^3-2t$

따라서 접선의 방정식은 다음과 같다.

$y-\left(t^4-t^2+\frac{5}{2}\right)=(4t^3-2t)(x-t)$ …… ㉠

접선이 $P\left(0, \frac{1}{2}\right)$을 지나므로 식 ㉠에 대입하여 정리하면

$t=\pm 1$

(i) $t=-1$ 일 때, 접선의 기울기 $m_1=-2$

(ii) $t=1$ 일 때, 접선의 기울기 $m_1=2$

$$\therefore\ \tan\theta=\left|\frac{m_1-m_2}{1+m_1m_2}\right|=\left|\frac{2-(-2)}{1+2(-2)}\right|=\frac{4}{3}$$

25 적분법 ②

$$S=2\pi\int_0^1|2t-3|\sqrt{2^2+(2t)^2}\,dt$$
$$=2\pi\int_0^1(3-2t)\sqrt{4+4t^2}\,dt$$
$$=4\pi\int_0^1(3-2t)\sqrt{1+t^2}\,dt$$
$$=12\pi\int_0^1\sqrt{1+t^2}\,dt-8\pi\int_0^1 t\sqrt{1+t^2}\,dt$$
$$=6\pi\{\sqrt{2}+\ln(\sqrt{2}+1)\}-\frac{8\pi}{3}(2\sqrt{2}-1)$$
$$=2\pi\left\{\frac{4+\sqrt{2}}{3}+3\ln(1+\sqrt{2})\right\}$$

$(\because)$ (i) $\int_0^1\sqrt{1+t^2}\,dt$

$$=\int_0^{\frac{\pi}{4}}\sqrt{1+\tan^2\theta}\sec^2\theta\,d\theta$$
$$=\int_0^{\frac{\pi}{4}}\sec^3\theta\,d\theta$$
$$=\frac{1}{2}\left[\ln(\sec\theta+\tan\theta)+\sec\theta\tan\theta\right]_0^{\frac{\pi}{4}}$$
$$=\frac{\sqrt{2}}{2}+\frac{1}{2}\ln(\sqrt{2}+1)$$

(ii) $\int_0^1 t\sqrt{1+t^2}\,dt$

$$=\frac{1}{3}\left[(1+t^2)^{\frac{3}{2}}\right]_0^1=\frac{1}{3}(2\sqrt{2}-1)$$

DANKOOK UNIVERSITY

단국대학교

문항 수: 30문항 | 제한시간: 90분

TEST p. 76~86

01	②	02	③	03	③	04	④	05	④
06	①	07	③	08	②	09	①	10	②
11	②	12	③	13	③	14	③	15	①
16	①	17	④	18	④	19	②	20	②
21	②	22	④	23	②	24	④	25	①
26	①	27	①	28	③	29	②	30	①

01 미분법 ②

$$\lim_{x\to\infty}\frac{\sqrt{4x^2+1}}{x+1}=\lim_{x\to\infty}\frac{\sqrt{4+\frac{1}{x^2}}}{1+\frac{1}{x}}=2$$

02 미분법 ③

$f'(x)=\dfrac{1}{1+x^2}$ 이므로 $f'(1)=\dfrac{1}{2}$

03 적분법 ③

$$\int_0^1 f(2x)dx=\frac{1}{2}\int_0^2 f(t)dt=2$$

$$\therefore \int_0^2 f(t)dt=\int_0^2 f(x)dx=4$$

04 선형대수 ④

$$\frac{|2\cdot1+1\cdot(-1)-2\cdot4-5|}{\sqrt{2^2+1^2+(-2)^2}}=\frac{12}{3}=4$$

05 선형대수 ④

$I+2A=\begin{pmatrix}1&1\\5&4\end{pmatrix}^{-1}=\begin{pmatrix}-4&1\\5&-1\end{pmatrix}$에서

$$A=\frac{1}{2}\left\{\begin{pmatrix}-4&1\\5&-1\end{pmatrix}-\begin{pmatrix}1&0\\0&1\end{pmatrix}\right\}$$

$$=\frac{1}{2}\begin{pmatrix}-5&1\\5&-2\end{pmatrix}$$

$$\therefore \det(A)=\frac{5}{4}$$

06 적분법 ①

$$\int_0^1\frac{\ln x}{\sqrt{x}}dx=[2\sqrt{x}\ln x]_0^1-\int_0^1 2x^{-\frac{1}{2}}dx$$

$$=[2\sqrt{x}\ln x]_0^1-[4\sqrt{x}]_0^1=-4$$

07 선형대수 ③

$tr(A)=1+a=-1 \Rightarrow a=-2$

08 적분법 ②

$$l=\int_1^4\sqrt{1+\left(\frac{x^2}{4}-\frac{1}{x^2}\right)^2}dx=\int_1^4\left(\frac{x^2}{4}+\frac{1}{x^2}\right)dx$$

$$=\left[\frac{x^3}{12}-\frac{1}{x}\right]_1^4=\frac{64}{12}-\frac{1}{4}-\frac{1}{12}+1=6$$

09 미분법 ①

$\ln(1+x)=\displaystyle\sum_{n=1}^{\infty}\frac{(-1)^{n+1}x^n}{n}$ 이므로 $a_n=\dfrac{(-1)^{n+1}}{n}$

$$\therefore \sum_{n=1}^{\infty}a_na_{n+1}=\sum_{n=1}^{\infty}\frac{-1}{n(n+1)}$$

$$=\sum_{n=1}^{\infty}\left(\frac{1}{n+1}-\frac{1}{n}\right)$$

$$=\lim_{n\to\infty}\sum_{k=1}^{n}\left(\frac{1}{n+1}-\frac{1}{n}\right)$$

$$=\lim_{n\to\infty}\left(-1+\frac{1}{n+1}\right)=-1$$

10 다변수 미적분 ②

$t=0$일 때, $(0,0,0)$이다.

$r'(t)=(1,2t,3t^2)$, $r''(t)=(0,2,6t)$ 이므로

$r'(0)=(1,0,0)$, $r''(0)=(0,2,0)$

곡률을 구하면 다음과 같다.

$$\kappa=\frac{|r'(0)\times r''(0)|}{|r'(0)|^3}$$

$$=\frac{|(1,0,0)\times(0,2,0)|}{(\sqrt{1^2+0^2+0^2})^3}$$

$$=\frac{|(0,0,2)|}{1^3}=\frac{2}{1^3}=2$$

11 공학수학 ②

$\text{curl}F = (axz,\ -ayz,\ y^2 - x^2)$ 에서

$\text{curl}F(1, 1, 1) = (a,\ -a,\ 0) = (2,\ -2,\ 0)$ 이므로 $a = 2$

12 다변수 미적분 ③

$y^2 = 1 - x^2$을 $f(x, y) = x^2 + 2y^2$에 대입하면

$f(x) = x^2 + 2(1 - x^2) = -x^2 + 2 \ (-1 \le x \le 1)$

$f'(x) = -2x$이므로 $f'(x) = 0 \ \therefore \ x = 0$

그러면 $f(-1) = 1$, $f(1) = 1$, $f(0) = 2$

$\therefore \ M + m = 2 + 1 = 3$

13 적분법 ③

$$l = \int_0^{2\pi} \sqrt{(1 + \cos\theta)^2 + (-\sin\theta)^2}\, d\theta$$

$$= \int_0^{2\pi} \sqrt{2 + 2\cos\theta}\, d\theta = \int_0^{2\pi} \sqrt{4\cos^2\frac{\theta}{2}}\, d\theta$$

$$= 2\int_0^{2\pi} \left|\cos\frac{\theta}{2}\right| d\theta = 4\int_0^{\pi} \cos\frac{\theta}{2}\, d\theta = 8\left[\sin\frac{\theta}{2}\right]_0^{\pi} = 8$$

14 선형대수 ③

세 점 P, Q, R을 꼭짓점으로 하는 삼각형은

직각삼각형의 세 변 $\overline{PQ}$, $\overline{QR}$, $\overline{RP}$ 중 $\overline{RP}$의 길이가

가장 길 때, $\overrightarrow{PQ} \perp \overrightarrow{QR}$이다.

따라서

$\overrightarrow{PQ} \cdot \overrightarrow{QR} = 0 \Leftrightarrow (1,\ 1,\ -2) \cdot (a - 2,\ 1,\ 1) = 0$

$\Leftrightarrow a - 3 = 0$

이므로 $a = 3$일 때, 위의 조건을 만족한다.

15 다변수 미적분 ①

$$\int_0^1 \int_{\sqrt{y}}^1 \sqrt{x^3 + 1}\, dx dy = \int_0^1 \int_0^{x^2} \sqrt{x^3 + 1}\, dy dx$$

$$= \int_0^1 \sqrt{x^3 + 1}\, x^2 dx$$

$$= \frac{2}{9}\left[(x^3 + 1)^{\frac{3}{2}}\right]_0^1 = \frac{2}{9}(2\sqrt{2} - 1)$$

16 다변수 미적분 ①

$$\iiint_E e^{x+y+z} dV$$

$$= \int_0^1 \int_0^{1-x} \int_0^2 e^{x+y+z} dz dy dx$$

$$= \int_0^1 \int_0^{1-x} \left[e^{x+y+z}\right]_0^2 dz dy dx$$

$$= \int_0^1 \int_0^{1-x} e^{x+y}(e^2 - 1) dy dx$$

$$= (e^2 - 1)\int_0^1 e^x \left[e^y\right]_0^{1-x} dx$$

$$= (e^2 - 1)\int_0^1 (e - e^x) dx$$

$$= (e^2 - 1)\left[ex - e^x\right]_0^1 = e^2 - 1$$

17 다변수 미적분 ④

$g(x, y) = 8x^3 + y^3 - 16$이라 하고 라그랑주 승수법을 이용하자.

$$\begin{cases} f_x(x, y) = 3x^2 - 3y^2 = 0 & \cdots\cdots ㉠ \\ f_y(x, y) = -6xy + 12y^2 - 6y - 12 = 0 & \cdots\cdots ㉡ \end{cases}$$

식 ㉠에서 $y^2 = x^2$ 이므로 $y = \pm x$ 이다. $y = \pm x$ 를 식 ㉡에 대입하여 풀면

임계점 $(2, 2)$, $(-1, -1)$, $(-1, 1)$, $\left(\frac{2}{3}\ -\frac{2}{3}\right)$

$f_{xx} = 6x$, $f_{xy} = -6y$, $f_{yy} = -6x + 24y - 6$ 이므로

$H(x, y) = 12 \times 30 - (-12)^2 = 126 > 0$

(i) $H(2, 2) > 0$ 이고 $f_{xx}(2, 2) > 0$ 이므로 $(2, 2)$ 는 극소점

(ii) $H(-1, -1) > 0$이고 $f_{xx}(-1, -1) < 0$이므로 $(-1, -1)$는 극대점

(iii) $H(-1, 1) < 0$이므로 $(-1, 1)$은 안장점

(iv) $H\left(\frac{2}{3}, -\frac{2}{3}\right) < 0$이므로 $\left(\frac{2}{3}, -\frac{2}{3}\right)$는 안장점

18 공학수학 ④

$C : r(t) = (2\cos t,\ 2\sin t)$, $0 \le t \le \frac{\pi}{2}$이라 하자.

$$\int_C F \cdot dr = \int_0^{\frac{\pi}{2}} (-1,\ 1) \cdot (-2\sin t,\ 2\cos t) dt$$

$$= 2\int_0^{\frac{\pi}{2}} (\sin t + \cos t) dt$$

$$= 2\left[-\cos t + \sin t\right]_0^{\frac{\pi}{2}} = 4$$

19 공학수학 ②

세 점 $(0, 0)$, $(0, 1)$, $(-1, 1)$을 꼭짓점으로 하는 삼각형의 내부 영역을 D라고 할 때,

$$\int_C e^x dx + 2\tan^{-1}x dy = \iint_D \frac{2}{1 + x^2} dA$$

$$= \int_{-1}^{0}\int_{-x}^{1}\frac{2}{1+x^2}dydx$$

$$= \int_{-1}^{0}\frac{2(1+x)}{1+x^2}dx$$

$$= [2\tan^{-1}x + \ln(1+x^2)]_{-1}^{0}$$

$$= \frac{\pi}{2} - \ln 2$$

20 공학수학 ②

$C: r(t) = (\cos t, \sin t, 1-\cos t - \sin t),\ 0 \le t \le 2\pi$

$$\int_C F \cdot dr$$

$$= \int_0^{2\pi} F(r(t)) \cdot r'(t)dt$$

$$= \int_0^{2\pi} (\sin^3 t, -\cos^3 t, (1-\cos t - \sin t)^3) \cdot (-\sin t, \cos t, \sin t - \cos t)dt$$

$$= \int_0^{2\pi} \{-\sin^4 t - \cos^4 t + (1-\cos t - \sin t)^3(\sin t - \cos t)\}dt$$

$$= \int_0^{2\pi} (-\sin^4 t - \cos^4 t)dt + \int_0^{2\pi} (1-\cos t - \sin t)^3(\sin t - \cos t)dt$$

$$= -\frac{3\pi}{4} - \frac{3\pi}{4} + \frac{1}{4}[(1-\cos t - \sin t)^4)]_0^{2\pi}$$

$$= -\frac{3\pi}{2}$$

| 다른 풀이 |

$F(x, y, z) = y^3\vec{i} - x^3\vec{j} + z^3\vec{k}$일 때,

$$\text{curl } F = \begin{vmatrix} \vec{i} & \vec{j} & \vec{k} \\ \frac{\partial}{\partial x} & \frac{\partial}{\partial y} & \frac{\partial}{\partial z} \\ y^3 & -x^3 & z^3 \end{vmatrix}$$

$$= 0 \cdot \vec{i} - 0 \cdot \vec{j} + (-3x^2 - 3y^2)\vec{k}$$

이고 $ndS = (1, 1, 1)\,dA$이므로 Stokes 정리에 의하여

$$\int_C F \cdot dr = \iint_S \text{curl } F \cdot ndA$$

$$= \iint_D (0, 0, -3x^2 - 3y^2) \cdot (1, 1, 1)\,dA$$

$(D\ ;\ x^2 + y^2 \le 1)$

$$= \iint_D -3(x^2 + y^2)\,dA$$

$$= \int_0^{2\pi}\int_0^1 (-3r^2) \cdot r\,dr\,d\theta$$

$$= \int_0^{2\pi}\int_0^1 (-3r^3)drd\theta$$

$$= \int_0^{2\pi}\left[-\frac{3}{4}r^4\right]_0^1 d\theta$$

$$= \int_0^{2\pi} -\frac{3}{4}d\theta = -\frac{3}{2}\pi$$

21 선형대수 ②

$(6, 1) = 1(2, 2) + 1(4, -1)$,

$(-2, 3) = 1(2, 2) - (4, -1)$이므로

기저 $B = \{\vec{u_1}, \vec{u_2}\}$에서 $B' = \{\vec{u_1}', \vec{u_2}'\}$으로의

전이행렬A는 $A = \begin{pmatrix} 1 & 1 \\ 1 & -1 \end{pmatrix}$이다.

$\therefore\ a = 1,\ b = 1\ \ \therefore\ a + b = 2$

22 공학수학 ④

$y' + y = xy^2$

$\Rightarrow\ u' - u = -x \qquad (\because\ u = y^{-1}$로 치환)

$\Rightarrow\ u = e^{-\int dx}\left(\int -xe^{\int dx}dx + C\right)$

$= e^{-x}\left(\int -xe^x dx + C\right)$

$= e^{-x}(xe^{-x} + e^{-x} + C)$

$= x + 1 + Ce^x$

$\therefore\ y^{-1} = x + 1 + Ce^x$

$y(0) = 1$이므로 $C = 0$

따라서 $y = \dfrac{1}{x+1}$이고 $\lim\limits_{x \to a+} f(x) = \infty$이므로 $a + 1 = 0$

$\therefore\ a = -1$

23 공학수학 ②

$h(x) = W(f, g)(x) = \begin{vmatrix} f(x) & g(x) \\ f'(x) & g'(x) \end{vmatrix}$

$= f(x)g'(x) - f'(x)g(x)$

$\Rightarrow\ h'(x) = f'(x)g'(x) + f(x)g''(x) - f''(x)g(x) - f'(x)g'(x)$

$= f(x)g''(x) - f''(x)g(x)$

$\Rightarrow\ h'(1) = f(1)g''(1) - f''(1)g(1)$

$= 1 \cdot 3 - 1 \cdot 1 = 2$

24 공학수학 ④

$\mathcal{L}\{f(t)\} = F(s)$

$$= \int_0^{\infty} e^{-st}f(t)dt$$

$$= 3\int_0^2 e^{-st}dt + k\int_2^{\infty} e^{-st}dt$$

$$=-\frac{3}{s}[e^{-st}]_0^2-\frac{k}{s}[e^{-st}]_2^{\infty}$$

$$=\frac{3}{s}(1-e^{-2s})+\frac{k}{s}e^{-2s}$$

$$=\frac{3}{s}+\frac{k-3}{s}e^{-2s}$$

에서 $F(3)=1+\frac{1}{3}e^{-6}$ 이므로 $k-3=1$

$\therefore\ k=4$

25 공학수학 ①

$y=J_{1/2}(x)=\sqrt{\frac{2}{\pi x}}\sin x,$

$y'=\sqrt{\frac{2}{\pi}}\left(-\frac{\sin x}{2x}+\cos x\right),$

$y''=\sqrt{\frac{2}{\pi x}}\left(\frac{3\sin x}{4x^2}-\frac{\cos x}{x}-\sin x\right)$

를 주어진 미분방정식 $4x^2(y''+y)+4xy'=\alpha y$ 에 대입하면

$$4x^2\left\{\sqrt{\frac{2}{\pi x}}\left(\frac{3\sin x}{4x^2}-\frac{\cos x}{x}-\sin x\right)+\sqrt{\frac{2}{\pi x}}\sin x\right\}+4x\left\{\sqrt{\frac{2}{\pi x}}\left(-\frac{\sin x}{2x}+\cos x\right)\right\}$$

$$=\alpha\sqrt{\frac{2}{\pi x}}\sin x$$

에서 $\sqrt{\frac{2}{\pi x}}\sin x=\alpha\sqrt{\frac{2}{\pi x}}\sin x$

$\therefore\ \alpha=1$

| 다른 풀이 |

베셀함수 $J_{1/2}(x)$해로 갖기 위해서는 결정 방정식의 근이 $\pm\frac{1}{2}$이어야 한다.

$4x^2(y''+y)+4xy'=\alpha y$

$\Leftrightarrow\ 4x^2y''+4xy'+(4x^2-\alpha)y=0$

의 결정 방정식은

$4r(r-1)+4r-\alpha=0\ \Leftrightarrow\ 4r^2-\alpha=0$이다.

그러므로 $\alpha=1$일 때, 결정방정식의 근이 $r=\pm\frac{1}{2}$이고 베셀 함수 $J_{1/2}(x)$을 근으로 갖는다.

26 공학수학 ①

발산정리를 이용하면

$$\iint_S F\cdot dS=\iiint_E \operatorname{div} F\,dV$$

$$=\iiint_E 2x\,dV=\int_0^2\int_0^{2-x}\int_{x+y}^3 2x\,dz\,dy\,dx$$

$$=\int_0^2\int_0^{2-x}2x[z]_{x+y}^3\,dydx$$

$$=\int_0^2\int_0^{2-x}2x\{3-(x+y)\}dydx$$

$$=\int_0^2\int_0^{2-x}(6x-2x^2-2xy)dydx$$

$$=\int_0^2[(6x-2x^2)y-xy^2]_0^{2-x}dx$$

$$=\int_0^2(x^3-6x^2+8x)dx$$

$$=\left[\frac{1}{4}x^4-2x^3+4x^2\right]_0^2=4$$

27 다변수 미적분 ①

$\begin{cases}u=x+2y\\ v=x-y\end{cases}$로 변수변환하면 $|J|=\dfrac{1}{\left|\begin{vmatrix}1&2\\1&-1\end{vmatrix}\right|}=\dfrac{1}{3}$이다.

$$\iint_D\cos(x+2y)\sin(x-y)dA$$

$$=\frac{1}{3}\iint_R\cos u\sin v\,dudv$$

$$(R=\{(u,v)\,|\,0\le v\le u,0\le u\le 3\})$$

$$=\frac{1}{3}\int_0^3\int_0^u\cos u\sin v\,dvdu$$

$$=\frac{1}{3}\int_0^3\cos u\,[-\cos v]_0^u du$$

$$=\frac{1}{3}\int_0^3\cos u(1-\cos u)\,du$$

$$=\frac{1}{3}\int_0^3(\cos u-\cos^2u)\,du$$

$$=\frac{1}{3}\int_0^3\left\{\cos u-\frac{1}{2}(1+\cos 2u)\right\}du$$

$$=\frac{1}{3}\left[\sin u-\frac{1}{2}u-\frac{1}{4}\sin(2u)\right]_0^3$$

$$=\frac{\sin3}{3}-\frac{1}{2}-\frac{\sin6}{12}=\frac{\sin3}{3}-\frac{\sin6}{12}-a$$

$\therefore\ a=\frac{1}{2}$

28 선형대수 ③

$\vec{v}=(x,y,z)$라 하자.

ㄱ. $T(\vec{v})=\vec{v}\times\vec{u}=\begin{vmatrix}\vec{i}&\vec{j}&\vec{k}\\x&y&z\\1&2&1\end{vmatrix}$

$=(y-2z,\ z-x,\ 2x-y)=(-1,0,1)$

이므로 $\begin{cases}y-2z=-1\\z-x=0\\2x-y=1\end{cases}$ …… ㉠이다.

식 ㉠은 무수히 많은 해를 갖는다. (참)

ㄴ. T의 치역은 $\vec{u}$에 수직인 벡터들로 이루어진 2차원 평면이다. (거짓)

ㄷ. $T(\vec{v})=\vec{v}\times\vec{u}=(x, y, z)\times(1, 2, 1)=\begin{vmatrix}\vec{i} & \vec{j} & \vec{k}\\ x & y & z\\ 1 & 2 & 1\end{vmatrix}$

$=(y-2z)\vec{i}-(x-z)\vec{j}+(2x-y)\vec{k}$

$=(x, y, z)\begin{pmatrix}0 & -1 & 2\\ 1 & 0 & -1\\ -2 & 1 & 0\end{pmatrix}$

이므로 $A=\begin{pmatrix}0 & -1 & 2\\ 1 & 0 & -1\\ -2 & 1 & 0\end{pmatrix}$ 즉, 반대칭행렬이고

$A\neq A^T$이므로 비대칭행렬이다.(참)

29 공학수학 ②

$\frac{d}{dt}f(r(t))=\nabla f(r(t))\cdot r'(t)$

$=(\sin|r(t)|)r(t)\cdot r'(t)$

$=(\sin\sqrt{5})r(t)\cdot r'(t)=0$

$(\because\ |r(t)|^2=5\Rightarrow r(t)\cdot r'(t)=0)$

에서 $\int_P^Q df=f(Q)-f(P)=0$이므로 $f(P)=f(Q)$

$f(P)+f(Q)=2f(Q)=4$

$\therefore\ f(Q)=2$

30 공학수학 ①

$x^2y''-3xy'+4y=\ln x$ 에서

$y''-4y'+4y=t$ ($\because\ x=e^t$로 치환)

(i) 보조방정식 $m^2-4m+4=0$에서 $m=2$이므로

보조해 $y_c=c_1e^{2t}+c_2te^{2t}$

(ii) 특수해 $y_p=At+B$로 가정하면

$y'=A$, $y''=0$이다.

주어진 미분방정식에 대입하여 정리하면

$4At+(4B-4A)=t$이므로 $A=B=\frac{1}{4}$이다.

따라서 $y_p=\frac{1}{4}t+\frac{1}{4}$

(i), (ii)에 의하여

$y=y_c+y_p=c_1e^{2t}+c_2te^{2t}+\frac{1}{4}t+\frac{1}{4}$

$=c_1x^2+c_2x^2\ln x+\frac{1}{4}\ln x+\frac{1}{4}$

이고 $y'=2c_1x+c_2(2x\ln x+x)+\frac{1}{4x}$이다.

$y(1)=1$이므로 $c_1+\frac{1}{4}=1$, $y'(1)=1$이므로

$2c_1+c_2+\frac{1}{4}=1$

따라서 $c_1=\frac{3}{4}$, $c_2=-\frac{3}{4}$

그러므로 $y=f(x)=\frac{3}{4}x^2-\frac{3}{4}x^2\ln x+\frac{1}{4}\ln x+\frac{1}{4}$

$\therefore\ f(e)=\frac{1}{2}$

DANKOOK UNIVERSITY

단국대학교

▶ 문항 수: 30문항 | 제한시간: 90분

TEST p. 88~98

01	③	02	③	03	③	04	③	05	②
06	④	07	①	08	①	09	④	10	②
11	④	12	④	13	②	14	②	15	①
16	③	17	③	18	③	19	②	20	②
21	③	22	④	23	④	24	②	25	①
26	②	27	④	28	①	29	①	30	①

01 미분법 ③

$$\lim_{x\to 0}\ln(e+x)=\ln e=1$$

02 미분법 ③

$$f'(x)=\cos x=\frac{1}{2}$$

$$\therefore\ x=\frac{5}{3}\pi\ \ (\because\ \pi\le x\le 2\pi)$$

03 적분법 ③

$$\int_0^2 f(x)dx$$

$$=\int_0^1 f(x)dx+\int_1^2 f(x)dx$$

$$=\int_{-1}^0 f(x)dx+\int_1^2 f(x)dx\qquad(\because\ f(-x)=f(x))$$

$$=1+2=3$$

04 다변수 미적분 ③

$$\nabla f(1,2,3)=(2xy,\ x^2-z^2,\ -2yz)|_{(1,2,3)}$$

$$=(4,\ -8,\ -12)$$

이고, 단위벡터 $\vec{u}=\frac{1}{\sqrt{a^2+b^2+1}}(a,b,1)$ 이므로

$$D_u f(1,2,3)=\nabla f(1,2,3)\cdot u$$

$$=\frac{4a-8b-12}{\sqrt{a^2+b^2+1}}=0$$

에서 $4a-8b-12=0$

$$\therefore\ a-2b=3$$

05 공학수학 ②

$$\text{curl}F=\nabla\times F=\begin{vmatrix} i & j & k \\ \frac{\partial}{\partial x} & \frac{\partial}{\partial y} & \frac{\partial}{\partial z} \\ xz & yz & xy \end{vmatrix}=(x-y,\ x-y,\ 0)$$ 에서

$$\text{curl}F(1,1,1)=(0,0,0)=(a,b,c)$$

$\text{div}F=\nabla\cdot F=z+z+0=2z$에서 $\text{div}F(1,1,1)=2=d$

$$\therefore\ a+b+c+d=2$$

06 선형대수 ④

$$A^{-1}=\frac{1}{|A|}adj(A)$$

$$=\frac{1}{-1}\begin{pmatrix} -5 & -6 & 3 \\ -2 & -2 & 1 \\ 1 & 1 & -1 \end{pmatrix}=\begin{pmatrix} 5 & 6 & -3 \\ 2 & 2 & -1 \\ -1 & -1 & 1 \end{pmatrix}$$

$$\therefore\ a_{11}+a_{23}=4$$

07 적분법 ①

$$\int_0^{\frac{\pi}{3}}\frac{\sin x}{\sqrt{2\cos x-1}}dx=-\left[\sqrt{2\cos x-1}\right]_0^{\pi/3}$$

$$=-(0-1)=1$$

08 미분법 ①

$\ln(1+x)=\sum_{n=1}^{\infty}\frac{(-1)^{n+1}x^n}{n}$이므로

$\ln(1+x^3)=\sum_{n=1}^{\infty}\frac{(-1)^{n+1}x^{3n}}{n}$이다.

$n=20$일 때, $-\frac{1}{20}x^{60}$이므로 x^{60}의 계수는 $-\frac{1}{20}$이다.

09 적분법 ④

$r_1=2\sin\theta$, $r_2=2\cos\theta$라 하자.

$2\sin\theta=2\cos\theta$에서 $\theta=\frac{\pi}{4}$

$$\tan a=\frac{r_1}{r_1'}\bigg|_{\theta=\frac{\pi}{4}}=\frac{\sin\theta}{\cos\theta}\bigg|_{\theta=\frac{\pi}{4}}=1,$$

$$\tan b=\frac{r_2}{r_2'}\bigg|_{\theta=\frac{\pi}{4}}=-\frac{\cos\theta}{\sin\theta}\bigg|_{\theta=\frac{\pi}{4}}=-1$$

두 접선이 이루는 각 $\phi = a - b$라 하면

$\tan\phi = \tan(a-b)$

$$= \left| \frac{\tan a - \tan b}{1 + \tan a \tan b} \right| = \frac{1+1}{0} = \infty$$

$\therefore\ \phi = \frac{\pi}{2}$

10 적분법 ②

$$V = \pi \int_{-2}^{2} (\sqrt{9-x^2})^2 dx$$

$$= 2\pi \int_0^2 (9-x^2)dx = 2\pi \left[9x - \frac{x^3}{3} \right]_0^2$$

$$= 2\pi\left(18 - \frac{8}{3}\right) = \frac{92\pi}{3}$$

11 다변수 미적분 ④

$y^2 = 4 - x^2$을 $f(x,y) = x^2 + y^2 - 2x$에 대입하면

$f(x) = x^2 + 4 - x^2 - 2x = 4 - 2x,\ 0 \le x \le 2$

$f(x)$는 감소함수이므로 최댓값은 $f(0) = 4$이다.

12 다변수 미적분 ④

$t=0,\ u=1$일 때, $r_1(0) = (1,2,3)$이고

$r_2(1) = (1,2,3)$이다.

$r_1{}'(t) = (1, 2t, -1),\ r_2{}'(u) = (2u, 2, 1)$에서

$r_1{}'(0) = (1, 0, -1),\ r_2{}'(1) = (2, 2, 1)$

이므로 $r_1{}'(0) \times r_2{}'(1) = (2, -3, 2)$

따라서 접평면의 방정식은

$2(x-1) - 3(y-2) + 2(z-3) = 0 \Leftrightarrow 2x - 3y + 2z = 2$

13 선형대수 ②

$tr(A) = a + 1 + b = 2 \Rightarrow a + b = 1$

$$\Rightarrow a - \frac{2}{a} = 1\ (\because\ b = -\frac{2}{a})$$

$$\Rightarrow a^2 - a - 2 = 0$$

$\therefore \begin{cases} a=2 \\ b=-1 \end{cases}, \begin{cases} a=-1 \\ b=2 \end{cases}$

A는 하삼각행렬이므로 고윳값은 주대각성분 $a, 1, b$이고

A^2의 고윳값은 $a^2, 1, b^2$이다.

따라서 $tr(A^2) = a^2 + 1 + b^2 = 4 + 1 + 1 = 6$

14 선형대수 ②

세 벡터 $\overrightarrow{PQ}$, $\overrightarrow{PR}$, $\overrightarrow{PS}$로 생성되는 사면체의 부피는

$\frac{1}{6}|\overrightarrow{PQ} \cdot (\overrightarrow{PR} \times \overrightarrow{PS})|$이다.

따라서 평행육면체의 부피는

$$\frac{1}{6}|\overrightarrow{PQ} \cdot (\overrightarrow{PR} \times \overrightarrow{PS})| = \frac{1}{6}\left\| \begin{matrix} 3 & -2 & -4 \\ 1 & 3 & 3 \\ -2 & 1 & -1 \end{matrix} \right\|$$

$$= \frac{1}{6}|-36| = 6$$

15 다변수 미적분 ①

$x = se^t,\ y = s^2e^{-t}$를 $u = xy(x+y)$에 대입하여 정리하면

$u = s^4e^t + s^5e^{-t}$

$$\Rightarrow \left.\frac{\partial u}{\partial t}\right|_{s=a, t=0} = (s^4e^t - s^5e^{-t})|_{s=a, t=0}$$

$$= a^4 - a^5 = 0$$

$\Rightarrow a^4(1-a) = 0$

$\therefore\ a = 1\ (\because\ a > 0)$

16 다변수 미적분 ③

$D = \left\{(x, y) \mid 0 \le y \le \sqrt{1-x^2}, 0 \le x \le 1\right\}$라 하면

$\iint_D (1 - x^2 - y^2) dydx$

$$= \int_0^{\frac{\pi}{2}} \int_0^1 (1-r^2) r dr d\theta\ (\because\ \text{극좌표계에서의 적분})$$

$$= \int_0^{\frac{\pi}{2}} \left[\frac{r^2}{2} - \frac{r^4}{4} \right]_0^1 d\theta = \int_0^{\frac{\pi}{2}} \frac{1}{4} d\theta = \frac{\pi}{8}$$

17 다변수 미적분 ③

$g(x, y) = 8x^3 + y^3 - 16$이라 하고 라그랑주 승수법을 이용하자.

$\nabla f = \lambda \nabla g \Leftrightarrow (ye^{xy}, xe^{xy}) = \lambda(24x^2, 3y^2)$

$$\Rightarrow \lambda = \frac{ye^{xy}}{24x^2} = \frac{xe^{xy}}{3y^2}$$

$$\Rightarrow 3y^3e^{xy} = 24x^3e^{xy}$$

$$\Rightarrow y^3 = 8x^3 \quad \cdots\cdots ㉠$$

㉠을 $8x^3 + y^3 = 16$에 대입하면 $16x^3 = 16$이므로

$x = 1,\ y = 2$

$\therefore\ a + b = 3$

18 다변수 미적분 ③

$\begin{cases} u = x - 2y, & -6 \le u \le 6 \\ v = x + y, & -1 \le v \le 3 \end{cases}$ 로 적분변수변환하면

$|J|=\dfrac{1}{\left|\begin{vmatrix}1 & -2\\ 1 & 1\end{vmatrix}\right|}=\dfrac{1}{3}$ 이다.

$$\iint_R (x+y)dA=\frac{1}{3}\int_{-1}^{3}\int_{-6}^{6} v\,dudv$$
$$=\frac{1}{3}\int_{-1}^{3} v[u]_{-6}^{6}dv$$
$$=\frac{1}{3}\int_{-1}^{3} v(6-(-6))dv$$
$$=4\int_{-1}^{3} v\,dv=2[v^2]_{-1}^{3}$$
$$=2(9-1)=16$$

19 공학수학 ②

$C_1:\ r_1(t)=(t,0),\ 0\le t\le \dfrac{\pi}{2},$

$C_2:\ r_2(t)=\left(\dfrac{\pi}{2},t\right),\ 0\le t\le \pi$

이라 하고 $C=C_1\cup C_2$라 하자.

$$\int_C F\cdot dr=\int_{C_1} F\cdot dr+\int_{C_2} F\cdot dr$$
$$=\int_0^{\frac{\pi}{2}}(t\sin 0,\ 0)\cdot(1,\ 0)dt$$
$$+\int_0^{\pi}\left(\frac{\pi}{2}\sin t,\ t\sin\frac{\pi}{2}\right)\cdot(0,\ 1)dt$$
$$=\int_0^{\frac{\pi}{2}}0\,dt+\int_0^{\pi}t\,dt=\frac{\pi^2}{2}$$

20 공학수학 ②

그린 정리를 이용하여 값을 구하면

$$\int_C (e^{2x}\sin 2y-y)dx+(e^{2x}\cos 2y+x)dy$$
$$=\iint_D\left\{\frac{\partial}{\partial x}(e^{2x}\cos 2y+x)-\frac{\partial}{\partial y}(e^{2x}\sin 2y-y)\right\}dA$$
$$(D:\ (x-1)^2+(y-3)^2\le 4)$$
$$=\iint_D (2e^{2x}\cos 2y+1-2e^{2x}\cos 2y+1)\,dA$$
$$=\iint_D 2\,dA=2\cdot 4\pi=8\pi$$

21 공학수학 ③

스토크스 정리에 의하여

$$\int_C F\cdot dr=\iint_S \operatorname{curl}F\cdot dS=\iint_D (2,2,3)\cdot(1,2,1)dA$$
$$=9\times(\text{영역 } D\text{의 넓이})$$

영역 D는 꼭짓점이 $\mathrm{P}'(4,0)$, $\mathrm{Q}'(0,2)$, $\mathrm{R}'(0,0)$인 삼각형 영역이므로 넓이는 4이다.

$$\therefore \int_C F\cdot dr=9\times 4=36$$

22 공학수학 ④

발산정리를 이용하여 유량을 구하면 다음과 같다.

$$\iint_S F\cdot dS=\iiint_E \operatorname{div}F\,dV=\iiint_E (x^2+y^2+z^2)\,dV$$
$$=\int_0^{2\pi}\int_0^1\int_0^1 (r^2+z^2)r\,dz\,dr\,d\theta$$
$$=\int_0^{2\pi}\int_0^1\left[r^3z+\frac{1}{3}z^3r\right]_0^1 dr\,d\theta$$
$$=\int_0^{2\pi}\int_0^1\left(r^3+\frac{1}{3}r\right)dr\,d\theta$$
$$=\int_0^{2\pi}\left[\frac{1}{4}r^4+\frac{1}{6}r^2\right]_0^1 d\theta$$
$$=\int_0^{2\pi}\left(\frac{1}{4}+\frac{1}{6}\right)d\theta=2\pi\times\frac{5}{12}=\frac{5\pi}{6}$$

23 선형대수 ④

$<5,\ -1,\ 9>$

$=1<1,\ 2,\ 1>+a<2,\ 9,\ 0>+2<3,\ 3,\ 4>$

$=<2a+7,\ 9a+8,\ 9>$

이므로 $2a+7=5$

$\therefore\ a=-1$

24 공학수학 ②

$$W(f,g)=\begin{vmatrix} f(x) & g(x)\\ f'(x) & g'(x)\end{vmatrix}=f(x)g'(x)-f'(x)g(x)=e^x$$

$$W(F,G)=\begin{vmatrix} af(x)+bg(x) & cf(x)+dg(x)\\ af'(x)+bg'(x) & cf'(x)+dg'(x)\end{vmatrix}$$
$$=\{af(x)+bg(x)\}\{cf'(x)+dg'(x)\}$$
$$-\{af'(x)+bg'(x)\}\{cf(x)+dg(x)\}$$
$$=(ad-bc)\{f(x)g'(x)-f'(x)g(x)\}$$
$$=(ad-bc)W(f,g)=\det\begin{bmatrix}a & b\\ c & d\end{bmatrix}e^x=2e^x=ke^x$$

$\therefore\ k=2$

25 공학수학 ①

$$f(t)=\mathcal{L}^{-1}\{F(s)\}=\mathcal{L}^{-1}\left\{\frac{1}{s(s^2+4)}\right\}$$
$$=\mathcal{L}^{-1}\left\{\frac{1}{4s}-\frac{s}{4(s^2+4)}\right\}=\frac{1}{4}-\frac{1}{4}\cos 2t$$

$$\therefore\ f\left(\frac{\pi}{4}\right)=\frac{1}{4}-\frac{1}{4}\cos\frac{\pi}{2}=\frac{1}{4}$$

26 미분법 ②

베셀 함수 $J_{n+1}(x)=\frac{2n}{x}J_n(x)-J_{n-1}(x)$를 만족하므로

$$J_{3/2}(x)=\frac{1}{x}J_{1/2}(x)-J_{-1/2}(x)$$
$$=\sqrt{\frac{2}{\pi x}}\frac{\sin x}{x}-\sqrt{\frac{2}{\pi x}}\cos x$$
$$=\sqrt{\frac{2}{\pi}}(x^{-3/2}\sin x-x^{-1/2}\cos)$$

$\therefore\ a+b=-\frac{3}{2}-\frac{1}{2}=-2$

27 다변수 미적분 ④

$$E_0=\{(x,y,z)\in\mathbb{R}^3|3-2x^2-2y^2-3z^2\geq 0\}$$
$$=\left\{(x,y,z)\in\mathbb{R}^3\ \middle|\ \frac{x^2}{\frac{3}{2}}+\frac{y^2}{\frac{3}{2}}+z^2\leq 1\right\}$$

따라서 부피는 다음과 같다.

$$V=\frac{4\pi}{3}abc=\frac{4\pi}{3}\cdot\left(\frac{\sqrt{3}}{\sqrt{2}}\right)^2\cdot 1=2\pi$$

28 선형대수 ①

선형변환 T의 표준행렬 $A=\begin{bmatrix}3&1&0\\-2&-4&3\\5&4&-2\end{bmatrix}$에서

$|A|=-1\neq 0$이므로 $rank(A)=3$, $nullity(A)=0$

ㄱ. $nullity(T)=0\Leftrightarrow \ker(T)=\{\vec{0}\}$ (참)

ㄴ. $rank(T)=3$ (거짓)

ㄷ. $A^2=\begin{bmatrix}7&-1&3\\17&26&-18\\-3&-19&16\end{bmatrix}\neq I$ (거짓)

29 공학수학 ①

(i) $a\neq 1$인 경우

보조방정식 $m^2+a^2=0$에서 $m=\pm ai$이므로

$y_c=c_1\cos(ax)+c_2\sin(ax)$이고 특수해

$$y_p=\frac{1}{D^2+a^2}\{\sin x\}=\text{Im}\left[\frac{1}{D^2+a^2}\{e^{ix}\}\right]$$
$$=\text{Im}\left[\frac{1}{a^2-1}(\cos x+i\sin x)\right]=\frac{\sin x}{a^2-1}\text{이다.}$$

그러면 $y=c_1\cos(ax)+c_2\sin(ax)+\frac{\sin x}{a^2-1}$은 유계이다.

(ii) $a=1$인 경우

보조방정식 $m^2+1=0$에서 $m=\pm i$이므로

$y_c=c_1\cos(x)+c_2\sin(x)$이고 특수해

$$y_p=\frac{1}{D^2+1}\{\sin x\}=\text{Im}\left[\frac{1}{(D+i)(D-i)}\{e^{ix}\}\right]$$
$$=\text{Im}\left[\frac{x}{2i}(\cos x+i\sin x)\right]=-\frac{x\cos x}{2}\text{이다.}$$

그러면 $y=c_1\cos(ax)+c_2\sin(ax)-\frac{x\cos x}{2}$는

$x\to\infty$일 때, 유계가 아니다.

조건 (나)에 의하여 $a=1$

30 공학수학 ①

$$y'+\frac{1}{\cos x}y=\frac{\sin x}{\cos x}$$
$$\Rightarrow y=e^{-\int\sec x\,dx}\left[\int\tan x\,e^{\int\sec x\,dx}dx+C\right]$$
$$=e^{-\ln(\sec x+\tan x)}\left\{\int\tan x\,e^{\ln(\sec x+\tan x)}dx+C\right\}$$
$$=\frac{1}{\sec x+\tan x}\left\{\int\tan x(\sec x+\tan x)dx+C\right\}$$
$$=\frac{1}{\sec x+\tan x}\left\{\int(\tan x\sec x+\tan^2 x)dx+C\right\}$$
$$=\frac{1}{\sec x+\tan x}\left\{\int(\tan x\sec x+\sec^2 x-1)dx+C\right\}$$
$$=\frac{1}{\sec x+\tan x}(\sec x+\tan x-x+C)$$

$y(0)=2$이므로 $1+C=2$에서 $C=1$

따라서 $y==\frac{1}{\sec x+\tan x}(\sec x+\tan x-x+1)$

$\therefore\ y(1)=1$

▶ 문항 수: 영어 30문항, 수학 25문항 | 제한시간: 120분

TEST p. 100~108

01	③	02	⑤	03	④	04	④	05	②
06	⑤	07	①	08	①	09	②	10	③
11	④	12	③	13	①	14	②	15	③
16	⑤	17	①	18	⑤	19	④	20	②
21	③	22	①	23	④	24	②	25	③

01 미분법 ③

$\frac{dy}{dx}=\frac{y'(t)}{x'(t)}=\frac{-3t^2}{2t}$ $\quad\therefore \left.\frac{dy}{dx}\right|_{t=-1}=\frac{3}{2}$

02 미분법 ⑤

$f(x)=1-\frac{1}{x}+\frac{1}{x^2}$

$\Rightarrow f'(x)=\frac{1}{x^2}-\frac{2}{x^3},\ f''(x)=-\frac{2}{x^3}+\frac{6}{x^4}$

$f'(x)=0$ 인 $x=2$ 이고 $f''(2)=\frac{1}{8}>0$ 이므로

$x=2$ 에서 극소이고

$f''(x)=0$ 인 $x=3$ 에서

$\lim_{x\to3^-}f''(x)\lim_{x\to3^+}f''(x)<0$ 이므로 변곡점의 x 좌표는

3 이다.

따라서 $a=2,\ b=3$ 이므로 $a+b=5$

03 미분법 ④

$y=(x-2)^2,\ y'=2(x-2)$ 에서

$y'|_{x=a}=2(a-2)$ 이므로

$x=a$ 에서 접선의 방정식은

$y=2(a-2)(x-a)+(a-2)^2$ 이고,

접선의 x 절편은 $x=\frac{a}{2}+1,\ y$ 절편은 $y=-a^2+4$ 이다.

$S(a)=\int_0^2(x-2)^2dx-\frac{1}{2}\left(\frac{a}{2}+1\right)(4-a^2)$

$\quad=-a+\frac{2}{3}+\frac{a^3}{4}+\frac{a^2}{2}$

$S'(a)=-1+\frac{3}{4}a^2+a=0$ 인

$a=\frac{2}{3}$ $(\because\ 0<a<2)$ 에서

$S''(a)=\frac{3}{2}a+1$ 이므로 $S''\left(\frac{2}{3}\right)=2>0$

따라서 $a=\frac{2}{3}$ 에서 최소이다.

04 다변수 미적분 ④

ㄱ. $\lim_{n\to\infty}\frac{\sqrt{n}}{\ln n}=\infty\neq0$ 이므로 발산정리에 의해

발산한다.

ㄴ. $\lim_{n\to\infty}\left|\frac{(n+2)4^{n+1}}{3^{2n+3}}\cdot\frac{3^{2n+1}}{(n+1)4^n}\right|=\frac{4}{9}<1$ 이므로

비율 판정법에 의해 수렴한다.

ㄷ. $\lim_{n\to\infty}\sqrt[n]{\left(\frac{2n+5}{3n+4}\right)^n}=\lim_{n\to\infty}\frac{2n+5}{3n+4}=\frac{2}{3}<1$ 이므로

n 승근 판정법에 의해 수렴한다.

05 선형대수 ②

$\|\vec{u}\times\vec{v}\|=\|\vec{u}\|\,\|\vec{v}\|$ 이므로 $\vec{u}$ 와 $\vec{v}$ 는 서로

수직이다.

$\therefore\ \vec{u}\cdot\vec{v}=a+\sqrt{3}b=0$ ...... ㉠

$\|\vec{u}+\vec{v}\|^2=(\vec{u}+\vec{v})\cdot(\vec{u}+\vec{v})$

$\quad=\|\vec{u}\|^2+2\vec{u}\cdot\vec{v}+\|\vec{v}\|^2$

$\quad=\|\vec{u}\|^2+1$

이므로 $\|\vec{v}\|^2=1$ 이다.

$\therefore\ a^2+b^2=1$ ...... ㉡

㉠, ㉡에 의하여

$a=-\frac{\sqrt{3}}{2},\ b=\frac{1}{2}$ 또는 $a=\frac{\sqrt{3}}{2},\ b=-\frac{1}{2}$

$\therefore\ \frac{b^2}{a^2}=\frac{1}{3}$

06 다변수 미적분 ⑤

$\vec{v}=(2,\ -2,\ 1)$ 방향으로 단위벡터 $\vec{u}=\left(\frac{2}{3},\ -\frac{2}{3},\ \frac{1}{3}\right)$

이고,

$\nabla f=\left(\tan^{-1}y+yz\cos xy,\ \frac{x}{1+y^2}+xz\cos xy,\ \sin xy\right)$

에서 $\nabla f\left(\frac{\pi}{2}, 1, 1\right) = \left(\frac{\pi}{4}, \frac{\pi}{4}, 1\right)$ 이므로

$\nabla f\left(\frac{\pi}{2}, 1, 1\right) \cdot \vec{u} = \frac{1}{3}$

07 미분법 ①

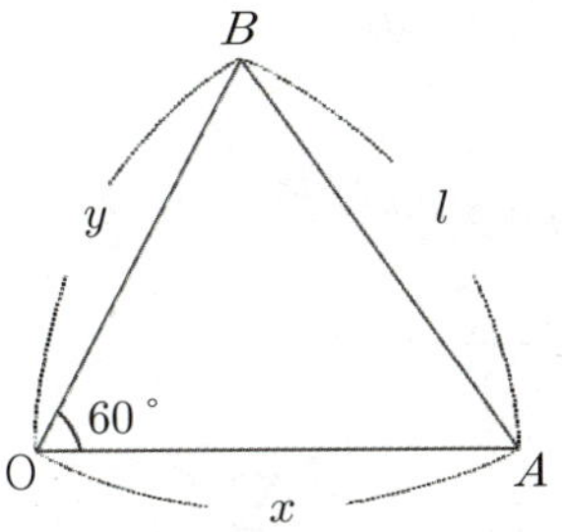

O 에서 A 까지의 거리를 x, B 까지의 거리를 y 그리고 두 자동차 A, B 사이의 거리를 l 이라 하자.

30 분 후 A 의 위치는 $x=40$,

30 분 후 B 의 위치는 $y=30$

제2 코사인법칙에 의해

$l^2 = x^2 + y^2 - 2xy\cos 60^\circ$

$\quad = x^2 + y^2 - xy \qquad \cdots\cdots$ ㉠

이므로 $l = 10\sqrt{13}$

㉠을 t 에 대하여 미분하면

$2l\frac{dl}{dt} = 2x\frac{dx}{dt} + 2y\frac{dy}{dt} - y\frac{dx}{dt} - x\frac{dy}{dt}$ 이므로

$20\sqrt{13} \cdot \frac{dl}{dt}$

$= 2 \cdot 40 \cdot 80 + 2 \cdot 30 \cdot 60 - 30 \cdot 80 - 40 \cdot 60 = 5200$

$\therefore \; \frac{dl}{dt} = \frac{5200}{20\sqrt{13}} = 20\sqrt{13}$

08 미분법 ①

$x^2 f(x) + \{f(x)\}^4 = 0$

$\Rightarrow \; 2xf(x) + x^2 f'(x) + 4\{f(x)\}^3 f'(x) = 0$

$\Rightarrow \; 2f(1) + f'(1) + 4\{f(1)\}^3 f'(1) = 0$

$\Rightarrow \; -2 + f'(1) - 4f'(1) = 0$

이므로 $f'(1) = -\frac{2}{3}$

따라서 $L(x) = -1 - \frac{2}{3}(x-1)$ 이고,

$L(1.1) = -1 - \frac{2}{3}(1.1-1) = -\frac{16}{15}$

09 선형대수 ②

$\vec{u}$ 의 방향코사인을 성분으로 하는 벡터

$\left\langle \frac{a}{\|\vec{u}\|}, \frac{b}{\|\vec{u}\|}, \frac{c}{\|\vec{u}\|} \right\rangle = \left\langle \frac{1}{2}, \frac{\sqrt{2}}{2}, t \right\rangle$ 에서

$\frac{1}{4} + \frac{1}{2} + t^2 = 1$ 이므로

$t = -\frac{1}{2} \; (\because \; t < 0)$

$a = \frac{\|\vec{u}\|}{2}$, $b = \frac{\sqrt{2}}{2}\|\vec{u}\|$, $c = -\frac{1}{2}\|\vec{u}\|$ 이고

$\vec{u} \cdot \vec{v} = 2a + \sqrt{2}b + c$

$\quad = \|\vec{u}\| + \|\vec{u}\| - \frac{1}{2}\|\vec{u}\| = 3\sqrt{2}$

이므로 $\|\vec{u}\| = 2\sqrt{2}$

$\therefore \; \|\vec{u}\|^2 = a^2 + b^2 + c^2 = 8$

10 적분법 ③

$f(k) = \int_1^e x^{k-1} \ln x \, dx$

$\quad = \left[\frac{x^k \ln x}{k}\right]_1^e - \frac{1}{k}\int_1^e x^{k-1} dx \quad (\because$ 부분적분법$)$

$\quad = \frac{e^k}{k} - \frac{1}{k^2}[x^k]_1^e = \frac{(k-1)e^k + 1}{k^2}$

$\therefore \; 16f(4) - 9f(3) = 3e^4 - 2e^3 = e^3(3e-2)$

11 적분법 ④

$2\pi \int_1^3 x(2x - 1 - x^2 + 2x - 2)dx$

$= 2\pi \int_1^3 (-x^3 + 4x^2 - 3x)dx$

$= 2\pi \left[-\frac{1}{4}x^4 + \frac{4}{3}x^3 - \frac{3}{2}x^2\right]_1^3$

$= \frac{16}{3}\pi$

12 미분법 ③

$\sum_{n=1}^{\infty} \{\tan^{-1}(n+1) - \cot^{-1}(n+1) - \tan^{-1}n + \cot^{-1}n\}$

$= \sum_{n=1}^{\infty} \{\tan^{-1}(n+1) - \tan^{-1}n\}$

$\quad + \sum_{n=1}^{\infty} \{\cot^{-1}n - \cot^{-1}(n+1)\}$

$= \lim_{n\to\infty} \{-\tan^{-1}1 + \tan^{-1}(n+1)\}$

$\quad + \lim_{n\to\infty} \{\cot^{-1}1 - \cot^{-1}(n+1)\}$

$= \frac{\pi}{4} + \frac{\pi}{4} = \frac{\pi}{2}$

13 적분법 ①

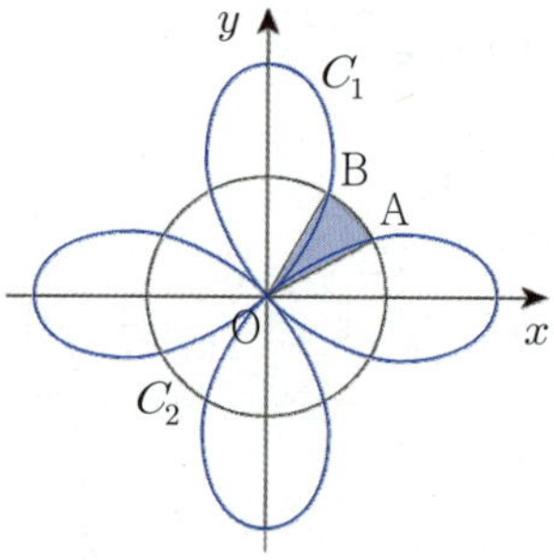

두 극곡선 C_1과 C_2는 $\theta=\frac{\pi}{6}$, $\frac{\pi}{3}$일 때 서로 다른 두 점 A, B에서 만난다.

부채꼴 OAB의 넓이를 구하면 다음과 같다.

$$S=\frac{1}{2}\int_{\frac{\pi}{6}}^{\frac{\pi}{3}}1^2\,d\theta=\frac{1}{2}\left(\frac{\pi}{3}-\frac{\pi}{6}\right)=\frac{\pi}{12}$$

14 적분법 ②

$$S=4\left(\frac{\pi}{12}-\int_{\frac{\pi}{6}}^{\frac{\pi}{4}}4\cos^2 2\theta\,d\theta\right)$$

$$=\frac{\pi}{3}-8\int_{\frac{\pi}{6}}^{\frac{\pi}{4}}(1+\cos4\theta)d\theta=\frac{\pi}{3}-8\left[\theta+\frac{1}{4}\sin4\theta\right]_{\frac{\pi}{6}}^{\frac{\pi}{4}}$$

$$=\frac{\pi}{3}-8\left(\frac{\pi}{12}-\frac{\sqrt{3}}{8}\right)=-\frac{\pi}{3}+\sqrt{3}$$

15 적분법 ③

로피탈 정리에 의해

$$\lim_{x\to0}\frac{\int_x^{2x}f(t)\,dt}{1-\cos x}=\lim_{x\to0}\frac{2f(2x)-f(x)}{\sin x}$$

$$=\lim_{x\to0}\frac{4f'(2x)-f'(x)}{\cos x}$$

$$=3f'(0)=3$$

($\because$ $f(t)=\int_{3t}^{4t}e^{-s^2}ds$ 에서

$f'(t)=4e^{-16t^2}-3e^{-9t^2}$ 이므로 $f'(0)=1$)

16 적분법 ⑤

$$\lim_{n\to\infty}\int_0^{\frac{1}{2}}(x+x^3+\cdots+x^{2n+1})dx$$

$$=\int_0^{\frac{1}{2}}\frac{x}{1-x^2}dx=\left[-\frac{1}{2}\ln(1-x^2)\right]_0^{\frac{1}{2}}$$

$$=-\frac{1}{2}\ln\frac{3}{4}=\ln\frac{2\sqrt{3}}{3}$$

| 다른 풀이 |

$$\lim_{n\to\infty}\int_0^{\frac{1}{2}}(x+x^3+\cdots+x^{2n+1})\,dx$$

$$=\lim_{n\to\infty}\int_0^{\frac{1}{2}}\sum_{k=0}^{n}x^{2k+1}dx$$

$$=\lim_{n\to\infty}\sum_{k=0}^{n}\frac{1}{(2k+2)2^{2k+2}}dx$$

$$=\frac{1}{8}\sum_{k=0}^{\infty}\frac{1}{(k+1)4^k}dx$$

$$=-\frac{1}{2}\ln\left(1-\frac{1}{4}\right)\qquad\left(\because\ \sum_{n=0}^{\infty}\frac{x^{n+1}}{n+1}=-\ln(1-x)\right)$$

$$=\ln\frac{2\sqrt{3}}{3}$$

17 다변수 미적분 ①

(ⅰ) $f\left(\frac{y}{x}\right)$에 대하여

$\frac{\partial f}{\partial x}=f'\left(\frac{y}{x}\right)\left(-\frac{y}{x^2}\right)$,

$\frac{\partial^2 f}{\partial y\partial x}=f''\left(\frac{y}{x}\right)\frac{1}{x}\left(-\frac{y}{x^2}\right)+f'\left(\frac{y}{x}\right)\left(-\frac{1}{x^2}\right)$이므로

$\frac{\partial^2 f}{\partial y\partial x}(1,0)=-f'(0)=-1$이다.

(ⅱ) $g(e^x,\sin y)$에 대하여 $u=e^x$, $v=\sin y$라고 치환하면

$(x,y)=(1,0)$일 때, $(u,v)=(e,0)$이고,

$\frac{\partial g}{\partial x}=e^x\frac{\partial g}{\partial u}$, $\frac{\partial^2 g}{\partial y\partial x}=e^x\cos y\frac{\partial^2 g}{\partial v\partial u}$이므로

$\frac{\partial^2 g}{\partial y\partial x}(1,0)=e\frac{\partial^2 g}{\partial v\partial u}(e,0)=e\times\frac{1}{e}=1$이다.

(ⅰ), (ⅱ)에 의하여 $\frac{\partial^2 h}{\partial y\partial x}(1,0)=-1+1=0$이다.

18 미분법 ⑤

ㄱ. $\lim_{x\to\pi^-}\frac{\cos x}{1-\sin x}=\frac{-1}{1}=-1$ (거짓)

ㄴ. $\lim_{x\to0}\frac{\tan x-x}{x^2}=\lim_{x\to0}\frac{\left(x+\frac{1}{3}x^3+\cdots\right)-x}{x^2}$

$$=\lim_{x\to0}\frac{\frac{1}{3}x^3+\cdots}{x^2}=0\ \text{(참)}$$

ㄷ. $\lim_{x\to1^+}\left(\frac{1}{\ln x}-\frac{1}{x-1}\right)=\lim_{x\to1^+}\frac{(x-1)-\ln x}{(x-1)\ln x}$

$=\lim_{x\to1^+}\frac{1-\frac{1}{x}}{\ln x+\frac{x-1}{x}}=\lim_{x\to1^+}\frac{\frac{1}{x^2}}{\frac{1}{x}+\frac{1}{x^2}}=\frac{1}{2}$ (참)

19 적분법 ④

$f(x)=\sum_{n=0}^{\infty}a_nx^n$일 때, $f'(x)=\sum_{n=1}^{\infty}na_nx^{n-1}$이고

$xf'(x)=\sum_{n=1}^{\infty}na_nx^n$이므로

$\sum_{n=1}^{\infty}\frac{n}{2^n}a_n=\frac{1}{2}f'\left(\frac{1}{2}\right)=\frac{1}{2}\times\frac{\sqrt{2}}{2}=\frac{\sqrt{2}}{4}$이다.

($\because$ $f(x)=\int_0^x\sin(\pi t^2)dt$일 때,

$f'(x)=\sin(\pi x^2)$이므로

$f'\left(\frac{1}{2}\right)=\sin\left(\frac{\pi}{4}\right)=\frac{\sqrt{2}}{2}$이다.)

20 다변수 미적분 ②

$r'(t)=\vec{v}(t)=(-a\sin t,\ a\cos t,2)$에서

$\|\vec{v}(t)\|=\sqrt{a^2+4}$

$T(t)=\frac{r'(t)}{\|r'(t)\|}=\frac{1}{\sqrt{a^2+4}}(-a\sin t,\ a\cos t,\ 2)$에서

$\frac{dT}{dt}=\frac{1}{\sqrt{a^2+4}}(-a\cos t,\ -a\sin t,0)$

$\Rightarrow\left|\frac{dT}{dt}\right|=\frac{a}{\sqrt{a^2+4}}$

$\frac{1}{\|\vec{v}\|}\left\|\frac{dT}{dt}\right\|=\frac{a}{a^2+4}=\frac{1}{4}$이므로 $a=2$

따라서 곡선의 길이는 다음과 같다.

$l=\int_0^5\|r'(t)\|dt=\int_0^5 2\sqrt{2}\,dt=10\sqrt{2}$

21 적분법 ③

$f(\theta)=1+\sin\theta$에 대하여

$x=(1+\sin\theta)\cos\theta,\ y=(1+\sin\theta)\sin\theta$이므로

$\frac{dy}{dx}=\frac{\frac{dy}{d\theta}}{\frac{dx}{d\theta}}=\frac{\cos\theta\sin\theta+(1+\sin\theta)\cos\theta}{\cos\theta\cos\theta-(1+\sin\theta)\sin\theta}$이다.

$\theta=\frac{\pi}{3}$일 때,

$\frac{dy}{dx}=\frac{\frac{1}{2}\cdot\frac{\sqrt{3}}{2}+\left(1+\frac{\sqrt{3}}{2}\right)\frac{1}{2}}{\frac{1}{2}\cdot\frac{1}{2}-\left(1+\frac{\sqrt{3}}{2}\right)\frac{\sqrt{3}}{2}}=-1$이므로

$\theta=\frac{\pi}{3}$에서의 접선이 x축과 이루는 각은 $\frac{3}{4}\pi$이고

$\angle PQO=\frac{\pi}{4}$이다.

그러므로 $\angle OPQ=\pi-\frac{\pi}{3}-\frac{\pi}{4}=\frac{5}{12}\pi$이다.

22 선형대수 ①

고유방정식 $|A-\lambda I|=\lambda^3-6\lambda^2+13\lambda-8=0$ 에서

$\lambda=1,\ \frac{5\pm\sqrt{7}i}{2}$

조건 (가), (나)에 의하여 실수 고유치 $\lambda=1$ 에 대응되는

고유벡터는 $\left\langle\frac{1}{\sqrt{5}},0,\frac{2}{\sqrt{5}}\right\rangle=<a,b,c>$

$\therefore\ ab+bc+ca=\frac{2}{5}$

23 적분법 ④

ㄱ. $\int_{-2}^2\frac{1}{x^2}dx=\int_{-2}^0\frac{1}{x^2}dx+\int_0^2\frac{1}{x^2}dx$ 에서

$\int_0^2\frac{1}{x^2}dx$ 가 발산하므로 주어진 이상적분은 발산한다.

ㄴ. $\int_0^1\frac{\ln x}{\sqrt{x}}dx=[2\sqrt{x}\ln x]_{0^+}^1-2\int_0^1x^{-\frac{1}{2}}dx$

$=-4[\sqrt{x}]_{0^+}^1=-4$

이므로 수렴한다.

ㄷ. $\int_1^\infty\frac{1+e^{-x}}{x}dx>\int_1^\infty\frac{1}{x}dx$ 에서 $\int_1^\infty\frac{1}{x}dx$ 가

발산하므로 비교판정법에 의해 주어진 적분은 발산한다.

ㄹ. $\int_0^\infty\frac{e^x}{e^{2x}+4}dx=\int_1^\infty\frac{1}{t^2+4}dt$

$=\frac{1}{2}\left[\tan^{-1}\frac{t}{2}\right]_1^\infty=\frac{1}{2}\left(\frac{\pi}{2}-\tan^{-1}\frac{1}{2}\right)$

이므로 수렴한다.

24 다변수 미적분 ②

(i) $x^2+4y^2<8$ 일 때,

$f_x=2x+2y=0,\ f_y=2x+8y=0\Rightarrow(x,y)=(0,0)$

$\therefore\ f(0,0)=0$

(ii) $x^2+4y^2=8$ 일 때,

$g(x,y)=x^2+4y^2-8$

라그랑주 승수법을 이용하면

$\nabla f(x, y) = a\nabla g(x, y)$

$\Leftrightarrow\ (2x+2y, 2x+8y) = \lambda(2x, 8y)$

$\Rightarrow\ \lambda x = x+y,\ 4\lambda y = x+4y$

$\Rightarrow\ \dfrac{4y}{x} = \dfrac{x+4y}{x+y}$

$\Rightarrow\ x^2 = 4y^2$

$x^2+4y^2=8$ 이므로

$(x, y) = (2, 1),\ (-2, -1)$

$\therefore\ f(2, 1) = 12,\ f(-2, -1) = 12$

(i), (ii)에 의하여 최댓값은 12 이다.

25 다변수 미적분 ③

$D^* = \{(x, y) \mid 0 \le x^2+y^2 \le 1,\ x \ge 0\}$라 하면

$$\iint_D f(x)f(x^2+y^2)\,dA = \iint_{D^*} x(x^2+y^2)\,dA$$

$$= \int_{-\frac{\pi}{2}}^{\frac{\pi}{2}}\int_0^1 r^4\cos\theta\,dr\,d\theta$$

$$= \frac{2}{5}$$

TEST p. 110~116

01	②	02	③	03	③	04	②	05	①
06	①	07	⑤	08	④	09	⑤	10	④
11	②	12	③	13	④	14	⑤	15	②
16	①	17	26	18	16	19	181	20	24

01 적분법 ②

$$\int_{-2}^{3}\frac{1}{x^2+36}dx=\frac{1}{6}\left[\tan^{-1}\frac{x}{6}\right]_{-2}^{3}$$

$$=\frac{1}{6}\left(\tan^{-1}\frac{1}{2}+\tan^{-1}\frac{1}{3}\right)=\frac{\pi}{24}$$

$$(\because\ \tan^{-1}\frac{1}{2}+\tan^{-1}\frac{1}{3}=\tan^{-1}\left(\frac{\frac{1}{2}+\frac{1}{3}}{1-\frac{1}{2}\cdot\frac{1}{3}}\right)$$

$$=\tan^{-1}1=\frac{\pi}{4})$$

02 다변수 미적분 ③

ㄱ. $\int_{1}^{2n+1}\frac{1}{x}dx=\ln(2n+1)<\sum_{k=1}^{2n}\frac{1}{k}<1+\int_{1}^{2n}\frac{1}{x}dx$

$=1+\ln 2n$

에서 $\frac{\ln(2n+1)}{\sqrt{n}}<\frac{1}{\sqrt{n}}\sum_{k=1}^{2n}\frac{1}{k}<\frac{1+\ln 2n}{\sqrt{n}}$ 이고,

$\lim_{n\to\infty}\frac{\ln(2n+1)}{\sqrt{n}}=\lim_{n\to\infty}\frac{1+\ln 2n}{\sqrt{n}}=0$ 이므로

조임정리에 의해 $\lim_{n\to\infty}\frac{1}{\sqrt{n}}\sum_{k=1}^{2n}\frac{1}{k}=0$ 이다.

| 다른 풀이 |

$\lim_{n\to\infty}\frac{1}{\sqrt{n}}\sum_{k=1}^{2n}\frac{1}{k}\approx\lim_{n\to\infty}\frac{\ln n+c}{\sqrt{n}}=0$ (c는 상수)

이므로 수렴한다.

ㄴ. $\int_{3}^{\infty}\frac{1}{x(\ln x)\ln(\ln x)}dx$

$=\int_{\ln(\ln 3)}^{\infty}\frac{1}{u}du$ $\quad(\because\ \ln(\ln x)=u$ 로 치환)

$=[\ln u]_{\ln(\ln 3)}^{\infty}=\infty$

이므로 적분판정법에 의해 $\sum_{n=3}^{\infty}\frac{1}{n(\ln n)\ln(\ln n)}$ 은

발산한다.

ㄷ. $\lim_{n\to\infty}\left(1-\frac{1}{\sqrt{n}}\right)^n=e^{-\infty}=0<1$ 이므로

n 승근판정법에 의해 $\sum_{n=2}^{\infty}\left(1-\frac{1}{\sqrt{n}}\right)^{n^2}$ 은 수렴한다.

03 선형대수 ③

점 P를 지나고 방향벡터가 $<1,-1,2>$ 인 직선은

$l: x=1+t,\ y=1-t,\ z=1+2t$

직선 l 과 평면 $x-y+2z=0$의 교점은 $t=-\frac{1}{3}$일 때,

즉 $H\left(\frac{2}{3},\frac{4}{3},\frac{1}{3}\right)$

P′을 점 P의 평면에 대한 대칭점이라 하면 H는 $\overline{PP'}$의

중점이므로 $P'\left(\frac{1}{3},\frac{5}{3},-\frac{1}{3}\right)$

$\overline{PR}+\overline{QR}=\overline{P'R}+\overline{QR}\geq\overline{P'Q}$

$$=\sqrt{\left(\frac{\sqrt{2}+1}{3}-\frac{1}{3}\right)^2+\left(\frac{1}{3}-\frac{5}{3}\right)^2+\left\{\frac{5}{3}-\left(-\frac{1}{3}\right)\right\}^2}$$

$$=\sqrt{\frac{2}{9}+\frac{16}{9}+\frac{36}{9}}=\sqrt{6}$$

따라서 최솟값은 $\sqrt{6}$

04 다변수 미적분 ②

$g(x,y)=x^4+4y^4$,

$f(x,y)=x^4+8x^2y^2+16y^4=(x^2+4y^2)^2$ 이라 하자.

$$\begin{cases}\nabla f=\lambda\nabla g\\ g(x,y)=1\end{cases}$$

$$\Rightarrow\begin{cases}4x^3+16xy^2=4\lambda x^3,\ 16x^2y+64y^3=16\lambda y^3\\ x^4+4y^4=1\end{cases}$$

$4x(x^2+4y^2-\lambda x^2)=0,\ 16y(x^2+4y^2-\lambda y^2)=0$에서

(i) $x=0$인 경우 $y^4=\frac{1}{4}$ $\quad\therefore f(0,y)=16y^4=4$

(ii) $y=0$인 경우 $x^4=1$ $\quad\therefore f(x,0)=x^4=1$

(iii) $xy\neq 0$인 경우

$x^2+4y^2-\lambda x^2=0,\ x^2+4y^2-\lambda y^2=0$

$\Rightarrow \lambda x^2=\lambda y^2\ \Rightarrow\ x^2=y^2$

$$x^4+4y^4=1 \text{ 에서 } \quad 5x^4=1 \Rightarrow x^2=\frac{1}{\sqrt{5}},\ y^2=\frac{1}{\sqrt{5}}$$

$$\therefore\ f(x,y)=(x^2+4y^2)^2=(\sqrt{5})^2=5$$

따라서 최댓값은 5이고 최솟값은 1이다.

05 적분법 ①

$$h(x)=\sinh\left(x^2\int_{x^2}^{x^2-2x+2}e^{t^3x}dt\right)$$

$$\Rightarrow h'(x)$$

$$=\cosh\left(x^2\int_{x^2}^{x^2-2x+2}e^{t^3x}dt\right)$$

$$\times\left[2x\int_{x^2}^{x^2-2x+2}e^{t^3x}dt\right.$$

$$+x^2\left\{\int_{x^2}^{x^2-2x+2}t^3e^{t^3x}dt\right.$$

$$\left.\left.+(2x-2)e^{(x^2-2x+2)^3x}-2xe^{x^7}\right\}\right]$$

$$\Rightarrow h'(1)=\cosh 0\cdot(-2e)$$

$$=-2e$$

06 공학수학 ①

$$\int_C F\cdot dr=\int_0^1 F(r(t))\cdot r'(t)dt$$

$$=\int_0^1(0,-2t^3,t^3-2t)\cdot(3t^2,2t,-2)dt$$

$$=\int_0^1(-4t^4-2t^3+4t)dt$$

$$=\left[-\frac{4}{5}t^5-\frac{1}{2}t^4+2t^2\right]_0^1$$

$$=-\frac{4}{5}-\frac{1}{2}+2=\frac{7}{10}$$

07 공학수학 ⑤

$r(u,v)=(u+v,\ 2u-v+1,\ -2u+4v)$

$(0\le u\le 1,\ 0\le v\le 2)$ 라 하면

$$r_u\times r_v=\begin{vmatrix} i & j & k \\ 1 & 2 & -2 \\ 1 & -1 & 4\end{vmatrix}=(6,-6,-3) \Rightarrow |r_u\times r_v|=9$$

$$\iint_S(x+y+z)dS=9\int_0^2\int_0^1(u+4v+1)dudv$$

$$=9\int_0^2\left[\frac{1}{2}u^2+(4v+1)u\right]_0^1dv$$

$$=9\int_0^2\left(4v+\frac{3}{2}\right)dv=9\left[2v^2+\frac{3}{2}v\right]_0^2$$

$$=9(8+3)=99$$

08 선형대수 ④

$$A^2+I=\begin{pmatrix}1&1&3\\0&0&-2\\1&3&9\end{pmatrix} \Rightarrow (A^2+I)^{-1}=\frac{1}{2}\begin{pmatrix}3&0&-1\\-1&3&1\\0&-1&0\end{pmatrix}$$

$$aA+bI=\begin{pmatrix}b&0&a\\a&b&-a\\0&a&3a+b\end{pmatrix}$$

$$(A^2+I)^{-1}=aA+bI \Leftrightarrow \frac{1}{2}\begin{pmatrix}3&0&-1\\-1&3&1\\0&-1&0\end{pmatrix}=\begin{pmatrix}b&0&a\\a&b&-a\\0&a&3a+b\end{pmatrix}$$

따라서 $a=-\frac{1}{2}$, $b=\frac{3}{2}$이고, $a+b=1$

09 선형대수 ⑤

$B=\begin{pmatrix}11&3\\3&19\end{pmatrix}$ 이라 하면

$|B-\lambda I|=\lambda^2-30\lambda+200=0 \Rightarrow \lambda=20,\ 10$

각 고유치에 대응되는 고유벡터는 $\begin{pmatrix}1\\3\end{pmatrix}$, $\begin{pmatrix}-3\\1\end{pmatrix}$ 이다.

행렬 A 의 고유치는 1, $\frac{1}{2}$ 이므로 A 는 대각화 가능하므로

$$A^n=PD^nP^{-1}=\frac{1}{10}\begin{pmatrix}1&-3\\3&1\end{pmatrix}\begin{pmatrix}1&0\\0&\frac{1}{2^n}\end{pmatrix}\begin{pmatrix}1&3\\-3&1\end{pmatrix}$$

$$=\frac{1}{10}\begin{pmatrix}1+\frac{9}{2^n}&3-\frac{3}{2^n}\\3-\frac{3}{2^n}&9+\frac{1}{2^n}\end{pmatrix}$$

$$\Rightarrow \lim_{n\to\infty}A^n=\begin{pmatrix}\frac{1}{10}&\frac{3}{10}\\\frac{3}{10}&\frac{9}{10}\end{pmatrix}$$

따라서 모든 성분의 합은 $\frac{8}{5}$

10 공학수학 ④

$y'-\frac{1}{2x}y=-\frac{x}{8y}$ 는 베르누이 미분방정식이다.

$u=y^2$으로 치환하면

$$u'-\frac{1}{x}u=-\frac{x}{4}$$

$$y^2=u=e^{\int\frac{1}{x}dx}\left(\int-\frac{x}{4}e^{-\int\frac{1}{x}dx}dx+C\right)$$

$$=x\left(-\frac{x}{4}+C\right)=-\frac{1}{4}x^2+Cx$$

이므로 $y=\sqrt{-\frac{x^2}{4}+Cx}=\sqrt{-\frac{x^2}{4}+2x}$

$\therefore\ y(2)=\sqrt{3}$

11 미분법 ②

$f(0)=1 \Leftrightarrow g(1)=0$,

$f'(x)=e^{2x}+2(x+1)e^{2x}$,

$f''(x)=4e^{2x}+4(x+1)e^{2x}$ 이므로

$$g'(1)=\frac{1}{f'(g(1))}=\frac{1}{f'(0)}=\frac{1}{3}$$

$$g''(1)=-\frac{f''(g(1))}{\{f'(g(1))\}^3}=-\frac{f''(0)}{\{f'(0)\}^3}=-\frac{8}{27}$$

$$\therefore\ g'(1)+g''(1)=\frac{1}{27}$$

12 적분법 ③

같은 길이를 가지는 $r=1+\cos\theta$를 이용하여 길이를 구하면 다음과 같다.

$$l=2\int_{\frac{\pi}{2}}^{\pi}\sqrt{(1+\cos\theta)^2+(-\sin\theta)^2}\,d\theta$$

$$=2\int_{\frac{\pi}{2}}^{\pi}\sqrt{2+2\cos\theta}\,d\theta$$

$$=4\int_{\frac{\pi}{2}}^{\pi}\cos\frac{\theta}{2}\,d\theta=8\left[\sin\frac{\theta}{2}\right]_{\frac{\pi}{2}}^{\pi}$$

$$=8\left(1-\frac{\sqrt{2}}{2}\right)=8-4\sqrt{2}$$

$$\therefore\ a+b=8-4=4$$

13 다변수 미적분 ④

$$f(t)=\iint_{T(t)}e^{2y-x^2}dA=\int_{-t}^{t}\int_{-t}^{x}e^{2y-x^2}dydx$$

$$=\frac{1}{2}\int_{-t}^{t}e^{-x^2}[e^{2y}]_{-t}^{x}dx$$

$$=\frac{1}{2}\int_{-t}^{t}e^{-x^2}(e^{2x}-e^{-2t})dx$$

$$=\frac{1}{2}\int_{-t}^{t}e^{2x-x^2}dx-\frac{1}{2}e^{-2t}\int_{-t}^{t}e^{-x^2}dx$$

$$\Rightarrow \lim_{t\to\infty}f(t)=\frac{1}{2}\int_{-\infty}^{\infty}e^{-x^2+2x}dx$$

$$\left(\because\ \lim_{t\to\infty}e^{-2t}\int_{-t}^{t}e^{-x^2}dx=0\right)$$

$$=\frac{1}{2}\int_{-\infty}^{\infty}e^{1-(x-1)^2}dx$$

$$=\frac{e}{2}\int_{-\infty}^{\infty}e^{-(x-1)^2}dx$$

$$=\frac{e}{2}\int_{-\infty}^{\infty}e^{-\alpha^2}d\alpha$$ (∵ $x-1=\alpha$로 치환)

$$=\frac{e}{2}\sqrt{\pi}\qquad \left(\because\ \int_{-\infty}^{\infty}e^{-x^2}dx=\sqrt{\pi}\right)$$

14 다변수 미적분 ⑤

$$\int_0^9\int_{\sqrt{x}}^3\int_0^{3-y}\cos((3-z)^4)dzdydx$$

$$=\int_0^3\int_0^{3-z}\int_0^{y^2}\cos((3-z)^4)dxdydz$$

$$=\int_0^3\int_0^{3-z}y^2\cos((3-z)^4)dydz$$

$$=\frac{1}{3}\int_0^3(3-z)^3\cos((3-z)^4)dz$$

$$=-\frac{1}{12}\left[\sin((3-z))^4\right]_0^3=\frac{\sin 81}{12}$$

15 선형대수 ②

ㄱ. $rank(A)=rank(A^T)=rank(AA^T)=rank(A^TA)$ (참)

ㄴ. $A=PDP^{-1}$, P는 가역행렬, D는 대각행렬이므로 $A^T=(P^{-1})^TD^TP^T$ (참)

ㄷ. $tr(AX-XA)=tr(AX)-tr(XA)=0\neq tr(I)$(거짓)

16 공학수학 ①

$$f(t)=\mathcal{L}^{-1}\left\{\frac{4s}{(s+1)(s^2+4s+5)}\right\}$$

$$=\mathcal{L}^{-1}\left\{\frac{-2}{s+1}+\frac{2s+10}{s^2+4s+5}\right\}$$ (∵ 부분분수변환)

$$=\mathcal{L}^{-1}\left\{\frac{-2}{s+1}\right\}+\mathcal{L}^{-1}\left\{\frac{2(s+2)+6}{(s+2)^2+1}\right\}$$

$$=\mathcal{L}^{-1}\left\{\frac{-2}{s+1}\right\}+\mathcal{L}^{-1}\left\{\frac{2(s+2)}{(s+2)^2+1}\right\}+\mathcal{L}^{-1}\left\{\frac{6}{(s+2)^2+1}\right\}$$

$$=-2e^{-t}+2e^{-2t}\cos t+6e^{-2t}\sin t$$

$$\therefore\ f(\pi)=-2e^{-\pi}-2e^{-2\pi}$$

17 미분법 26

$f(x)$의 매클로린 급수를 이용하자.

$$f(x)=\frac{x^2}{1-x-e^{-x}}=\frac{x^2}{-\frac{x^2}{2!}+\frac{x^3}{3!}-\frac{x^4}{4!}+\frac{x^5}{5!}-\cdots}$$

$$=\frac{1}{-\frac{1}{2!}+\frac{x}{3!}-\frac{x^2}{4!}+\frac{x^3}{5!}-\cdots}$$

$$=-2-\frac{2x}{3}-\frac{x^2}{18}+\frac{x^3}{270}-\cdots$$

(i) $f(0)=\lim_{x\to 0}\frac{x^2}{1-x-e^{-x}}$

$=\lim_{x\to 0}\left(-2-\frac{2x}{3}-\frac{x^2}{18}+\frac{x^3}{270}-\cdots\right)=-2$

(ii) $f''(x)=-\frac{1}{9}+\frac{x}{45}-\cdots$ 에서 $f''(0)=-\frac{1}{9}$

따라서 $f''(0)-f(0)=-\frac{1}{9}+2=\frac{17}{9}=\frac{q}{p}$

$\therefore\ p+q=26$

18 공학수학 16

발산정리에 의해

$\iint_S F\cdot dS$

$=\iiint_E \operatorname{div} F dV=\iiint_E (2z+2)\,dV$

$=2\int_0^{2\pi}\int_0^{\frac{\pi}{4}}\int_0^{2\cos\phi}(\rho\cos\phi+1)\rho^2\sin\phi\, d\rho d\phi d\theta$

$=2\int_0^{2\pi}\int_0^{\frac{\pi}{4}}\left[\frac{1}{4}\rho^4\cos\phi\sin\phi+\frac{1}{3}\rho^3\sin\phi\right]_0^{2\cos\phi}d\phi d\theta$

$=2\int_0^{2\pi}\int_0^{\frac{\pi}{4}}\left(4\cos^5\phi\sin\phi+\frac{8}{3}\cos^3\phi\sin\phi\right)d\phi d\theta$

$=2\int_0^{2\pi}\left[-\frac{2}{3}\cos^6\phi-\frac{2}{3}\cos^4\phi\right]_0^{\frac{\pi}{4}}d\theta$

$=2\int_0^{2\pi}\left(-\frac{2}{3}\cdot\frac{1}{8}-\frac{2}{3}\cdot\frac{1}{4}+\frac{2}{3}+\frac{2}{3}\right)d\theta$

$=2\int_0^{2\pi}\frac{13}{12}d\theta=\frac{13}{3}\pi=\frac{q}{p}\pi$

$\therefore\ p+q=16$

19 선형대수 181

$<x_1, x_2, x_3>\times<1, 1, 1>$

$=<x_2-x_3, -x_1+x_3, x_1-x_2>$

$\Rightarrow \begin{pmatrix} y_1\\ y_2\\ y_3\end{pmatrix}=\begin{pmatrix}0&1&-1\\-1&0&1\\1&-1&0\end{pmatrix}\begin{pmatrix}x_1\\x_2\\x_3\end{pmatrix}$

$A=\begin{pmatrix}0&1&-1\\-1&0&1\\1&-1&0\end{pmatrix}$ 이므로 $A^T=\begin{pmatrix}0&-1&1\\1&0&-1\\-1&1&0\end{pmatrix}$ 이다.

A^T 의 고유방정식은 $\lambda^3+3\lambda=0$

$\Rightarrow (A^T)^3=-3A^T$ ($\because$ 케일리-해밀턴의 정리)

$\Rightarrow (A^T)^9=-27(A^T)^3=81A^T=81\begin{pmatrix}0&-1&1\\1&0&-1\\-1&1&0\end{pmatrix}$

따라서 $(A^T)^9$ 의 $(3, 2)$ 성분은 $a=81$ 이고

$a+100=181$ 이다.

20 공학수학 24

(i) 보조방정식 $m^2-1=0$에서 $m=\pm 1$이므로

보조해 $y_c=c_1e^x+c_2e^{-x}$

(ii) 특수해를 $y_p=(Ax^2+Bx)e^x$라 하면

$y_p{}'=\{Ax^2+(2A+B)x+B\}e^x$ …… ㉠

$y_p{}''=(Ax^2+(4A+B)x+(2A+2B))e^x$ …… ㉡

㉠, ㉡을 미분방정식 $y''-y=4xe^x$ 에 대입하여 정리하면

$(4Ax+2A+2B)e^x=4xe^x$ 이고 양변의 계수를 비교하면 $A=1,\ B=-1$

따라서 $y_p=(x^2-x)e^x$

(i), (ii)에 의하여 일반해를 구하면

$y=c_1e^x+c_2e^{-x}+(x^2-x)e^x$

$=12e^x-13e^{-x}+(x^2-x)e^x$

($\because\ y(0)=-1,\ y'(1)=13(e+e^{-1})$)

이므로 $y'=12e^x+13e^{-x}+(2x-1)e^x+(x^2-x)e^x$

$\therefore\ y'(0)=24$

▶ 문항 수: 20문항 | 제한시간: 100분

TEST p. 118~124

01	⑤	02	③	03	③	04	②	05	③
06	④	07	①	08	⑤	09	④	10	②
11	①	12	④	13	①	14	③	15	④
16	③	17	②	18	④	19	①	20	④

01 미분법 ⑤

ㄱ. $\lim_{h\to0}\dfrac{e^h-1}{h}=\lim_{h\to0}\dfrac{e^h}{1}=1$

ㄴ, ㄷ, ㅁ. 무리수 e의 극한 정의

ㄹ. $\lim_{x\to1}x^{\frac{1}{x-1}}=\lim_{x\to1}e^{\ln x^{\frac{1}{x-1}}}=\lim_{x\to1}e^{\frac{\ln x}{x-1}}=\lim_{x\to1}e^{\frac{1}{x}}=e$

ㅂ. $\sum_{k=0}^{\infty}\dfrac{1}{k!}=e$

02 미분법 ③

기둥에서 사람까지의 거리를 x라 하면 삼각형의 닮음비에 의해

$2:6=a:a+x \Leftrightarrow 6a=2a+2x \quad \therefore\ a=\dfrac{x}{2}$

$x=10$일 때 그림자의 길이는 $a=\dfrac{10}{2}=5$

기둥으로부터 그림자의 끝까지의 거리는 $a+x=\dfrac{3}{2}x$이고,

기둥에서 사람까지의 거리의 변화율 $\dfrac{dx}{dt}=\dfrac{3}{2}$이므로

$b=\dfrac{3}{2}\dfrac{dx}{dt}=\dfrac{9}{4},\ c=\dfrac{da}{dt}=\dfrac{1}{2}\dfrac{dx}{dt}=\dfrac{3}{4}$

$\therefore\ a+b+c=8$

03 적분법 ③

$$2\pi\int_0^{\frac{\pi}{4}}x(\cos x-\sin x)dx+2\pi\int_{\frac{\pi}{4}}^{\frac{\pi}{2}}x(\sin x-\cos x)dx$$

$$=2\pi\left[x(\cos x+\sin x)+\cos x-\sin x\right]_0^{\frac{\pi}{4}}$$

$$+2\pi\left[-x(\cos x+\sin x)+\sin x-\cos x\right]_{\frac{\pi}{4}}^{\frac{\pi}{2}}$$

$$=2\pi\left(\frac{\sqrt{2}}{4}\pi-1\right)+2\pi\left(-\frac{\pi}{2}+1+\frac{\sqrt{2}}{4}\pi\right)=\pi^2(\sqrt{2}-1)$$

04 다변수 미적분 ②

영역 $D=\{(x,y)|x^2\le y\le x,\ 0\le x\le 1\}$

$$a=\frac{\iint_D x\,dA}{\iint_D dA}=\frac{\int_0^1\int_{x^2}^{x}x\,dydx}{\int_0^1\int_{x^2}^{x}dydx}=\frac{\int_0^1 x(x-x^2)dx}{\int_0^1(x-x^2)dx}$$

$$=\frac{\left[\frac{1}{3}x^3-\frac{1}{4}x^4\right]_0^1}{\left[\frac{1}{2}x^2-\frac{1}{3}x^3\right]_0^1}=\frac{\frac{1}{3}-\frac{1}{4}}{\frac{1}{2}-\frac{1}{3}}=\frac{1}{2}$$

$$b=\frac{\iint_D y\,dA}{\iint_D dA}=\frac{\int_0^1\int_{x^2}^{x}y\,dydx}{\int_0^1\int_{x^2}^{x}dydx}=\frac{\int_0^1\frac{1}{2}(x^2-x^4)dx}{\int_0^1(x-x^2)dx}$$

$$=\frac{\left[\frac{1}{6}x^3-\frac{1}{10}x^4\right]_0^1}{\left[\frac{1}{2}x^2-\frac{1}{3}x^3\right]_0^1}=\frac{\frac{1}{6}-\frac{1}{10}}{\frac{1}{2}-\frac{1}{3}}=\frac{2}{5}$$

$\therefore\ a+b=\dfrac{9}{10}$

05 다변수 미적분 ③

$\sum_{n=1}^{\infty}\dfrac{1}{n^{k-1}}$은 p급수 판정법에 의해 $k-1>1$일 때 수렴한다. 따라서 $k>2$ …… ㉠

$\sum_{n=1}^{\infty}\dfrac{k^n}{4^n n^2}$은 n승근 판정법에 의해 $\dfrac{k}{4}<1$일 때 수렴하며

$k=4$일 때, $\sum_{n=1}^{\infty}\dfrac{1}{n^2}$은 수렴하므로 $k\le4$ …… ㉡

㉠, ㉡을 모두 만족하는 k의 범위는 $2<k\le4$이므로 자연수 k의 개수는 2개다.

06 다변수 미적분 ④

$r(t)=(2\cos t+\sin 2t,\ 2\sin t+\cos 2t)$

$\Rightarrow\ r'(t)=v(t)=(-2\sin t+2\cos 2t,\ 2\cos t-2\sin 2t)$

$\Rightarrow\ |v(t)|=\sqrt{8-8(\sin t\cos 2t+\cos t\sin 2t)}$

$= \sqrt{8-8\sin(2t+t)} = \sqrt{8-8\sin 3t}$

$|v(t)|=0$를 만족하면 $8-8\sin 3t=0 \Leftrightarrow \sin 3t=1$인 $t=\frac{\pi}{6}, \frac{5\pi}{6}$이다.

07 선형대수 ①

$\overrightarrow{PQ}=(3, -1, -4)$,

$\overrightarrow{PR}=(-3, -4, -6) \Rightarrow \overrightarrow{PQ}\times\overrightarrow{PR}=(-10, 30, -15)$

따라서 평면의 방정식은

$-10x+30y-15z=20 \Leftrightarrow 2x-6y+3z+4=0$

점 $(2,1,-10)$에서 평면 $2x-6y+3z+4=0$ 까지의 거리 $\frac{|4-6-30+4|}{\sqrt{4+36+9}}=\frac{28}{7}=4$

08 미분법 ⑤

$y(t)=10+40t\sin\left(\frac{\pi}{3}\right)-\frac{1}{2}\cdot 10\cdot t^2=10+20\sqrt{3}t-5t^2$

$y'(t)=-10t+20\sqrt{3}=0 \Rightarrow t=2\sqrt{3}$

$\therefore\ y(2\sqrt{3})=70$

따라서 발사체가 지면으로부터 가장 높이 올라갔을 때의 높이는 70 m 이다.

09 다변수 미적분 ④

$$\iint_{x^2+y^2\le 1} Ce^{x^2+y^2}dA=\int_0^{2\pi}\int_0^1 Ce^{r^2}rdrd\theta$$
$$=\frac{C}{2}\int_0^{2\pi}(e-1)d\theta$$
$$=C(e-1)\pi=1$$

이므로 $C=\frac{1}{(e-1)\pi}$

$$E(x^2+y^2)=\frac{1}{(e-1)\pi}\iint_{x^2+y^2\le 1}(x^2+y^2)e^{x^2+y^2}dA$$
$$=\frac{1}{(e-1)\pi}\int_0^{2\pi}\int_0^1 r^3e^{r^2}drd\theta$$
$$=\frac{2}{e-1}\int_0^1 r^3e^{r^2}dr$$
$$=\frac{1}{e-1}\int_0^1 te^tdt$$
$$=\frac{1}{e-1}[te^t-e^t]_0^1=\frac{1}{e-1}$$

10 공학수학 ②

$P(x,y)=x^2\tanh^{-1}x,\ Q(x,y)=x\sin y^2$이라 하면

$Q_x-P_y=\sin y^2$

그린의 정리에 의해

$$\int_0^1\int_0^y \sin(y^2)\,dxdy=\int_0^1 y\sin(y^2)dy$$
$$=-\frac{1}{2}[\cos(y^2)]_0^1$$
$$=\frac{1}{2}(1-\cos 1)=\sin^2\frac{1}{2}$$

11 공학수학 ①

$D=\{(x,y)|x^2+2y^2\le 8\}$이라 하고, $u=x,\ v=\sqrt{2}y$로 변수변환하면

$|J|=\frac{1}{\left|\begin{vmatrix}1 & 0\\ 0 & \sqrt{2}\end{vmatrix}\right|}=\frac{1}{\sqrt{2}}$이고

$D^*=\{(u,v)|u^2+v^2\le 8\}$이라 하자.

$$\iint_S F\cdot dS$$
$$=\iint_D (x,y,9-x^2-2y^2)\cdot(2x,4y,1)dA$$
$$=\iint_D (2x^2+4y^2+9-x^2-2y^2)dA$$
$$=\iint_D (x^2+2y^2+9)dA$$
$$=\frac{1}{\sqrt{2}}\iint_{D^*}(u^2+v^2+9)dudv$$
$$=\frac{1}{\sqrt{2}}\int_0^{2\pi}\int_0^{2\sqrt{2}}(r^2+9)rdrd\theta$$
$$=\sqrt{2}\pi\int_0^{2\sqrt{2}}(r^3+9r)dr=\sqrt{2}\pi\left[\frac{r^4}{4}+\frac{9r^2}{2}\right]_0^{2\sqrt{2}}$$
$$=\sqrt{2}\pi\left(\frac{64}{4}+\frac{72}{2}\right)$$
$$=52\sqrt{2}\pi$$

| 다른 풀이 |

$S_1 : z=0, x^2+2y^2\le 8,\ S_2=S\cup S_1$,

$E=\{(x,y,z)|x^2+2y^2\le 8, 0\le z\le 8-x^2-2y^2\}$이라 하자.

$$\iint_{S_2} F\cdot dS$$
$$=\iiint_E \text{div}F dV-\iint_{S_1}F\cdot dS$$
$$=\iiint_E 3dV-\iint_{S_1}F\cdot dS$$
$$=3\iint_D\int_0^{8-x^2-2y^2}dzdA-\iint_{S_1}F\cdot dS$$
$$=3\iint_D(8-x^2-2y^2)dA-\iint_D(x,y,1)\cdot(0,0,-1)dA$$

$$= \frac{3}{\sqrt{2}} \iint_{D^*} \{8-(u^2+v^2)\} dudv + (\text{영역 } D\text{의 넓이})$$

$$= \frac{3}{\sqrt{2}} \int_0^{2\pi} \int_0^{2\sqrt{2}} (8-r^2) r dr d\theta + 4\sqrt{2}\pi$$

$$= 3\sqrt{2}\pi \int_0^{2\sqrt{2}} (8r-r^3) dr + 4\sqrt{2}\pi$$

$$= 3\sqrt{2}\pi \left[4r^2 - \frac{1}{4}r^4\right]_0^{2\sqrt{2}} + 4\sqrt{2}\pi$$

$$= 3\sqrt{2}\pi(32-16) + 4\sqrt{2}\pi = 52\sqrt{2}\pi$$

12 공학수학 ④

ㄱ. $F(x,y,z) = (x,y,z)$이라 하면

$$curl F = \begin{vmatrix} i & j & k \\ \frac{\partial}{\partial x} & \frac{\partial}{\partial y} & \frac{\partial}{\partial z} \\ x & y & z \end{vmatrix} = 0$$이므로 보존적 벡터장이다.

ㄴ. $G(x,y,z) = (\sin y \cos z, x\cos y \cos z, -x \sin y \sin z)$

이라 하면

$$curl G = \begin{vmatrix} i & j & k \\ \frac{\partial}{\partial x} & \frac{\partial}{\partial y} & \frac{\partial}{\partial z} \\ \sin y \cos z & x\cos y\cos z & -x\sin y \sin z \end{vmatrix} = 0$$

이므로 보존적 벡터장이다.

ㄷ. $H(x,y) = (2e^{x^2}x^2y + e^{x^2}y, e^{x^2}) = (P(x,y), Q(x,y))$

이라 하면 $Q_x = 2xe^{x^2}$이고 $P_y = 2e^{x^2}x^2 + e^{x^2}$이므로

보존적 벡터장이 아니다.

ㄹ. $K(x,y) = \left(\frac{y^2}{x^2+1}, 2y\tan^{-1}x\right) = (P(x,y), Q(x,y))$

이라 하면 $Q_x = \frac{2y}{1+x^2} = P_y$이므로 보존적 벡터장이다.

13 공학수학 ①

$$(x-3)(x-5)\frac{dy}{dx} - (x-4)y = 0$$

$\Rightarrow y' - \frac{x-4}{(x-3)(x-5)}y = 0$는 1 계선형미분방정식이다.

따라서 일반해

$$y = Ce^{\int \frac{x-4}{(x-3)(x-5)}dx} = Ce^{\frac{1}{2}\int \frac{1}{x-3} + \frac{1}{x-5}dx}$$

$$= Ce^{\frac{1}{2}(\ln|x-3| + \ln|x-5|)}$$

$y\left(\frac{9}{2}\right) = \frac{\sqrt{3}}{2}$이므로 $C=1$이다.

따라서 $y = e^{\frac{1}{2}(\ln|x-3|+\ln|x-5|)}$

$\therefore\ y(4) = 1$

14 공학수학 ③

$m^2 - 8m + 18 = 0 \Rightarrow m = 4 \pm \sqrt{2}i$

따라서 $y = e^{4x}\{c_1\cos(\sqrt{2}x) + c_2\sin(\sqrt{2}x)\}$

$y(0) = 1$이므로 $c_1 = 1$, $y\left(\frac{\sqrt{2}}{4}\pi\right) = 0$이므로 $c_2 = 0$이다.

그러므로 $y = e^{4x}\cos(\sqrt{2}x)$

$\therefore y\left(\frac{3\sqrt{2}}{4}\pi\right) = 0$

15 공학수학 ④

$\mathcal{L}\{y'\} + 2\mathcal{L}\{y\} = \mathcal{L}\{u(t) - u(t-1)\}$

$\Rightarrow s\mathcal{L}\{y\} - y(0) + 2\mathcal{L}\{y\} = \mathcal{L}\{u(t)\} - \mathcal{L}\{u(t-1)\}$

$\Rightarrow s\mathcal{L}\{y\} - y(0) + 2\mathcal{L}\{y\} = \frac{1}{s} - \frac{e^{-s}}{s}$

$\Rightarrow (s+2)\mathcal{L}\{y\} = \frac{1}{s} - \frac{e^{-s}}{s}$

$\Rightarrow \mathcal{L}\{y\} = \frac{1}{s(s+2)} - \frac{e^{-s}}{s(s+2)}$

$$= \frac{1}{2}\left(\frac{1}{s} - \frac{1}{s+2}\right) - \frac{e^{-s}}{2}\left(\frac{1}{s} - \frac{1}{s+2}\right)$$

이므로 $y = \frac{1}{2}(1-e^{-2t}) - \frac{1}{2}u(t-1)(1-e^{-2(t-1)})$

$\therefore\ y(2) = \frac{1}{2}(e^{-2} - e^{-4})$

16 공학수학 ③

$y' + \frac{1}{x}y = 3e^x + 6x$는 1 계선형미분방정식이므로

$$y = e^{-\int \frac{1}{x}dx}\left\{\int (3e^x + 6x)e^{\int \frac{1}{x}dx} dx + C\right\}$$

$$= e^{-\ln x}\left\{\int (3e^x + 6x)e^{\ln x} dx + C\right\}$$

$$= \frac{1}{x}\left\{\int (3xe^x + 6x^2)dx + C\right\}$$

$$= \frac{1}{x}\{(3xe^x - 3e^x + 2x^3) + C\}$$

$$= \frac{1}{x}\{(3xe^x - 3e^x + 2x^3) + 3\} \quad (\because\ y(1) = 5)$$

$$\therefore \lim_{x\to 0} \frac{3xe^x - 3e^x + 2x^3 + 3}{x}$$

$$= \lim_{x\to 0} \frac{3e^x + 3xe^x - 3e^x + 6x^2}{1} \quad (\because \text{ 로피탈의 정리})$$

$$= 0$$

| 다른 풀이 |

$$x\frac{dy}{dx} = 3xe^x - y + 6x^2 \Rightarrow y + xy' = 3xe^x + 6x^2$$

양변을 적분하면

$xy=3(x-1)e^x+2x^3+c\ \ (\because\ (xy)'=y+xy')$

$y(1)=5$이므로 $c=3$이다.

$\therefore\ y=\dfrac{3(x-1)e^x+2x^3+3}{x}$

$\therefore\ \lim_{x\to 0}y(x)=0$

17 선형대수 ②

A는 블록대각행렬이다. $B=\begin{pmatrix}1&0&1\\0&2&2\\1&1&3\end{pmatrix}$, $C=\begin{pmatrix}1&1\\1&2\end{pmatrix}$이라 하면

$|A|=|B||C|=2\times 1=2$

18 선형대수 ④

$D=\begin{pmatrix}1&0&0\\0&2&0\\0&0&3\end{pmatrix}$이라 하고 $P=\begin{pmatrix}1&1&0\\0&-1&-1\\0&0&1\end{pmatrix}$이라 하면

$P^{-1}=\begin{pmatrix}1&1&1\\0&-1&-1\\0&0&1\end{pmatrix}$이다.

A는 대각화 가능하므로

$A=PDP^{-1}=\begin{pmatrix}1&1&0\\0&-1&-1\\0&0&1\end{pmatrix}\begin{pmatrix}1&0&0\\0&2&0\\0&0&3\end{pmatrix}\begin{pmatrix}1&1&1\\0&-1&-1\\0&0&1\end{pmatrix}=\begin{pmatrix}1&-1&-1\\0&2&-1\\0&0&3\end{pmatrix}$

따라서 행렬 A의 모든 성분의 합은 3이다.

19 선형대수 ①

A는 직교행렬이므로 서로 다른 열벡터들은 수직이다.

$$\begin{cases}\frac{1}{4}+\frac{1}{2}b+\frac{1}{4}-\frac{1}{2}d=0\\ \frac{1}{4}+\frac{1}{4}+\frac{1}{2}c-\frac{1}{2}d=0\\ \frac{1}{2}a-\frac{1}{4}-\frac{1}{4}+\frac{1}{2}d=0\\ \frac{1}{2}a-\frac{1}{4}-\frac{1}{2}c-\frac{1}{4}=0\end{cases}\Rightarrow\begin{cases}1+2b+1-2d=0\\1+1+2c-2d=0\\2a-1-1+2d=0\\2a-1-2c-1=0\end{cases}$$

$$\Rightarrow\begin{cases}b-d=-1\\c-d=-1\\a+d=1\\a-c=1\end{cases}\text{ 이므로}$$

$a=\frac{1}{2}$, $b=-\frac{1}{2}$, $c=-\frac{1}{2}$, $d=\frac{1}{2}$

$\therefore\ a+b+c+d=0$

20 선형대수 ④

행렬식의 성질에 의해 ㄱ, ㄷ, ㄹ은 참이다.

ㄴ. i번째 행에 대하여 여인수 전개하면

$\det(A)=\sum_{j=1}^{n}a_{ij}C_{ij}$

i번째 행에 k를 곱하고 여인수 전개하면

$\det(B)=\sum_{j=1}^{n}ka_{ij}C_{ij}=k\sum_{j=1}^{n}a_{ij}C_{ij}=k\det A$

따라서 $k\det(A)=\det B$이므로 거짓이다.

THE UNIVERSITY
OF SEOUL

서울시립대학교

▶ 문항 수: 25문항 | 제한시간: 60분

TEST p. 126~134

01	①	02	④	03	③	04	⑤	05	②
06	④	07	④	08	⑤	09	③	10	⑤
11	①	12	⑤	13	②	14	④	15	①
16	14	17	36	18	3	19	9	20	6
21	36	22	41	23	26	24	3	25	63

01 공학수학 ①

$m(m-1)-2m+2=0$

$\Rightarrow m=1,2$

따라서 일반해 $y=c_1x+c_2x^2$이고 $y'=c_1+2c_2x$

$y(1)=3$이므로 $c_1+c_2=3$,

$y'(1)=4$이므로 $c_1+2c_2=4$이다.

따라서 $c_1=2, c_2=1$이고, $y=2x+x^2$이다.

$\therefore\ y(3)=6+9=15$

02 공학수학 ④

$(x^2+4)\dfrac{dy}{dx}+4xy=2x$에서 $y'+\dfrac{4x}{x^2+4}y=\dfrac{2x}{x^2+4}$는

1계선형미분방정식이다. 일반해를 구하면

$$f(x)=e^{-\int\frac{4x}{x^2+4}dx}\left(\int\frac{2x}{x^2+1}e^{\int\frac{4x}{x^2+4}dx}dx+C\right)$$

$$=e^{-2\ln(x^2+4)}\left(\int\frac{2x}{x^2+4}e^{2\ln(x^2+4)}dx+C\right)$$

$$=\frac{1}{(x^2+4)^2}\left(\int 2x(x^2+4)dx+C\right)$$

$$=\frac{1}{(x^2+4)^2}\left(\frac{x^4}{2}+4x^2+C\right)$$

$y(0)=1$이므로 $C=16$

그러므로 $y=\dfrac{1}{(x^2+4)^2}\left(\dfrac{x^4}{2}+4x^2+16\right)$

$\therefore\ y(2)=\dfrac{5}{8}$

03 공학수학 ③

$f(t)+\int_0^t f(\tau)e^{t-\tau}d\tau=\sin 2t$

$$\Rightarrow \mathcal{L}\left\{f(t)+\int_0^t f(\tau)e^{t-\tau}d\tau\right\}=\mathcal{L}\{\sin 2t\}$$

$$\Leftrightarrow \mathcal{L}\{f(t)\}+\mathcal{L}\left\{\int_0^t f(\tau)e^{t-\tau}d\tau\right\}=\mathcal{L}\{\sin 2t\}$$

$$\Leftrightarrow \mathcal{L}\{f(t)\}+\mathcal{L}\{f(t)*e^t\}=\frac{2}{s^2+4}$$

$$\Leftrightarrow \mathcal{L}\{f(t)\}+\mathcal{L}\{f(t)\}\mathcal{L}\{e^t\}=\frac{2}{s^2+4}$$

$$\Leftrightarrow \mathcal{L}\{f(t)\}+\mathcal{L}\{f(t)\}\frac{1}{s-1}=\frac{2}{s^2+4}$$

$$\Leftrightarrow \frac{s}{s-1}\mathcal{L}\{f(t)\}=\frac{2}{s^2+4}$$

$\Leftrightarrow \mathcal{L}\{f(t)\}=\dfrac{2}{s^2+4}\left(1-\dfrac{1}{s}\right)$ 이므로

$$f(t)=\mathcal{L}^{-1}\left\{\frac{2}{s^2+4}\right\}-\mathcal{L}^{-1}\left\{\frac{2}{s(s^2+4)}\right\}$$

$$=\sin 2t-\int_0^t \sin 2u\,du=\sin 2t+\frac{1}{2}(\cos 2t-1)$$

$\therefore\ f(\pi)=0$

04 공학수학 ⑤

$$c_n=\frac{1}{p}\int_{-\frac{p}{2}}^{\frac{p}{2}}f(x)e^{-i\frac{2n\pi}{p}x}dx$$

$$c_n=\frac{1}{2\pi}\int_{-\pi}^{\pi}xe^{-inx}dx=\frac{1}{2\pi}\int_{-\pi}^{\pi}x(\cos nx-i\sin nx)dx$$

$$=-\frac{i}{\pi}\int_0^{\pi}x\sin nx\,dx=-\frac{i}{\pi}\left[-\frac{x}{n}\cos nx+\frac{1}{n^2}\sin nx\right]_0^{\pi}$$

$$=\frac{i}{n}\cos(n\pi)$$

$\therefore\ c_2=\dfrac{i}{2}$

05 선형대수 ②

(가) $A=\{x^3+a\,|\,a$는 실수$\}$라 하면

$\sqrt{2}(x^3+a)\not\in A$이므로 A는 $\mathbb{P}_3$의 부분공간이 아니다.

(나) $B=\{f(x)\in\mathbb{P}_3\,|\,f'(-1)=0\}$라 하면

$f(x),\ g(x)\in B\ (k\in\mathbb{R})$에 대하여

(i) $f'(-1)+g'(-1)=0\in B$

(ii) $kf'(-1)=0\in B$

$\therefore$ B는 $\mathbb{P}_3$의 부분공간이다.

(다) $C=\{ax^2+bx+c \mid a, b, c$는 정수$\}$라 하면
$\sqrt{2}(ax^2+bx+c) \notin C$ 이므로 C는 $\mathbb{P}_3$ 의 부분공간이 아니다.

06 선형대수 ④

$A=\begin{pmatrix} -4 & 0 & 3 \\ 0 & 4 & 0 \\ -2 & 0 & 1 \end{pmatrix}$ 의

고유방정식 $|A-\lambda I|=\lambda^3-\lambda^2-10\lambda-8=0$에서
$\lambda=-2, -1, 4$
각각의 고유치 λ에 대응되는 고유벡터는
$(3,0,2)$, $(1,0,1)$, $(0,1,0)$이다.

$$A^{2025}=PD^{2025}P^{-1}$$

$$=\begin{pmatrix} 3 & 1 & 0 \\ 0 & 0 & 1 \\ 2 & 1 & 0 \end{pmatrix}\begin{pmatrix} -2^{2025} & 0 & 0 \\ 0 & -1 & 0 \\ 0 & 0 & 4^{2025} \end{pmatrix}\begin{pmatrix} 1 & 0 & -1 \\ -2 & 0 & 3 \\ 0 & 1 & 0 \end{pmatrix}$$

$$=\begin{pmatrix} 2-3\cdot 2^{2025} & 0 & -3+3\cdot 2^{2025} \\ 0 & 4^{2025} & 0 \\ 2-2^{2026} & 0 & -3+2^{2026} \end{pmatrix}$$

따라서 모든 성분의 합은 $4^{2025}-2$ 이다.

07 선형대수 ④

$A=\begin{pmatrix} 1 & 0 & 0 & -2 \\ 3 & 1 & 2 & 2 \\ 1 & 0 & 3 & 1 \\ 3 & 0 & 0 & 6 \end{pmatrix}$ 의 고유방정식

$|A-\lambda I|=(1-\lambda)(3-\lambda)(\lambda^2-7\lambda+12)=0$에서
고유치 $\lambda=1, 3, 3, 4$이다.
(i) $\lambda=1$의 대수적 중복도와 기하적 중복도는 1,
(ii) $\lambda=4$의 대수적 중복도와 기하적 중복도는 1,
(iii) $\lambda=3$의 대수적 중복도와 기하적 중복도는 2
이므로 대각화 가능하다.
$|A|=36 \neq 0$ 이므로
$rank(A)=4$,

$$\det\left(\frac{1}{3}A\right)=\frac{1}{3^4}\det(A)=\frac{36}{81}=\frac{4}{9}$$

08 적분법 ⑤

원주각법에 의해

$$V=2\pi\int_0^1 (x+1)(\sec^2 x-\tan^2 x)dx$$
$$=2\pi\int_0^1 (x+1)dx$$
$$=2\pi\left[\frac{1}{2}x^2+x\right]_0^1$$
$$=3\pi$$

09 적분법 ③

ㄱ. $\displaystyle\int_1^\infty \frac{dx}{\sqrt{x^4+x}} < \int_1^\infty \frac{dx}{\sqrt{x^4}}$ 에서 $\displaystyle\int_1^\infty \frac{1}{x^2}dx$ 가 수렴하므로 비교판정법에 의해 수렴한다.

ㄴ. $\displaystyle\int_1^\infty e^{-x^3}\tan^{-1}x\,dx < 4\int_1^\infty e^{-x^2}dx < 4\int_0^\infty e^{-x^2}dx$

에서 $4\displaystyle\int_0^\infty e^{-x^2}dx=2\sqrt{\pi}$ 이므로 비교판정법에 의해 수렴한다.

ㄷ. $\displaystyle\frac{1}{2}\int_0^1 \frac{1}{x\sqrt{x}}dx < \int_0^1 \frac{e^x}{x\sqrt{x}}dx$ 에서

$\displaystyle\frac{1}{2}\int_0^1 \frac{1}{x\sqrt{x}}dx$ 는 발산하므로 비교판정법에 의해 발산한다.

10 미분법 ⑤

$$\lim_{x\to 0}\frac{\tan 2x-\sin 2x}{\sin^{-1}x-\tan^{-1}x}$$

$$=\lim_{x\to 0}\frac{\left(2x+\frac{8x^3}{3}+\frac{64x^5}{15}\cdots\right)-\left(2x-\frac{4x^3}{3}+\frac{4x^5}{15}\cdots\right)}{\left(x+\frac{x^3}{6}+\frac{3x^5}{40}+\cdots\right)-\left(x-\frac{x^3}{3}+\frac{x^5}{5}+\cdots\cdots\right)}$$

$$=\lim_{x\to 0}\frac{\frac{12x^3}{3}}{\frac{x^3}{2}}=8$$

11 다변수 미적분 ①

$$\int_{-1}^1\int_{|y|}^1 e^{1+x^2}dx\,dy=\int_0^1\int_{-x}^x e^{1+x^2}dydx$$
$$=\int_0^1 2xe^{1+x^2}dx=\left[e^{1+x^2}\right]_0^1$$
$$=e^2-e$$

12 다변수 미적분 ⑤

ㄱ. (i) x축을 따라 원점으로 접근할 때 $\displaystyle\lim_{x\to 0}\frac{0}{x^2}=0$

(ii) $x=y^2$축을 따라 원점으로 접근할 때

$$\lim_{y\to 0}\frac{y^4\cos y}{2y^4}=\frac{1}{2}$$

따라서 극한값은 존재하지 않는다.

ㄴ. $-|x^2y| \leq x^2y\sin\left(\frac{1}{x^2+y^2}\right) \leq |x^2y|$ 이므로

조임정리에 의해 $\displaystyle\lim_{(x,y)\to(0,0)} x^2y\sin\left(\frac{1}{x^2+y^2}\right)=0$

ㄷ. $\lim_{(x,y)\to(0,0)} \frac{x\sin^{-1}y}{\sqrt{x^2+y^2}} = \lim_{r\to 0} \frac{r\cos\theta \sin^{-1}(r\sin\theta)}{r}$

$= 0$

13 공학수학 ②

극곡선 $r=1+\cos\theta$ (($0\le\theta\le 2\pi$)의 내부영역을 D라 할 때, 그린의 정리에 의해

$$\int_C F\cdot dr = \iint_D \left(2y + \frac{1}{1+y^2} - \frac{1}{1+y^2}\right) dA$$

$$= \iint_D 2y\, dA = 0 \quad (\because \bar{y}=0)$$

14 공학수학 ④

벡터장 $F(x,y,z) = \frac{x\vec{i}+y\vec{j}+z\vec{k}}{(x^2+y^2+z^2)^{3/2}}$ 의 포텐셜 함수

$f(x,y,z) = -\frac{1}{\sqrt{x^2+y^2+z^2}}$ 이다.

점 P와 Q 를 잇는 직선 경로를

$C : r(t) = (0,0,t)$, $(6\le t\le 8)$ 라 하면

선적분의 기본 정리에 의해

$$\int_C F\cdot dr = f(0,0,8) - f(0,0,6) = -\frac{1}{8} + \frac{1}{6} = \frac{1}{24}$$

15 적분법 ①

$$\int_0^{\frac{\pi}{2}} \frac{1}{2\sin x + \cos x + 2} dx$$

$$= \int_0^1 \frac{1}{\frac{4t}{1+t^2} + \frac{1-t^2}{1+t^2} + 2} \cdot \frac{2}{1+t^2} dt$$

($\because$ $\tan\frac{x}{2} = t$로 치환)

$$= \int_0^1 \frac{2}{t^2+4t+3} dt$$

$$= \int_0^1 \left(\frac{1}{t+1} - \frac{1}{t+3}\right) dt$$

$$= \left[\ln\left(\frac{t+1}{t+3}\right)\right]_0^1$$

$$= \ln\frac{1}{2} - \ln\frac{1}{3} = \ln\frac{3}{2}$$

16 미분법 14

$x^y = y^x \Rightarrow y\ln x = x\ln y$

$f(x,y) = y\ln x - x\ln y$ 라 하자.

음함수 미분법에 의해 $\frac{dy}{dx} = -\frac{\frac{y}{x} - \ln y}{\ln x - \frac{x}{y}}$

$\therefore \left.\frac{dy}{dx}\right|_{(e^2,e^2)} = 1 = a$

$\therefore 14a = 14$

17 적분법 36

$$\int_0^{3\sqrt{3}} \frac{x^3}{\sqrt{9+x^2}} dx$$

$$= \frac{1}{2}\int_0^{27} \frac{t}{\sqrt{t+9}} dt \quad (\because\ x^2 = t \text{ 로 치환})$$

$$= \frac{1}{2}\int_9^{36} \frac{s-9}{\sqrt{s}} ds \quad (\because\ t+9 = s \text{ 로 치환})$$

$$= \frac{1}{2}\int_9^{36} s^{\frac{1}{2}} - 9s^{-\frac{1}{2}} ds = \frac{1}{2}\left[\frac{2}{3}s^{\frac{3}{2}} - 18\sqrt{s}\right]_9^{36}$$

$$= \frac{1}{2}(144 - 108 - 18 + 54) = 36$$

18 선형대수 3

$$proj_{\vec{a}}\vec{b} \times proj_{\vec{b}}\vec{a} = \frac{\vec{a}\cdot\vec{b}}{\|\vec{a}\|^2}\vec{a} \times \frac{\vec{a}\cdot\vec{b}}{\|\vec{b}\|^2}\vec{b}$$

$$\Rightarrow \|proj_{\vec{a}}\vec{b} \times proj_{\vec{b}}\vec{a}\| = \frac{(\vec{a}\cdot\vec{b})^2}{\|\vec{a}\|^2\|\vec{b}\|^2}\|\vec{a}\times\vec{b}\|$$

$$= \|\vec{a}\times\vec{b}\|\cos^2\theta$$

$$= \sqrt{1+6+9}\cos^2\frac{\pi}{6}$$

$$= 4\times\frac{3}{4} = 3$$

19 미분법 9

$\frac{1}{1-x} = \sum_{n=0}^{\infty} x^n$ 의 양변에 x를 곱하면 $\frac{x}{1-x} = \sum_{n=0}^{\infty} x^{n+1}$

양변을 미분하면 $\frac{1}{(1-x)^2} = \sum_{n=0}^{\infty}(n+1)x^n$

양변을 미분하면 $\frac{2}{(1-x)^3} = \sum_{n=1}^{\infty}(n+1)nx^{n-1}$

양변에 x를 곱하면 $\frac{2x}{(1-x)^3} = \sum_{n=1}^{\infty}(n+1)nx^n$

$x = \frac{1}{3}$ 대입하면 $\frac{2\cdot\frac{1}{3}}{\left(\frac{2}{3}\right)^3} = \sum_{n=1}^{\infty}(n+1)n\left(\frac{1}{3}\right)^n = \left(\frac{3}{2}\right)^2 = \frac{9}{4}$

그러므로 $\sum_{n=1}^{\infty}\frac{4n(n+1)}{3^n}=9$이다.

20 선형대수 6

교선의 방향벡터는

$\vec{v}=(1,2,3)\times(2,-1,1)=(5,5,-5)//(1,1,-1)$

점 $P(-2,-3,1)$ 이라 하고 교선 위의 한 점을 $Q(2,0,0)$ 이라 하자.

$\overrightarrow{PQ}$ 와 $\vec{v}$ 를 외적하면 평면의 법선벡터 $\vec{n}$ 을 구할 수 있다.

$\vec{n}=(1,1,-1)\times(4,3,-1)=(2,-3,-1)$

따라서 구하는 평면의 방정식은 $2x-3y-z=4$

$\therefore\ abc=6$

21 다변수 미적분 36

$f_x(x,y)=y(-6x-2y+18),\ f_{xx}(x,y)=-6y,$

$f_{xy}(x,y)=-6x-4y+18,\ f_y(x,y)=x(18-3x-4y),$

$f_{yy}(x,y)=-4x$ 이므로

$$H(x,y)=f_{xx}(x,y)f_{yy}(x,y)-\{f_{xy}(x,y)\}^2$$
$$=24xy-(-6x-4y+18)^2$$

$f_x(x,y)=0$ 이고 $f_y(x,y)=0$ 인

$(x,y)=(0,9),\ (2,3)$에 대하여

(i) $H(0,9)<0$ 이므로 $(0,9)$ 에서 안장점을 갖는다.

(ii) $H(2,3)>0$ 이고 $f_{xx}(2,3)<0$ 이므로

극댓값 $f(2,3)=36$ 을 갖는다.

따라서 극댓값은 36 이다.

22 다변수 미적분 41

$$\iint_{x^2+y^2\le 9}\int_{1+\sqrt{x^2+y^2}}^{\sqrt{25-(x^2+y^2)}}dzdA$$
$$=\iint_{x^2+y^2\le 9}\left\{\sqrt{25-(x^2+y^2)}-1-\sqrt{x^2+y^2}\right\}dA$$
$$=\int_0^{2\pi}\int_0^3(\sqrt{25-r^2}-1-r)rdrd\theta$$
$$=2\pi\int_0^3(\sqrt{25-r^2}-1-r)rdrd\theta$$
$$=2\pi\left[-\frac{1}{3}(25-r^2)^{\frac{3}{2}}-\frac{1}{2}r^2-\frac{1}{3}r^3\right]_0^3$$
$$=2\pi\left(\frac{61}{3}-\frac{9}{2}-9\right)=2\pi\times\frac{41}{6}=\frac{41\pi}{3}=a$$

$\therefore\ \frac{3a}{\pi}=41$

23 다변수 미적분 26

$$\int_0^{\tan^{-1}\frac{2}{3}}\int_0^{3\sec\theta}r^3drd\theta+\int_{\tan^{-1}\frac{2}{3}}^{\frac{\pi}{2}}\int_0^{2\csc\theta}r^3drd\theta$$
$$=\int_0^2\int_0^3(x^2+y^2)dxdy=\int_0^2\left[\frac{x^3}{3}+xy^2\right]_0^3dy$$
$$=\int_0^2(9+3y^2)dy=\left[9y+y^3\right]_0^2=26$$

24 공학수학 3

$$\iint_S \text{curl } F\cdot dS$$
$$=\iint_{x^2+z^2\le 1}(-x(2+e^{xz}),\ 3,\ (-1+e^{xz})z)\cdot(0,\ \pm1,\ 0)dA$$
$$=\pm3\iint_{x^2+z^2\le 1}dA=\pm3\pi$$
$$\therefore\ \left|\frac{1}{\pi}\iint_S\text{curl F}\cdot dS\right|=3$$

25 다변수 미적분 63

곡면 $S:x^2+y^2-z^2=1\ (0\le z\le 1)$ 이라 하자.

벡터함수로 매개화 하면

$S:X(\theta,z)=\left(\sqrt{1+z^2}\cos\theta,\ \sqrt{1+z^2}\sin\theta,\ z\right)$

$(0\le z\le 1,\ 0\le\theta\le 2\pi)$이고

$X_\theta\times X_z=(\sqrt{1+z^2}\cos\theta,\sqrt{1+z^2}\sin\theta,-z)$

곡면 S 의 넓이를 A 라 하면

$$A=\int_0^{2\pi}\int_0^1|X_\theta\times X_z|dzd\theta=\int_0^{2\pi}\int_0^1\sqrt{1+2z^2}dzd\theta$$
$$=\int_0^1\int_0^{2\pi}\sqrt{1+2z^2}d\theta dz=2\pi\int_0^1\sqrt{1+2z^2}dz$$
$$=\frac{2\pi}{\sqrt2}\int_0^{\tan^{-1}\sqrt2}\sqrt{1+\tan^2\theta}\sec^2\theta d\theta$$

($\because\ \sqrt2 z=\tan\theta$로 치환)

$$=\frac{2\pi}{\sqrt2}\int_0^{\tan^{-1}\sqrt2}\sec^3\theta d\theta$$
$$=\frac{\pi}{\sqrt2}\left[\ln(\sec\theta+\tan\theta)+\sec\theta\tan\theta\right]_0^{\tan^{-1}\sqrt2}$$
$$=\frac{\pi}{\sqrt2}\left[\ln\{\sec(\tan^{-1}\sqrt2)+\tan(\tan^{-1}\sqrt2)\}+\sec(\tan^{-1}\sqrt2)\tan(\tan^{-1}\sqrt2)\right]$$
$$=\frac{\pi}{\sqrt2}\{\ln(\sqrt2+\sqrt3)+\sqrt6\}$$

$\therefore\ 10a+b=63$

TEST p. 136~142

26	③	27	⑤	28	④	29	②	30	①
31	④	32	②	33	②	34	⑤	35	②
36	②	37	⑤	38	④	39	①	40	③
41	①	42	⑤	43	③	44	③	45	③

26 다변수 미적분 ③

(가)에 의해 $0 < \frac{1}{f(x)} < 1$, $0 < \frac{1}{f(x)^2} < 1$이다.

(나)에 의해 임의의 $\epsilon > 0$에 대해 충분히 큰 $M > 0$이 존재하여 $x > M$일 때,

$$\left| \frac{f(x)}{x} - 1 \right| < \epsilon \Leftrightarrow 1 - \epsilon < \frac{f(x)}{x} < 1 + \epsilon$$

을 만족한다. $\epsilon = \frac{1}{10}$이라 하면 충분히 큰 자연수 n에 대하여

$$\frac{10}{11n} < \frac{1}{f(n)} < \frac{10}{9n},\ \frac{100}{121n^2} < \frac{1}{f(n)^2} < \frac{100}{81n^2}$$

을 만족한다.

$\frac{10}{11} \sum_{n=1}^{\infty} \frac{1}{n}$ 은 p 급수 판정법에 의해 발산하므로

비교판정법에 의해 $\sum_{n=1}^{\infty} \frac{1}{f(n)}$ 은 발산하고,

$\frac{100}{81} \sum_{n=1}^{\infty} \frac{1}{n^2}$ 은 p 급수 판정법에 의해 수렴하므로

비교판정법에 의해 $\sum_{n=1}^{\infty} \frac{1}{f(n)^2}$ 은 수렴한다.

(ⅰ) $\lim_{n\to\infty} \frac{\sin\left(\frac{1}{f(n)}\right)}{\frac{1}{f(n)}} = 1$ 이고 $\sum_{n=1}^{\infty} \frac{1}{f(n)}$ 은 발산하므로

극한비교 판정법에 의해 S_1 은 발산한다.

(ⅱ) $\lim_{n\to\infty} \frac{\sin\left(\frac{1}{f(n)^2}\right)}{\frac{1}{f(n)^2}} = 1$ 이고 $\sum_{n=1}^{\infty} \frac{1}{f(n)^2}$ 은

수렴하므로 극한비교판정법에 의해 S_2 는 수렴한다.

27 선형대수 ⑤

A 의 고유방정식은 $x^2 - 3x - 4 = 0$ 이므로 $x = -1,\ 4$

$x = -1$ 에 대응되는 고유벡터 $\begin{pmatrix} 3 \\ \sqrt{6} \end{pmatrix}$ 이고

$x = 4$ 에 대응되는 고유벡터 $\begin{pmatrix} \sqrt{6} \\ -3 \end{pmatrix}$ 이므로

$P = \begin{pmatrix} 3 & \sqrt{6} \\ \sqrt{6} & -3 \end{pmatrix}$ 이다.

28 공학수학 ④

$y'' + 3y' + 2y = g(t)$의 양변에 라플라스 변환을 적용하면

$\mathcal{L}\{y''\} + 3\mathcal{L}\{y'\} + 2\mathcal{L}\{y\} = \mathcal{L}\{g(t)\}$

$\mathcal{L}\{y\} = Y(s)$, $\mathcal{L}\{g(t)\} = G(s)$라 하자.

$$s^2 Y(s) - 2s + 4 + 3(sY(s) - 2) + 2Y(s) = G(s)$$

$$\Rightarrow (s^2 + 3s + 2)Y(s) = G(s) + s + 2$$

$$\Rightarrow Y(s) = \frac{G(s)}{(s+1)(s+2)} + \frac{2(s+1)}{(s+1)(s+2)}$$

$$\Rightarrow Y(s) = \frac{G(s)}{(s+1)(s+2)} + \frac{2}{s+2}$$

$$\Rightarrow \mathcal{L}^{-1}\{Y(s)\} = \mathcal{L}^{-1}\left\{\frac{2}{s+2}\right\} + \mathcal{L}^{-1}\left\{\frac{G(s)}{(s+1)(s+2)}\right\}$$

$$= \mathcal{L}^{-1}\left\{\frac{2}{s+2}\right\} + \mathcal{L}^{-1}\{G(s)\} * \mathcal{L}^{-1}\left\{\frac{1}{s+1} - \frac{1}{s+2}\right\}$$

$$= 2e^{-2t} + g(t) * (e^{-t} - e^{-2t})$$

$$= 2e^{-2t} + \int_0^t g(t-v)(e^{-v} - e^{-2v})dv$$

29 미분법 ②

$\lim_{x\to 0} \frac{f(x) - g(x)}{x^7}$ 가 존재하므로 $f(x)$ 와 $g(x)$ 의 6 차항까지의 계수가 같다.

따라서 $g(x)$ 의 x^6 의 계수와 $f(x)$ 의 x^6 의 계수는 같다.

$$f(x) = \frac{x}{\sin x - x + 1} = \frac{x}{1 - \frac{x^3}{3!} + \frac{x^5}{5!} - \cdots} = x + \frac{x^4}{3!} - \frac{x^6}{5!} + \cdots$$

이므로 x^6 의 계수는 $-\frac{1}{5!}$ 이다.

30 다변수 미적분 ①

$x=-1,\ y=1$ 을 대입하면 $z^3-z=0$ 에서

$z=-1 \quad (\because\ z<0)$

$F(x,y,z)=xyz+x+y^2+z^3$ 이라 하면

$$\frac{\partial z}{\partial x}=-\frac{F_x}{F_z}=-\frac{yz+1}{xy+3z^2}$$

$$\Rightarrow \frac{\partial z}{\partial x}(-1,1,-1)=0,$$

$$\frac{\partial z}{\partial y}=-\frac{F_y}{F_z}=-\frac{xz+2y}{xy+3z^2}$$

$$\Rightarrow \frac{\partial z}{\partial y}(-1,1,-1)=-\frac{3}{2}$$

따라서 선형근사식은 다음과 같다.

$$L(x,y)=z(-1,1)+(x+1)z_x(-1,1)+(y-1)z_y(-1,1)$$
$$=-1-\frac{3}{2}(y-1)$$

$$\therefore\ f(-1.02,0{,}97)\approx -1-\frac{3}{2}(0.97-1)$$
$$=-0.955$$

31 선형대수 ④

A 의 고유치 $2,\ \frac{1}{2},\ -1$ 이므로 A^{-1} 의 고유치는

$-1,\ 2,\ \frac{1}{2}$ 이고 $A^{-3}=(A^{-1})^3$ 의 고유치는 $(-1)^3,\ 2^3,$

$\frac{1}{2^3}$ 이다.

$$\therefore\ tr(A^{-3})=-1+8+\frac{1}{8}=\frac{57}{8}$$

32 다변수 미적분 ②

$$\iiint_E f(x,y,z)\,dV$$
$$=\int_0^3\int_0^{9-x^2}\int_0^{9-x^2-y} f(x,y,z)\,dz\,dy\,dx$$
$$=\int_0^9\int_0^{\sqrt{9-y}}\int_0^{9-x^2-y} f(x,y,z)\,dz\,dx\,dy$$
$$=\int_0^3\int_0^{9-x^2}\int_0^{9-x^2-z} f(x,y,z)\,dy\,dz\,dx$$
$$=\int_0^9\int_0^{\sqrt{9-z}}\int_0^{9-x^2-z} f(x,y,z)\,dy\,dx\,dz$$
$$=\int_0^9\int_0^{9-z}\int_0^{\sqrt{9-y-z}} f(x,y,z)\,dx\,dy\,dz$$
$$=\int_0^9\int_0^{9-y}\int_0^{\sqrt{9-y-z}} f(x,y,z)\,dx\,dz\,dy$$

33 공학수학 ②

$$W=\begin{vmatrix} x & \frac{1}{x} \\ 1 & -\frac{1}{x^2}\end{vmatrix}=-\frac{2}{x},\quad W_1=\begin{vmatrix} 0 & \frac{1}{x} \\ \frac{2}{x^2} & -\frac{1}{x^2}\end{vmatrix}=-\frac{2}{x^3},$$

$$W_2=\begin{vmatrix} x & 0 \\ 1 & \frac{2}{x^2}\end{vmatrix}=\frac{2}{x}$$

$$\therefore\ y_p=x\int\frac{-\frac{2}{x^3}}{-\frac{2}{x}}dx+\frac{1}{x}\int\frac{\frac{2}{x}}{-\frac{2}{x}}dx$$
$$=x\int\frac{1}{x^2}dx-\frac{1}{x}\int dx$$
$$=-1-1=-2$$

34 다변수 미적분 ⑤

선형동차점화식 $2a_{n+2}+3a_{n+1}+a_n=0$의

보조방정식 $2m^2+3m+1=0$에서 $m=-\frac{1}{2},\ -1$이므로

$a_n=c_1\left(-\frac{1}{2}\right)^n+c_2(-1)^n,\ \lim_{n\to\infty}a_n=0$이므로 $c_2=0$이다.

따라서 $a_n=c_1\left(-\frac{1}{2}\right)^n$

$$\sum_{n=1}^{\infty}a_n=\sum_{n=1}^{\infty}c_1\left(-\frac{1}{2}\right)^n=c_1\frac{-\frac{1}{2}}{1+\frac{1}{2}}=1$$

$\therefore\ c_1=-3$

그러므로 $\sum_{n=1}^{\infty}a_nx^n=\sum_{n=1}^{\infty}(-3)\left(-\frac{1}{2}\right)^n x^n$이고 n승근

판정법에 의해 $\frac{1}{2}|x|<1 \Leftrightarrow |x|<2$이므로 수렴반경은

2이다.

35 선형대수 ②

열공간은

$span\{(1,0,2),\ (0,1,-1)\}$

$=\{(x,y,z)\in\mathbb{R}^2\,|\,-2x+y+z=0\}$

이고

$\vec{v}=(-2,1,1)$ 이 x 축의 방향벡터 $\vec{i}=(1,0,0)$ 과 이루는 각을 θ 라 할 때,

$$\cos\theta=\frac{\vec{v}\cdot\vec{i}}{\|\vec{v}\|\,\|\vec{i}\|}=-\frac{2}{\sqrt{6}}$$

$$\therefore\ |\cos\theta|=\frac{\sqrt{6}}{3}$$

36 다변수 미적분 ②

$u=x^2y,\ v=x^3y$ 으로 변수 변환하면

$$|J|=\frac{1}{\left|\begin{vmatrix}2xy & x^2\\ 3x^2y & x^3\end{vmatrix}\right|}=\frac{1}{x^4y}$$

$$\iint_A x^4ydxdy=\int_2^4\int_1^2 dudv=2$$

37 다변수 미적분 ⑤

영역 $E=\{(x,y,z)\in\mathbb{R}^3\,|\,x^2+y^2+z^2\le 1\}$ 이라 하면 구의 질량은 다음과 같다.

$$M=\iiint_E\sqrt{(x^2+y^2)(x^2+y^2+z^2)}\,dV$$

$$=\int_0^{2\pi}\int_0^{\pi}\int_0^1\sqrt{\rho^2\sin^2\phi\,\rho^2}\,\rho^2\sin\phi\,d\rho\,d\phi\,d\theta$$

$$=\int_0^1\rho^4d\rho\int_0^{\pi}\sin^2\phi\,d\phi\int_0^{2\pi}d\theta=\frac{1}{5}\cdot\frac{\pi}{2}\cdot 2\pi=\frac{\pi^2}{5}$$

38 미분법 ④

조건 (가)에서 $f(0)\ge 1$ …… ㉠

조건 (나)에서 $f(0)=f(0+0)\ge f(0)f(0)=\{f(0)\}^2$

$\Rightarrow f(0)\le 1$ …… ㉡

㉠, ㉡에 의하여 $f(0)=1$

$f'(0^-)=\lim\limits_{h\to 0^-}\dfrac{f(h)-1}{h}\le 2$ …… ㉢

$f'(0^+)=\lim\limits_{h\to 0^+}\dfrac{f(h)-1}{h}\ge 2$ …… ㉣

㉢, ㉣에 의해 $f'(0)=2$

39 선형대수 ①

평면 p의 법선벡터를 $\vec{n}=(1,1,1)$ 이라 하자.

(가)에 의해

$$\frac{2\vec{v}+T(\vec{v})}{3}\cdot\vec{n}=0\Rightarrow\frac{2\vec{v}+T(\vec{v})}{3}=0$$

$$\Rightarrow T(\vec{v})=-2\vec{v}$$

이므로 고윳값 -2를 가진다.

(나)에 의해 $T(\vec{v})-\vec{v}$ 가 평면 p 의 법선벡터가 아니면 $T(\vec{v})-\vec{v}=0$

$\vec{v}$ 에 p 위의 벡터를 대입하면 $T(\vec{v})=\vec{v}$ 이므로 고윳값은 1이다.

따라서 모든 고윳값은 $-2,\ 1,\ 1$ 이므로 행렬식은 -2 이다.

40 공학수학 ③

$(x^4+y^4)dx-xy^3dy=0$

$Q_x-P_y=-y^3-4y^3=-5y^3$

$\mu=\dfrac{-5y^3}{-xy^3}=\dfrac{5}{x}$ 이므로 적분인수는 $I=e^{-\int\frac{5}{x}dx}=\dfrac{1}{x^5}$

$(x^4+y^4)dx-xy^3dy=0\Rightarrow\left(\dfrac{1}{x}+\dfrac{y^4}{x^5}\right)dx-\dfrac{y^3}{x^4}dy=0$

일반해는 $\ln x-\dfrac{y^4}{4x^4}=C$ 이고 $y(e)=e$ 이므로 $C=\dfrac{3}{4}$

$\ln x-\dfrac{y^4}{4x^4}=\dfrac{3}{4}$ 에서 $y=x(4\ln x-3)^{\frac{1}{4}}$

41 공학수학 ①

$$\iiint_E \operatorname{div}F\,dV$$

$$=3\iiint_E(x^2+y^2+z^2)-1\,dV$$

$$=3\int_{-\frac{3\pi}{4}}^{\frac{\pi}{4}}\int_0^{\pi}\int_0^1(\rho^4\sin\phi-\rho^2\sin\phi)d\rho\,d\phi\,d\theta$$

$$=3\int_{-\frac{3\pi}{4}}^{\frac{\pi}{4}}\int_0^{\pi}\left(\frac{1}{5}\sin\phi-\frac{1}{3}\sin\phi\right)d\phi\,d\theta$$

$$=3\int_{-\frac{3\pi}{4}}^{\frac{\pi}{4}}\left[-\frac{1}{5}\cos\phi+\frac{1}{3}\cos\phi\right]_0^{\pi}d\theta$$

$$=3\int_{-\frac{3\pi}{4}}^{\frac{\pi}{4}}\left[-\frac{1}{5}\cos\phi+\frac{1}{3}\cos\phi\right]_0^{\pi}d\theta$$

$$=3\pi\left(-\frac{4}{15}\right)=-\frac{4\pi}{5}$$

42 공학수학 ⑤

$$\int_C F\cdot dr$$

$$=\int_0^{2\pi}(2\cos t+3t,e^{\sin t},\cos t)\cdot(-\sin t,\cos t,3)dt$$

$$=\int_0^{2\pi}(-2\cos t\sin t-3t\sin t+e^{\sin t}\cos t+3\cos t)dt$$

$$=\left[-\sin^2t+3t\cos t-3\sin t+e^{\sin t}+3\sin t\right]_0^{2\pi}=6\pi$$

43 선형대수 ③

ㄱ. $\mathbb{R}^3$ 공간상의 임의의 벡터 $\vec{u},\ \vec{v}$ 와 $c\in\mathbb{R}$ 에 대하여
$T(\vec{u}+\vec{v})=0=T(\vec{u})+T(\vec{v})$ 이고
$T(c\vec{u})=0=c\,T(\vec{u})$ 이므로 선형변환이다.

ㄴ. 원점을 지나는 직선 위로의 정사영은 선형변환이다.

ㄷ. [반례] $T(0,0,0)=\left(\frac{2}{7},\frac{4}{7},\frac{6}{7}\right)\neq(0,0,0)$

44 공학수학 ③

$y''+x^2y'+2xy=0$

$y=\sum_{n=0}^{\infty}a_nx^n$이라 하면

$y'=\sum_{n=1}^{\infty}na_nx^{n-1},\ y''=\sum_{n=2}^{\infty}n(n-1)a_nx^{n-2}$

$$\begin{aligned}&y''+x^2y'+2xy\\&=\sum_{n=2}^{\infty}n(n-1)a_nx^{n-2}+\sum_{n=1}^{\infty}na_nx^{n+1}+\sum_{n=0}^{\infty}2a_nx^{n+1}\\&=\sum_{n=0}^{\infty}(n+2)(n+1)a_{n+2}x^n\\&\qquad+\sum_{n=2}^{\infty}(n-1)a_{n-1}x^n+\sum_{n=1}^{\infty}2a_{n-1}x^n\\&=2a_2+(6a_3+2a_0)x\\&\qquad+\sum_{n=2}^{\infty}[(n+2)(n+1)a_{n+2}+(n+1)a_{n-1}]x^n\\&=0\end{aligned}$$

그러면 $a_2=0,\ a_{n+2}=-\frac{a_{n-1}}{n+2}$ 에서

$a_{3k+2}=0$ ($k\geq1$인 정수)이다.

따라서 $n=99$ 일 때, $a_{101}=-\frac{a_{98}}{101}=0$ 이므로

$y^{(101)}(0)=0$ 이다.

45 다변수 미적분 ③

x축과 y축을 따라 접근할 때의 극한값은 모두 0이고,

곡선 $y^3=x^5$을 따라 접근할 때,

$\lim_{x\to0}\frac{x^{10m}}{3x^{20}}=0$이어야 하므로 $10m>20$

$\therefore\ m>2$

따라서 자연수 m의 최솟값은 3이다.

SEJONG UNIVERSITY

세종대학교

▶ **문항 수:** 25문항 | **제한시간:** 100분

TEST p. 144~152

01	⑤	02	⑤	03	①	04	①	05	④
06	②	07	③	08	②	09	①	10	④
11	①	12	⑤	13	③	14	③	15	①
16	③	17	④	18	④	19	②	20	③
21	②	22	④	23	②	24	⑤	25	④

01 다변수 미적분 ⑤

$f_y(x,\ y)=\dfrac{-2y}{(x^2+y^2)^2}$ 이므로 $f_y(0,\ 3)=\dfrac{-6}{81}=-\dfrac{2}{27}$ 이다.

02 미분법 ⑤

$$\lim_{x\to1}x^{f(x)}=\lim_{x\to1}x^{\frac{x-3}{\tan(1-x)}}$$

$$=\lim_{x\to1}e^{\ln x^{\frac{x-3}{\tan(1-x)}}}$$

$$=\lim_{x\to1}e^{\frac{(x-3)\ln x}{\tan(1-x)}}\quad\left(\frac{0}{0}\text{ 꼴}\right)$$

$$=\lim_{x\to1}e^{\frac{\ln x+(x-3)\frac{1}{x}}{-\sec^2(1-x)}}$$

$$=e^2$$

03 다변수 미적분 ①

$a_n=\dfrac{(x-3)^n}{\sqrt{2n+1}}$ 이라 할 때,

$\lim\limits_{n\to\infty}\left|\dfrac{a_{n+1}}{a_n}\right|=|x-3|$ 이므로

비율판정법에 의하여 $|x-3|<1$일 때 수렴한다.

그러므로 $\sum\limits_{n=0}^{\infty}\dfrac{(x-3)^n}{\sqrt{2n+1}}$ 의 수렴반경은 1이다.

04 다변수 미적분 ①

$g(x,\ y,\ z)=x^5z^3-2y^4z+2x^4y^3$이라고 할 때

$\nabla g(x,\ y,\ z)=(5x^4z^3+8x^3y^3,\ -8y^3z+6x^4y^2,\ 3x^5z^2-2y^4)$

$\Rightarrow\ \nabla g(1,\ 1,\ 1)=(13,\ -2,\ 1)$이고

접평면의 법선벡터는 $\nabla g(1,\ 1,\ 1)=(13,\ -2,\ 1)$과

평행이므로 점 $(1,\ 1,\ 1)$에서 접평면의 방정식은

$13x-2y+z=12\ \Leftrightarrow\ z=12-13x+2y$이다.

따라서 $f(x,\ y)=12-13x+2y$이고

$f(0,\ -3)=12-6=6$이다.

05 적분법 ④

$f(x)=\displaystyle\int_x^{x^2}\frac{dt}{24t+\sqrt{t}}$라고 할 때

$$f'(x)=\frac{1}{24x^2+x}\cdot 2x-\frac{1}{24x+\sqrt{x}}$$

$$=\frac{x(24x+2\sqrt{x}-1)}{(24x^2+x)(24x+\sqrt{x})}$$

이므로

$24x+2\sqrt{x}-1=0\ \Leftrightarrow\ (6\sqrt{x}-1)(4\sqrt{x}+1)=0$

$\Leftrightarrow\ x=\dfrac{1}{36}\quad(\because\ x>0)$

을 만족할 때, 최솟값을 갖는다.

06 적분법 ②

$\sin^{-1}x=t$라고 치환하여 정리하면

$$\int_0^1(\arcsin x)^2dx=\int_0^{\frac{\pi}{2}}t^2\cos t\,dt$$

$$=\left[t^2\sin t+2t\cos t-2\sin t\right]_0^{\frac{\pi}{2}}$$

$$=\frac{\pi^2}{4}-2$$

07 적분법 ③

극곡선 $r=2+\cos2\theta$을 원점을 중심으로 90°로

회전하면

$r=2+\cos2\left(\theta-\dfrac{\pi}{2}\right)\ \Leftrightarrow\ r=2-\cos2\theta$이고

$r=2+\cos2\theta$와 $r=2-\cos2\theta$을 연립하면

$2+\cos2\theta=2-\cos2\theta\ \Leftrightarrow\ \cos2\theta=0$이다.

따라서 교점은 $\theta=\dfrac{\pi}{4}$이고

두 곡선의 공통내부 영역의 넓이를 A라 할 때

대칭성을 이용하면

$$A=\frac{1}{2}\int_0^{\frac{\pi}{4}}(2-\cos 2\theta)^2 d\theta\times 8$$
$$=4\int_0^{\frac{\pi}{4}}(4-4\cos 2\theta+\cos^2 2\theta)\,d\theta$$
$$=4\left[4\theta-2\sin 2\theta+\frac{\theta}{2}+\frac{1}{8}\sin 4\theta\right]_0^{\frac{\pi}{4}}=\frac{9}{2}\pi-8$$

08 선형대수 ②

$A=\begin{pmatrix}1&1&1&1\\0&1&1&1\\0&0&1&1\\0&0&0&1\end{pmatrix}$일 때 $\det(A)=1$이고

$$adj(A)=\begin{pmatrix}1&0&0&0\\-1&1&0&0\\0&-1&1&0\\0&0&-1&1\end{pmatrix}^T=\begin{pmatrix}1&-1&0&0\\0&1&-1&0\\0&0&1&-1\\0&0&0&1\end{pmatrix}$$

이므로

$$A^{-1}=\frac{1}{\det(A)}adj(A)=\begin{pmatrix}1&-1&0&0\\0&1&-1&0\\0&0&1&-1\\0&0&0&1\end{pmatrix}$$

그러므로 A^{-1}의 모든 원소의 절댓값의 합은 7이다.

09 다변수 미적분 ①

ㄱ. $\displaystyle\sum_{n=1}^{\infty}\frac{1}{n}\sin\frac{n\pi}{4}$

$$=\frac{1}{\sqrt{2}}+\frac{1}{2}+\frac{1}{3}\left(\frac{1}{\sqrt{2}}\right)+\frac{1}{5}\left(-\frac{1}{\sqrt{2}}\right)-\frac{1}{6}+\frac{1}{7}\left(-\frac{1}{\sqrt{2}}\right)+\cdots$$
$$=\frac{1}{\sqrt{2}}\left(1-\frac{1}{5}+\frac{1}{9}-\frac{1}{13}+\ldots\right)+\left(\frac{1}{2}-\frac{1}{6}+\frac{1}{10}-\frac{1}{14}+\ldots\right)+\frac{1}{\sqrt{2}}\left(\frac{1}{3}-\frac{1}{7}+\frac{1}{11}-\frac{1}{15}+\ldots\right)$$
$$=\frac{1}{\sqrt{2}}\sum_{n=1}^{\infty}\frac{(-1)^{n+1}}{4n-3}+\sum_{n=1}^{\infty}\frac{(-1)^{n+1}}{4n-2}+\frac{1}{\sqrt{2}}\sum_{n=1}^{\infty}\frac{(-1)^{n+1}}{4n-1}$$

(i) $\displaystyle\lim_{n\to\infty}\frac{1}{4n-3}=0$이므로 교대급수판정법에 의하여 $\displaystyle\sum_{n=1}^{\infty}\frac{(-1)^{n+1}}{4n-3}$이 수렴한다.

(ii) $\displaystyle\lim_{n\to\infty}\frac{1}{4n-2}=0$이므로 교대급수판정법에 의하여 $\displaystyle\sum_{n=1}^{\infty}\frac{(-1)^{n+1}}{4n-2}$이 수렴한다.

(iii) $\displaystyle\lim_{n\to\infty}\frac{1}{4n-1}=0$이므로 교대급수판정법에 의하여 $\displaystyle\sum_{n=1}^{\infty}\frac{(-1)^{n+1}}{4n-1}$이 수렴한다.

(i)~(iii)에 의하여 $\displaystyle\sum_{n=1}^{\infty}\frac{1}{n}\sin\left(\frac{n\pi}{4}\right)$이 수렴한다.

ㄴ. $a_n=\left(1+\frac{1}{n}\right)^{-n}$이라 할 때,

$\displaystyle\lim_{n\to\infty}\left(1+\frac{1}{n}\right)^{-n}=e^{-1}\neq 0$이므로

발산정리에 의하여 $\displaystyle\sum_{n=1}^{\infty}\left(1+\frac{1}{n}\right)^{-n}$은 발산한다.

ㄷ. $\displaystyle\int_2^{\infty}\frac{1}{(\ln n)^2}dn=\int_{\ln 2}^{\infty}\frac{1}{t^2}e^t dt$

$=\infty$ ($\because$ $\ln n=t$라고 치환)

이므로 $\displaystyle\sum_{n=2}^{\infty}\frac{1}{(\ln n)^2}$은 적분판정법에 의하여 발산한다.

10 미분법 ④

$\tan^{-1}\left(\frac{\sqrt{3}}{2}\right)=a$, $\tan^{-1}\left(\frac{2}{\sqrt{3}}\right)=b$이라 하면

$\tan a=\frac{\sqrt{3}}{2}$, $\tan b=\frac{2}{\sqrt{3}}$이므로

$$\tan(a+b)=\frac{\tan a+\tan b}{1-\tan a\tan b}=\frac{\frac{\sqrt{3}}{2}+\frac{2}{\sqrt{3}}}{1-\frac{\sqrt{3}}{2}\frac{2}{\sqrt{3}}}=\infty$$

이므로 $a+b=\frac{\pi}{2}$이다.

11 미분법 ①

$f(x)=\frac{\pi}{8}+\arctan 2x$일 때,

$f'(x)=\frac{2}{1+(2x)^2}\Rightarrow f'\left(-\frac{1}{2}\right)=\frac{2}{1+1}=1$이고

$f''(x)=\frac{-2\times 8x}{(1+4x^2)^2}\Rightarrow f''\left(-\frac{1}{2}\right)=\frac{8}{2^2}=2$이다.

또한 $f^{-1}=g$이라 할 때, $g''(f(x))=-\frac{f''(x)}{\{f'(x)\}^3}$이 성립하므로

$$(f^{-1})''\left(-\frac{\pi}{8}\right)=-\frac{f''\left(-\frac{1}{2}\right)}{\left\{f'\left(-\frac{1}{2}\right)\right\}^3}=-\frac{2}{1^3}=-2\text{이다.}$$

12 다변수 미적분 ⑤

$2+3t=x$, $3+4t=y$이라고 하면

$t=1$일 때 $(x, y)=(5, 7)$이고,

$$g'(t)=\frac{\partial f}{\partial x}\frac{dx}{dt}+\frac{\partial f}{\partial y}\frac{dy}{dt}$$

$$=3\frac{\partial f}{\partial x}+4\frac{\partial f}{\partial y}=(f_x,\ f_y)\cdot(3,\ 4)$$ 이다.

이때 $D_u f(5,\ 7)=3$에 의하여

$$D_{\vec{u}}f(5,\ 7)=\left(f_x(5,\ 7),\ f_y(5,\ 7)\right)\cdot\frac{1}{5}(3,\ 4)$$

$$=\frac{1}{5}\left(3f_x(5,\ 7)+4f_y(5,\ 7)\right)=3$$

$\Leftrightarrow\ 3f_x(5,\ 7)+4f_y(5,\ 7)=15$이다.

$\therefore\ g'(1)=\left(f_x(5,\ 7),\ f_y(5,\ 7)\right)\cdot(3,\ 4)=15$

13 미분법 ③

$$\frac{1}{1-4x+3x^2}=\frac{-\frac{1}{2}}{1-x}+\frac{\frac{3}{2}}{1-3x}$$

$$=-\frac{1}{2}(1+x+\cdots+x^5+\cdots)$$

$$+\frac{3}{2}\{1+3x+\cdots+(3x)^5+\cdots\}$$

$$=\cdots+\left(-\frac{1}{2}+\frac{3^6}{2}\right)x^5+\cdots$$

이므로 x^5의 계수는 364이다.

14 적분법 ③

$x^{\frac{2}{3}}+y^{\frac{2}{3}}=a^{\frac{2}{3}}$일 때 곡선의 길이는 $6a$이므로

$\sqrt[3]{x^2}+\sqrt[3]{y^2}=9=27^{\frac{2}{3}}$의 곡선의 길이는 $6\times27=162$

15 선형대수 ①

$$A\begin{pmatrix}1\\1\\1\end{pmatrix}=A\left\{\frac{1}{9}\begin{pmatrix}2\\1\\-2\end{pmatrix}+\frac{5}{9}\begin{pmatrix}1\\2\\2\end{pmatrix}+\frac{1}{9}\begin{pmatrix}2\\-2\\1\end{pmatrix}\right\}$$

$$=\frac{1}{9}A\begin{pmatrix}2\\1\\-2\end{pmatrix}+\frac{5}{9}A\begin{pmatrix}1\\2\\2\end{pmatrix}+\frac{1}{9}A\begin{pmatrix}2\\-2\\1\end{pmatrix}$$

$$=\frac{1}{9}\begin{pmatrix}2\\1\\-2\end{pmatrix}+\frac{5}{9}\cdot(-2)\begin{pmatrix}1\\2\\2\end{pmatrix}+\frac{1}{9}\cdot4\begin{pmatrix}2\\-2\\1\end{pmatrix}=\begin{pmatrix}0\\-3\\-2\end{pmatrix}$$

이므로 A의 모든 원소의 합은 -5이다.

16 다변수 미적분 ③

$\int_0^\infty e^{-ax^2}dx=\frac{1}{2}\sqrt{\frac{\pi}{a}}$ 이므로

$\int_0^\infty e^{-2x^2}dx=\frac{1}{2}\sqrt{\frac{\pi}{2}}=\frac{\sqrt{\pi}}{2\sqrt{2}}$이다.

17 선형대수 ④

$$|A-\lambda I|=\begin{vmatrix}2-\lambda & 1 & 0\\1 & 2-\lambda & 0\\0 & 0 & 3-\lambda\end{vmatrix}$$

$$=(3-\lambda)(\lambda^2-4\lambda+3)$$

$$=(3-\lambda)(\lambda-3)(\lambda-1)$$

이므로 A의 고유치는 1, 3, 3이다.

따라서 $x^2+y^2+z^2=1$일 때 이차형식 $f(x,\ y,\ z)$의 최댓값은 3, 최솟값은 1이고 최댓값과 최솟값의 합은 4이다.

18 선형대수 ④

A의 특성다항식이 $(x-1)^8(x-2)^3$이므로 $\lambda=1$에 대한 대수적 중복도는 8이고 A의 최소다항식이 $(x-1)^3(x-2)^2$이므로 조르단 블록의 최대 크기는 3이다.

따라서 고유공간(기하적 중복도)의 차원의 최댓값은 6, 최솟값은 3이고,최댓값과 최솟값의 합은

$6+3=9$

19 공학수학 ②

곡면 $S:\ x^2+2y^2+3z^2=1$으로 둘러싸인 영역을 T라고 할 때, 영역 T에서 벡터장 $F(x,\ y,\ z)=(y,\ x,\ z^3)$이 해석적이므로 가우스 발산정리에 의하여

$$\iint_S F\cdot n\,dS=\iiint_T \mathrm{div}F\,dV$$

$$=\iint_T 3z^2dV\ \ (\text{단, } T:\ x^2+2y^2+3z^2\le1)$$

이 성립한다. 따라서

$$\iint_S F\cdot n\,dS=\iiint_T 3z^2dV$$

$$=\iiint_{T'} w^2\frac{1}{\sqrt{6}}\,dudvdw$$

$\left(\because\ x=u,\ y=\frac{1}{\sqrt{2}}v,\ z=\frac{1}{\sqrt{3}}w\text{로 치환}\right)$

$$=\int_0^{2\pi}\int_0^{\pi}\int_0^1\frac{1}{\sqrt{6}}(\rho\cos\phi)^2\rho^2\sin\phi\,d\rho d\phi d\theta$$

$(\because u=\rho\sin\phi\cos\theta,\ v=\rho\sin\phi\sin\theta,\ w=\rho\cos\phi$로 치환$)$

$$=\frac{1}{\sqrt{6}}\int_0^{2\pi}\int_0^{\pi}\int_0^1\left(\rho^4\cos^2\phi\sin\phi\right)d\rho d\phi d\theta$$

$$=\frac{1}{\sqrt{6}}\int_0^{2\pi}\int_0^{\pi}\frac{1}{5}\cos^2\phi\sin\phi\,d\phi d\theta$$

$$=\frac{1}{5\sqrt{6}}\int_0^{2\pi}\left[-\frac{1}{3}\cos^3\phi\right]_0^{\pi}d\theta=\frac{1}{5\sqrt{6}}\times\frac{2}{3}\times2\pi=\frac{2\sqrt{6}}{45}\pi$$

20 다변수 미적분 ③

점 (x, y)에서 원점까지의 거리를 $f(x, y)$라 정의할 때

$f(x, y)=\sqrt{x^2+y^2}$ 이고

$$\iint_D f(x, y)\,dA$$

$$=\iint_D \sqrt{x^2+y^2}\,dxdy$$

($\because x=r\cos\theta,\ y=r\sin\theta$로 치환)

$$=\int_0^{\pi}\int_0^{\sin\theta} r^2\,drd\theta$$

$$=\int_0^{\pi}\frac{1}{3}\left[r^3\right]_0^{\sin\theta}d\theta$$

$$=\frac{1}{3}\int_0^{\pi}\sin^3\theta\,d\theta$$

$$=\frac{1}{3}\times2\times\frac{2}{3}\quad (\because \text{ wallis 공식})$$

$$=\frac{4}{9}$$

이므로 적분의 평균값 정리에 의하여

f의 평균값은 $\dfrac{\iint_D f(x, y)\,dA}{(D\text{의 넓이})}=\dfrac{\frac{4}{9}}{\frac{1}{4}\pi}=\dfrac{16}{9\pi}$이다.

21 적분법 ②

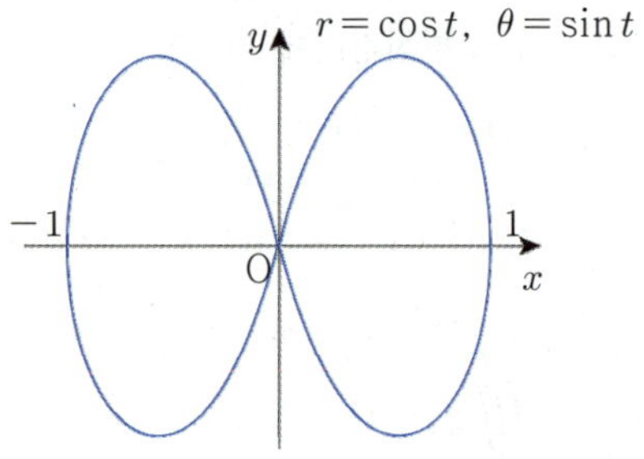

극곡선 $r=\cos t,\ \theta=\sin t\ (0\le t\le 2\pi)$을 그려보면 제1사분면의 영역에 대칭이다.

$$\therefore\ A=\frac{1}{2}\int_0^{2\pi}r^2\,d\theta=\frac{1}{2}\int_0^{\frac{\pi}{2}}\cos^3 t\,dt\times4$$

$$=2\times\frac{2}{3}=\frac{4}{3}$$

22 공학수학 ④

곡선 C를 곡면 $z=5-y-2\sqrt{x^2+y^2}$과

원기둥 $x^2+y^2=4$이 만나는 교선이라 할 때

C는 $x=2\cos\theta,\ y=2\sin\theta,\ z=1-2\sin\theta$

$(0\le t\le 2\pi)$이므로 선적분 정의에 의하여

$$\iint_S curl\,F\cdot n\,dS=\int_C F\cdot dr$$

$$=\int_C 3y^2\,dx+2z^4\,dy+3x^3\,dz$$

$$=\int_0^{2\pi}\{3(2\sin\theta)^2(-2\sin\theta)+2(1-2\sin\theta)^4(2\cos\theta)+3(2\cos\theta)^3(-2\cos\theta)\}\,d\theta$$

$$=\int_0^{2\pi}\{-24\sin^3\theta+2(1-2\sin\theta)^4(2\cos\theta)-48\cos^4\theta\}\,d\theta$$

이때

$$\int_0^{2\pi}\sin^3\theta\,d\theta=0,$$

$$\int_0^{2\pi}2(1-2\sin\theta)^4 2\cos\theta\,d\theta=\left[\frac{2}{5}(1-2\sin\theta)^5\right]_0^{2\pi}=0,$$

$$\int_0^{2\pi}48\cos^4\theta\,d\theta=48\times4\times\frac{3}{4}\times\frac{1}{2}\times\frac{\pi}{2}=36\pi$$

이므로 $\iint_S curl\,F\cdot n\,dS=-36\pi$이다.

23 미분법 ②

외접원의 반지름을 R, 내접원의 반지름을 r, 원의 중심각을 θ라 하면 $\theta=\dfrac{2\pi}{n}$이므로 주어진 도형의 한 변의 길이가 1일 때

외접원의 반지름은 $R=\dfrac{1}{2}\csc\dfrac{\theta}{2}=\dfrac{1}{2}\csc\left(\dfrac{\pi}{n}\right)$,

내접원의 반지름은 $r=\dfrac{1}{2}\cot\dfrac{\theta}{2}=\dfrac{1}{2}\cot\left(\dfrac{\pi}{n}\right)$이다.

따라서 O_n의 넓이는 $\pi R^2=\pi\left(\dfrac{1}{2}\csc\dfrac{\pi}{n}\right)^2=\dfrac{\pi}{4}\csc^2\dfrac{\pi}{n}$,

I_n의 넓이는 $\pi r^2=\pi\left(\dfrac{1}{2}\cot\dfrac{\pi}{n}\right)^2=\dfrac{\pi}{4}\cot^2\dfrac{\pi}{n}$이고,

A_n의 넓이는

$$\frac{1}{2}Rr\sin\frac{\theta}{2}\times2\times n=n\frac{1}{2}\csc\left(\frac{\pi}{2}\right)\frac{1}{2}\cot\left(\frac{\pi}{n}\right)\sin\left(\frac{\pi}{n}\right)$$

$$=\frac{n}{4}\cot\left(\frac{\pi}{n}\right)$$

$$\therefore\ \lim_{n\to\infty}\frac{(O_n\text{의 넓이})-(A_n\text{의 넓이})}{(A_n\text{의 넓이})-(I_n\text{의 넓이})}$$

$$=\lim_{n\to\infty}\frac{\frac{\pi}{4}\csc^2\left(\frac{\pi}{n}\right)-\frac{n}{4}\cot\left(\frac{\pi}{n}\right)}{\frac{n}{4}\cot\left(\frac{\pi}{n}\right)-\frac{\pi}{4}\cot^2\left(\frac{\pi}{n}\right)}$$

$$=\lim_{n\to\infty}\frac{\pi-n\cos\left(\frac{\pi}{n}\right)\sin\left(\frac{\pi}{n}\right)}{n\cos\left(\frac{\pi}{n}\right)\sin\left(\frac{\pi}{n}\right)-\pi\cos^2\left(\frac{\pi}{n}\right)}$$

$$=\lim_{t\to0}\frac{\pi-\frac{\pi}{t}\sin t\cos t}{\frac{\pi}{t}\sin t\cos t-\pi\cos^2 t}\quad\left(\because\ \frac{\pi}{n}=t\text{ 치환}\right)$$

$$=\lim_{t\to0}\frac{t-\sin t\cos t}{\sin t\cos t-t\cos^2 t}$$

$$=\lim_{t\to0}\frac{t-\frac{1}{2}\sin 2t}{\frac{1}{2}\sin 2t-t\left(\frac{1+\cos 2t}{2}\right)}$$

$$=\lim_{t\to0}\frac{t-\frac{1}{2}\left\{2t-\frac{(2t)^3}{3!}+\cdots\right\}}{\frac{1}{2}\left\{2t-\frac{(2t)^3}{3!}+\cdots\right\}-\frac{t}{2}\left\{1+1-\frac{(2t)^2}{2!}+\cdots\right\}}$$

$$=\lim_{t\to0}\frac{\frac{2}{3}t^3+\cdots}{\left(t-\frac{2}{3}t^3+\cdots\right)-\frac{t}{2}(2-2t^2+\cdots)}$$

$$=\lim_{t\to0}\frac{\frac{2}{3}t^3+\cdots}{\frac{1}{3}t^3+\cdots}=2$$

24 적분법 ⑤

$$\int_0^{\frac{\pi}{4}}\frac{1}{\sin^6 x+\cos^6 x}dx$$

$$=\int_0^{\frac{\pi}{4}}\frac{1}{(\sin^2 x+\cos^2 x)(\sin^4 x-\sin^2 x\cos^2 x+\cos^4 x)}dx$$

$$=\int_0^{\frac{\pi}{4}}\frac{1}{(\sin^4 x-\sin^2 x\cos^2 x+\cos^4 x)}dx$$

$$=\int_0^{\frac{\pi}{4}}\frac{1}{(\cos^2 x-\sin^2 x)^2+\sin^2 x\cos^2 x}dx$$

$$=\int_0^{\frac{\pi}{4}}\frac{1}{\cos^2 2x+\frac{1}{4}\sin^2 2x}dx$$

$$=\int_0^{\frac{\pi}{4}}\frac{4}{4\cos^2 2x+\sin^2 2x}\times\frac{\frac{1}{\cos^2 2x}}{\frac{1}{\cos^2 2x}}dx$$

$$=\int_0^{\frac{\pi}{4}}\frac{4\sec^2 2x}{4+\tan^2 2x}dx$$

$$=\int_0^{\infty}\frac{2}{4+t^2}dt\qquad(\because\ \tan 2x=t\text{라고 치환})$$

$$=2\left[\frac{1}{2}\tan^{-1}\left(\frac{t}{2}\right)\right]_0^{\infty}=\frac{\pi}{2}$$

25 공학수학 ④

원점 $(0,0,0)$을 O, 점 P를 $(2,2,0)$, Q를 $(0,2,0)$, R를 $(0,0,1)$이라 하고, 선분 OP를 C_1, 선분 PQ를 C_2, 선분 QR을 C_3, 선분 RO를 C_4, 선분 QO를 C_5라 하면

$$\int_C F\cdot dr=\int_{C_1\cup C_2\cup C_5}F\cdot dr+\int_{C_3\cup C_4\cup -C_5}F\cdot dr\text{이}$$

성립한다.

$F(x,y,z)=\left(e^{x^2},2z,y\right)$일 때

$$curl F=\begin{vmatrix} i & j & k\\ \frac{\partial}{\partial x} & \frac{\partial}{\partial y} & \frac{\partial}{\partial z}\\ e^{x^2} & 2z & y\end{vmatrix}=(-1,0,0)\text{이므로}$$

(i) $\int_{C_1\cup C_2\cup C_5}F\cdot dr$

$$=\iint_S curl F\cdot n\,dS$$

$$=\iint_D(-1,0,0)\cdot(0,0,1)\,dA$$

(단, $D:\ 0\le x\le 2,\ 0\le y\le x$)

$$=\iint_D 0\,dA=0$$

(ii) $\int_{C_3\cup C_4\cup -C_5}F\cdot dr$

$$=\iint_S curl F\cdot n\,dS$$

$$=\iint_R(-1,0,0)\cdot(1,0,0)\,dA$$

(단, $R:\ 0\le y\le 2,\ 0\le z\le 1-\frac{1}{2}y$)

$$=\iint_R -1\,dA$$

$=$ (영역 R의 넓이)$\times(-1)$

$$=-1\times2\times1\times\frac{1}{2}=-1$$

$$\therefore\ \int_C F\cdot dr=\int_{C_1\cup C_2\cup C_5}F\cdot dr+\int_{C_3\cup C_4\cup -C_5}F\cdot dr$$

$$=-1$$

SOOKMYUNG WOMEN'S UNIVERSITY

숙명여자대학교

문항 수: 20문항 | 제한시간: 60분

TEST p. 154~160

01	②	02	④	03	②	04	④	05	①
06	⑤	07	③	08	④	09	④	10	③
11	⑤	12	①	13	②	14	③	15	④
16	②	17	③	18	①	19	②	20	⑤

01 미분법 ②

$f(x)=x^{\sin x}$에서 $\ln f(x)=\ln x^{\sin x}=\sin x\ln x$

양변을 x에 대하여 미분하면

$$\frac{f'(x)}{f(x)}=(\cos x)(\ln x)+\frac{\sin x}{x}$$

$$\Rightarrow f'(x)=\left(\cos x\cdot\ln x+\frac{\sin x}{x}\right)f(x)$$

$$\therefore f'(\pi)=\left(\cos\pi\cdot\ln\pi+\frac{\sin\pi}{\pi}\right)f(\pi)$$

$$=-\ln\pi \qquad (\because f(\pi)=1)$$

02 미분법 ④

$x=\ln(\csc\theta+\cot\theta)$에서

$e^x=e^{\ln(\csc\theta+\cot\theta)}=\csc\theta+\cot\theta$ …… ㉠

이때

$\csc^2\theta-\cot^2\theta=(\csc\theta-\cot\theta)(\csc\theta+\cot\theta)$

$=1$

이므로 $\csc\theta-\cot\theta=e^{-x}$ …… ㉡

㉠+㉡ 을 하면 $2\csc\theta=e^x+e^{-x}$

$$\therefore \csc\theta=\frac{e^x+e^{-x}}{2}=\cosh x$$

03 미분법 ②

$$\lim_{x\to\infty}\left(\frac{x+a}{x-a}\right)^x=\lim_{x\to\infty}\left(1+\frac{2a}{x-a}\right)^x=e^{\lim_{x\to\infty}\frac{2ax}{x-a}}=e^{2a}=e$$

$$\therefore a=\frac{1}{2}$$

04 적분법 ④

$\int_a^b(2+x-x^2)\,dx$ 가 최대가 되려면

$f(x)=2-x-x^2\ge 0$ 인 구간에서 적분하면 된다.

$2-x-x^2\ge 0 \Leftrightarrow (x+1)(x-2)\le 0 \Leftrightarrow -1\le x\le 2$

따라서 $a=-1$, $b=2$ 이므로 $a+b=1$ 이다.

05 적분법 ①

$$\int_0^1\frac{1}{(1+\sqrt{x})^3}dx$$

$$=\int_1^2\frac{2(t-1)}{t^3}dt \qquad (\because 1+\sqrt{x}=t\text{로 치환})$$

$$=2\int_1^2(t^{-2}-t^{-3})dt=2\left[-t^{-1}+\frac{1}{2}t^{-2}\right]_1^2$$

$$=2\left(-\frac{1}{2}+\frac{1}{8}+1-\frac{1}{2}\right)=\frac{1}{4}$$

06 적분법 ⑤

$f=\tan^{-1}\frac{1}{x}$, $g'=1$ 로 두고 부분적분을 이용하여 계산하자.

$$\int_0^1\tan^{-1}\left(\frac{1}{x}\right)dx=\left[x\tan^{-1}\frac{1}{x}\right]_0^1+\int_0^1\frac{x}{1+x^2}dx$$

$$=\tan^{-1}1+\frac{1}{2}[\ln(1+x^2)]_0^1$$

$$=\frac{1}{4}\pi+\frac{1}{2}\ln 2$$

07 적분법 ③

$$S=4\int_0^1 y\,dx$$

$$=4\int_{\frac{\pi}{2}}^0\sin^3 2\theta\,(-6\cos^2 2\theta\,\sin\theta)\,d\theta$$

$$=24\int_0^{\frac{\pi}{2}}\sin^4 2\theta\cos^2 2\theta\,d\theta$$

$$=12\int_0^{\pi}\sin^4 t\cos^2 t\,dt \qquad (\because 2\theta=t\text{로 치환})$$

$$=12\int_0^{\pi}\sin^4 t(1-\sin^2 t)dt=12\int_0^{\pi}(\sin^4 t-\sin^6 t)dt$$

$$=12\left(\frac{3}{4}\cdot\frac{1}{2}\cdot\frac{\pi}{2}-\frac{5}{6}\cdot\frac{3}{4}\cdot\frac{1}{2}\cdot\frac{\pi}{2}\right)$$

$$=\frac{3}{8}\pi$$

08 적분법 ④

$$S=6\times\frac{1}{2}\int_0^{\frac{\pi}{6}}4\cos^2 3\theta\, d\theta$$
$$=\int_0^{\frac{\pi}{2}}4\cos^2 t\,dt \quad (\because\ 3\theta=t\text{로 치환})$$
$$=4\cdot\frac{\pi}{4}=\pi$$

09 다변수 미적분 ④

ㄱ. $a_n=\frac{n!}{n^n}$이라 하면

$$\lim_{n\to\infty}\left|\frac{a_{n+1}}{a_n}\right|=\lim_{n\to\infty}\frac{(n+1)!}{(n+1)^{n+1}}\cdot\frac{n^n}{n!}$$
$$=\lim_{n\to\infty}\frac{(n+1)n^n}{(n+1)^{n+1}}$$
$$=\lim_{n\to\infty}\frac{n^n}{(n+1)^n}$$
$$=\lim_{n\to\infty}\frac{1}{\left(\frac{n+1}{n}\right)^n}$$
$$=\lim_{n\to\infty}\frac{1}{\left(1+\frac{1}{n}\right)^n}$$
$$=\frac{1}{e}<1$$

이므로 비율판정법에 의하여 $\sum_{n=1}^{\infty}\frac{n!}{n^n}$은 수렴한다.

ㄴ. $a_n=\sin\left(\frac{\pi}{n}\right)$이라 하면 충분히 큰 자연수 n에 대하여 수열 $\{a_n\}$은 양의 감소수열이고 $\lim_{x\to\infty}a_n=0$이므로 교대급수판정법에 의해 $\sum_{n=1}^{\infty}(-1)^n\sin\left(\frac{\pi}{n}\right)$는 수렴한다.

ㄷ. $a_n=\left(1+\frac{1}{n}\right)^{n^2}$이라 하면

$\lim_{n\to\infty}(a_n)^{\frac{1}{n}}=\lim_{n\to\infty}\left(1+\frac{1}{n}\right)^n=e>1$ 이므로

n승근판정법에 의하여 $\sum_{n=1}^{\infty}\left(1+\frac{1}{n}\right)^{n^2}$은 발산한다.

ㄹ. $a_n=\frac{2^n n!}{5\cdot 8\cdot 11\cdot\cdots\cdot(3n+2)}$이라 하면

$\lim_{n\to\infty}\left|\frac{a_{n+1}}{a_n}\right|=\lim_{n\to\infty}\frac{2(n+1)}{3n+5}=\frac{2}{3}<1$ 이므로

비율판정법에 의하여

$\sum_{n=1}^{\infty}(-1)^n\frac{2^n n!}{5\cdot 8\cdot 11\cdot\cdots\cdot(3n+2)}$은 수렴한다.

10 미분법 ③

$$\sum_{n=1}^{\infty}\frac{n}{(n+1)!}=\sum_{n=1}^{\infty}\frac{(n+1)-1}{(n+1)!}$$
$$=\sum_{n=1}^{\infty}\frac{1}{n!}-\sum_{n=1}^{\infty}\frac{1}{(n+1)!}$$
$$=e-1-(e-2)=1$$

11 선형대수 ⑤

직선 L_1을 포함하고 직선 L_2에 평행인 평면의 방정식을 P라고 할 때, 평면 P의 법선벡터는 L_1의 방향벡터와 L_2의 방향벡터에 동시에 수직이므로

$$\begin{vmatrix}\vec{i} & \vec{j} & \vec{k}\\ 2 & 0 & -1\\ 0 & 1 & 1\end{vmatrix}=\vec{i}-2\vec{j}+2\vec{k}=(1,\,-2,\,2)$$

와 평행하다. 평면 P는 직선 L_1 위의 점 $(0,0,0)$을 지나므로 평면 P의 방정식은 $x-2y+2z=0$ 이다.

또한 직선 L_1과 L_2 사이의 거리는

평면 $x-2y+2z=0$와 L_2 위의 점 $(1,0,2)$ 사이의 거리와 같으므로 두 직선 L_1과 L_2 사이의 거리는

$\frac{|1+4|}{\sqrt{1+4+4}}=\frac{5}{3}$ 이다.

12 다변수 미적분 ①

$$\nabla f(0,0,0)=(e^y+ze^x,\ xe^y+e^z,\ ye^z+e^x)|_{(0,0,0)}$$
$$=(1,1,1)$$

$\vec{v}=(5,1,-2)$를 단위벡터로 변환하면

$\vec{u}=\left(\frac{5}{\sqrt{30}},\frac{1}{\sqrt{30}},-\frac{2}{\sqrt{30}}\right)$ 이므로

방향도함수는 다음과 같다.

$$D_{\vec{u}}f(0,0,0)=\nabla f(0,0,0)\cdot\vec{u}$$
$$=(1,1,1)\cdot\left(\frac{5}{\sqrt{30}},\frac{1}{\sqrt{30}},-\frac{2}{\sqrt{30}}\right)$$
$$=\frac{5+1-2}{\sqrt{30}}=\frac{4}{\sqrt{30}}$$

13 다변수 미적분 ②

$F(x,y,z)=e^{xz}(x^2+y^2-z)-2$ 라 하면

$F_x=e^x\{z(x^2+y^2-z)+2x\}$, $F_y=2ye^{xz}$,

$F_z=e^{xz}\{x(x^2+y^2-z)-1\}$ 이므로

$\nabla F(1,\ -1,\ 0) = (2,\ -2,\ 1)$
따라서 접평면의 방정식은 $2x - 2y + z = 4$ 이다.

14 다변수 미적분 ③

원뿔 위의 임의의 점을 $Q(x,\ y,\ z)$라 하면 $z^2 = x^2 + y^2$을 만족한다.
두 점 $P,\ Q$ 사이의 거리는

$$d = \sqrt{(x-4)^2 + (y-2)^2 + z^2}$$
$$= \sqrt{(x-4)^2 + (y-2)^2 + x^2 + y^2}$$
$$= \sqrt{2x^2 - 8x + 2y^2 - 4y + 20}$$
$$= \sqrt{2(x-2)^2 - 8 + 2(y-1)^2 - 2 + 20}$$
$$= \sqrt{2(x-2)^2 + 2(y-1)^2 + 10}$$
$$\geq \sqrt{10}$$

이므로 최단거리는 $\sqrt{10}$ 이다.

15 다변수 미적분 ④

(ⅰ) 삼각형 영역의 내부
$\nabla f(x,\ y) = (1-y,\ 1-x) = (0,\ 0)$ 이므로
$(x,\ y) = (1,\ 1)$이고, $f(1,\ 1) = 1$

(ⅱ) 삼각형의 경계선에서의 극대, 극소
ⓐ $y = 0,\ 0 \leq x \leq 4$ 일 때,
$f(x) = x$에서 최댓값은 4, 최솟값은 0
ⓑ $x = 0,\ 0 \leq y \leq 2$ 일 때,
$f(y) = y$에서 최댓값은 2, 최솟값은 0
ⓒ $y = -\frac{1}{2}x + 2,\ 0 \leq x \leq 4$ 일 때,
$f(x) = \frac{1}{2}x^2 - \frac{3}{2}x + 2 \Rightarrow f'(x) = x - \frac{3}{2}$ 이므로
$f(0) = 2,\ f\left(\frac{3}{2}\right) = \frac{7}{8},\ f(4) = 4$

∴ 최댓값은 4, 최솟값은 0

16 적분법 ②

$f = x,\ g' = xe^{-x^2}$으로 두고 부분적분을 이용하여 입체의 부피를 구하면

$$V(a) = 2\pi \int_0^a x^2 e^{-x^2}\, dx$$
$$= 2\pi \left[-\frac{x}{2}e^{-x^2}\right]_0^a + \pi \int_0^a e^{-x^2}\, dx$$
$$= -a\pi e^{-a^2} + \pi \int_0^a e^{-x^2}\, dx$$

$$\therefore \lim_{a\to\infty} V(a) = \frac{\pi\sqrt{\pi}}{2} \quad \left(\because \int_0^\infty e^{-x^2}\, dx = \frac{\sqrt{\pi}}{2}\right)$$

17 다변수 미적분 ③

$$\int_0^1 \int_{3y}^3 e^{x^2}\, dx dy = \int_0^3 \int_0^{\frac{x}{3}} e^{x^2}\, dy dx$$
$$= \int_0^3 e^{x^2} [y]_0^{\frac{x}{3}}\, dx$$
$$= \int_0^3 \frac{x}{3} e^{x^2}\, dx$$
$$= \frac{1}{6}\left[e^{x^2}\right]_0^3 = \frac{1}{6}(e^9 - 1)$$

18 다변수 미적분 ①

$x = r\cos\theta,\ y = r\sin\theta$ 로 변수 변환하면
$R^* = \left\{(r,\ \theta) \mid 1 \leq r \leq 2,\ 0 \leq \theta \leq \frac{\pi}{4}\right\}$,
$|J| = \left\| \begin{matrix} \cos\theta & -r\sin\theta \\ \sin\theta & r\cos\theta \end{matrix} \right\| = r$ 이므로

$$\iint_A \tan^{-1}\left(\frac{y}{x}\right) dA = \int_0^{\frac{\pi}{4}} \int_1^2 \theta \cdot r\, dr d\theta$$
$$= \int_0^{\frac{\pi}{4}} \theta\, d\theta \int_1^2 r\, dr$$
$$= \frac{1}{2}\left[\theta^2\right]_0^{\frac{\pi}{4}} \cdot \frac{1}{2}\left[r^2\right]_1^2 = \frac{3}{64}\pi^2$$

19 적분법 ②

$x = r\cos\theta,\ y = r\sin\theta$라 하면
$x^3 + 2y^3 = xy$ 에서
$r^3\cos^3\theta + 2r^3\sin^3\theta = r^2\sin\theta\cos\theta$
$\therefore\ r = \dfrac{\sin\theta\cos\theta}{\cos^3\theta + 2\sin^3\theta}$
이를 이용하여 넓이를 구하면 다음과 같다.

$$S = \frac{1}{2}\int_0^{\frac{\pi}{2}} \frac{\sin^2\theta\cos^2\theta}{(\cos^3\theta + 2\sin^3\theta)^2}\, d\theta$$
$$= \frac{1}{2}\int_0^{\frac{\pi}{2}} \frac{\sin^2\theta\cos^2\theta}{\cos^6\theta + 4\cos^3\theta\sin^3\theta + 4\sin^6\theta}\, d\theta$$
$$= \frac{1}{2}\int_0^{\frac{\pi}{2}} \frac{\tan^2\theta\sec^2\theta}{1 + 4\tan^3\theta + 4\tan^6\theta}\, d\theta$$
($\because\ \cos^6\theta$로 분자, 분모 나눔)
$$= \frac{1}{2}\int_0^{\frac{\pi}{2}} \frac{\tan^2\theta\sec^2\theta}{(2\tan^3\theta + 1)^2}\, d\theta$$
$$= \frac{1}{12}\int_1^\infty \frac{1}{t^2}\, dt \qquad (\because\ 2\tan^3\theta + 1 = t\text{로 치환})$$
$$= -\frac{1}{12}\left[t^{-1}\right]_1^\infty = \frac{1}{12}$$

20 공학수학 ⑤

$$\int_{\frac{\pi}{2}}^{\pi}\left(e^{\ln t},\ -\frac{1}{e^t}-\cos t,\ e^t\sin t\right)\cdot\left(\frac{1}{t},\ e^t,\ 1\right)dt$$

$$=\int_{\frac{\pi}{2}}^{\pi}(t,\ -e^{-t}-\cos t,\ e^t\sin t)\cdot\left(\frac{1}{t},\ e^t,\ 1\right)dt$$

$$=\int_{\frac{\pi}{2}}^{\pi}(1-1-e^t\cos t+e^t\sin t)\,dt$$

$$=\int_{\frac{\pi}{2}}^{\pi}(-e^t\cos t+e^t\sin t)\,dt$$

$$=-\int_{\frac{\pi}{2}}^{\pi}e^t\cos t\,dt+\int_{\frac{\pi}{2}}^{\pi}e^t\sin t\,dt$$

$$=-\left[\frac{e^t}{2}(\cos t+\sin t)\right]_{\frac{\pi}{2}}^{\pi}+\left[\frac{e^t}{2}(\sin t-\cos t)\right]_{\frac{\pi}{2}}^{\pi}$$

$$=\frac{e^{\pi}}{2}+\frac{e^{\frac{\pi}{2}}}{2}+\frac{e^{\pi}}{2}-\frac{e^{\frac{\pi}{2}}}{2}=e^{\pi}$$

| 참고 |

(1) $\int e^{ax}\sin bx\,dx=\frac{e^{ax}}{a^2+b^2}(a\sin bx-b\cos bx)+C$

(2) $\int e^{ax}\cos bx\,dx=\frac{e^{ax}}{a^2+b^2}(a\cos bx+b\sin bx)+C$

TEST p. 162~170

26	②	27	②	28	④	29	③	30	③
31	④	32	③	33	④	34	④	35	②
36	③	37	①	38	②	39	③	40	①
41	③	42	②	43	①	44	②	45	②
46	①	47	①	48	①	49	③	50	②

26 미분법 ②

$f(x)=8x^8$ 이라 하면 $f'(x)=64x^7$

$$\lim_{h\to0}\frac{1}{h}\left\{8\left(\frac{1}{2}+h\right)^8-\frac{1}{32}\right\}=\lim_{h\to0}\frac{f\left(\frac{1}{2}+h\right)-f\left(\frac{1}{2}\right)}{h}$$
$$=f'\left(\frac{1}{2}\right)=\frac{1}{2}$$

27 미분법 ②

$$\lim_{x\to2}\frac{\sqrt{2x+5}-\sqrt{x+7}}{x-2}=\lim_{x\to2}\frac{x-2}{(x-2)(\sqrt{2x+5}+\sqrt{x+7})}$$
$$=\lim_{x\to2}\frac{1}{\sqrt{2x+5}+\sqrt{x+7}}$$
$$=\frac{1}{6}=f(2)$$

28 적분법 ④

$$A=\int_0^1\sin\left(\frac{\pi x}{2}\right)dx=-\frac{2}{\pi}\left[\cos\left(\frac{\pi x}{2}\right)\right]_0^1=\frac{2}{\pi}$$
$$B=\int_0^1 2xe^x\,dx$$
$$=[2xe^x]_0^1-\int_0^1 2e^x\,dx$$
$$=[2xe^x]_0^1-[2e^x]_0^1=2e-0-(2e-2)=2$$

① $A+B=\frac{2}{\pi}+2\approx\frac{2}{3.14}+2\approx2.63$

② $AB=\frac{4}{\pi}\approx\frac{4}{3.14}\approx1.27$

③ $\frac{A}{B}=\frac{1}{\pi}\approx\frac{1}{3.14}\approx0.31$

④ $\frac{B}{A}=\pi\approx3.14$

29 다변수 미적분 ③

ㄱ. $\left|\frac{\cos n}{n(n+1)}\right|\le\frac{1}{n(n+1)}<\frac{1}{n^2}$ 에서 $\sum_{n=1}^{\infty}\frac{1}{n^2}$ 은 p 급수판정법에 의해 수렴한다. 따라서 비교판정법에 의해 $\sum_{n=1}^{\infty}\frac{\cos n}{n(n+1)}$ 은 수렴한다.

ㄴ. $\frac{1}{n}<\frac{1}{\ln n}$ 에서 $\sum_{n=2}^{\infty}\frac{1}{n}$ 은 p급수판정법에 의해 발산한다. 따라서 비교판정법에 의해 $\sum_{n=2}^{\infty}\frac{1}{\ln n}$ 은 발산한다.

ㄷ. $\lim_{n\to\infty}\left(1+\frac{1}{2n}\right)^n=e^{\frac{1}{2}}>1$ 이므로 n승근판정법에 의해 $\sum_{n=1}^{\infty}\left(1+\frac{1}{2n}\right)^{n^2}$ 은 발산한다.

ㄹ. $\frac{\ln n}{n^2}<\frac{\sqrt{n}}{n^2}=\frac{1}{n^{\frac{3}{2}}}$ 에서 $\sum_{n=1}^{\infty}\frac{1}{n^{\frac{3}{2}}}$ 은 p급수판정법에 의해 수렴한다. 따라서 비교판정법에 의해 $\sum_{n=1}^{\infty}\frac{\ln n}{n^2}$ 은 수렴한다.

30 공학수학 ③

보조방정식 $m^2-2m+1=0$ 에서 $m=1$ (중근)이므로 일반해는 $y=(C+Dx)e^x$ 이다.

31 선형대수 ④

$A=\begin{bmatrix}3&0&0\\2&1&4\\1&0&a\end{bmatrix}$ 라 하면

$$|A-xI|=\begin{vmatrix}3-x&0&0\\2&1-x&4\\1&0&a-x\end{vmatrix}=(3-x)(1-x)(a-x)$$
$$=-x^3+(a+4)x^2-(4a+3)x+3a$$
$$=-x^3+bx^2-19x+12$$

이므로 $a=4$ 이고 $b=8$ 이다.

32 미분법 ③

$x^2-xy-y^2=1$ 에 점 $(2,\,y_0)$ 를 대입하면

$4-2y_0-y_0^2=1 \Rightarrow (y_0+3)(y_0-1)=0$

$\therefore\ y_0=1 \quad (\because\ y \ge 0)$

$f(x, y)=x^2-xy-y^2-1$이라 하면

$\frac{dy}{dx}=-\frac{f_x}{f_y}=\frac{2x-y}{x+2y}$ 이므로 $\left.\frac{dy}{dx}\right|_{(2,\,1)}=\frac{4-1}{2+2}=\frac{3}{4}$

33 미분법 ④

$v(t)=-\frac{\ln t}{t^2}=0$ 인 $t=1$ 이고

$t<1$ 일 때 $v(t)>0$ 이고 $t>1$ 일 때 $v(t)<0$ 이므로 $v(t)$ 의 부호는 $t=1$ 에서 한 번 바뀐다.

$v'(t)=-\frac{t-2t\ln t}{t^4}=-\frac{1-2\ln t}{t^3}=0$ 인 $t=e^{\frac{1}{2}}$ 이다.

$t<e^{\frac{1}{2}}$일 때 $v'(t)<0$이고

$t>e^{\frac{1}{2}}$일 때 $v'(t)>0$이므로 $t=e^{\frac{1}{2}}$에서 $v'(t)$의 부호는 한 번 바뀌며 $t=e^{\frac{1}{2}}$에서 극소이자 최소이다.

$\lim_{t\to 0+}v(t)=\infty$이므로 최댓값은 존재하지 않는다.

따라서 옳은 것은 ㄴ, ㄷ, ㄹ이다.

34 적분법 ④

$x=r\cos\theta=(1+\cos\theta)\cos\theta$,

$y=r\sin\theta=(1+\cos\theta)\sin\theta$ 이므로

(i) $\frac{dx}{d\theta}=-\sin\theta\cos\theta-(1+\cos\theta)\sin\theta$

$=-\sin\theta\cos\theta-\sin\theta-\sin\theta\cos\theta$

$=-2\sin\theta\cos\theta-\sin\theta$

$=-\sin 2\theta-\sin\theta$

(ii) $\frac{dy}{d\theta}=-\sin\theta\sin\theta+(1+\cos\theta)\cos\theta$

$=-\sin^2\theta+\cos\theta+\cos^2\theta$

$=\cos 2\theta+\cos\theta$

(i), (ii)에 의하여

$\frac{dy}{dx}=\frac{\cos 2\theta+\cos\theta}{-\sin 2\theta-\sin\theta}=1$

$\Rightarrow\ \cos 2\theta+\cos\theta+\sin 2\theta+\sin\theta=0$

$\Rightarrow\ 2\cos\frac{3\theta}{2}\cos\frac{\theta}{2}+2\sin\frac{3\theta}{2}\cos\frac{\theta}{2}=0$

$\Rightarrow\ \cos\frac{\theta}{2}\left(\cos\frac{3}{2}\theta+\sin\frac{3}{2}\theta\right)=0$

에서 $\cos\frac{\theta}{2}=0$인 경우 $\theta=\pi+2n\pi$ (n은 정수),

$\cos\frac{3}{2}\theta+\sin\frac{3}{2}\theta=0$인 경우

$\theta=-\frac{\pi}{6}+\frac{2n}{3}\pi$ (n은 정수)

따라서 보기 중 가능한 것은 ④이다.

35 적분법 ②

$\int_0^2 \sqrt{-x^2+8x}\,dx$

$=\int_0^2 \sqrt{16-(x-4)^2}\,dx$

$=\int_{-\frac{\pi}{2}}^{-\frac{\pi}{6}} \sqrt{16-16\sin^2\theta}\,4\cos\theta\,d\theta$

($\because$ $x-4=4\sin\theta$로 삼각치환)

$=\int_{-\frac{\pi}{2}}^{-\frac{\pi}{6}} 16\cos^2\theta\,d\theta=8\int_{-\frac{\pi}{2}}^{-\frac{\pi}{6}}(1+\cos 2\theta)\,d\theta$

$=8\left[\theta+\frac{1}{2}\sin 2\theta\right]_{-\frac{\pi}{2}}^{-\frac{\pi}{6}}$

$=8\left[-\frac{\pi}{6}+\frac{1}{2}\sin\left(-\frac{\pi}{3}\right)-\left\{-\frac{\pi}{2}+\frac{1}{2}\sin(-\pi)\right\}\right]$

$=8\left(\frac{\pi}{3}-\frac{\sqrt{3}}{4}\right)=\frac{8\pi}{3}-2\sqrt{3}$

36 적분법 ③

$T_n=\sum_{k=1}^{n}\frac{n}{(k+n)(k+2n)}=\sum_{k=1}^{n}\frac{n}{n^2\left(\frac{k}{n}+1\right)\left(\frac{k}{n}+2\right)}$

$=\sum_{k=1}^{n}\frac{1}{\left(\frac{k}{n}+1\right)\left(\frac{k}{n}+2\right)}\frac{1}{n}$

$\Rightarrow\ \lim_{n\to\infty}T_n=\int_0^1\frac{1}{(x+1)(x+2)}dx$ ($\because$ 정적분 정의)

$=\int_0^1\frac{1}{x+1}-\frac{1}{x+2}dx$

$=[\ln(x+1)-\ln(x+2)]_0^1$

$=\left[\ln\frac{x+1}{x+2}\right]_0^1$

$=\ln\frac{2}{3}-\ln\frac{1}{2}=\ln\frac{4}{3}$

$\therefore\ \lim_{n\to\infty}e^{T_n}=e^{\ln\frac{4}{3}}=\frac{4}{3}$

37 적분법 ①

$F(2)=\int_1^1 e^{-t^2}dt=0$ 이므로 접점은 $(2, 0)$

$F'(x)=4xe^{-(2x^2-7)^2}-3e^{-(3x-5)^2}$

이므로 접선의 기울기는 $F'(2)=8e^{-1}-3e^{-1}=5e^{-1}$
따라서 접선의 방정식은 다음과 같다.

$$y-0=\frac{5}{e}(x-2) \Leftrightarrow 5x-ey=10$$

38 적분법 ②

x 축을 중심으로 회전시킨 입체의 부피를 구하면

$$V_x=\pi\int_0^1\left(\frac{2}{x+1}\right)^2dx$$
$$=4\pi\int_1^2\frac{1}{u^2}du \quad (\because\ x+1=u\text{로 치환})$$
$$=4\pi\left[-\frac{1}{u}\right]_1^2=2\pi$$

원주각법을 이용하여 y 축을 중심으로 회선시킨 입체의 부피를 구하면

$$V_y=4\pi\int_0^1\frac{x}{x+1}dx$$
$$=4\pi\int_0^1\left(1-\frac{1}{x+1}\right)dx$$
$$=4\pi\left[x-\ln(x+1)\right]_0^1=4\pi(1-\ln 2)$$
$$\therefore\ \frac{V_y}{V_x}=\frac{4\pi(1-\ln 2)}{2\pi}=2(1-\ln 2)=2-\ln 4$$

39 다변수 미적분 ③

$a_n=\dfrac{n!x^n}{1\cdot 3\cdot\ \cdots\ \cdot(2n+1)}$ 이라 하고 비율판정법을 이용하면

$$\lim_{n\to\infty}\left|\frac{a_{n+1}}{a_n}\right|=\lim_{n\to\infty}\frac{n+1}{2n+3}|x|=\frac{1}{2}|x|<1 \qquad \therefore\ |x|<2$$

수렴반경은 2

40 적분법 ①

$f(x)=\displaystyle\int_0^x\frac{\cos u}{1-u}du$ 에서

$$f'(x)=\frac{\cos x}{1-x}$$
$$=(1+x+x^2+x^3+\cdots)\left(1-\frac{1}{2!}x^2+\cdots\right)$$
$$=1+x+\frac{x^2}{2}+\frac{x^3}{2}+\cdots$$

이므로 $f(x)=x+\dfrac{1}{2}x^2+\dfrac{1}{6}x^3+\dfrac{1}{8}x^4+\cdots+C$

또, $f(0)=0$이므로 $C=0$이다.
따라서 $x=0$에서의 Taylor 4차 다항식

$M_4=x+\dfrac{1}{2}x^2+\dfrac{1}{6}x^3+\dfrac{1}{8}x^4$이다.

41 미분법 ③

$\displaystyle\sum_{n=1}^{\infty}\frac{(-1)^n x^n}{n}=-\ln(1+x)$이므로

$$\sum_{n=1}^{\infty}\frac{(-1)^n}{n3^n}=-\ln\left(1+\frac{1}{3}\right)=-\ln\frac{4}{3}=\ln\frac{3}{4}$$
$$\therefore\ g\left(\sum_{n=1}^{\infty}\frac{(-1)^n}{n3^n}\right)=g\left(\ln\frac{3}{4}\right)=e^{\ln\frac{3}{4}}=\frac{3}{4}$$

42 선형대수 ②

주어진 연립방정식을 확대행렬로 표현하면

$$\begin{pmatrix}1&2&3&1\\1&3&5&0\\0&1&c&d\end{pmatrix}\sim\begin{pmatrix}1&2&3&1\\0&1&2&-1\\0&0&c-2&d+1\end{pmatrix}$$

ㄱ. $c=2$, $d=-1$일 때, 무수히 많은 해를 갖는다.(참)
ㄴ. (가) 참고 (거짓)
ㄷ. $cd=-2$이면 무수히 많은 해를 가지거나 유일한 해를 가진다. (참)

43 다변수 미적분 ①

$$\begin{cases}G_x=3x^2+3y=0 \Rightarrow y=-x^2 & \cdots\cdots ㉠\\ G_y=3y^2+3x=0 \Rightarrow -x=y^2 & \cdots\cdots ㉡\end{cases}$$

㉠을 ㉡에 대입하여 정리하면 $3x(x^3+1)=0$
따라서 임계점은 $(0,0)$, $(-1,-1)$
$G_{xx}=6x$, $G_{xy}=3$, $G_{yy}=6y$ 이므로
$H(x,y)=G_{xx}G_{yy}-G_{xy}^2=36xy-9$
(i) $H(0,0)=-9<0$이므로 $(0,0)$ 은 안장점이다.
(ii) $H(-1,-1)=36-9=27>0$이고 $G_{xx}(-1,-1)=-6<0$이므로 $(-1,-1)$은 극대점이다.

44 공학수학 ②

$$\frac{1}{y\ln y}dy=dx$$
$$\Rightarrow \int\frac{1}{y\ln y}dy=\int dx$$
$$\Rightarrow \int\frac{1}{t}dt=\int dx$$
$$\Rightarrow \ln|t|=x+C$$
$$\Rightarrow \ln|\ln y|=x+C$$

$y(0)=\dfrac{1}{e}$이므로 $C=0$

따라서

$$\ln|\ln y| = x \Rightarrow \ln y = -e^{x}$$
$$\Rightarrow y = e^{-e^{x}}$$
$$\Rightarrow y' = -e^{x-e^{x}}$$

$$\therefore\ y'(\ln 2) = -e^{\ln 2 - e^{\ln 2}} = -e^{\ln 2 - 2} = -\frac{2}{e^2}$$

45 적분법 ②

$$A = \int_0^\infty \left(\frac{x}{x^2+1} - \frac{B}{2x+4}\right)dx$$
$$= \left[\frac{1}{2}\ln(x^2+1) - \frac{B}{2}\ln(2x+4)\right]_0^\infty$$
$$= \left[\ln\frac{(x^2+1)^{\frac{1}{2}}}{(2x+4)^{\frac{B}{2}}}\right]_0^\infty$$
$$= \left[\ln\frac{\sqrt{x^2+1}}{2x+4}\right]_0^\infty \quad (\because\ B=2\text{일 때 수렴})$$
$$= \ln\frac{1}{2} - \ln\frac{1}{4} = \ln 2$$

$$\therefore\ AB = 2\ln 2 = \ln 4$$

46 다변수 미적분 ①

$x = \frac{u}{\sqrt{2}}$, $y = v$로 변수변환하면 $|J| = \frac{1}{\sqrt{2}}$

$z=0$, $2x^2+y^2=R^2$, $z=10$ 으로 둘러싸인 영역의 부피는 다음과 같다.

$$V_1 = \iint_{2x^2+y^2 \le R^2} 10\,dA$$
$$= \frac{10}{\sqrt{2}}\iint_{u^2+v^2\le R^2} du\,dv$$
$$= \frac{10}{\sqrt{2}} \times \pi R^2 = 5\sqrt{2}\pi R^2$$

$z=0$, $2x^2+y^2=R^2$, $z=2x^2+y^2+1$로 둘러싸인 영역의 부피를 구하면 다음과 같다.

$$V_2 = \iint_{2x^2+y^2\le R^2}(2x^2+y^2+1)\,dA$$
$$= \frac{1}{\sqrt{2}}\iint_{u^2+v^2\le R^2}(u^2+v^2+1)\,du\,dv$$
$$= \frac{1}{\sqrt{2}}\int_0^{2\pi}\int_0^R (r^2+1)r\,dr\,d\theta$$

($\because$ 극좌표계에서의 적분)

$$= \frac{1}{\sqrt{2}}\int_0^{2\pi}\left[\frac{r^4}{4}+\frac{r^2}{2}\right]_0^R d\theta$$
$$= \frac{1}{\sqrt{2}}\int_0^{2\pi}\left(\frac{R^4}{4}+\frac{R^2}{2}\right)d\theta$$
$$= \frac{2\pi}{\sqrt{2}}\left(\frac{R^4}{4}+\frac{R^2}{2}\right) = \sqrt{2}\pi\left(\frac{R^4}{4}+\frac{R^2}{2}\right)$$

$V_2 = \frac{V_1}{2}$ 이므로

$$\sqrt{2}\pi\left(\frac{R^4}{4}+\frac{R^2}{2}\right) = \frac{5\sqrt{2}\pi R^2}{2} \Rightarrow \frac{R^4}{4}+\frac{R^2}{2} = \frac{5R^2}{2}$$
$$\Rightarrow R^2 = 8$$

$$\therefore\ R = 2\sqrt{2}$$

47 공학수학 ①

C: $r(t) = (\cos t, \sin t)$, $0 \le t \le \frac{\pi}{2}$ 이라고 하자.

$$\int_C xy\,dx + y(x-x^2)\,dy$$
$$= \int_0^{\frac{\pi}{2}}\{\cos t\sin t(-\sin t) + \sin t(\cos t - \cos^2 t)(\cos t)\}dt$$
$$= \int_0^{\frac{\pi}{2}}(-\cos t\sin^2 t + \sin t\cos^2 t - \sin t\cos^3 t)\,dt$$
$$= \left[-\frac{1}{3}\sin^3 t - \frac{1}{3}\cos^3 t + \frac{1}{4}\cos^4 t\right]_0^{\frac{\pi}{2}}$$
$$= -\frac{1}{3}+\frac{1}{3}-\frac{1}{4} = -\frac{1}{4}$$

그러므로 $\left|\int_C xy\,dx + y(x-x^2)\,dy\right| = \left|-\frac{1}{4}\right| = \frac{1}{4}$

48 다변수 미적분 ①

$$\nabla F(x, y)$$
$$= \left(e^{\frac{x^2}{2}-y^2}(x^2+2\sqrt{2}xy+1),\ -2e^{\frac{x^2}{2}-y^2}(xy+2\sqrt{2}y^2-\sqrt{2})\right)$$
$$= (0, 0)$$
$$\Rightarrow \begin{cases} x^2+2\sqrt{2}xy+1=0 & \cdots\cdots ㉠ \\ xy+2\sqrt{2}y^2-\sqrt{2}=0 & \cdots\cdots ㉡ \end{cases}$$

㉠에서 $y = \frac{-x^2-1}{2\sqrt{2}x}$ $(x \ne 0)$이고

㉡에 대입하여 정리하면

$$\frac{-x^2-1}{2\sqrt{2}} + \frac{\sqrt{2}(x^4+2x^2+1)}{4x^2} - \sqrt{2} = 0$$
$$\Rightarrow \frac{2x^2(-x^2-1)+2(x^4+2x^2+1)-8x^2}{4\sqrt{2}x^2} = 0$$
$$\Rightarrow -2x^4-2x^2+2x^4+4x^2+2-8x^2=0$$
$$\Rightarrow 6x^2=2$$
$$\therefore\ x = \pm\frac{1}{\sqrt{3}}$$

(i) $x_1 = -\frac{\sqrt{3}}{3}$ 이면 $y_1 = \frac{\sqrt{6}}{3}$

(ⅱ) $x_1 = \frac{\sqrt{3}}{3}$ 이면 $y_1 = -\frac{\sqrt{6}}{3}$

$\therefore\ 3|x_1 + y_1| = \sqrt{6} - \sqrt{3}$

49 선형대수 ③

$(1, -1) = \frac{4}{5}(2, 1) - \frac{3}{5}(1, 3)$ 에서

$$T(1, -1) = \frac{4}{5}T(2, 1) - \frac{3}{5}T(1, 3)$$
$$= \frac{4}{5}\sin\theta - \frac{3}{5}\cos\theta = 0$$

즉, $\tan\theta = \frac{3}{4}$ 이므로 $\sin\theta = \frac{3}{5}$ 이고 $\cos\theta = \frac{4}{5}$

$(2, 3) = \frac{3}{5}(2, 1) + \frac{4}{5}(1, 3)$ 이므로

$$T(2, 3) = \frac{3}{5}T(2, 1) + \frac{4}{5}T(1, 3)$$
$$= \frac{3}{5}\sin\theta + \frac{4}{5}\cos\theta = \frac{3}{5}\times\frac{3}{5} + \frac{4}{5}\times\frac{4}{5} = 1$$

50 공학수학 ②

(ⅰ) 보조방정식 $m^2 + 4 = 0$ 에서 $m = \pm 2i$ 이므로
 보조해는 $y_c = c_1\cos 2x + c_2\sin 2x$

(ⅱ) 특수해는 다음과 같다.

$$y_p = \frac{12}{D^2+4}\{e^{2ix}\}$$
$$= \frac{12}{(D+2i)(D-2i)}\{e^{2ix}\}$$
$$= \frac{12x}{4i}\{e^{2ix}\}$$
$$= Im[-3ix(\cos 2x + i\sin 2x)]$$
$$= -3x\cos 2x$$

따라서 일반해 $y = y_c + y_p = c_1\cos 2x + c_2\sin 2x - 3x\cos 2x$

$y(0) = 0$ 이므로 $c_1 = 0$, $y\left(\frac{\pi}{4}\right) = 0$ 이므로 $c_2 = 0$

따라서 $y = -3x\cos 2x$ 이고, $y\left(\frac{\pi}{6}\right) = -\frac{\pi}{4}$

아주대학교

▶ 문항 수: 영어 25문항, 수학 25문항 | 제한시간: 90분

TEST p. 172~180

26	① ② ⑤	27	①	28	④	29	②	30	③
31	③	32	③	33	⑤	34	②	35	①
36	④	37	③	38	①	39	⑤	40	④
41	①	42	①	43	④	44	③	45	①
46	⑤	47	②	48	②	49	①	50	③

26 일반수학 ①, ②, ⑤

$$\alpha=\cos^{-1}\left(\cos\frac{19}{4}\pi\right)=\cos^{-1}\left(\cos\frac{3}{4}\pi\right)=\frac{3}{4}\pi$$

① $\cos\alpha+\sin\alpha=\cos\frac{3}{4}\pi+\sin\frac{3}{4}\pi=0$ (거짓)

② $\alpha=\frac{3}{4}\pi>0$ (거짓)

③ $\sin\alpha=\sin\left(\frac{3}{4}\pi\right)=\sin\left(\frac{19}{4}\pi\right)=\frac{\sqrt{2}}{2}$ (참)

④ $\cos\alpha=\cos\left(\frac{3}{4}\pi\right)=\cos\left(\frac{19}{4}\pi\right)=-\frac{\sqrt{2}}{2}$ (참)

⑤ $\sin2\alpha=\sin\frac{3}{2}\pi=-1<0$ (거짓)

27 미분법 ①

$\frac{dy}{dx}=\frac{y-2x}{2y-x}$ 에서 $\left.\frac{dy}{dx}\right|_{(2,\,2)}=-1$이므로

$$\frac{d^2y}{dx^2}=\frac{(2y-x)\left(\frac{dy}{dx}-2\right)-(y-2x)\left(2\frac{dy}{dx}-1\right)}{(2y-x)^2}$$ 이다.

$$\therefore\ \left.\frac{d^2y}{dx^2}\right|_{(2,\,2)}=-3$$

28 적분법 ④

$1+(y')^2=1+\sin^6x-1=\sin^6x$

곡선의 길이는 다음과 같다.

$$l=\int_{\frac{\pi}{2}}^{\pi}\sqrt{\sin^6x}\,dx=\int_{\frac{\pi}{2}}^{\pi}\sin^3x\,dx=\frac{2}{3}$$

(∵ Wallis의 공식)

29 적분법 ②

$$a_n=I_n-I_{n+4}$$

$$=\int_0^{\frac{\pi}{4}}(\tan^nx-\tan^{n+4}x)\,dx$$

$$=\int_0^{\frac{\pi}{4}}\tan^nx(1-\tan^4x)\,dx$$

$$=\int_0^{\frac{\pi}{4}}\tan^nx(1-\tan^2x)(1+\tan^2x)\,zdx$$

$$=\int_0^{\frac{\pi}{4}}\tan^nx(1-\tan^2x)\sec^2x\,dx$$

$$=\int_0^1t^n(1-t^2)\,dt \qquad (\because\ \tan x=t\text{로 치환})$$

$$=\int_0^1(t^n-t^{n+2})\,dt$$

$$=\left[\frac{t^{n+1}}{n+1}-\frac{t^{n+3}}{n+3}\right]_0^1=\frac{1}{n+1}-\frac{1}{n+3}$$

이므로

$$\sum_{n=1}^{\infty}a_n=\sum_{n=1}^{\infty}\left(\frac{1}{n+1}-\frac{1}{n+3}\right)$$

$$=\lim_{n\to\infty}\left\{\left(\frac{1}{2}-\frac{1}{4}\right)+\left(\frac{1}{3}-\frac{1}{5}\right)+\left(\frac{1}{4}-\frac{1}{6}\right)+\cdots+\left(\frac{1}{n}-\frac{1}{n+2}\right)+\left(\frac{1}{n+1}-\frac{1}{n+3}\right)\right\}$$

$$=\lim_{n\to\infty}\left(\frac{1}{2}+\frac{1}{3}-\frac{1}{n+2}-\frac{1}{n+3}\right)$$

$$=\frac{1}{2}+\frac{1}{3}=\frac{5}{6}$$

30 적분법 ③

$$\int_3^5g(\sqrt{x^2-5})\,dx$$

$$=\int_2^{2\sqrt{5}}g(t)\frac{t}{\sqrt{t^2+5}}\,dt \qquad (\because\ \sqrt{x^2-5}=t\text{로 치환})$$

$$=\int_0^2\frac{xf(x)f'(x)}{\sqrt{\{f(x)\}^2+5}}\,dx \qquad (\because\ t=f(x)\text{로 치환})$$

$$=[x\sqrt{\{f(x)^2+5}]_0^2-\int_0^2\sqrt{\{f(x)\}^2+5}\,dx$$

$$=2\sqrt{f(2)^2+5-0-7}$$

$$=2\sqrt{(2\sqrt{5})^2+5}-7=10-7=3$$

| 다른 풀이 |

$y=\sqrt{\{f(x)\}^2+5}$ 라고 할 때

$x=\sqrt{\{f(y)\}^2+5} \Leftrightarrow \{f(y)\}^2+5=x^2$

$\Leftrightarrow f(y)=\sqrt{x^2-5}$

$\Leftrightarrow y=f^{-1}\left(\sqrt{x^2-5}\right)=g\left(\sqrt{x^2-5}\right)$

이므로 $\sqrt{f(x)^2+5}$ 와 $g\left(\sqrt{x^2-5}\right)$ 는 역함수 관계이다.

$\int_3^5 g\left(\sqrt{x^2-5}\right)dx+\int_0^2\sqrt{f(x)^2+5}\,dx=10$ 이므로

$\int_3^5 g\left(\sqrt{x^2-5}\right)dx=10-7=3$ 이다.

31 다변수 미적분 ③

ㄱ. $\sum_{n=1}^{\infty} n\sqrt{n}\,a_n$ 이 수렴한다고 가정하자. 그러면

$\lim_{n\to\infty} n\sqrt{n}\,a_n=0$ 이고 충분히 큰 자연수 N에 대하여

$n>N$이면 $\left|n\sqrt{n}\,a_n\right|<1$ 이 성립한다. 즉,

$|a_n|<\frac{1}{n\sqrt{n}}$

이때 $\sum_{n=1}^{\infty}\frac{1}{n\sqrt{n}}$ 은 p급수판정법에 의해 수렴하므로

$\sum_{n=1}^{\infty}|a_n|$ 은 비교판정법에 의해 수렴한다. 그러므로

$\sum_{n=1}^{\infty}a_n$ 은 절대수렴한다. 이는 가정에 모순이다. (참)

ㄴ. [반례] $a_n=(-1)^n$라 하면

$\sum_{n=1}^{\infty}\frac{a_n}{\sqrt{n}}=\sum_{n=1}^{\infty}\frac{(-1)^n}{\sqrt{n}}$ 에서 $\lim_{n\to\infty}\frac{1}{\sqrt{n}}=0$ 이므로

교대급수판정법에 의해 $\sum_{n=1}^{\infty}\frac{(-1)^n}{\sqrt{n}}$ 는 수렴한다. 이때

$\sum_{n=1}^{\infty}(-1)^n a_n=\sum_{n=1}^{\infty}1$ 는 발산하므로 주어진 명제는 항상 성립하지는 않는다. (거짓)

ㄷ. [반례] $a_n=\frac{(-1)^n}{n}$ 라 하면

$\sum_{n=1}^{\infty}(-1)^n a_n=\sum_{n=1}^{\infty}(-1)^n\cdot\frac{(-1)^n}{n}=\sum_{n=1}^{\infty}\frac{1}{n}$ 이고

p급수판정법에 의해 $\sum_{n=1}^{\infty}(-1)^n a_n$ 은 발산한다. 이때

$\sum_{n=1}^{\infty}\frac{(-1)^n}{n}$ 은 $\lim_{n\to\infty}\frac{1}{n}=0$ 이므로 교대급수판정법에 의해 수렴한다. 따라서 주어진 명제는 항상 성립하지는 않는다. (거짓)

ㄹ. $\sum_{n=1}^{\infty}(-1)^n a_n$ 이 수렴하므로 $\lim_{n\to\infty}a_n=0$ 이다. 충분히 큰 자연수 N에 대하여 $n>N$이면 $|a_n|<\frac{1}{n}$ 이다.

그러면 $\sum_{n=1}^{\infty}\left|\frac{a_n}{2^n}\right|<\sum_{n=1}^{\infty}\frac{1}{n2^n}$ 이다. $\sum_{n=1}^{\infty}\frac{1}{n2^n}$ 은 비율판정법에 의해 수렴하므로 비교판정법에 의해

$\sum_{n=1}^{\infty}\frac{a_n}{2^n}$ 는 수렴한다. (참)

32 미분법 ③

$\lim_{x\to1}\frac{1-\sin\left(\frac{\pi}{2}x\right)}{(x-1)^2}$

$=\lim_{x\to1}\frac{-\frac{\pi}{2}\cos\left(\frac{\pi}{2}x\right)}{2(x-1)}$ ($\because$ 로피탈정리)

$=\lim_{x\to1}\frac{\frac{\pi^2}{4}\sin\left(\frac{\pi}{2}x\right)}{2}$ ($\because$ 로피탈정리)

$=\frac{\pi^2}{8}$

33 미분법 ⑤

$\lim_{x\to0}\frac{\tan^{-1}x-P(x)}{x^8}$

$=\lim_{x\to0}\frac{\left(x-\frac{x^3}{3}+\frac{x^5}{5}-\frac{x^7}{7}+\frac{x^9}{9}-\cdots\right)-P(x)}{x^8}=\frac{2}{3}$

를 만족하는 최소 차수의 다항식은

$P(x)=x-\frac{x^3}{3}+\frac{x^5}{5}-\frac{x^7}{7}-\frac{2}{3}x^8$ 이므로 $P(1)=\frac{2}{35}$

34 미분법 ②

$f'(x)=\frac{\sin x}{x+1}$

$=\frac{1}{1-(-x)}\times\sin x$

$=(1-x+x^2-x^3+x^4-\cdots)\left(x-\frac{1}{3!}x^3+\cdots\right)$

$=x-x^2+\frac{5}{6}x^3-\frac{5}{6}x^4+\cdots$

이므로 $f(x)=\frac{1}{2}x^2-\frac{1}{3}x^3+\frac{5}{24}x^4-\cdots+C$

이때, $f(0)=0$이므로 $C=0$

그러므로 $f(x)=\frac{1}{2}x^2-\frac{1}{3}x^3+\frac{5}{24}x^4-\cdots$

$\therefore a_0+a_1+a_2+a_3+a_4=0+0+\frac{1}{2}-\frac{1}{3}+\frac{5}{24}=\frac{9}{24}$

35 미분법 ①

(ⅰ) $\lim_{h\to0+}\frac{f(h)-f(0)}{h}=\lim_{h\to0+}\frac{e^{-\frac{1}{h}}}{h}$

$=\lim_{t\to\infty}\frac{e^{-t}}{\frac{1}{t}}$ ($\because$ $\frac{1}{h}=t$로 치환)

$=\lim_{t\to\infty}\frac{t}{e^t}=0$

(ⅱ) $\lim_{h\to0-}\frac{f(h)-f(0)}{h}=\lim_{h\to0-}\frac{e^{\frac{1}{h}}}{h}$

$=\lim_{t\to-\infty}\frac{e^{t}}{\frac{1}{t}}$ ($\because$ $\frac{1}{h}=t$로 치환)

$=\lim_{t\to-\infty}\frac{t}{e^{-t}}=0$

(ⅰ), (ⅱ)에 의하여 $f'(0)=0$ 이고,

$$f'(x)=\begin{cases}\frac{e^{-\frac{1}{x}}}{x^2}, & x>0\\ -\frac{e^{\frac{1}{x}}}{x^2}, & x<0\end{cases}$$ 이므로

$\lim_{h\to0+}\frac{f'(h)-f(0)}{h}=\lim_{h\to0+}\frac{e^{-\frac{1}{h}}}{h^3}$

$=\lim_{t\to\infty}\frac{e^{-t}}{\frac{1}{t^3}}$ ($\because$ $\frac{1}{h}=t$로 치환)

$=\lim_{t\to\infty}\frac{t^3}{e^t}=0$

$\lim_{h\to0-}\frac{f'(h)-f(0)}{h}=-\lim_{h\to0-}\frac{e^{\frac{1}{h}}}{h^3}$

$=-\lim_{t\to-\infty}\frac{e^{t}}{\frac{1}{t^3}}$ ($\because$ $\frac{1}{h}=t$로 치환)

$=\lim_{t\to-\infty}\frac{t^3}{e^{-t}}=0$

따라서 $f''(0)=0$

36 적분법 ④

ㄱ. $\int_0^\infty\frac{e^{-x^2}}{|x-2|^{\frac{3}{2}}}dx$

$=\int_0^2\frac{e^{-x^2}}{|x-2|^{\frac{3}{2}}}dx+\int_2^\infty\frac{e^{-x^2}}{|x-2|^{\frac{3}{2}}}dx$ 에서

$\frac{1}{1000}\int_0^2\frac{1}{|x-2|^{\frac{3}{2}}}dx<\int_0^2\frac{e^{-x^2}}{|x-2|^{\frac{3}{2}}}dx$이고

$\frac{1}{1000}\int_0^2\frac{1}{|x-2|^{\frac{3}{2}}}dx$는 p급수판정법에 의해

발산하므로 $\int_0^\infty\frac{e^{-x^2}}{|x-2|^{\frac{3}{2}}}dx$ 는 발산한다.

ㄴ. $\int_0^\infty\frac{1}{1+x^4}dx=\int_0^1\frac{1}{1+x^4}dx+\int_1^\infty\frac{1}{1+x^4}dx$ 에서

$\int_0^1\frac{1}{1+x^4}dx$은 유한구간에서의 정적분이므로 수렴한다.

$\int_1^\infty\frac{1}{1+x^4}dx<\int_1^\infty\frac{1}{x^4}dx$ 에서 $\int_1^\infty\frac{1}{x^4}dx$ 은 p 급수판정법에 의해 수렴한다. 그러므로 비교판정법에 의해 $\int_1^\infty\frac{1}{1+x^4}dx$는 수렴한다. 따라서 $\int_0^\infty\frac{1}{1+x^4}dx$는 수렴한다.

ㄷ. $\sqrt{\ln x}=t$라고 치환하면

$\ln x=t^2$, $e^{t^2}=x$이므로 $2te^{t^2}dt=dx$이다.

$\int_{2025}^\infty e^{-\sqrt{(\ln x)^3}}dx=\int_{\sqrt{\ln2025}}^\infty e^{-t^3}2te^{t^2}dt$

$<2\int_0^\infty te^{-t}dt=2$

이므로 비교판정법에 의하여 $\int_{2025}^\infty e^{-\sqrt{(\ln x)^3}}dx$는 수렴한다.

ㄹ. $\int_0^{2025}\frac{\cos x}{\sqrt{x}}dx=\int_0^1\frac{\cos x}{\sqrt{x}}dx+\int_1^{2025}\frac{\cos x}{\sqrt{x}}dx$

에서 $\int_0^1\frac{\cos x}{\sqrt{x}}dx<\int_0^1\frac{2}{\sqrt{x}}dx$는 수렴하므로 비교판정법에 의해 $\int_0^1\frac{\cos x}{\sqrt{x}}dx$는 수렴한다. 또한 $\int_1^{2025}\frac{\cos x}{\sqrt{x}}dx$는 유한 구간에서의 정적분이므로 수렴한다. 따라서 $\int_0^{2025}\frac{\cos x}{\sqrt{x}}dx$는 수렴한다.

37 다변수 미적분 ③

$f_x(0,y)=\lim_{h\to0}\frac{f(h,y)-f(0,y)}{h}$

$=\lim_{h\to0}\frac{h^2\tan^{-1}\left(\frac{y}{h}\right)-y^2\tan^{-1}\left(\frac{h}{y}\right)}{h}$

$$=\lim_{h\to0}h\tan^{-1}\left(\frac{y}{h}\right)-y^2\lim_{h\to0}\frac{\tan^{-1}\left(\frac{h}{y}\right)}{h}$$

$$=-y$$

$\left(\because\ -\frac{\pi}{2}h<\left|h\tan^{-1}\left(\frac{y}{h}\right)\right|<\frac{\pi}{2}h\right.$

이때 $\pm\lim_{h\to0}\frac{\pi}{2}h=0$이므로 조임정리에 의해

$\lim_{h\to0}h\tan^{-1}\left(\frac{y}{h}\right)=0$이고

$\lim_{h\to0}\frac{\tan^{-1}\left(\frac{h}{y}\right)}{h}=\lim_{h\to0}\frac{\frac{1}{y}}{1+\frac{h^2}{y^2}}=\frac{1}{y}$이다.)

38 다변수 미적분 ①

$$\int_0^1\int_{\sqrt[4]{y}}^1\frac{1}{x^5+1}dxdy=\int_0^1\int_0^{x^4}\frac{1}{x^5+1}dydx$$

$$=\int_0^1\frac{x^4}{x^5+1}dx$$

$$=\frac{1}{5}[\ln(x^5+1)]_0^1=\frac{1}{5}\ln2$$

39 다변수 미적분 ⑤

밀도함수를 $\rho(x,y)$라고 할 때, 밀도가 x좌표의 제곱에 비례하기 때문에 밀도함수는

$\rho(x,y)=kx^2$ (k는 비례상수)이다.

$$M=\int_0^2\int_{x^2}^4kx^2dydx=k\int_0^2(4x^2-x^4)dx=\frac{64}{15}k,$$

$$M_y=\int_0^2\int_{x^2}^4kx^3dydx=k\int_0^2(4x^3-x^5)dx=\frac{16}{3}k$$

이므로 질량중심의 $x-$좌표는 $\frac{M_y}{M}=\frac{\frac{16}{3}k}{\frac{64}{15}k}=\frac{5}{4}$

40 적분법 ④

$$V=2\pi\int_0^\pi(1-\cos t)\cdot|\sin t|\cdot|\sin(2t)|\cdot\sin t\,dt$$

$$=4\pi\int_0^\pi(1-\cos t)\sin^3t\cdot|\cos t|dt$$

$$=4\pi\int_0^{\frac{\pi}{2}}(1-\cos t)\sin^3t\cos t\,dt-4\pi\int_{\frac{\pi}{2}}^{\pi}(1-\cos t)\sin^3t\cos t\,dt$$

$$=4\pi\int_0^{\frac{\pi}{2}}(\sin^3t\cos t-\sin^3t\cos^2t)\,dt-4\pi\int_{\frac{\pi}{2}}^{\pi}(\sin^3t\cos t-\sin^3t\cos^2t)\,dt$$

$$=4\pi\left[\frac{1}{4}\sin^4t\right]_0^{\frac{\pi}{2}}-4\pi\left[\frac{1}{4}\sin^4t\right]_{\frac{\pi}{2}}^{\pi}-4\pi\int_0^{\frac{\pi}{2}}\sin^3t\cos^2t\,dt+4\pi\int_{\frac{\pi}{2}}^{\pi}\sin^3t\cos^2t\,dt$$

$$=2\pi-4\pi\int_0^{\frac{\pi}{2}}\sin^3t(1-\sin^2t)\,dt+4\pi\int_{\frac{\pi}{2}}^{\pi}\sin^3t(1-\sin^2t)\,dt$$

$$=2\pi-4\pi\left(\int_0^{\frac{\pi}{2}}\sin^3t(1-\sin^2t)\,dt-\int_{\frac{\pi}{2}}^{\pi}\sin^3t(1-\sin^2t)\,dt\right)$$

$$=2\pi-4\pi\left(\frac{2}{15}-\frac{2}{15}\right)\quad(\because\ \text{Wallis의 공식})$$

$$=2\pi$$

41 적분법 ①

$$\lim_{n\to\infty}\sum_{k=1}^{n}\sqrt{1+\left\{f'\left(\frac{6k}{n}\right)\right\}^2}\cdot\frac{3}{n}=3\int_0^1\sqrt{1+\{f'(6x)\}^2}\,dx$$

$$=\frac{1}{2}\int_0^6\sqrt{1+\{f'(t)\}^2}\,dt$$

에서 $\int_0^6\sqrt{1+\{f'(t)\}^2}\,dt=l$ 이라 하면 l은

$y=f(x)$의 $0\le x\le6$ 부분에서 곡선의 길이이므로 (준식)이 최소인 경우는 두 점 $(0,3)$과 $(6,11)$을 잇는 선분의 길이일 때이다.

따라서 $\frac{1}{2}\times10=5$이다.

42 다변수 미적분 ①

$f(x,y,z)=x^2-y^2-2z^2-1$이라 하면

$$\nabla f(-2,-1,1)=(2x,-2y,-4z)|_{(-2,-1,1)}$$

$$=(-4,2,-4)$$

$$//(2,-1,2)$$

따라서 접평면의 방정식은 $2x-y+2z=-1$이다.

접평면과 z축과의 교점은 $x,y=0$일 때

$z=-\frac{1}{2}$이므로 $\left(0,0,-\frac{1}{2}\right)$

$\therefore\ a=-\frac{1}{2}$

43 다변수 미적분 ④

$a_n = \dfrac{(-1)^n 2^n n!}{n^n} x^n$ 이라 하자.

비율판정법에 의해

$$\lim_{n\to\infty}\left|\frac{a_{n+1}}{a_n}\right| = \lim_{n\to\infty}\left|\frac{2n^n}{(n+1)^n}x\right| = \lim_{n\to\infty}\frac{2n^n}{(n+1)^n}|x|$$

$$= 2\lim_{n\to\infty}\left(1+\frac{1}{n}\right)^{-n}|x|$$

$$= \frac{2}{e}|x| < 1$$

$$\Leftrightarrow\ |x| < \frac{e}{2}$$

따라서 수렴반경은 $\dfrac{e}{2}$이다.

44 다변수 미적분 ③

$x^2 = 1-2y^2$이므로

$f(y) = (1-2y^2)y = -2y^3+y,\ -\dfrac{1}{\sqrt{2}} \le y \le \dfrac{1}{\sqrt{2}}$

에서 $f'(y) = -6y^2+1=0\quad \therefore\ y=\pm\dfrac{1}{\sqrt{6}}$

$f\left(\pm\dfrac{1}{\sqrt{2}}\right)=0,\ f\left(\dfrac{1}{\sqrt{6}}\right)=\dfrac{\sqrt{6}}{9},\ f\left(-\dfrac{1}{\sqrt{6}}\right)=-\dfrac{\sqrt{6}}{9}$

$\therefore\ M-m=\dfrac{2\sqrt{6}}{9}$

45 공학수학 ①

$C_1 : r(t) = (t, 0),\ -1 \le t \le 0,$

$C_2 : s(t) = (\cos t, 1+\sin t),\ -\dfrac{\pi}{2} \le t \le \dfrac{\pi}{2},$

$C = C_1 \cup C_2$이라 하자.

$$\int_C (xy+1)\,dx + x\,dy$$

$$= \int_{C_1}(xy+1)\,dx + x\,dy + \int_{C_2}(xy+1)\,dx + x\,dy$$

$$= \int_{-1}^{0} dt + \int_{-\frac{\pi}{2}}^{\frac{\pi}{2}} [\{\cos t(1+\sin t)+1\}(-\sin t) + \cos t(\cos t)]\,dt$$

$$= 1 + \int_{-\frac{\pi}{2}}^{\frac{\pi}{2}} (-\sin t\cos t - \cos t\sin^2 t - \sin t + \cos^2 t)\,dt$$

$$= 1 + \left[-\frac{1}{2}\sin^2 t - \frac{1}{3}\sin^3 t + \cos t\right]_{-\frac{\pi}{2}}^{\frac{\pi}{2}} + 2\int_0^{\frac{\pi}{2}} \cos^2 t\,dt$$

$$= 1 - \frac{2}{3} + \frac{\pi}{2} = \frac{1}{3} + \frac{\pi}{2}$$

46 다변수 미적분 ⑤

$u = \dfrac{2x-y}{6},\ v = \dfrac{x+y}{3}$ 로 변수변환하면 $0 \le u \le 1$, $0 \le v \le 1$ 이고, $|J| = 6$

$$\iint_D x\,dxdy = 6\int_0^1\int_0^1 (2u+v)\,dudv$$

$$= 6\int_0^1 [u^2+uv]_0^1\,dv = 6\int_0^1 (1+v)\,dv$$

$$= 6\left[v+\frac{1}{2}v^2\right]_0^1 = 9$$

47 공학수학 ②

$C : r(t) = \left(\cos t, \dfrac{1}{2}\sin t\right),\quad 0 \le t \le 2\pi$이라 하자.

$$\int_C F\cdot dr = \int_0^{2\pi}\left(-\frac{1}{2}\sin t, \cos t\right)\cdot\left(-\sin t, \frac{1}{2}\cos t\right)dt$$

$$= \int_0^{2\pi}\frac{1}{2}(\sin^2 t + \cos^2 t)\,dt$$

$$= \int_0^{2\pi}\frac{1}{2}\,dt = \pi$$

48 다변수 미적분 ②

$$S = \iint_D \left\{2-\sqrt{4-(x^2+y^2)}\right\}\sqrt{1+z_x^2+z_y^2}\,dA$$

$$= \iint_D \left\{2-\sqrt{4-(x^2+y^2)}\right\}\sqrt{1+\frac{x^2}{4-(x^2+y^2)}+\frac{y^2}{4-(x^2+y^2)}}\,dA$$

$$= \iint_D \left\{2-\sqrt{4-(x^2+y^2)}\right\}\sqrt{\frac{4}{4-(x^2+y^2)}}\,dA$$

$$= \int_0^{2\pi}\int_0^{\sqrt{3}}\left(2-\sqrt{4-r^2}\right)\sqrt{\frac{4}{4-r^2}}\,r\,drd\theta$$

$$= \int_0^{2\pi}\int_0^{\sqrt{3}}\left(2-\sqrt{4-r^2}\right)\frac{2r}{\sqrt{4-r^2}}\,drd\theta$$

$$= \int_0^{2\pi}\int_0^{\sqrt{3}}\left(\frac{4r}{\sqrt{4-r^2}}-2r\right)drd\theta$$

$$= 2\pi\int_0^{\sqrt{3}}\left(\frac{4r}{\sqrt{4-r^2}}-2r\right)drd\theta$$

$$= 2\pi\left[-4(4-r^2)^{\frac{1}{2}}-r^2\right]_0^{\sqrt{3}} = 2\pi$$

49 다변수 미적분 ①

$f\left(\dfrac{1}{2}, \dfrac{1}{2}\right) = \dfrac{1}{2} - 6 = -\dfrac{11}{2}$

$f_x(x, y) = (x^2 + y^2) + 2x(x+y) - 6$

$\Rightarrow\ f_x\left(\frac{1}{2}, \frac{1}{2}\right) = \frac{1}{2} + 1 - 6 = -\frac{9}{2}$

$f_y(x, y) = (x^2 + y^2) + 2y(x+y) - 6$

$\Rightarrow\ f_y\left(\frac{1}{2}, \frac{1}{2}\right) = \frac{1}{2} + 1 - 6 = -\frac{9}{2}$

이므로 선형근사식은 다음과 같다.

$$L(x, y) = f\left(\frac{1}{2}, \frac{1}{2}\right) + \left(x - \frac{1}{2}\right) f_x\left(\frac{1}{2}, \frac{1}{2}\right) + \left(x - \frac{1}{2}\right) f_y\left(\frac{1}{2}, \frac{1}{2}\right)$$

$$= -\frac{11}{2} - \frac{9}{2}\left(x - \frac{1}{2}\right) - \frac{9}{2}\left(y - \frac{1}{2}\right)$$

$$= -\frac{9}{2}x - \frac{9}{2}y - 1$$

$\therefore\ a + b + c = -\frac{9}{2} - \frac{9}{2} - 1 = -10$

50 다변수 미적분 ③

$f_x(x, y) = (x^2 + y^2) + 2x(x+y) - 6 = 0$ …… ㉠

$f_y(x, y) = (x^2 + y^2) + 2y(x+y) - 6 = 0$ …… ㉡

$f_{xx}(x, y) = 6x + 2y$, $f_{xy}(x, y) = 2x + 2y$,

$f_{yy}(x, y) = 2x + 6y$에서

$$H(x, y) = \begin{vmatrix} 6x + 2y & 2x + 2y \\ 2x + 2y & 2x + 6y \end{vmatrix}$$

㉠ − ㉡하면 $x^2 = y^2 \Rightarrow y = \pm x$

(ⅰ) $y = x$일 때 $6x^2 - 6 = 0 \Rightarrow x = \pm 1$

$\therefore\ (x, y) = (1, 1), (1, -1)$

(ⅱ) $y = -x$일 때 $2x^2 - 6 = 0 \Rightarrow x = \pm\sqrt{3}$

$\therefore\ (x, y) = (\sqrt{3}, -\sqrt{3}), (-\sqrt{3}, \sqrt{3})$

(ⅰ), (ⅱ)에 의하여 f는 D의 내부에서 4개의 임계점을 갖는다. ((가) = 4)

(ⅲ) $H(1, 1) = 48 > 0$이고 $f_{xx}(1, 1) = 8 > 0$이므로 $(1, 1)$은 극대점

(ⅳ) $H(-1, -1) = 48 > 0$이고 $f_{xx}(-1, -1) = -8 < 0$이므로 $(-1, -1)$은 극소점

(ⅴ) $H(\sqrt{3}, -\sqrt{3}) = -48 < 0$이므로 $(\sqrt{3}, -\sqrt{3})$은 안장점

(ⅵ) $H(-\sqrt{3}, \sqrt{3}) = -48 < 0$이므로 $(-\sqrt{3}, \sqrt{3})$은 안장점

따라서 극대점은 1개, 극소점은 1개, 안장점은 2개다. ((나) = 1, (다) = 1)

안장점에서의 함숫값은

$f(\sqrt{3}, -\sqrt{3}) = 0 - 6\sqrt{3} + 6\sqrt{3} = 0$,

$f(-\sqrt{3}, \sqrt{3}) = 0 + 6\sqrt{3} - 6\sqrt{3} = 0$ 이므로 모든 안장점에서의 함숫값의 합은 0이다. ((라) = 0)

$\therefore$ (가) + (나) + (다) + (라) = 6

▶ 문항 수: 영어 20문항, 수학 30문항 | 제한시간: 120분

TEST p. 182~192

21	①	22	④	23	④	24	②	25	④
26	⑤	27	⑤	28	⑤	29	④	30	①
31	⑤	32	④	33	③	34	①	35	③
36	①	37	②	38	⑤	39	①	40	①
41	③	42	②	43	③	44	③	45	③
46	②	47	④	48	②	49	④	50	⑤

21 미분법 ①

$$\lim_{x\to0^+}\frac{e^{\sqrt{x}}-1-\sqrt{x}}{3x}$$

$$=\lim_{x\to0^+}\frac{\left(1+\sqrt{x}+\frac{x}{2}+\frac{x\sqrt{x}}{6}+\cdots\right)-1-\sqrt{x}}{3x}$$

$$=\lim_{x\to0^+}\frac{\frac{x}{2}+\frac{x\sqrt{x}}{6}+\cdots}{3x}=\frac{1}{6}$$

| 다른 풀이 |

$$\lim_{x\to0^+}\frac{e^{\sqrt{x}}-1-\sqrt{x}}{3x}=\lim_{x\to0^+}\frac{\frac{e^{\sqrt{x}}}{2\sqrt{x}}-\frac{1}{2\sqrt{x}}}{3}$$

$$=\lim_{x\to0^+}\frac{e^{\sqrt{x}}-1}{6\sqrt{x}}=\lim_{x\to0^+}\frac{\frac{e^{\sqrt{x}}}{2\sqrt{x}}}{\frac{6}{2\sqrt{x}}}$$

$$=\lim_{x\to0^+}\frac{e^{\sqrt{x}}}{6}=\frac{1}{6}$$

22 미분법 ④

$f(x)=\arcsin(\tan x)$ 에서

$$f'(x)=\frac{\sec^2x}{\sqrt{1-\tan^2x}}$$

$$\therefore\ f'\left(\frac{\pi}{6}\right)=\frac{\sec^2\left(\frac{\pi}{6}\right)}{\sqrt{1-\tan^2\left(\frac{\pi}{6}\right)}}=\frac{\frac{4}{3}}{\sqrt{1-\frac{1}{3}}}$$

$$=\frac{2\sqrt{6}}{3}$$

23 적분법 ④

$$\frac{d}{dx}f(x)=\frac{d}{dx}\int_0^{x^2}\frac{e^{x(t+3)}}{t+3}dt$$

$$\Rightarrow\ f'(x)=\int_0^{x^2}e^{x(t+3)}dt+\frac{2xe^{x(x^2+3)}}{x^2+3}$$

$$\therefore\ f'(1)=\int_0^1e^{t+3}dt+\frac{e^4}{2}$$

$$=\left[e^{t+3}\right]_0^1+\frac{e^4}{2}$$

$$=e^4-e^3+\frac{e^4}{2}=\frac{3}{2}e^4-e^3$$

24 적분법 ②

$$\int_0^2\frac{x^2}{x^3+1}dx=\frac{1}{3}\int_0^2\frac{3x^2}{x^3+1}dx$$

$$=\frac{1}{3}\left[\ln(x^3+1)\right]_0^2$$

$$=\frac{1}{3}\ln9=\frac{2}{3}\ln3$$

25 적분법 ④

$y'=\frac{x}{2}-\frac{1}{2x}$ 이므로

$$1+(y')^2=1+\frac{x^2}{4}-\frac{1}{2}+\frac{1}{4x^2}$$

$$=\left(\frac{x}{2}+\frac{1}{2x}\right)^2$$

따라서 곡선의 길이는 다음과 같다.

$$l=\int_1^e\sqrt{1+(y')^2}\,dx=\int_1^e\left(\frac{x}{2}+\frac{1}{2x}\right)dx=\left[\frac{x^2}{4}+\frac{1}{2}\ln x\right]_1^e$$

$$=\frac{e^2}{4}+\frac{1}{2}\ln e-\frac{1}{4}-\frac{1}{2}\ln1=\frac{e^2+1}{4}$$

26 적분법 ⑤

$$S=\frac{1}{2}\int_0^{2\pi}(2+\sin\theta)^2d\theta$$

$$=\frac{1}{2}\int_0^{2\pi}(4+4\sin\theta+\sin^2\theta)\,d\theta$$

$$=\frac{1}{2}[4\theta-4\cos\theta]_0^{2\pi}+\frac{1}{2}\int_0^{2\pi}\sin^2\theta\,d\theta$$

$$=4\pi+\frac{\pi}{2}=\frac{9}{2}\pi \qquad (\because \text{ Wallis 공식})$$

27 다변수 미적분 ⑤

$g(x, y)=x^2+4y^2$, $f(x, y)=xy^2$으로 놓고

라그랑주 승수법을 사용하면

$\nabla g//\nabla f$를 만족할 때, 최댓값 또는 최솟값을 갖는다.

즉, $\nabla g//\nabla f \Leftrightarrow (2x, 8y)//(y^2, 2xy)$

$\Leftrightarrow 4y(x^2-2y^2)=0$

을 만족할 때, 최댓값 또는 최솟값을 갖는다.

(i) $y=0$일 때,

$x^2=1$이므로 $f(\pm1, 0)=0$이다.

(ii) $x^2=2y^2$일 때,

$x^2+4y^2=1 \Rightarrow 6y^2=1 \Leftrightarrow y^2=\frac{1}{6}$,

$x^2=\frac{1}{3}$이므로

$f\left(\frac{1}{\sqrt{3}}, \pm\frac{1}{\sqrt{6}}\right)=\frac{1}{6\sqrt{3}}$,

$f\left(-\frac{1}{\sqrt{3}}, \pm\frac{1}{\sqrt{6}}\right)=-\frac{1}{6\sqrt{3}}$이다.

(i), (ii)에 의하여 $f(x, y)=xy^2$의

최댓값은 $\frac{1}{6\sqrt{3}}=\frac{\sqrt{3}}{18}$이고

최솟값은 $-\frac{1}{6\sqrt{3}}=-\frac{\sqrt{3}}{18}$이다.

| 다른 풀이 |

$x^2+4y^2=1$ 에서 $y^2=\frac{1-x^2}{4}$

$f(x)=xy^2=\frac{x(1-x^2)}{4}$ $(-1\le x\le 1)$이므로

$f'(x)=\frac{1}{4}-\frac{3}{4}x^2$

$f'(x)=0 \Leftrightarrow x=\pm\frac{1}{\sqrt{3}}$

$f(-1)=0$, $f(1)=0$, $f\left(-\frac{1}{\sqrt{3}}\right)=-\frac{\sqrt{3}}{18}$,

$f\left(\frac{1}{\sqrt{3}}\right)=\frac{\sqrt{3}}{18}$이므로 최댓값은 $\frac{\sqrt{3}}{18}$이다.

28 일반수학 ⑤

$$\mathrm{P}(A\cup B)=\mathrm{P}(A)+\mathrm{P}(B)-\mathrm{P}(A\cap B)$$
$$=\mathrm{P}(A)+\mathrm{P}(B)-\mathrm{P}(A)\mathrm{P}(B)$$

($\because$ 두 사건 A와 B는 독립)

$\Rightarrow \frac{11}{12}=\frac{3}{4}+\mathrm{P}(B)-\frac{3}{4}\mathrm{P}(B)$

$\Rightarrow \mathrm{P}(B)=\frac{2}{3}$

29 일반수학 ④

$(w-1)(w^4+w^3+w^2+w+1)=w^5-1=0 \Rightarrow w^5=1$

$w^5+w^{10}+\cdots+w^{2025}=\sum_{n=1}^{405}w^{5n}=\sum_{n=1}^{405}1=405$

30 선형대수 ①

$\mathrm{A}(3, 0)$, $\mathrm{B}(0, 9)$, $\mathrm{C}(7, 2)$라 하자.

$a=\overline{\mathrm{AB}}=3\sqrt{10}$, $b=\overline{\mathrm{BC}}=7\sqrt{2}$, $c=\overline{\mathrm{AC}}=2\sqrt{5}$ 이고

$\overrightarrow{\mathrm{AB}}=(-3, 9)$, $\overrightarrow{\mathrm{AC}}=(4, 2)$ 이므로

삼각형 ABC 의 넓이는 $S=\frac{1}{2}\left|\begin{vmatrix}-3 & 4\\ 9 & 2\end{vmatrix}\right|=21$

따라서 외접원의 반지름의 길이는 $R=\frac{abc}{4S}=\frac{420}{84}=5$

31 선형대수 ⑤

$\frac{x}{2}-\frac{y}{3}+z=1 \Leftrightarrow 3x-2y+6z-6=0$

점과 평면과의 거리 구하는 공식을 이용하면 원점과 평면 사이의 거리는 다음과 같다.

$$d=\frac{|-6|}{\sqrt{3^2+(-2)^2+6^2}}=\frac{6}{7}$$

32 다변수 미적분 ④

$$\int_0^{\frac{\sqrt{\pi}}{2}}\int_y^{\frac{\sqrt{\pi}}{2}}2\cos\left(x^2+\frac{\pi}{4}\right)dxdy$$

$$=\int_0^{\frac{\sqrt{\pi}}{2}}\int_0^x 2\cos\left(x^2+\frac{\pi}{4}\right)dydx$$

$$=\int_0^{\frac{\sqrt{\pi}}{2}}\left[2y\cos\left(x^2+\frac{\pi}{4}\right)\right]_0^x dx$$

$$=\int_0^{\frac{\sqrt{\pi}}{2}}2x\cos\left(x^2+\frac{\pi}{4}\right)dx$$

$$=\left[\sin\left(x^2+\frac{\pi}{4}\right)\right]_0^{\frac{\sqrt{\pi}}{2}}=1-\frac{\sqrt{2}}{2}=\frac{2-\sqrt{2}}{2}$$

33 다변수 미적분 ③

$f_x = 4xy\cos\left(x^2y+\frac{\pi}{6}\right)$를 x에 대해 적분하면

$f(x, y, z) = 2\sin\left(x^2y+\frac{\pi}{6}\right)+g(y, z)$

y에 대해 미분하면

$f_y = 2x^2\cos\left(x^2y+\frac{\pi}{6}\right)+g_y(y, z)$

$g_y(y, z) = 2yz^2$이므로 $g(y, z) = y^2z^2+k(z)$

$f_z = 2y^2z+k'(z)$이므로 $k(z) = C$

따라서

$$f(x, y, z) = 2\sin\left(x^2y+\frac{\pi}{6}\right)+y^2z^2+C$$

$$= 2\sin\left(x^2y+\frac{\pi}{6}\right)+y^2z^2+1 \quad (\because\ f(0, 0, 0)=2)$$

$\therefore\ f(0, 1, 2) = 2\cdot\frac{1}{2}+4+1 = 1+4+1 = 6$

34 선형대수 ①

고유방정식 $|A-\lambda I| = \lambda^2-\lambda+1 = 0$이므로

$A^2-A+I = O$ ($\because$ 케일리 – 해밀턴 정리)

$\Rightarrow A^2 = A-I$

$\Rightarrow A^3 = A^2-A = A-I-A = -I$

$\Rightarrow A^{2025} = (A^3)^{675} = (-I)^{675} = -I = \begin{pmatrix} -1 & 0 \\ 0 & -1 \end{pmatrix}$

$\therefore\ a+b+c+d = -2$

35 공학수학 ③

$$\frac{dy}{dx} = \frac{y}{1+x^2} \Rightarrow \frac{1}{y}dy = \frac{1}{1+x^2}dx$$

$$\Rightarrow \int\frac{1}{y}dy = \int\frac{1}{1+x^2}dx$$

$$\Rightarrow \ln y = \tan^{-1}x+c_1$$

$$\Rightarrow y = ce^{\tan^{-1}x} = e^{\tan^{-1}x} \quad (\because\ y(0)=1)$$

$\therefore\ y(1) = e^{\tan^{-1}1} = e^{\frac{\pi}{4}}$

36 공학수학 ①

$x=0$을 식 $f''(x)+f'(x)-6f(x) = e^x$ 에 대입하면

$f''(0)+f'(0)-6f(0) = e^0 = 1$

$\Rightarrow f''(0)+1-6 = 1$ ($\because\ f(0) = f'(0) = 1$)

$\therefore\ f''(0) = 6$

37 공학수학 ②

$y = f(x)$라 하자.

보조방정식 $m(m-1)-2 = 0$ 에서 $m = 2,\ -1$

따라서 보조해는 $y_c = c_1x^2+c_2x^{-1}$ 이다.

매개변수 변화법을 이용하여 특수해 y_p를 구하면

$$W = \begin{vmatrix} x^2 & \frac{1}{x} \\ 2x & -\frac{1}{x^2} \end{vmatrix} = -3,\ W_1 = \begin{vmatrix} 0 & \frac{1}{x} \\ \frac{1}{x} & -\frac{1}{x^2} \end{vmatrix} = -\frac{1}{x^2},$$

$$W_2 = \begin{vmatrix} x^2 & 0 \\ 2x & \frac{1}{x} \end{vmatrix} = x\text{에서}$$

$$y_p = x^2\int\frac{1}{3x^2}dx - \frac{1}{x}\int\frac{x}{3}dx$$

$$= -\frac{x}{3}-\frac{x}{6} = -\frac{x}{2}$$

따라서 일반해 $y = c_1x^2+c_2x^{-1}-\frac{x}{2}$이고

$f(1) = f'(1) = 1$이므로 $c_1 = 1,\ c_2 = \frac{1}{2}$이다.

$\therefore\ y = x^2+\frac{1}{2}x^{-1}-\frac{x}{2} \qquad \therefore\ y(2) = \frac{13}{4}$

38 다변수 미적분 ⑤

$$V = \iint_{x^2+y^2\le 16}\left\{\sqrt{x^2+y^2}-\frac{1}{4}(x^2+y^2)\right\}dA$$

$$= \int_0^{2\pi}\int_0^4\left(r-\frac{r^2}{4}\right)r\,drd\theta = \int_0^{2\pi}\left[\frac{r^3}{3}-\frac{r^4}{16}\right]_0^4 d\theta$$

$$= \frac{16}{3}\int_0^{2\pi}d\theta = \frac{32}{3}\pi$$

39 선형대수 ①

사루스 법칙을 이용하여 행렬식을 계산하면

$$|A| = \begin{vmatrix} a & a & b \\ a & b & a \\ b & a & a \end{vmatrix} = -2a^3+3a^2b-b^3$$

$$= -(2a+b)(a-b)^2$$

40 선형대수 ①

$A+2B = AB$ 에서 $(2I-A)B = -A$이므로

$$B = -(2I-A)^{-1}A = -\begin{pmatrix} 1 & -2 \\ -3 & -2 \end{pmatrix}^{-1}\begin{pmatrix} 1 & 2 \\ 3 & 4 \end{pmatrix}$$

$$= -\begin{pmatrix} \frac{1}{4} & -\frac{1}{4} \\ -\frac{3}{8} & -\frac{1}{8} \end{pmatrix}\begin{pmatrix} 1 & 2 \\ 3 & 4 \end{pmatrix} = \begin{pmatrix} \frac{1}{2} & \frac{1}{2} \\ \frac{3}{4} & \frac{5}{4} \end{pmatrix}$$

$$AB = \begin{pmatrix} 1 & 2 \\ 3 & 4 \end{pmatrix}\begin{pmatrix} \frac{1}{2} & \frac{1}{2} \\ \frac{3}{4} & \frac{5}{4} \end{pmatrix} = \begin{pmatrix} 2 & 3 \\ \frac{9}{2} & \frac{13}{2} \end{pmatrix}\text{이고}$$

$$BA=\begin{pmatrix} \frac{1}{2} & \frac{1}{2} \\ \frac{3}{4} & \frac{5}{4} \end{pmatrix}\begin{pmatrix} 1 & 2 \\ 3 & 4 \end{pmatrix}=\begin{pmatrix} 2 & 3 \\ \frac{9}{2} & \frac{13}{2} \end{pmatrix}$$ 이므로

$$AB-BA=\begin{pmatrix} 0 & 0 \\ 0 & 0 \end{pmatrix}$$

따라서 행렬 $AB-BA$ 의 모든 원소의 합은 0이다.

41 적분법 ③

$$\int_0^{\infty}\frac{1}{\sqrt{t}}e^{-t}dt=2\int_0^{\infty}e^{-u^2}du \quad (\because\ t=\sqrt{u}\text{로 치환})$$
$$=2\times\frac{\sqrt{\pi}}{2}$$
$$=\sqrt{\pi}$$

42 다변수 미적분 ②

$$\iint_S \sqrt{4z+1}\,dS$$
$$=\iint_{x^2+y^2\le 1}\sqrt{4(x^2+y^2)+1}\,\sqrt{1+z_x^2+z_y^2}\,dA$$
$$=\int\int_{x^2+y^2\le 1}\sqrt{4(x^2+y^2)+1}\,\sqrt{4(x^2+y^2)+1}\,dA$$
$$=\int\int_{x^2+y^2\le 1}(4(x^2+y^2)+1)dA$$
$$=\int_0^{2\pi}\int_0^1(4r^2+1)r\,drd\theta$$
$$=\int_0^{2\pi}\left[r^4+\frac{1}{2}r^2\right]_0^1 d\theta$$
$$=\int_0^{2\pi}\frac{3}{2}d\theta$$
$$=3\pi$$

43 다변수 미적분 ③

$$V=\int_0^{2\pi}\int_0^{\frac{\pi}{6}}\int_0^2\rho^2\sin\phi\,d\rho d\phi d\theta$$
$$=\int_0^{2\pi}\int_0^{\frac{\pi}{6}}\left[\frac{1}{3}\rho^3\right]_0^2\sin\phi\,d\phi d\theta$$
$$=\frac{8}{3}\int_0^{2\pi}\int_0^{\frac{\pi}{6}}\sin\phi\,d\phi d\theta$$
$$=-\frac{8}{3}\int_0^{2\pi}[\cos\phi]_0^{\frac{\pi}{6}}d\theta$$
$$=\frac{16\pi}{3}\left(1-\frac{\sqrt{3}}{2}\right)$$
$$=\frac{8}{3}(2-\sqrt{3})\pi$$

44 적분법 ③

$$S=2\pi\int_0^2\cosh x\sqrt{1+\sinh^2 x}\,dx$$
$$=2\pi\int_0^2\cosh^2 x\,dx=\pi\int_0^2(1+\cosh 2x)\,dx$$
$$=\pi\left[x+\frac{1}{2}\sinh 2x\right]_0^2=\pi\left(2+\frac{1}{2}\sinh 4\right)$$
$$=2\pi+\frac{\pi}{4}(e^4-e^{-4})=\frac{\pi}{4}(e^4-e^{-4}+8)$$

45 적분법 ③

$$\int_1^2 x^x(1+x+x\ln x)\,dx$$
$$=\int_0^{\ln 2}e^{(e^t+1)t}(e^t t+e^t+1)\,dt \quad (\because\ \ln x=t\text{로 치환})$$
$$=\int_0^{3\ln 2}e^s\,ds \qquad (\because\ s=(e^t+1)t\text{로 치환})$$
$$=[e^s]_0^{3\ln 2}=8-1=7$$

46 선형대수 ②

$$l:\ x-2=\frac{y+3}{-6}=\frac{z+1}{2},\quad m:\ 3-x=\frac{y+2}{9}=\frac{z-1}{-4}$$

에 대하여 직선 l과 m의 방향벡터를 각각 $\vec{v}=(1,\,-6,\,2)$, $\vec{w}=(-1,\,9,\,-4)$라 하고 직선 l과 m 위의 점을 각각 $\mathrm{A}(2,\,-3,\,-1)$, $\mathrm{B}(3,\,-2,\,1)$이라 하자.
점 A를 지나고 법선벡터 $\vec{n}=\vec{v}\times\vec{w}=(6,\,2,\,3)$을 가지는 평면의 방정식은 $6x+2y+3z-3=0$이다.
따라서 꼬인 위치상에 있는 l과 m 사이의 거리는 점 B에서 평면까지의 거리인 $\dfrac{|18-4+3-3|}{\sqrt{36+4+9}}=2$이다.

47 다변수 미적분 ④

$z=\sqrt{4-x^2-y^2}$ 이므로 곡면 $S_1\cap S_2$ 의 넓이는 다음과 같다.

$$S=\iint_D\sqrt{1+z_x^2+z_y^2}\,dA$$
$$=\iint_{(x-1)^2+y^2\le 1}\frac{2}{\sqrt{4-(x^2+y^2)}}\,dA$$
$$=\int_0^{\pi}\int_0^{2\cos\theta}\frac{2r}{\sqrt{4-r^2}}\,drd\theta$$
$$=-2\int_0^{\pi}[(4-r^2)^{\frac{1}{2}}]_0^{2\cos\theta}=-4\int_0^{\pi}(\sin\theta-1)\,d\theta$$
$$=-4[-\cos\theta-\theta]_0^{\pi}=4\pi-8$$

48 공학수학 ②

$C_1(t)=(t,0)\ (-1\le t\le 1)$, $C_2=C\cup C_1$,

$P=xy^2-y^3+3x^2$, $Q=x^3+e^{y^2}+\cos(y^3+1)$이라 하자.

(ⅰ) $\int_{C_2} Pdx+Qdy$

$=\iint_D (Q_x-P_y)dA$

$=\iint_{x^2+y^2\le 1,\, y\ge 0}(3x^2-2xy+3y^2)\,dA$

$=\int_0^{\pi}\int_0^1 (3r^2-2r^2\sin\theta\cos\theta)r\,drd\theta$

$=\int_0^{\pi}\left[\frac{3}{4}r^4-\frac{1}{2}r^4\sin\theta\cos\theta\right]_0^1 d\theta$

$=\int_0^1\left(\frac{3}{4}-\frac{1}{2}\sin\theta\cos\theta\right)d\theta$

$=\left[\frac{3}{4}\theta-\frac{1}{4}\sin^2\theta\right]_0^{\pi}=\frac{3}{4}\pi$

(ⅱ) $\int_{C_1} Pdx+Qdy=\int_{-1}^{1}3t^2\,dt=2$

(ⅰ), (ⅱ)에 의하여

$\int_C Pdx+Qdy=\int_{C_2}Pdx+Qdy-\int_{C_1}Pdx+Qdy$

$=\frac{3}{4}\pi-2$

49 공학수학 ④

가우스 발산정리를 이용하자.

$\iint_S F\cdot\vec{n}\,dS=\iiint_V divF\,dV$

$=\iiint_V (x^2+y^2+z^2)\,dV$

$=\int_0^{2\pi}\int_0^{\frac{\pi}{2}}\int_0^1 \rho^4\sin\phi\,d\rho d\phi d\theta=\frac{2}{5}\pi$

50 공학수학 ⑤

S_1: $z=4$, $x^2+y^2\le 4$이라 하자.

이때

$curlF$

$=\left(\frac{2y}{x^2+y^2+1}-e^{-y^2},\ -\frac{2x}{x^2+y^2+1}-\frac{y}{2\sqrt{z}},\ 3x^2+\sqrt{z}\right)$

이고, 스토크스 정리를 이용하여 계산하면 다음과 같다.

$\iint_S(\nabla\times F)\cdot\vec{n}\,dS=\iint_{S_1}(\nabla\times F)\cdot\vec{n}\,dS$

$=\iint_{x^2+y^2\le 4} curlF\cdot(0,0,1)\,dA$

$=\iint_D (3x^2+2)\,dA$

$=\iint_D 3x^2dA+2\iint_D dA$

$=3\int_0^{2\pi}\int_0^2 r^3\cos^2\theta\,drd\theta+8\pi$

$=\frac{3}{4}\int_0^{2\pi}\left[r^4\right]_0^2\cos^2\theta\,d\theta+8\pi$

$=12\int_0^{2\pi}\cos^2\theta\,d\theta+8\pi$

$=12\pi+8\pi=20\pi$

| 다른 풀이 |

C: $r(t)=(2\cos t, 2\sin t, 4)\ (0\le t\le 2\pi)$ 이므로

$\iint_S(\nabla\times F)\cdot\vec{n}\,dS$

$=\int_C F\cdot dr$

$=\int_0^{2\pi}(\sin(4\cos^2t+1)-4\sin t,\ 8\cos^3t+4e^{-4\sin^2t},$

$\ln 5+e^{16})\cdot(-2\sin t, 2\cos t, 0)\,dt$

$=\int_0^{2\pi}(-2\sin t\sin(4\cos^2t+1)+8\sin^2t$

$+16\cos^4t+8e^{-4\sin^2t}\cos t)\,dt$

$=\int_0^{2\pi}-2\sin t\sin(4\cos^2t+1)\,dt+\int_0^{2\pi}8\sin^2t\,dt$

$+\int_0^{2\pi}16\cos^4t\,dt+\int_0^{2\pi}8e^{-4\sin^2t}\cos t\,dt$

$=\int_0^{2\pi}8\sin^2t\,dt+\int_0^{2\pi}16\cos^4t\,dt=20\pi$

($\because$ $\int_0^{2\pi}\{-2\sin t\sin(4\cos^2t+1)\}\,dt$

$=2\int_1^1\sin(4u^2+1)\,du$ ($\because$ $u=\cos t$로 치환)

$=0$,

$\int_0^{2\pi}8e^{-4\sin^2t}\cos t\,dt$

$=\int_0^0 8e^{-4u^2}\,du$ ($\because$ $u=\sin t$로 치환)

$=0$)

TEST p. 194~204

01	④	02	③	03	②	04	③	05	①
06	②	07	③	08	④	09	③	10	③
11	④	12	③	13	②	14	①	15	①
16	④	17	④	18	③	19	①	20	①
21	②	22	②	23	③	24	④	25	④
26	②	27	②	28	②	29	①	30	④

01 미분법 ④

$f(x)=\dfrac{x^4(x-1)}{(x+2)(x^2+1)}$ 이라고 하자.

$\Rightarrow \ln f(x)=4\ln x+\ln(x-1)-\ln(x+2)-\ln(x^2+1)$

$\Rightarrow \dfrac{f'(x)}{f(x)}=\dfrac{4}{x}+\dfrac{1}{x-1}-\dfrac{1}{x+2}-\dfrac{2x}{x^2+1}$

$\Rightarrow f'(x)=\left(\dfrac{4}{x}+\dfrac{1}{x-1}-\dfrac{1}{x+2}-\dfrac{2x}{x^2+1}\right)f(x)$

$\therefore\ f'(2)=\left(2+1-\dfrac{1}{4}-\dfrac{4}{5}\right)f(2)=\dfrac{39}{20}\times\dfrac{4}{5}=\dfrac{39}{25}$

02 다변수 미적분 ③

$a_n=\dfrac{n!}{n^n}x^n$ 라 할 때,

$$\lim_{n\to\infty}\left|\frac{a_{n+1}}{a_n}\right|=\lim_{n\to\infty}\left|\frac{(n+1)!x^{n+1}}{(n+1)^{n+1}}\cdot\frac{n^n}{n!x^n}\right|$$
$$=\lim_{n\to\infty}\left|\frac{n^n}{(n+1)^n}x\right|$$
$$=|x|\lim_{n\to\infty}\left(1-\frac{1}{n+1}\right)^n$$
$$=|x|e^{-1}<1$$

따라서 $|x|<e$이므로 수렴반경은 $R=e$

03 미분법 ②

$$\lim_{h\to0}\frac{f(1+h)-2f(1)+f(1-h)}{h^2}$$
$$=\lim_{h\to0}\frac{f'(1+h)-f'(1-h)}{2h}$$
$$=\lim_{h\to0}\frac{f''(1+h)+f''(1-h)}{2}=f''(1)$$

$f(x)=\arctan x$에서

$f'(x)=\dfrac{1}{1+x^2}$, $f''(x)=-\dfrac{2x}{(1+x^2)^2}$

$\therefore\ f''(1)=-\dfrac{1}{2}$

04 선형대수 ③

$B=\begin{bmatrix}1&1&0\\1&-1&0\\0&0&0\end{bmatrix}$의 고유방정식은

$|B-\lambda I|=\begin{vmatrix}1-\lambda&1&0\\1&-1-\lambda&0\\0&0&-\lambda\end{vmatrix}=-\lambda^3+2\lambda=0$

$\therefore\ \lambda=-\sqrt{2},\ 0,\ \sqrt{2}$

05 선형대수 ①

$\vec{a}\cdot(\vec{b}\times\vec{c})=\begin{vmatrix}1&1&1\\2&3&4\\4&9&16\end{vmatrix}=\begin{vmatrix}1&1&1\\0&1&2\\0&5&12\end{vmatrix}=2$

06 미분법 ②

$f(2)=9 \Leftrightarrow f^{-1}(9)=2$이고 $f'(x)=3x^2+\dfrac{1}{2}$ 이므로

$(f^{-1})'(9)=\dfrac{1}{f'(f^{-1}(9))}=\dfrac{1}{f'(2)}=\dfrac{1}{12+\dfrac{1}{2}}=\dfrac{2}{25}$

07 미분법 ③

$f(x,y)=y^3-x^2-4$이라고 하면

$\dfrac{dy}{dx}=-\dfrac{f_x}{f_y}=-\dfrac{-2x}{3y^2}=\dfrac{2x}{3y^2}$

$$\therefore\ \frac{d^2y}{dx^2}=\frac{2(y-2xy')}{3y^3}=\frac{2\left(y-2x\cdot\dfrac{2x}{3y^2}\right)}{3y^3}$$
$$=\frac{2(3y^3-4x^2)}{9y^5}=\frac{6y^3-8x^2}{9y^5}$$

08 선형대수 ④

T의 치역은 A의 열공간이다.

$A=\begin{pmatrix} 1 & 2 & 1 \\ 0 & 1 & 1 \\ -1 & 3 & 4 \end{pmatrix} \sim \begin{pmatrix} 1 & 2 & 1 \\ 0 & 1 & 1 \\ 0 & 0 & 0 \end{pmatrix}$에서 열공간의 기저는

$\{(1,0,-1),(2,1,3)\}$이고 열공간은

$\langle(1,0,-1),(2,1,3)\rangle=\{(x,y,z)\in\mathbb{R}^3 \mid x-5y+z=0\}$

이므로 보기 ④의 벡터 $(-3,1,3)$이 열공간의 원소가 아니다.

09 미분법 ③

$$S'(0)=\lim_{h\to0}\frac{\frac{\sin h}{h}-1}{h}=\lim_{h\to0}\frac{\sin h-h}{h^2}$$

$$=\lim_{h\to0}\frac{\left(h-\frac{h^3}{3!}+\cdots\right)-h}{h^2}=\lim_{h\to0}\frac{-\frac{h^3}{3!}+\cdots}{h^2}$$

$$=0$$

$S(0)=1$, $S\left(-\frac{\pi}{2}\right)=\frac{2}{\pi}$, $S\left(\frac{\pi}{2}\right)=\frac{2}{\pi}$에서 최솟값은 $\frac{2}{\pi}$이다.

10 선형대수 ③

$$\begin{vmatrix} a & b & b & b \\ a & a & b & a \\ a & b & a & a \\ b & b & b & a \end{vmatrix}=\begin{vmatrix} a & b & b & b \\ 0 & a-b & 0 & a-b \\ 0 & 0 & a-b & a-b \\ b & b & b & a \end{vmatrix}$$

$$=\begin{vmatrix} a & b & b & 0 \\ 0 & a-b & 0 & 0 \\ 0 & 0 & a-b & a-b \\ b & b & b & a-b \end{vmatrix}$$

$$=(a-b)\begin{vmatrix} a & b & 0 \\ 0 & a-b & a-b \\ b & b & a-b \end{vmatrix}$$

$$=(a-b)\begin{vmatrix} a & b & -b \\ 0 & a-b & 0 \\ b & b & a-2b \end{vmatrix}$$

$$=(a-b)^2\begin{vmatrix} a & -b \\ b & a-2b \end{vmatrix}$$

$$=(a-b)^2(a^2-2ab+b^2)$$

$$=(a-b)^2(a-b)^2=(a-b)^4$$

11 적분법 ④

$$S=2\cdot\frac{1}{2}\int_0^{\pi}\left(\frac{16}{5+3\cos\theta}\right)^2 d\theta$$

$$=256\int_0^{\infty}\frac{2}{(t^2+1)\left(\frac{3(1-t)^2}{t^2+1}+5\right)^2}dt$$

$\left(\because\ \tan\frac{\theta}{2}=t\text{로 치환}\right)$

$$=256\int_0^{\infty}\frac{t^2+1}{2t^4+16t^2+32}dt$$

$$=128\int_0^{\infty}\frac{t^2+1}{(t^2+4)^2}dt$$

$$=128\int_0^{\infty}\frac{1}{t^2+4}-\frac{3}{(t^2+4)^2}dt$$

$$=128\int_0^{\infty}\frac{1}{t^2+4}dt-384\int_0^{\infty}\frac{1}{(t^2+4)^2}dt$$

$$=64[\tan^{-1}t]_0^{\infty}-384\int_0^{\frac{\pi}{2}}\frac{2\sec^2 s}{16\sec^4 s}ds$$

$(\because\ t=2\tan s$로 삼각치환$)$

$$=64\times\frac{\pi}{2}-48\int_0^{\frac{\pi}{2}}\cos^2 s\,ds$$

$$=64\times\frac{\pi}{2}-48\times\frac{\pi}{4}=20\pi$$

| 다른 풀이 |

$5r+3r\cos\theta=16$

$\Rightarrow 25(x^2+y^2)=(16-3x)^2$ $(\because$ 직교좌표 변환$)$

$\Rightarrow 16x^2+96x+25y^2-256=0$

$\Rightarrow 16(x+3)^2+25y^2=400$

$\Rightarrow \frac{(x+3)^2}{5^2}+\frac{y^2}{4^2}=1$

이므로 곡선은 타원이다.

$\therefore\ S=\pi ab=\pi\cdot5\cdot4=20\pi$

12 미분법 ③

$$\lim_{n\to\infty}(a^n+b^n)^{\frac{1}{n}}=\lim_{n\to\infty}\left\{b^n\left(1+\left(\frac{a}{b}\right)^n\right)\right\}^{\frac{1}{n}}$$

$$=b\lim_{n\to\infty}\left\{1+\left(\frac{a}{b}\right)^n\right\}^{\frac{1}{n}}$$

여기서 $\lim_{n\to\infty}\left\{1+\left(\frac{a}{b}\right)^n\right\}^{\frac{1}{n}}=\lim_{n\to\infty}e^{\frac{1}{n}\cdot\ln\left\{1+\left(\frac{a}{b}\right)^n\right\}}=e^0=1$

$\therefore\ \lim_{n\to\infty}(a^n+b^n)^{\frac{1}{n}}=b$

13 적분법 ②

$$\int_0^1\frac{g(x)g'(x)}{\sqrt{1+\{g(x)\}^2}}dx$$

$=\frac{1}{2}\int_2^4\frac{1}{\sqrt{t}}dt$ $\quad(\because\ 1+\{g(x)\}^2=t$로 치환$)$

$=\left[\sqrt{t}\right]_2^4=2-\sqrt{2}$

14 적분법 ①

$$\int_0^{\frac{\pi}{2}} t^2\sin 2t\,dt = \left[-\frac{t^2}{2}\cos 2t + \frac{1}{4}\sin 2t + \frac{1}{4}\cos 2t\right]_0^{\frac{\pi}{2}}$$

$$= \frac{\pi^2}{8} - \frac{1}{2} = \frac{\pi^2-4}{8}$$

15 적분법 ①

$$\int_{-1}^{1}\frac{6x+7}{(x+2)^2}dx = \int_{-1}^{1}\frac{6(x+2)-5}{(x+2)^2}dx$$

$$= \int_{-1}^{1}\frac{6(x+2)}{(x+2)^2}dx - \int_{-1}^{1}\frac{5}{(x+2)^2}dx$$

$$= \int_{-1}^{1}\frac{6}{x+2}dx - \int_{-1}^{1}\frac{5}{(x+2)^2}dx$$

$$= 6[\ln(x+2)]_{-1}^{1} + 5[(x+2)^{-1}]_{-1}^{1}$$

$$= 6\ln 3 - 6\ln 1 + 5\left(\frac{1}{3}-1\right)$$

$$= 6\ln 3 - \frac{10}{3}$$

16 다변수 미적분 ④

$$\iiint_{\Omega}(x^2+y^2)z\,dxdydz$$

$$= \int_0^{2\pi}\int_0^{\frac{\pi}{2}}\int_0^1(\rho^2\sin^2\phi)\rho\cos\phi\,\rho^2\sin\phi\,d\rho d\phi d\theta$$

(∵ 구면좌표계에서의 적분)

$$= \int_0^1\rho^5 d\rho\int_0^{\frac{\pi}{2}}\sin^3\phi\cos\phi\,d\phi\int_0^{2\pi}d\theta$$

$$= \frac{1}{6}\times\frac{1}{4}\times 2\pi = \frac{\pi}{12}$$

17 적분법 ④

$$\frac{1}{\pi}\int_0^{\frac{3}{4}}\frac{1}{\sqrt{x(1-x)}}dx$$

$$= \frac{1}{\pi}\int_0^{\frac{3}{4}}\frac{1}{\sqrt{\left(\frac{1}{2}\right)^2-\left(x-\frac{1}{2}\right)^2}}dx$$

$$= \frac{1}{\pi}\int_{-\frac{\pi}{2}}^{\frac{\pi}{6}}\frac{1}{\sqrt{\left(\frac{1}{2}\right)^2-\left(\frac{1}{2}\sin\theta\right)^2}}\cdot\frac{1}{2}\cos\theta\,d\theta$$

(∵ $x-\frac{1}{2}=\frac{1}{2}\sin\theta$로 삼각치환)

$$= \frac{1}{\pi}\int_{-\frac{\pi}{2}}^{\frac{\pi}{6}}\frac{1}{\frac{1}{2}\cos\theta}\cdot\frac{1}{2}\cos\theta\,d\theta = \frac{1}{\pi}\int_{-\frac{\pi}{2}}^{\frac{\pi}{6}}d\theta = \frac{2}{3}$$

18 공학수학 ③

$(x^2+1)f'(x)+4xf(x)=x$

에서 $f'(x)+\dfrac{4x}{x^2+1}f(x)=\dfrac{x}{x^2+1}$는

일계선형미분방정식이다.

일반해를 구하면 다음과 같다.

$$f(x) = e^{-\int\frac{4x}{x^2+1}dx}\left(\int\frac{x}{x^2+1}e^{\int\frac{4x}{x^2+1}dx}dx + C\right)$$

$$= e^{-2\ln(x^2+1)}\left(\int\frac{x}{x^2+1}e^{2\ln(x^2+1)}dx + C\right)$$

$$= \frac{1}{(x^2+1)^2}\left(\int x(x^2+1)\,dx + C\right)$$

$$= \frac{1}{(x^2+1)^2}\left(\frac{x^4}{4}+\frac{x^2}{2}+C\right)$$

$f(2)=1$이므로 $C=19$

그러므로 $f(x)=\dfrac{1}{(x^2+1)^2}\left(\dfrac{x^4}{4}+\dfrac{x^2}{2}+19\right)$

∴ $f(0)=19$

19 공학수학 ①

폐곡선 C가 둘러싸고 있는 영역을 D라고 하자.

그린정리에 의해

$$\int_C(2y+3)dx+(6x-11)dy = \iint_D(6-2)dA$$

$$= 4\times(\text{영역 } D\text{의 면적}) = 4s$$

20 적분법 ①

$$\int_1^e(\ln x)^2dx = [x(\ln x)^2]_1^e - 2\int_1^e\ln x\,dx$$

$$= [x(\ln x)^2]_1^e - 2[x\ln x - x]_1^e$$

$$= e-2$$

21 선형대수 ②

ㄱ. $(A-A^T)^T = A^T-(A^T)^T$

$= A^T - A$

$= -(A-A^T)$

이므로 $A-A^T$는 반대칭행렬이다. (참)

ㄴ. $|A^T|=|A|=(-1)^n|A|=|-A|$에서 n이 홀수이면 $|A|=0$이다. (참)

ㄷ. [반례] $A=\begin{pmatrix}0&0\\0&0\end{pmatrix}$이면 $|A|=0$ (거짓)

ㄹ. 반대칭행렬의 주대각성분은 모두 0이므로 $tr(A)=0$이다. (참)

22 미분법 ②

$$\ln\left(\frac{1+x}{1-x}\right)=2\cdot\frac{1}{2}\ln\frac{1+x}{1-x}$$
$$=2\tanh^{-1}x$$
$$=2\sum_{n=0}^{\infty}\frac{x^{2n+1}}{2n+1}$$

에서 $B_5=\frac{2}{5}$, $B_8=0$이다.

$\therefore\ B_5+B_8=\frac{2}{5}$

23 선형대수 ③

$p(x)=ax^4+bx^3+cx^2+dx+e$이라고 하면

$$x^4p\left(\frac{1}{x}\right)=x^4\left(\frac{a}{x^4}+\frac{b}{x^3}+\frac{c}{x^2}+\frac{d}{x}+e\right)$$
$$=a+bx+cx^2+dx^3+ex^4$$

$p(x)=x^4p\left(\frac{1}{x}\right)$이므로 $a=e,\ b=d$이다.

따라서 $\left\{p(x)\,|\,p(x)=x^4p\left(\frac{1}{x}\right)\right\}$의 기저는

$\{x^4+1,\ x^3+x,\ x^2\}$이므로 3차원이다.

24 미분법 ④

$\sum_{n=0}^{\infty}(n+1)^2\left(\frac{1}{3}\right)^n=\sum_{n=1}^{\infty}n^2\left(\frac{1}{3}\right)^{n-1}=3\sum_{n=1}^{\infty}n^2\left(\frac{1}{3}\right)^n$이고,

$\sum_{n=0}^{\infty}x^n=\frac{1}{1-x}$에서 양변을 미분하면

$$\sum_{n=1}^{\infty}nx^{n-1}=\frac{1}{(1-x)^2}$$

양변에 x를 곱한 후 미분하면

$$\sum_{n=1}^{\infty}nx^n=\frac{x}{(1-x)^2}\ \Rightarrow\ \sum_{n=1}^{\infty}n^2x^{n-1}=\frac{1+x}{(1-x)^3}$$

양변에 x를 곱하면

$$\sum_{n=1}^{\infty}n^2x^n=\frac{x(1+x)}{(1-x)^3})$$

$x=\frac{1}{3}$ 을 대입하면

$\sum_{n=1}^{\infty}n^2\left(\frac{1}{3}\right)^n=\frac{3}{2}$ 이므로

$$\sum_{n=0}^{\infty}(n+1)^2\left(\frac{1}{3}\right)^n=3\sum_{n=1}^{\infty}n^2\left(\frac{1}{3}\right)^n=3\times\frac{3}{2}=\frac{9}{2}$$

25 선형대수 ④

$5x^2+2\sqrt{2}\,xy+4y^2=1$ 에서 대칭행렬

$A=\begin{pmatrix}5&\sqrt{2}\\\sqrt{2}&4\end{pmatrix}$의 고유치는 3, 6이고 주축정리에 의해

주어진 이차형식은 $3X^2+6Y^2=1$이다. 이때 $a=\frac{1}{\sqrt{3}}$,

$b=\frac{1}{\sqrt{6}}$이라 하면 타원의 이심률은 다음과 같다.

$$e=\frac{(\text{초점들 사이의 거리})}{(\text{꼭짓점들 사이의 거리})}$$
$$=\frac{c}{a}=\frac{\sqrt{a^2-b^2}}{a}=\frac{\sqrt{\frac{1}{3}-\frac{1}{6}}}{\frac{1}{\sqrt{3}}}=\frac{1}{\sqrt{2}}=\frac{\sqrt{2}}{2}$$

26 미분법 ②

이항급수전개를 이용하면

$$\frac{1}{\sqrt{1-x^2}}=(1-x^2)^{-\frac{1}{2}}$$
$$=1+\frac{1}{2}x^2+\frac{3}{8}x^4+\frac{5}{16}x^6$$
$$+\frac{35}{128}x^8+\frac{63}{256}x^{10}+\cdots$$

$$\therefore\ \frac{A_5}{A_4}=\frac{\frac{63}{256}}{\frac{35}{128}}=\frac{9}{10}$$

27 적분법 ②

ㄱ. $\int_0^1\frac{dx}{\sqrt{1-x}}=-2\left[(1-x)^{\frac{1}{2}}\right]_0^1=2$이므로 수렴한다.

ㄴ. $\int_1^4\frac{dx}{(x-2)^2}=\int_1^2\frac{dx}{(x-2)^2}+\int_2^4\frac{dx}{(x-2)^2}$에서

$\int_1^2\frac{dx}{(x-2)^2}=-\lim_{a\to2-}\left[\frac{1}{x-2}\right]_1^a=\infty$이므로 발산한다.

ㄷ. $\int_1^{\infty}\frac{dx}{\sqrt{1+x^2}}\ge\int_1^{\infty}\frac{dx}{\sqrt{x^2+x^2}}=\frac{1}{\sqrt{2}}\int_1^{\infty}\frac{dx}{x}$

에서 $\int_1^{\infty}\frac{dx}{x}$는 p급수판정법에 의해 발산하므로

비교판정법에 의해 $\int_1^{\infty}\frac{dx}{\sqrt{1+x^2}}$는 발산한다.

ㄹ. $\int_1^{\infty}\frac{dx}{\sqrt{2+x^3}}<\int_1^{\infty}\frac{dx}{\sqrt{x^3}}=\int_1^{\infty}\frac{dx}{x^{\frac{3}{2}}}$에서

$\int_1^{\infty}\frac{dx}{x^{\frac{3}{2}}}$는 p급수판정법에 의해 수렴하므로

비교판정법에 의해 $\int_1^{\infty}\frac{dx}{\sqrt{2+x^3}}$는 수렴한다.

28 공학수학 ②

보조방정식 $m^2+2m-15=0$에서 $m=-5,\ 3$이다.

따라서 일반해 $h(x)=c_1e^{-5x}+c_2e^{3x}$이고

$h'(x)=-5c_1e^{-5x}+3c_2e^{3x}$이다.

$h(0)=0$이므로 $c_1+c_2=0$이고 $h'(0)=-1$이므로

$-5c_1+3c_2=-1$이다.

이를 연립하여 풀면 $c_1=\frac{1}{8}$, $c_2=-\frac{1}{8}$

그러므로 $h(x)=\frac{1}{8}e^{-5x}-\frac{1}{8}e^{3x}$

$$\therefore\ h(-1)=\frac{1}{8}e^{5}-\frac{1}{8}e^{-3}$$

$$=\frac{1}{8}(e^{5}-e^{-3})$$

29 미분법 ①

곡선 $xy=1$ 위의 임의의 점 (x,y)과 점 $(-1,1)$ 사이의 거리는

$d=\sqrt{(x+1)^2+(y-1)^2}=\sqrt{(x+1)^2+\left(\frac{1}{x}-1\right)^2}$이다.

$f(x)=(x+1)^2+\left(\frac{1}{x}-1\right)^2$이라 하면

$$f'(x)=2(x+1)-\frac{2}{x^2}\left(\frac{1}{x}-1\right)$$

$f'(x)=0$인 $x=-\frac{1}{2}\pm\frac{\sqrt{5}}{2}$에서 최솟값 3을 갖는다.

따라서 최소거리는 $d=\sqrt{3}$이다.

30 다변수 미적분 ④

$u=x-y$, $v=x+2y$로 변수변환하면

$|J|=\dfrac{1}{\left|\begin{vmatrix}1&-1\\1&2\end{vmatrix}\right|}=\frac{1}{3}$이다.

$$\iint_P \sin(x-y)\cos(x+2y)\,dA$$

$$=\frac{1}{3}\int_0^{\frac{\pi}{2}}\int_0^{\pi}\sin u\cos v\,du\,dv$$

$$=\frac{1}{3}\int_0^{\pi}\sin u\,du\int_0^{\frac{\pi}{2}}\cos v\,dv$$

$$=-\frac{1}{3}[\cos u]_0^{\pi}[\sin v]_0^{\frac{\pi}{2}}=\frac{2}{3}$$

TECH UNIVERSITY OF KOREA

한국공학대학교

▶ 문항 수: 25문항 | 제한시간: 60분

TEST p. 206~214

01	②	02	③	03	①	04	④	05	④
06	②	07	③	08	②	09	④	10	②
11	①	12	①	13	④	14	③	15	②
16	①	17	②	18	③	19	④	20	②
21	③	22	①	23	①	24	④	25	③

01 적분법 ②

$g(y)=\int_2^y f(x)\,dx$

$\Rightarrow\ g'(y)=f(y)=\int_0^{y^2}\sqrt{1+3t}\,dt$

$\Rightarrow\ g''(y)=f'(y)=\sqrt{1+3y^2}\times 2y$

이므로 $g''(1)=2\sqrt{4}=4$이다.

02 미분법 ③

$f'(x)=\cos^{-1}x+x\left(-\dfrac{1}{\sqrt{1-x^2}}\right)-\dfrac{-2x}{2\sqrt{1-x^2}}$

$=\cos^{-1}x$

$\therefore\ f'\left(\dfrac{1}{2}\right)=\cos^{-1}\left(\dfrac{1}{2}\right)=\dfrac{\pi}{3}$

03 적분법 ①

극좌표의 점 $(r,\theta)=\left(4,\dfrac{\pi}{3}\right)$을 직교좌표로 바꾸면

$x=4\cos\dfrac{\pi}{3}=2,\ y=4\sin\dfrac{\pi}{3}=2\sqrt{3}$ 이고

극좌표의 점 $\left(6,\dfrac{2}{3}\pi\right)$을 직교좌표로 바꾸면

$x=6\cos\dfrac{2}{3}\pi=-3,\ y=6\sin\dfrac{2}{3}\pi=3\sqrt{3}$ 이다.

따라서 두 점 사이의 거리는

$\sqrt{(2+3)^2+(2\sqrt{3}-3\sqrt{3})^2}=2\sqrt{7}$

04 다변수 미적분 ④

함수 $f(x,y,z)=x^2y+y^2z$일 때

$\nabla f(x,y,z)=(2xy,\ x^2+2yz,\ y^2)$에서

$\nabla f(1,2,3)=(4,13,4)$이고

$\vec{v}=(2,-1,2)$방향으로의 단위벡터를 $\vec{u}$라고 하면

$\vec{u}=\dfrac{1}{3}(2,-1,2)$이므로

$D_{\vec{v}}f(1,2,3)=(4,13,4)\cdot\dfrac{1}{3}(2,-1,2)=1$

05 다변수 미적분 ④

$f(x,y,z)=x^2y^3z^4+\tan^{-1}(x^2\sqrt{z})$일 때,

$f_z(x,y,z)=4x^2y^3z^3+\dfrac{1}{1+x^4z}\cdot\dfrac{x^2}{2\sqrt{z}}$

$f_{zx}(x,y,z)=8xy^3z^3+\dfrac{2x\left(2\sqrt{z}+2x^4z^{\frac{3}{2}}\right)-x^2\left(8x^3z^{\frac{3}{2}}\right)}{\left(2\sqrt{z}+2x^4z^{\frac{3}{2}}\right)^2}$

$f_{zxy}(x,y,z)=24xy^2z^3$이다.

06 미분법 ②

벽면부터 사다리 바닥까지의 거리를 x,

사다리와 바닥 사이의 각을 θ라고 할 때

$\cos\theta=\dfrac{x}{5}$이므로 양변을 시간 t로 미분하면

$-\sin\theta\dfrac{d\theta}{dt}=\dfrac{1}{5}\dfrac{dx}{dt}$이다.

$x=3$일 때 $\dfrac{dx}{dt}=1$이며 $\sin\theta=\dfrac{4}{5}$이므로

$-\dfrac{4}{5}\dfrac{d\theta}{dt}=\dfrac{1}{5}\times 1 \Leftrightarrow \dfrac{d\theta}{dt}=-\dfrac{1}{4}$이다.

07 미분법 ③

$\begin{cases}x=3(\theta-\sin\theta)\\ y=3(1-\cos\theta)\end{cases}$일 때 매개변수미분법에 의하여

$\dfrac{dy}{dx}=\dfrac{\frac{dy}{d\theta}}{\frac{dx}{d\theta}}=\dfrac{3\sin\theta}{3(1-\cos\theta)}$이므로 $\theta=\dfrac{\pi}{6}$에서 접선의

기울기는 $\left.\dfrac{dy}{dx}\right|_{\theta=\frac{\pi}{6}}=\dfrac{\frac{1}{2}}{1-\frac{\sqrt{3}}{2}}=\dfrac{1}{2-\sqrt{3}}=2+\sqrt{3}$

08 적분법 ②

곡선 $y=1+\frac{1}{2}\cosh 2x\ (0\le x\le 1)$의 길이를 l이라 할 때

$$l=\int_0^1 \sqrt{1+(y')^2}\,dx = \int_0^1 \sqrt{1+(\sinh 2x)^2}\,dx$$

$$=\int_0^1 \cosh 2x\,dx = \left[\frac{1}{2}\sinh 2x\right]_0^1 = \frac{1}{2}\sinh 2$$

09 적분법 ④

입체의 부피를 V_x라고 할 때

$$V_x=\pi\int_1^e y^2\,dx=\pi\int_1^e \ln x\,dx$$

$$=\pi[x\ln x-x]_1^e=\pi$$

10 다변수 미적분 ②

매개변수곡선 $x=\ln t,\ y=2t,\ z=t^2$을

$r(t)=(\ln t,\ 2t,\ t^2)$이라 하자.

$t=1$일 때 점 $(0,2,1)$을 지나며

$r'(t)=\left(\frac{1}{t},\ 2,\ 2t\right) \Rightarrow r'(1)=(1,2,2)$이다.

법평면의 법선벡터는 $(1,2,2)$에 평행이므로

점 $(0,2,1)$을 지나는 법평면의 방정식은

$x+2y+2z=6$이다.

그러므로 $a+b+c=5$이다.

11 다변수 미적분 ①

$t=1$일 때 점 $(1,1,2)$를 지나며

$r(t)=(t,\ t,\ 1+t^2)$일 때

$r'(t)=(1,1,2t) \Rightarrow r'(1)=(1,1,2)$,

$r''(t)=(0,0,2) \Rightarrow r''(1)=(0,0,2)$,

$$r'(1)\times r''(1)=\begin{vmatrix} i & j & k \\ 1 & 1 & 2 \\ 0 & 0 & 2\end{vmatrix}=(2,\ -2,\ 0)$$

따라서 곡률은

$$\kappa(1)=\frac{\| r'(1)\times r''(1)\|}{\| r'(1)\|^3}=\frac{2\sqrt{2}}{6\sqrt{6}}=\frac{\sqrt{3}}{9}$$

12 다변수 미적분 ①

영역 $0\le y\le 2,\ \frac{y}{2}\le x\le 1 \Leftrightarrow 0\le x\le 1,\ 0\le y\le 2x$

이므로

$$\int_0^2\int_{y/2}^1 y\cos(x^3-1)\,dxdy=\int_0^1\int_0^{2x} y\cos(x^3-1)\,dydx$$

가 성립한다. 그러므로

$$\int_0^2\int_{y/2}^1 y\cos(x^3-1)\,dxdy=\int_0^1\int_0^{2x} y\cos(x^3-1)\,dydx$$

$$=\int_0^1\left[\frac{1}{2}y^2\right]_0^{2x}\cos(x^3-1)\,dx$$

$$=\int_0^1 2x^2\cos(x^3-1)\,dx$$

$$=\left[\frac{2}{3}\sin(x^3-1)\right]_0^1=\frac{2}{3}\sin 1$$

13 다변수 미적분 ④

$x=r\cos\theta,\ y=r\sin\theta$라 치환하면

$$\iint_D e^{-x^2-y^2}\,dA=\int_0^{\frac{\pi}{2}}\int_0^2 e^{-r^2}r\,drd\theta$$

$$=\int_0^{\frac{\pi}{2}}\left[-\frac{1}{2}e^{-r^2}\right]_0^2 d\theta$$

$$=\int_0^{\frac{\pi}{2}} -\frac{1}{2}(e^{-4}-1)\,d\theta$$

$$=\frac{1}{2}(1-e^{-4})\times\frac{\pi}{2}=\frac{\pi}{4}(1-e^{-4})$$

14 공학수학 ③

$\frac{\partial}{\partial x}(xe^y+x^3+2y)=e^y+3x^2$,

$\frac{\partial}{\partial y}(kx^2y+e^y-2x)=kx^2+e^y$이므로

$k=3$일 때 완전미분방정식이 된다.

15 공학수학 ②

$(x^2+1)dy=\frac{x}{\sin y}dx \Leftrightarrow \sin y\,dy=\frac{x}{1+x^2}dx$는

변수분리형이므로 일반해는

$-\cos y=\frac{1}{2}\ln(1+x^2)+c \Leftrightarrow \frac{1}{2}\ln(1+x^2)+\cos y+c=0$

이고 초기조건 $y(0)=\pi$에 의하여 $c=1$이다.

따라서 해는 $\frac{1}{2}\ln(1+x^2)+\cos y+1=0$이다.

16 공학수학 ①

미분방정식 $ax^2y''+bxy'+y=0$의 보조방정식이

$at(t-1)+bt+1=0 \Leftrightarrow at^2+(b-a)t+1=0$이고

일반해가 $y=c_1x^{1/2}\cos(\ln x)+c_2x^{1/2}\sin(\ln x)$이기 위해서는 보조방정식의 근이 $t=\frac{1}{2}\pm i$이어야 한다.

근과 계수의 관계에 의하여

두 근의 합은 $-\frac{b-a}{a}=1$이고

두 근의 곱은 $\frac{1}{a}=\frac{5}{4}$을 만족한다.

따라서 $a=\frac{4}{5}$, $b=0 \Leftrightarrow a+b=\frac{4}{5}$이다.

17 공학수학 ②

$\frac{dy}{dx}=1+(y-x)^2$ ($y-x=u$라고 치환)

$\Rightarrow \frac{du}{dx}+1=1+u^2 \Leftrightarrow \frac{du}{dx}=u^2 \Leftrightarrow \frac{1}{u^2}du=dx$

는 변수분리형이므로

일반해는 $-\frac{1}{u}=x+c \Rightarrow y=x-\frac{1}{x+c}$이다.

초기조건 $y(0)=\frac{1}{2}$를 대입하면 $c=-2$이므로

$y=x-\frac{1}{x-2} \Rightarrow y(3)=2$이다.

18 공학수학 ③

$$y_2(x)=x\int\frac{e^{-\int -\frac{x}{x^2-x}dx}}{x^2}dx=x\int\frac{e^{\int\frac{1}{x-1}dx}}{x^2}dx$$

$$=x\int\frac{e^{\ln(x-1)}}{x^2}dx=x\int\frac{x-1}{x^2}dx$$

$$=x\int\left(\frac{1}{x}-\frac{1}{x^2}\right)dx=x\left(\ln x+\frac{1}{x}\right)$$

$$=x\ln x+1$$

19 다변수 미적분 ④

$$\int_0^1 x^2\left(\ln\frac{1}{x}\right)^{\frac{1}{2}}dx$$

$$=\int_0^1 x^2(-\ln x)^{\frac{1}{2}}dx \quad (\because\ -\ln x=t\text{로 치환})$$

$$=\int_0^\infty e^{-3t}t^{\frac{1}{2}}dt \quad (\because\ 3t=w\text{로 치환})$$

$$=\int_0^\infty e^{-w}\left(\frac{w}{3}\right)^{\frac{1}{2}}\frac{1}{3}dw=\frac{1}{3\sqrt{3}}\int_0^\infty\sqrt{w}\,e^{-w}dw$$

$$=\frac{1}{3\sqrt{3}}\Gamma\left(\frac{3}{2}\right)=\frac{\sqrt{3\pi}}{18}$$

20 공학수학 ②

$f(t)=\sin t\,u(t)-\sin t\,u(t-\pi)$

$=\sin t-\sin t\,u(t-\pi)$이므로

$\mathcal{L}\{f(t)\}=\mathcal{L}\{\sin t-\sin t\,u(t-\pi)\}$

$=\mathcal{L}\{\sin t\}-\mathcal{L}\{\sin(t-\pi+\pi)u(t-\pi)\}$

$=\frac{1}{s^2+1}-e^{-\pi s}\mathcal{L}\{\sin(t+\pi)\}$

$=\frac{1}{s^2+1}+e^{-\pi s}\mathcal{L}\{\sin t\}$

$=\frac{1}{s^2+1}(1+e^{-\pi s})$

21 공학수학 ③

제차 미분방정식 $y''+y=0$의 보조방정식이

$t^2+1=0$이므로

$y_c=c_1\cos x+c_2\sin x$이다.

따라서 $y_1=\cos x$, $y_2=\sin x$라고 할 때

$W(x)=\begin{vmatrix}\cos x & \sin x\\ -\sin x & \cos x\end{vmatrix}=1$,

$W_1R(x)=\begin{vmatrix}0 & \sin x\\ \csc x & \cos x\end{vmatrix}=-1$,

$W_2R(x)=\begin{vmatrix}\cos x & 0\\ -\sin x & \csc x\end{vmatrix}=\cot x$이므로

론스키안 해법에 의하여

$y_p=y_1\int\frac{W_1R(x)}{W(x)}dx+y_2\int\frac{W_2R(x)}{W(x)}dx$

$=\cos x\int\frac{-1}{1}dx+\sin x\int\frac{\cot x}{1}dx$

$=-x\cos x+\sin x\ln|\sin x|$이다.

따라서 일반해는

$y=c_1\cos x+c_2\sin x-x\cos x+\sin x\ln|\sin x|$ 이다.

22 공학수학 ①

$\mathcal{L}\{f(t)\}=\mathcal{L}\{t^2*\cos t\}$

$=\mathcal{L}\{t^2\}\mathcal{L}\{\cos t\}$

$=\frac{2}{s^3}\frac{s}{s^2+1}$

이므로

$f(t)=\mathcal{L}^{-1}\left\{\frac{2}{s^2(s^2+1)}\right\}$

$=\mathcal{L}^{-1}\left\{\frac{2}{s^2}-\frac{2}{s^2+1}\right\}$

$=2t-2\sin t$

이다. 따라서 $f\left(\frac{\pi}{2}\right)=\pi-2$이다.

23 공학수학 ①

$$f(t)=\mathcal{L}^{-1}\left\{\ln\left(\frac{s-2}{s+3}\right)\right\}$$
$$=\mathcal{L}^{-1}\{\ln(s-2)-\ln(s+3)\}$$
$$=-\frac{1}{t}\mathcal{L}^{-1}\left\{\frac{1}{s-2}-\frac{1}{s+3}\right\}$$
$$=-\frac{1}{t}\left(e^{2t}-e^{-3t}\right)$$ 이므로

$f(1)=-\left(e^{2}-e^{-3}\right)=e^{-3}-e^{2}$이다.

24 공학수학 ④

$$y(t)=\cos t+e^{-t}\int_0^t e^{u}y(u)\,du$$

$$\Leftrightarrow\ y(t)=\cos t+\int_0^t e^{-(t-u)}y(u)\,du$$

양변을 라플라스 변환하면

$$\Rightarrow\ \mathcal{L}\{y(t)\}=\mathcal{L}\left\{\cos t+\int_0^t e^{-(t-u)}y(u)du\right\}$$

$$\Leftrightarrow\ \mathcal{L}\{y(t)\}=\mathcal{L}\{\cos t\}+\mathcal{L}\{e^{-t}*y(t)\}$$

$$\Leftrightarrow\ \mathcal{L}\{y(t)\}=\frac{s}{s^2+1}+\frac{1}{s+1}\mathcal{L}\{y(t)\}$$

$$\Leftrightarrow\ \frac{s}{s+1}\mathcal{L}\{y(t)\}=\frac{s}{s^2+1}$$

$$\Leftrightarrow\ \mathcal{L}\{y(t)\}=\frac{s}{s^2+1}\,\frac{s+1}{s}$$

$$\Leftrightarrow\ \mathcal{L}\{y(t)\}=\frac{s+1}{s^2+1}$$ 이므로

$$y(t)=\mathcal{L}^{-1}\left\{\frac{s+1}{s^2+1}\right\}=\cos t+\sin t$$

25 공학수학 ③

$$\begin{cases}\dfrac{dx}{dt}=x-2y\\[4pt]\dfrac{dy}{dt}=5x-y\end{cases}\ \Leftrightarrow\ \begin{cases}(D-1)x+2y=0\\-5x+(D+1)y=0\end{cases}$$

$$\Leftrightarrow\ \begin{cases}(D+1)(D-1)x+2(D+1)y=0\\-10x+2(D+1)y=0\end{cases}$$

이므로 $(D^2+9)x=0$이다.

따라서 $x(t)=c_1\cos 3t+c_2\sin 3t$이고 조건 $x(0)=1$을 대입하면 $c_1=1$이므로 $x(t)=\cos 3t+c_2\sin 3t$이다.

그러므로 $x\left(\frac{\pi}{3}\right)=-1$이다.

TEST p. 216~222

26	②	27	③	28	④	29	③	30	②
31	①	32	④	33	⑤	34	①	35	③
36	①	37	⑤	38	②	39	④	40	④
41	⑤	42	②	43	③	44	①	45	⑤

26 일반수학 ②

오직 하나의 실근을 가지므로 판별식

$D = 4\cos^2\theta - 8\sin\theta = 4(1-\sin^2\theta) - 8\sin\theta = 0$

$\Rightarrow \sin^2\theta + 2\sin\theta - 1 = 0$

$\therefore \sin\theta = -1 + \sqrt{2}$ ($\because -1 \le \sin\theta \le 1$) …… ㉠

식 ㉠을 만족하는 제1 사분면상의 각을 $\theta_1 = \alpha$라 하면

제2 사분면상의 각은 $\theta_2 = \pi - \alpha$ 이다.

따라서 모든 θ 값의 합은 π 이다.

27 일반수학 ③

포물선 $y^2 = 4x$ 위의 점 (x_1, y_1) 에서의 접선의 방정식은

$y - y_1 = \dfrac{2}{y_1}(x - x_1)$ …… ㉠

이고 점 $(-n, 0)$을 지나므로 식 ㉠에 대입하여 정리하면

$y_1^2 = 2(n + x_1)$ …… ㉡

(x_1, y_1) 은 포물선 $y^2 = 4x$ 위의 점이므로

$y_1^2 = 4x_1$ …… ㉢

식 ㉡, ㉢을 연립하여 풀면 두 접점의 좌표는

$P(n, 2\sqrt{n})$, $Q(n, -2\sqrt{n})$ 을 얻는다.

두 점 P, Q 사이의 거리는

$l = \sqrt{(n-n)^2 + \{2\sqrt{n} - (-2\sqrt{n})\}^2} = \sqrt{16n} = 4\sqrt{n}$

$\Rightarrow 5 \le 4\sqrt{n} \le 10 \Rightarrow \dfrac{5}{4} \le \sqrt{n} \le \dfrac{5}{2}$

$\therefore \dfrac{25}{16} \le n \le \dfrac{25}{4}$

따라서 가능한 자연수 n의 값은 2, 3, 4, 5, 6이므로

만족시키는 n 의 개수는 5 이다.

28 미분법 ④

겉넓이는 $S = a^2 + 4ab = 24$이므로

$b = \dfrac{24 - a^2}{4a}$ …… ㉠

부피는

$V = a^2 b$ …… ㉡

식 ㉠을 식 ㉡에 대입하면

$V = a^2 b = a^2\left(\dfrac{24 - a^2}{4a}\right) = 6a - \dfrac{a^3}{4}$ 이고,

$V'(a) = 6 - \dfrac{3}{4}a^2 = 0$ 에서 $a = 2\sqrt{2}$ ($\because a > 0$)

$V''(a) = -\dfrac{3}{2}a$ 에서 $V''(2\sqrt{2}) = -3\sqrt{2} < 0$이므로

$a = 2\sqrt{2}$ 에서 극대이자 최대이다.

식 ㉠에 $a = 2\sqrt{2}$를 대입하면 $b = \dfrac{24-8}{8\sqrt{2}} = \dfrac{16}{8\sqrt{2}} = \sqrt{2}$

$\therefore a^2 + b^2 = 8 + 2 = 10$

29 일반수학 ③

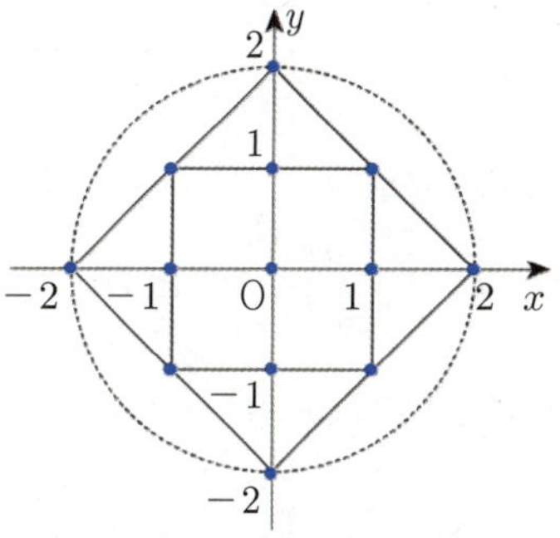

전체 경우의 수는 13개 점 중에서 2개를 뽑는 수이므로

${}_{13}C_2 = \dfrac{13!}{11!2!} = 78$

두 점 사이의 거리가 $\sqrt{2}$ 이하인 경우는

(ⅰ) 내부 정사각형의 9개 점에서 2개를 뽑는 경우의 수는 ${}_9C_2$

여기서 거리가 2인 경우 6가지,

거리 $\sqrt{5}$ 인 경우 8가지,

거리 $2\sqrt{2}$ 인 경우 2가지

를 제외하면 ${}_9C_2 - 16 = 36 - 16 = 20$가지

(ⅱ) 바깥쪽 마름모의 네 꼭짓점에서 각각 세 점을 택할 수 있으므로

$4 \times 3 = 12$가지 경우

(ⅰ), (ⅱ)에서 $20 + 12 = 32$가지이므로 확률은 $\dfrac{32}{78} = \dfrac{16}{39}$

30 일반수학 ②

(i) 4번의 시행 동안 풍선을 0개 터뜨린 경우

한 번 쏠 때 풍선을 터뜨리지 못할 확률은

$1-\frac{2}{3}=\frac{1}{3}$이고 4번 모두 실패할 확률은

$\left(\frac{1}{3}\right)^4=\frac{1}{81}$

(ii) 4번의 시행 동안 풍선을 1개 터뜨린 경우

즉, 4번 중 한 번만 성공하는 경우의 수는

${}_4C_1\left(\frac{2}{3}\right)\left(\frac{1}{3}\right)^3=\frac{8}{81}$

(ⅰ), (ⅱ)에 의하여 4번의 시행에서 풍선 2개를 못 터뜨릴 확률은 $\frac{1}{81}+\frac{8}{81}=\frac{9}{81}=\frac{1}{9}$이다.

31 미분법 ①

$x>a$인 경우

$x>a>1$이므로 $|x|>1$

$$f(x)=\lim_{n\to\infty}\frac{x^{n+1}+bx^n}{4x^n+3}=\lim_{n\to\infty}\frac{\frac{x^{n+1}}{x^n}+\frac{bx^n}{x^n}}{\frac{4x^n}{x^n}+\frac{3}{x^n}}$$

$$=\lim_{n\to\infty}\frac{x+b}{4+\frac{3}{x^n}}=\frac{x+b}{4}$$

$x=a$에서 연속이므로

$$\lim_{x\to a^-}f(x)=\sqrt{a-1}=\frac{a+b}{4}=\lim_{x\to a^+}f(x) \quad \cdots\cdots ㉠$$

$x\le a$에서 $f'(x)=\frac{1}{2}(x-1)^{-\frac{1}{2}}$이므로

좌미분계수는 $f'(a^-)=\frac{1}{2}(a-1)^{-\frac{1}{2}}$이고,

$x>a$에서 $f'(x)=\frac{1}{4}$이므로

우미분계수는 $f'(a^+)=\frac{1}{4}$이다.

$x=a$에서 미분가능하므로 좌·우 미분계수가 같다.

$\frac{1}{2\sqrt{a-1}}=\frac{1}{4} \Rightarrow \sqrt{a-1}=2$

$\therefore\ a=5$

㉠에 의하여 $b=3$

$\therefore\ ab=5\times3=15$

32 미분법 ④

$f(x)=x^3-3nx^2+64$ 이라 하자.

그러면 $f'(x)=3x^2-6nx=0$ 에서 $x=0$ 또는 $x=2n$

$x>2$인 서로 다른 두 실근을 가지기 위해선 다음 두 조건을 만족해야 한다.

(i) $f(0)=64>0$이고

$f(2n)=(2n)^3-3n(2n)^2+64$

$=64-4n^3<0$

$\Rightarrow n^3>16 \quad \therefore\ n\ge3 \quad (\because\ n$은 자연수)

(ii) $f(2)=72-12n>0 \quad \therefore\ n<6$

따라서 $3\le n<6$이므로

$n=3,4,5$

33 미분법 ⑤

$\lim_{h\to0}\{4g(2h)-\pi\}=0$이어야 하므로

$g(0)=\frac{\pi}{4} \Leftrightarrow f\left(\frac{\pi}{4}\right)=0$

$$\lim_{h\to0}\frac{4g(2h)-\pi}{h}=\lim_{h\to0}8g'(2h) \quad (\because \text{ 로피탈정리})$$
$$=8g'(0)$$

이때 $g(3f(x)+2\cos2x)=x$

$\Rightarrow g'(3f(x)+2\cos2x)(3f'(x)-4\sin2x)=1$

$x=\frac{\pi}{4}$를 대입하여 정리하면

$$g'\left(3f\left(\frac{\pi}{4}\right)+2\cos\frac{\pi}{2}\right)\left(3f'\left(\frac{\pi}{4}\right)-4\sin\frac{\pi}{2}\right)=1$$

$$\Rightarrow g'(0)\left(3f'\left(\frac{\pi}{4}\right)-4\right)=1$$

$$\Rightarrow \frac{1}{f'\left(\frac{\pi}{4}\right)}\left(3f'\left(\frac{\pi}{4}\right)-4\right)=1$$

$$\Rightarrow \frac{4}{f'\left(\frac{\pi}{4}\right)}=2$$

$$\Rightarrow f'\left(\frac{\pi}{4}\right)=2$$

$$g'(0)=\frac{1}{f'\left(\frac{\pi}{4}\right)}=\frac{1}{2}$$

따라서 $\lim_{h\to0}\frac{4g(2h)-\pi}{h}=8g'(0)=4$

34 적분법 ①

$$x'(t)=-\sin t+\frac{1}{2\tan\frac{t}{2}}\sec^2\frac{t}{2}$$

$$=-\sin t+\frac{\cos\frac{t}{2}}{2\sin\frac{t}{2}}\frac{1}{\cos^2\frac{t}{2}}=-\sin t+\frac{1}{2\sin\frac{t}{2}\cos\frac{t}{2}}$$

$$=-\sin t+\frac{1}{\sin t}=\frac{1-\sin^2t}{\sin t}=\frac{\cos^2t}{\sin t}$$

$y'(t)=\cos t$ 이므로

$$\{x'(t)\}^2+\{y'(t)\}^2=\frac{\cos^4 t}{\sin^2 t}+\cos^2 t$$
$$=\cos^2 t\left(\frac{\cos^2 t}{\sin^2 t}+1\right)$$
$$=\cos^2 t\left(\frac{\cos^2 t+\sin^2 t}{\sin^2 t}\right)$$
$$=\cot^2 t$$

따라서 곡선의 길이는 다음과 같다.

$$l=\int_{\frac{\pi}{4}}^{\frac{\pi}{2}}\sqrt{\{x'(t)\}^2+\{y'(t)\}^2}\,dt$$
$$=\int_{\frac{\pi}{4}}^{\frac{\pi}{2}}\sqrt{\cot^2 t}\,dt=\int_{\frac{\pi}{4}}^{\frac{\pi}{2}}\cot t\,dt=[\ln(\sin t)]_{\frac{\pi}{4}}^{\frac{\pi}{2}}$$
$$=-\ln\frac{1}{\sqrt{2}}=\frac{1}{2}\ln 2$$

35 적분법 ③

$f(x, y)=y^3+y+2-x$ 라 하면 $\dfrac{dy}{dx}=-\dfrac{f_x}{f_y}=\dfrac{1}{3y^2+1}$

$$\left.\frac{dy}{dx}\right|_{x=4, y=1}=\frac{1}{3+1}=\frac{1}{4}$$

이므로 접선의 방정식은

$$y-1=\frac{1}{4}(x-4) \Leftrightarrow y=\frac{1}{4}x$$

넓이를 구하면 다음과 같다.

$$S=\int_0^1|4y-(y^3+y+2)|\,dy$$
$$=\int_0^1|3y-y^3-2|\,dy$$

이때 $g(y)=3y-y^3-2$이라 하면 $g'(y)=3-3y^2$는 $[0, 1]$에서 증가함수이고 $g(0)=-2$, $g(1)=0$이므로 $g(y)\le 0$이다.

$$\therefore\ S=\int_0^1(y^3-3y+2)\,dy$$
$$=\left[\frac{1}{4}y^4-\frac{3}{2}y^2+2y\right]_0^1=\frac{1}{4}-\frac{3}{2}+2=\frac{3}{4}$$

36 일반수학 ①

구분	정상 제품(개수)	불량 제품(개수)
실제 개수	$1000\times 0.95=950$	$1000\times 0.05=50$
불량 판정(2%)	$950\times 0.02=19$	
정상 판정(98%)	$950\times 0.98=931$	
정상 판정(5%)		$50\times 0.05=2.5$
불량 판정(95%)		$50\times 0.95=47.5$

정상 판정 받는 사건을 A, 불량 판정 받는 사건을 B 라 하면

$$P(A\mid B)=\frac{(\text{실제 정상이고 불량 판정된 경우의 수})}{(\text{총 불량 판정 수})}$$
$$=\frac{19}{66.5}=\frac{190}{665}=\frac{2}{7}$$

37 일반수학 ⑤

x^{n-3}의 계수는

$$a_n=\binom{n}{n-3}=\binom{n}{3}=\frac{n(n-1)(n-2)}{6}$$

x^{n-2}의 계수는

$$a_{n+1}=\binom{n+1}{n-2}=\binom{n+1}{3}=\frac{n(n-1)(n+1)}{6}\text{ 이므로}$$

$$\frac{a_n}{a_{n+1}}=\frac{\dfrac{n(n-1)(n-2)}{6}}{\dfrac{n(n-1)(n+1)}{6}}$$
$$=\frac{n(n-1)(n-2)}{n(n-1)(n+1)}=\frac{n-2}{n+1}$$

$$\therefore\ \lim_{n\to\infty}\left(\frac{a_n}{a_{n+1}}\right)^{2n}=\lim_{n\to\infty}\left(\frac{n-2}{n+1}\right)^{2n}$$
$$=\lim_{n\to\infty}\left(1-\frac{3}{n+1}\right)^{2n}$$
$$=e^{-6}$$

38 적분법 ②

$$\int_1^x(\ln x-\ln t)f''(t)dt=3(x-1)^2$$

$$\Rightarrow\ \ln x\int_1^x f''(t)dt-\int_1^x \ln t f''(t)dt=3(x-1)^2$$

$$\Rightarrow\ \{f'(x)-1\}\ln x-\int_1^x \ln t f''(t)dt=3(x-1)^2$$

$$\Rightarrow\ f''(x)\ln x+\frac{1}{x}\{f'(x)-1\}-f''(x)\ln x=6(x-1)$$

$$\Rightarrow\ f'(x)-1=6x(x-1)=6x^2-6x$$

$$\Rightarrow\ f(x)=2x^3-3x^2+x+C$$

$$\Rightarrow\ f(x)=2x^3-3x^2+x+1\ (\because\ f(1)=1)$$

$$\therefore\ f(2)=7$$

39 미분법 ④

$\lim\limits_{x\to e}(\ln x)^{\ln x}-a=1-a=0$이어야 하므로 $a=1$

$$\lim_{x\to e}\frac{(\ln x)^{\ln x}-1}{x-e}=\lim_{x\to e}(\ln x)^{\ln x}\frac{\ln(\ln x)+1}{x}=\frac{1}{e}=b$$

($\because$ 로피탈의 정리)

$\therefore \ \dfrac{a}{b}=\dfrac{1}{\frac{1}{e}}=e$

40 일반수학 ④

점 $(k, 0)$에서 직선 $2x-y+1=0$까지의 거리는

$d=\dfrac{|2k-0+1|}{\sqrt{2^2+(-1)^2}}=\dfrac{|2k+1|}{\sqrt{5}}=\sqrt{5}$ 이므로

$|2k+1|=5 \Rightarrow 2k+1=\pm 5 \quad \therefore \ k=-3,\ 2$

따라서 실수 k값의 곱은 -6이다.

41 일반수학 ⑤

주사위를 한 번 던졌을 때 2 또는 5가 나올 확률

$P(A)=P(2)+P(5)=\dfrac{1}{6}+\dfrac{1}{6}=\dfrac{1}{3}$

기댓값 $E(X)=\dfrac{n}{3}$, 분산 $V(X)=\dfrac{n}{3}\left(1-\dfrac{1}{3}\right)=\dfrac{2n}{9}$

$V(X)=E(X^2)-(E(X))^2$에서

$E(X^2)=V(X)+(E(X))^2=\dfrac{2n}{9}+\dfrac{n^2}{9}=\dfrac{n^2+2n}{9}$

$V(5X)=25\,V(X)=\dfrac{50n}{9}$

$E(X^2)=V(5X)$이므로 $\dfrac{50n}{9}=\dfrac{n^2+2n}{9}$

즉, $n^2+2n=50n \Rightarrow n^2-48n=n(n-48)=0$

$\therefore \ n=48$ ($\because$ $n \geq 1$인 자연수)

42 일반수학 ②

$n=1$일 때, $9a_1=2+3=5 \quad \therefore \ a_1=\dfrac{5}{9}$

$n \geq 2$일 때, $S_n=\displaystyle\sum_{k=1}^{n}9^k a_k=2^n+3^n$이라 하면

$$\begin{aligned}a_n&=S_n-S_{n-1}\\&=9^n a_n=2^n+3^n-2^{n-1}-3^{n-1}\\&=2^{n-1}(2-1)+3^{n-1}(3-1)\\&=2^{n-1}+2\cdot 3^{n-1}\end{aligned}$$

$$\Rightarrow a_n=\frac{2^{n-1}+2\cdot 3^{n-1}}{9^n}=\frac{1}{9}\left(\frac{2}{9}\right)^{n-1}+\frac{2}{9}\left(\frac{1}{3}\right)^{n-1}$$

$$\begin{aligned}\Rightarrow \sum_{n=1}^{\infty}a_n&=a_1+\sum_{n=2}^{\infty}a_n\\&=\frac{5}{9}+\sum_{n=2}^{\infty}\left\{\frac{1}{9}\left(\frac{2}{9}\right)^{n-1}+\frac{2}{9}\left(\frac{1}{3}\right)^{n-1}\right\}\\&=\frac{5}{9}+\frac{1}{9}\sum_{n=2}^{\infty}\left(\frac{2}{9}\right)^{n-1}+\frac{2}{9}\sum_{n=2}^{\infty}\left(\frac{1}{3}\right)^{n-1}\\&=\frac{5}{9}+\frac{1}{9}\cdot\frac{\frac{2}{9}}{1-\frac{2}{9}}+\frac{2}{9}\cdot\frac{\frac{1}{3}}{1-\frac{1}{3}}\\&=\frac{5}{9}+\frac{1}{9}\cdot\frac{2}{7}+\frac{1}{9}=\frac{44}{63}\end{aligned}$$

43 적분법 ③

$$\begin{aligned}\lim_{n\to\infty}a_n&=\lim_{n\to\infty}\left(\frac{1}{n}\sum_{k=1}^{n}\ln k-\ln n\right)\\&=\lim_{n\to\infty}\frac{1}{n}\sum_{k=1}^{n}\ln k-\lim_{n\to\infty}\ln n\end{aligned}$$

이때

$$\begin{aligned}\lim_{n\to\infty}\frac{1}{n}\sum_{k=1}^{n}\ln k&=\lim_{n\to\infty}\frac{1}{n}\sum_{k=1}^{n}\ln\left(\frac{k}{n}\cdot n\right)\\&=\lim_{n\to\infty}\frac{1}{n}\sum_{k=1}^{n}\left(\ln\frac{k}{n}+\ln n\right)\\&=\lim_{n\to\infty}\left(\frac{1}{n}\sum_{k=1}^{n}\ln\frac{k}{n}+\frac{1}{n}\sum_{k=1}^{n}\ln n\right)\\&=\int_0^1\ln x\,dx+\lim_{n\to\infty}\ln n\\&=-1+\lim_{n\to\infty}\ln n\end{aligned}$$

이므로

$$\lim_{n\to\infty}\frac{1}{n}\sum_{k=1}^{n}\ln k-\lim_{n\to\infty}\ln n=-1+\lim_{n\to\infty}\ln n-\lim_{n\to\infty}\ln n=-1$$

44 미분법 ①

$\dfrac{a_{n+1}}{a_n}=\dfrac{n+1}{2n}$ 이므로

$\dfrac{a_2}{a_1}=\dfrac{2}{2},\ \dfrac{a_3}{a_2}=\dfrac{3}{4},\ \dfrac{a_4}{a_3}=\dfrac{4}{6},\ \cdots,\ \dfrac{a_n}{a_{n-1}}=\dfrac{n}{2(n-1)}$

좌변은 좌변끼리 우변은 우변끼리 곱하면

$$\begin{aligned}\frac{a_n}{a_1}&=\frac{2\cdot 3\cdot 4\cdot\ \cdots\ \cdot n}{2\cdot 4\cdot 6\cdot\ \cdots\ \cdot 2(n-1)}\\&=\frac{2\cdot 3\cdot 4\cdot\ \cdots\ \cdot n}{(2\cdot 1)\cdot(2\cdot 2)\cdot(2\cdot 3)\cdot\ \cdots\ \cdot\{2\cdot(n-1)\}}\\&=\frac{n!}{2^{n-1}\{1\cdot 2\cdot 3\cdot\ \cdots\ \cdot(n-1)\}}\\&=\frac{n!}{2^{n-1}(n-1)!}\\&=\frac{n}{2^{n-1}}\end{aligned}$$

에서

$$a_n=a_1\cdot\frac{n}{2^{n-1}}=2\cdot\frac{n}{2^{n-1}}=\frac{n}{2^{n-2}}=4n\left(\frac{1}{2}\right)^n$$

이때, $\sum_{n=0}^{\infty} x^n = \frac{1}{1-x}$, $|x|<1$ 에서 양변을 미분하면

$$\sum_{n=1}^{\infty} nx^{n-1} = \frac{1}{(1-x)^2}$$

양변에 x 를 곱하면

$$\sum_{n=1}^{\infty} nx^n = \frac{x}{(1-x)^2}, \quad |x|<1$$

이므로

$$\sum_{n=1}^{\infty} a_n = 4\sum_{n=1}^{\infty} n\left(\frac{1}{2}\right)^n = 4 \cdot \frac{\frac{1}{2}}{\left(1-\frac{1}{2}\right)^2}$$

$$= 4 \cdot \frac{\frac{1}{2}}{\frac{1}{4}} = 4 \cdot 2 = 8$$

45 적분법 ⑤

라이프니츠 법칙에 의해

$f'(x) = \int_0^{\infty} -\frac{t^{\frac{3}{2}}}{2\sqrt{xt}} e^{-\sqrt{xt}} dt$ 에서

$$f'(1) = -\frac{1}{2}\int_0^{\infty} te^{-\sqrt{t}} dt$$

$= -\int_0^{\infty} \alpha^3 e^{-\alpha} d\alpha$ ($\because$ $\sqrt{t} = \alpha$로 치환)

$$= -\Gamma(4) = -3! = -6$$

KOREA AEROSPACE UNIVERSITY

한국항공대학교

▶ **문항 수:** 영어 20문항, 수학 20문항 | **제한시간:** 90분

TEST p. 224~230

01	④	02	②	03	③	04	④	05	②
06	②	07	②	08	③	09	①	10	①
11	③	12	①	13	②	14	④	15	①
16	②	17	④	18	①	19	④	20	③

01 공학수학 ④

보조방정식 $m(m-1)-2m+2=0$에서 $m=1, 2$ 이다.

그러므로 일반해 $y=c_1x+c_2x^2$ 이고 $y'=c_1+2c_2x$ 이다.

$y(1)=1$, $y'(1)=3$ 이므로

$c_1+c_2=1$, $c_1+2c_2=3$ $\quad\therefore\ c_1=-1$, $c_2=2$

따라서 $y=-x+2x^2$ 이고, $y(2)=6$

02 공학수학 ②

$$\frac{dy}{dx}=2xy^2 \Rightarrow dy=2xy^2dx \Rightarrow y^{-2}dy=2x\,dx$$

양변을 적분하면 $\frac{1}{y}=-x^2+C$

$y(1)=\frac{1}{2}$이므로 $C=3$

따라서 $y=\frac{1}{3-x^2}$이고, $y(3)=-\frac{1}{6}$

03 선형대수 ③

①, ②, ④ 서로 다른 두 개의 고유치를 가지므로 대각화 가능하다.

③ 고유치 3에서의 대수적 중복도는 2이고 기하적 중복도는 1이므로 대각화 불가능하다.

04 선형대수 ④

$$\begin{vmatrix} 1 & 2 & 3 & 4 \\ 2 & 3 & 1 & 5 \\ 3 & 4 & 5 & 2 \\ 4 & 5 & 6 & 2 \end{vmatrix} = \begin{vmatrix} 1 & 2 & 3 & 4 \\ 0 & -1 & -5 & -3 \\ 0 & -2 & -4 & -10 \\ 0 & -3 & -6 & -14 \end{vmatrix} = \begin{vmatrix} -1 & -5 & -3 \\ -2 & -4 & -10 \\ -3 & -6 & -14 \end{vmatrix}$$

$$= \begin{vmatrix} -1 & -5 & -3 \\ 0 & 6 & -4 \\ 0 & 9 & -5 \end{vmatrix}$$

$$=-6$$

05 다변수 미적분 ②

(i) $f_x=16x=0$, $f_y=4$이므로 내부 임계점은 없다.

(ii) $4x^2=16-y^2$이므로

$f(y)=2(16-y^2)+4y$, $-4\le y\le 4$이다.

$f'(y)=-4y+4=0$에서 $y=1$이고

$f(-4)=-16$, $f(1)=34$, $f(4)=16$이므로

$M=34$, $m=-16$

$\therefore\ \frac{m}{M}=-\frac{16}{34}=-\frac{8}{17}$

06 다변수 미적분 ②

ㄱ. $\lim_{n\to\infty}\frac{n}{\ln n}=\infty>1$이므로 n승근 판정법에 발산한다.

ㄴ. $a_n=\frac{2\cdot5\cdot8\cdot\cdots\cdot(3n-1)}{3\cdot7\cdot11\cdot\cdots\cdot(4n-1)}$ 이라 두면

$\lim_{n\to\infty}\left|\frac{a_{n+1}}{a_n}\right|=\frac{3}{4}<1$이므로 비율판정법에 의해 수렴한다.

ㄷ. $\int_2^\infty\frac{1}{x\ln x}dx=\int_{\ln2}^\infty\frac{1}{t}dt$ ($\because$ $\ln x=t$로 치환)

$=[\ln t]_{\ln2}^\infty=\infty$

이므로 적분판정법에 의해 발산한다.

07 미분법 ②

$$\lim_{x\to0}\frac{x\cos x-\sin x}{2x^2\sin x}$$

$$=\lim_{x\to0}\frac{-x\sin x}{4x\sin x+2x^2\cos x} \quad (\because \text{ 로피탈 정리})$$

$$=\lim_{x\to0}\frac{-\frac{\sin x}{x}}{\frac{4\sin x}{x}+2\cos x} \quad (\because \text{ 분자, 분모 } x^2\text{으로 나눔})$$

$$=-\frac{1}{6} \quad \left(\because\ \lim_{x\to0}\frac{\sin x}{x}=1,\ \lim_{x\to0}2\cos x=2\right)$$

08 공학수학 ③

$P(x,y)=3x^2y+2y^3$, $Q(x,y)=x^3+6xy^2$이라 하자.

$Q_x=3x^2+6y^2=P_y$이므로 완전형이다.

일반해는 $x^3y+2xy^3=C$이므로 $\frac{a}{b}(m+n+v+w)$로 가능한 값은 4 또는 16이다.

09 공학수학 ①

$$\mathcal{L}(y')+\mathcal{L}(y)-\frac{1}{s}\mathcal{L}(y)=\mathcal{L}(5)$$

$$\Rightarrow s\mathcal{L}(y)-y(0)+\mathcal{L}(y)-\frac{6}{s}\mathcal{L}(y)=\frac{5}{s}$$

$$\Rightarrow s\mathcal{L}(y)-5+\mathcal{L}(y)-\frac{6}{s}\mathcal{L}(y)=\frac{5}{s}$$

$$\Rightarrow \left(s+1-\frac{6}{s}\right)\mathcal{L}(y)=\frac{5}{s}+5$$

$$\Rightarrow \frac{s^2+s-6}{s}\mathcal{L}(y)=\frac{5}{s}+5$$

$$\Rightarrow \mathcal{L}(y)=\frac{5}{s^2+s-6}+\frac{5s}{s^2+s-6}$$ 이므로

$$\mathcal{L}(y)=\frac{5}{(s-2)(s+3)}+\frac{5s}{(s-2)(s+3)}$$

$$=\frac{1}{s-2}-\frac{1}{s+3}+\frac{2}{s-2}+\frac{3}{s+3}$$

$$=\frac{3}{s-2}+\frac{2}{s+3}$$

따라서 $y=\mathcal{L}^{-1}\left(\frac{3}{s-2}+\frac{2}{s+3}\right)=3e^{2t}+2e^{-3t}$이고

$$y(\ln 2)=12+\frac{1}{4}=\frac{49}{4}$$

10 선형대수 ①

ㄱ. [반례] $A=\begin{pmatrix}1&2\\2&3\end{pmatrix}$, $B=\begin{pmatrix}1&0\\0&2\end{pmatrix}$일 때

$AB=\begin{pmatrix}1&2\\2&3\end{pmatrix}\begin{pmatrix}1&0\\0&2\end{pmatrix}=\begin{pmatrix}1&4\\2&6\end{pmatrix}$이고

$BA=\begin{pmatrix}1&0\\0&2\end{pmatrix}\begin{pmatrix}1&2\\2&3\end{pmatrix}=\begin{pmatrix}1&2\\4&6\end{pmatrix}$이므로

$AB\neq BA$이다. (거짓)

ㄴ. $(AA^T)^T=AA^T$ (참)

ㄷ. [반례] $A=\begin{pmatrix}1&0\\0&-1\end{pmatrix}$, $B=\begin{pmatrix}-2&0\\0&-3\end{pmatrix}$일 때

$tr(A)=0>-5=tr(B)$이지만

$A^2=\begin{pmatrix}1&0\\0&-1\end{pmatrix}\begin{pmatrix}1&0\\0&-1\end{pmatrix}=\begin{pmatrix}1&0\\0&1\end{pmatrix}$,

$B^2=\begin{pmatrix}-2&0\\0&-3\end{pmatrix}\begin{pmatrix}-2&0\\0&-3\end{pmatrix}=\begin{pmatrix}4&0\\0&9\end{pmatrix}$에 대하여

$tr(A^2)=2<13=tr(B^2)$이다. (거짓)

ㄹ. [반례] $A=\begin{pmatrix}1&0\\0&1\end{pmatrix}$, $B=\begin{pmatrix}-2&0\\0&3\end{pmatrix}$일 때

$\det(A)=1>-6=\det(B)$이지만

$A^2=\begin{pmatrix}1&0\\0&1\end{pmatrix}\begin{pmatrix}1&0\\0&1\end{pmatrix}=\begin{pmatrix}1&0\\0&1\end{pmatrix}$,

$B^2=\begin{pmatrix}-2&0\\0&3\end{pmatrix}\begin{pmatrix}-2&0\\0&3\end{pmatrix}=\begin{pmatrix}4&0\\0&9\end{pmatrix}$에 대하여

$\det A^2=1<36=\det B^2$이다. (거짓)

11 공학수학 ③

$m^2-m-6=0 \Rightarrow m=2,\ -3$

따라서 일반해는 $y_c=c_1e^{2x}+c_2e^{-3x}$이다.

$$y_p=\frac{1}{D^2-D-6}\{xe^x\}$$

$$=e^x\frac{1}{(D+1)^2-(D+1)-6}\{x\}$$

$$=e^x\frac{1}{D^2+D-6}\{x\}$$

$$=-\frac{e^x}{6}\left(1+\frac{D}{6}\right)x$$

$$=-\frac{e^x}{6}\left(x+\frac{1}{6}\right)$$

$$=-\frac{1}{6}xe^x-\frac{1}{36}e^x$$

따라서 $y=c_1e^{2x}+c_2e^{-3x}-\frac{1}{6}xe^x-\frac{1}{36}e^x$이므로

$a=2$, $b=-3$, $A=-\frac{1}{6}$, $B=-\frac{1}{36}$이다.

$$\therefore\ \frac{abA}{B}=\frac{1}{-\frac{1}{36}}=-36$$

12 적분법 ①

$$\int_0^1\frac{x}{\sqrt{3-2x-x^2}}dx$$

$$=\int_0^1\frac{x}{\sqrt{4-(x+1)^2}}dx$$

$$=\int_1^2\frac{t-1}{\sqrt{4-t^2}}dt \qquad (\because\ x+1=t\text{로 치환})$$

$$=\int_1^2\frac{t}{\sqrt{4-t^2}}dt-\int_1^2\frac{1}{\sqrt{4-t^2}}dt$$

$$=-\left[(4-t^2)^{\frac{1}{2}}\right]_1^2-\left[\sin^{-1}\frac{t}{2}\right]_1^2$$

$$=\sqrt{3}-\frac{\pi}{3}$$

13 적분법 ②

$g\left(\frac{\pi}{2}\right)=0$이고,

$g'(x)=-\sin x\sqrt{1+\sin(\cos x)+\cos(\cos x)}$에서

$g'\left(\frac{\pi}{2}\right)=-\sqrt{2}$ 이므로 $f'(x)=\dfrac{g'(x)}{\sqrt{1+\{g(x)\}^3}}$

$$\therefore\ f'\left(\frac{\pi}{2}\right)=\frac{g'\left(\frac{\pi}{2}\right)}{\sqrt{1+\left\{g\left(\frac{\pi}{2}\right)\right\}^3}}=-\sqrt{2}$$

14 적분법 ④

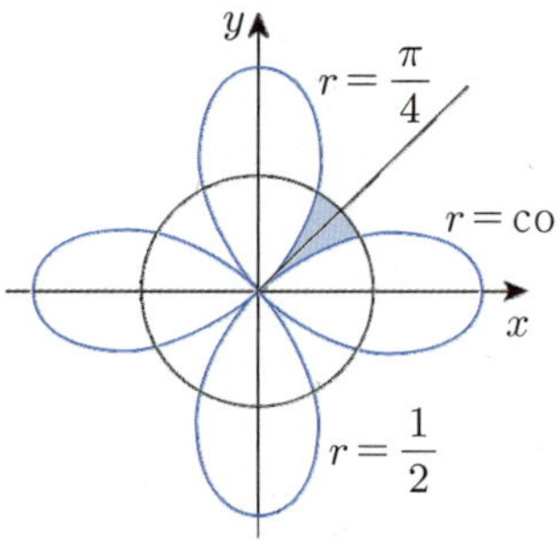

$\cos 2\theta=\frac{1}{2} \Leftrightarrow \theta=\frac{\pi}{6}$ 이고 $r=\cos 2\theta$는 제1사분면 위에서 $\theta=\frac{\pi}{4}$에 대하여 대칭이므로 $\frac{\pi}{6}\le\theta\le\frac{\pi}{3}$에서의 $r=\frac{1}{2}$의 넓이(A)에서 $\frac{\pi}{6}\le\theta\le\frac{\pi}{4}$에서의 $r=\cos 2\theta$의 넓이(B)의 2배를 빼면 주어진 영역의 넓이를 구할 수 있다.

(ⅰ) (영역 A의 넓이) $=\frac{1}{2}r^2\theta=\frac{\pi}{48}$

(ⅱ) (영역 B의 넓이)

$$=\frac{1}{2}\int_{\frac{\pi}{6}}^{\frac{\pi}{4}}\cos^2 2\theta\,d\theta=\frac{1}{4}\int_{\frac{\pi}{6}}^{\frac{\pi}{4}}(1+\cos 4\theta)\,d\theta$$

$$=\frac{1}{4}\left[\theta+\frac{1}{4}\sin 4\theta\right]_{\frac{\pi}{6}}^{\frac{\pi}{4}}=\frac{1}{4}\left(\frac{\pi}{12}-\frac{\sqrt{3}}{8}\right)=\frac{\pi}{48}-\frac{\sqrt{3}}{32}$$

따라서 색칠된 영역의 넓이는 $A-2B=-\frac{\pi}{48}+\frac{\sqrt{3}}{16}$

15 공학수학 ①

발산정리를 이용하여 구하면 다음과 같다.

$$\iint_S F\cdot dS=\iiint_E \operatorname{div}F\,dV$$

$$=\iiint_E 2z\,dV$$

$$=\int_0^{2\pi}\int_0^1\int_2^{3-r^2} 2zr\,dz\,dr\,d\theta \quad (\because \text{ 원주좌표계상의 적분})$$

$$=\int_0^{2\pi}\int_0^1\{(3-r^2)^2 r-4r\}\,dr\,d\theta$$

$$=2\pi\left[-\frac{1}{6}(3-r^2)^3-2r^2\right]_0^1=\frac{7}{3}\pi$$

16 공학수학 ②

$$F(x,y)=\left(\frac{x^3(x^2+y^2)-y}{x^2+y^2},\ \frac{(x^2+y^2)\cos y+x}{x^2+y^2}\right)$$

$$=\left(x^3-\frac{y}{x^2+y^2},\ \cos y+\frac{x}{x^2+y^2}\right)$$

$$=(x^3,\ \cos y)+\left(-\frac{y}{x^2+y^2},\ \frac{x}{x^2+y^2}\right)$$

$F_1(x,y)=(x^3,\ \cos y)$,

$F_2(x,y)=\left(-\frac{y}{x^2+y^2},\ \frac{x}{x^2+y^2}\right)$라 하자.

$F_1(x,y)$는 보존적 벡터장이고 경로 C의 시점과 종점이 일치하므로 $\int_C F_1\cdot dr=0$

$F_2(x,y)$는 회전각 벡터장이고 경로 C가 원점을 포함하므로 $\int_C F_2\cdot dr=2\pi$

$\therefore \int_C F\cdot dr=2\pi$

17 다변수 미적분 ④

$\vec{x}=\begin{pmatrix}X\\Y\end{pmatrix}$라 하면

$$f(X,Y)=\vec{x}^T A\vec{x}+\vec{x}^T\vec{b}$$

$$=(X\ \ Y)\begin{pmatrix}2&5\\-1&8\end{pmatrix}\begin{pmatrix}X\\Y\end{pmatrix}+(X\ \ Y)\begin{pmatrix}-2\\4\end{pmatrix}$$

$$=2X^2+4XY+8Y^2-2X+4Y$$

$\Rightarrow f_X=4X+4Y-2=0,\ f_Y=4X+16Y+4=0,$

$f_{XX}=4,\ f_{XY}=4,\ f_{YY}=16$

임계점 $(X,Y)=\left(1,-\frac{1}{2}\right)$이고 $H\left(1,-\frac{1}{2}\right)>0$,

$f_{XX}\left(1,-\frac{1}{2}\right)>0$이므로 $f\left(1,-\frac{1}{2}\right)$은 극솟값이자 최솟값이다.

따라서 벡터 $\vec{x}=\begin{pmatrix}1\\-\frac{1}{2}\end{pmatrix}$의 모든 성분의 합은 $\frac{1}{2}$이다.

18 선형대수 ①

$\begin{pmatrix}0\\3\\-1\end{pmatrix}=2\begin{pmatrix}1\\2\\-2\end{pmatrix}-\begin{pmatrix}2\\1\\-3\end{pmatrix}$에서

$$A^3\begin{pmatrix}0\\3\\-1\end{pmatrix}=2A^3\begin{pmatrix}1\\2\\-2\end{pmatrix}-A^3\begin{pmatrix}2\\1\\-3\end{pmatrix}=2\cdot 2^3\begin{pmatrix}1\\2\\-2\end{pmatrix}-3^3\begin{pmatrix}2\\1\\-3\end{pmatrix}$$

$$=\begin{pmatrix}16\\32\\-32\end{pmatrix}-\begin{pmatrix}54\\27\\-81\end{pmatrix}=\begin{pmatrix}-38\\5\\49\end{pmatrix}$$

따라서 모든 성분의 합은 16이다.

19 다변수 미적분 ④

$$\int_0^1 \int_{\sin^{-1}y}^{\frac{\pi}{2}} \cos x \sqrt{3+\cos^2 x}\, dxdy$$

$$= \int_0^{\frac{\pi}{2}} \int_0^{\sin x} \cos x \sqrt{3+\cos^2 x}\, dydx$$

$$= \int_0^{\frac{\pi}{2}} \sin x \cos x \sqrt{3+\cos^2 x}\, dydx$$

$$= \left(-\frac{1}{2}\right)\left(\frac{2}{3}\right)\left[(3+\cos^2 x)^{\frac{3}{2}}\right]_0^{\frac{\pi}{2}}$$

$$= -\frac{1}{3}(3\sqrt{3}-8) = \frac{8}{3} - \sqrt{3}$$

20 다변수 미적분 ③

$\nabla f = (2xe^{x^2-y^2}, -2ye^{x^2-y^2}, 3)$에서

$\nabla f(0, 0, 1) = (0, 0, 3)$이므로

최대변화율은 $M = \| \nabla f(0, 0, 1) \| = 3$

벡터 $\vec{u} = \frac{\vec{v}}{\| \vec{v} \|} = (a, b, c)$라 하면

$\nabla f(0, 0, 1) \cdot \vec{u} = 3c = 1$이고 $a^2+b^2+c^2=1$이다.

그러면 $a^2+b^2 = \frac{8}{9}$인 원의 둘레의 길이 $\frac{4\sqrt{2}}{3}\pi$를

얻는다.

TEST p. 232~238

01	④	02	③	03	①	04	②	05	①
06	③	07	②	08	③	09	④	10	①
11	①	12	②	13	④	14	②	15	②
16	③	17	④	18	①	19	③	20	①

01 선형대수 ④

A는 상삼각행렬이므로 행렬식은 주대각성분들의 곱이다.
즉 $\det(A)=2x$이다.

$\det(2A)=2^5\times 2x=64x$, $\det(A^2)=(2x)^2=4x^2$이므로

$$\det(2A)-\det(A^2)=64x-4x^2=-4(x-8)^2+256$$

따라서 $\det(2A)-\det(A^2)$의 최댓값은 256이다.

02 선형대수 ③

$$A^2=\begin{pmatrix}2&0&1\\4&2&3\\3&0&0\end{pmatrix}\begin{pmatrix}2&0&1\\4&2&3\\3&0&0\end{pmatrix}=\begin{pmatrix}7&0&2\\26&4&10\\6&0&3\end{pmatrix}$$

$$\Rightarrow A^2-A=\begin{pmatrix}5&0&1\\22&2&7\\3&0&3\end{pmatrix}$$

$$\Rightarrow \det(A^2-A)=\begin{vmatrix}5&0&1\\22&2&7\\3&0&3\end{vmatrix}=2(15-3)=24$$

03 미분법 ①

(ⅰ) $\lim\limits_{x\to4}\dfrac{f(x)}{x-4}=2$이므로 $\lim\limits_{x\to4}f(x)=f(4)=0$

(ⅱ) $\lim\limits_{x\to\infty}\dfrac{f(x)}{\sqrt{x^4+x^2+1}}=2$이므로 $f(x)=2x^2+ax+b$

(ⅰ)에 의하여

$$\lim_{x\to4}\frac{f(x)}{x-4}=\lim_{x\to4}\frac{2x^2+ax+b}{x-4}=\lim_{x\to4}(4x+a)\quad(\because \text{ 로피탈 정리})=16+a=2$$

이므로 $a=-14$

그러면 $f(x)=2x^2-14x+b$이고 $f(4)=0$이므로 $b=24$이다.

따라서 $f(x)=2x^2-14x+24=2(x-3)(x-4)$이므로 실근은 3, 4이고 두 실근의 합은 7이다.

04 일반수학 ②

$$\cos(\pi+\theta)-\sin\left(\frac{\pi}{2}+\theta\right)=-\cos\theta-\cos\theta=1$$

$$\Rightarrow \cos\theta=-\frac{1}{2}$$

$\tan\theta>0$이고 $\cos\theta<0$이므로 θ는 제3사분면의 각이다.

$$\sin^2\theta=1-\cos^2\theta=1-\frac{1}{4}=\frac{3}{4}$$

$$\Rightarrow \sin\theta=-\frac{\sqrt{3}}{2}$$

$$\therefore \sin(-\theta)=-\sin\theta=\frac{\sqrt{3}}{2}$$

05 미분법 ①

$\sum\limits_{n=1}^{\infty}(na_n-3)$이 수렴하므로

$\lim\limits_{n\to\infty}(na_n-3)=0$에서 $\lim\limits_{n\to\infty}na_n=3$

$\sum\limits_{n=1}^{\infty}\{(n+1)a_{n+1}-na_n\}$의 부분합은 $S_n=(n+1)a_{n+1}-a_1$

$$\therefore \lim_{n\to\infty}S_n=\lim_{n\to\infty}\{(n+1)a_{n+1}-a_1\}=3-2\quad(\because \lim_{n\to\infty}(n+1)a_{n+1}=3,\ a_1=2)=1$$

06 미분법 ③

$$\lim_{x\to1}\frac{x^{10}+3x-4}{x-1}=\lim_{x\to1}(10x^9+3)=13$$

07 선형대수 ②

$A=\begin{pmatrix}2&1&0\\1&2&0\\0&0&2\end{pmatrix}$의 고유방정식은

$$|A-\lambda I|=\lambda^3-6\lambda^2+11\lambda-6=(\lambda-1)(\lambda-2)(\lambda-3)=0$$

이므로 고유치는 1, 2, 3이고, 각각의 고유치에 대응되는

고유벡터는 $(1, -1, 0)$, $(0, 0, 1)$, $(1, 1, 0)$이다.

따라서 $K=\begin{pmatrix} 1 & 1 & 0 \\ -1 & 1 & 0 \\ 0 & 0 & 1 \end{pmatrix}=\begin{pmatrix} a & 1 & 0 \\ -1 & b & 0 \\ 0 & 0 & 1 \end{pmatrix}$이고

$K^{-1}AK=\begin{pmatrix} 1 & 0 & 0 \\ 0 & 3 & 0 \\ 0 & 0 & 2 \end{pmatrix}=\begin{pmatrix} 1 & 0 & 0 \\ 0 & c & 0 \\ 0 & 0 & d \end{pmatrix}$이다.

$\therefore\ a^2+b^2+c^2+d^2=1+1+9+4=15$

08 선형대수 ③

직선 $y=1$을 원점을 중심으로 시계방향으로 $\frac{\pi}{3}$만큼

회전시키면 직선 l의 기울기는 $\tan\left(-\frac{\pi}{3}\right)=-\sqrt{3}$이고

이때 직선 $y=1$ 위의 점 $(0, 1)=\left(\cos\frac{\pi}{2}, \sin\frac{\pi}{2}\right)$은

$\left(\cos\frac{\pi}{6}, \sin\frac{\pi}{6}\right)=\left(\frac{\sqrt{3}}{2}, \frac{1}{2}\right)$로 이동하게 되므로

직선의 방정식은 $y-\frac{1}{2}=-\sqrt{3}\left(x-\frac{\sqrt{3}}{2}\right)$이고

$y=1$을 대입하면 $x=\frac{1}{\sqrt{3}}=\frac{\sqrt{3}}{3}$이다.

09 선형대수 ④

A는 하삼각행렬이므로 고윳값은 주대각성분과 같다.
즉 $\lambda=2, 1$이다.

A^{-1}의 고윳값은 A의 고윳값의 역수이므로 $\frac{1}{2}, 1$이다

따라서 A^{-1}의 고윳값의 합은 $\frac{3}{2}$이다.

10 선형대수 ①

ㄱ. $(A-B^T)^T=A^T-(B^T)^T=A^T-B$ (거짓)

ㄴ. $(kAB)^{-1}=\frac{1}{k}B^{-1}A^{-1}$ (거짓)

ㄷ. [반례] $A=\begin{pmatrix} 1 & 2 \\ 2 & 1 \end{pmatrix}$, $B=\begin{pmatrix} 1 & 0 \\ 0 & 2 \end{pmatrix}$이라 하면

$BA=\begin{pmatrix} 1 & 2 \\ 4 & 2 \end{pmatrix}$는 대칭행렬이 아니다. (거짓)

ㄹ. $A^T(A+B)B^T=(A^TA)B^T+A^T(BB^T)$
$=B^T+A^T$ ($\because$ A, B는 직교행렬)
$=A^T+B^T$ (참)

11 공학수학 ①

보조방정식 $m^2+2m+2=0$에서 $m=-1\pm i$이다.

따라서 일반해 $y=e^{-x}(c_1\cos x+c_2\sin x)$

$y(0)=2$이므로 $c_1=2$, $y\left(\frac{\pi}{2}\right)=0$이므로 $c_2=0$

따라서 $y=2e^{-x}\cos x \Rightarrow y'=-2e^{-x}\cos x-2e^{-x}\sin x$

$\therefore\ y'(0)=-2$

12 미분법 ②

$f(x)=x^2+2$, $g(x)=2x-4$이라고 하자.

두 점 P와 Q 사이의 최단거리는 접선의 기울기가 평행할 때 얻어진다.

$f'(x)=2x$, $g'(x)=2 \Rightarrow x=1$

점 $P(1, 3)$에서 직선 $2x-y-4=0$까지의 거리는

$d=\frac{|2-3-4|}{\sqrt{2^2+1^2}}=\frac{5}{\sqrt{5}}=\sqrt{5}$

13 적분법 ④

$f(x)=(x^2+2)\int_0^{2x}\cos t\,dt$에서

$f'(x)=2x\int_0^{2x}\cos t\,dt+2(x^2+2)\cos(2x)$이므로

$f'(0)=2\cdot 0\cdot\int_0^0\cos t\,dt+2(0+2)\cos 0$

$\therefore\ f'(0)=4$

14 적분법 ②

$y=-x^2+2x$와 $y=ax$의 교점은

$-x^2+2x=ax \Leftrightarrow x^2+(a-2)x=0$에서 $x=0$, $2-a$

이다.

곡선과 직선 사이의 넓이가

$$S=\int_0^{2-a}(-x^2+2x-ax)\,dx$$
$$=\left[-\frac{x^3}{3}+\frac{(2-a)x^2}{2}\right]_0^{2-a}$$
$$=-\frac{(2-a)^3}{3}+\frac{(2-a)^3}{2}=\frac{(2-a)^3}{6}=\frac{9}{16}$$

이므로 $(2-a)^3=\frac{27}{8}=\left(\frac{3}{2}\right)^3$

$\therefore\ a=\frac{1}{2}$

15 일반수학 ②

동전 A가 선택될 확률 $P(A)=\frac{1}{2}$,

동전 B가 선택될 확률 $P(B)=\frac{1}{2}$,

동전 A를 던졌을 때 앞면이 나올 확률 $P(H|A)=\frac{3}{10}$,

동전 B를 던졌을 때 앞면이 나올 확률 $P(H|B)=\frac{3}{5}$

이라고 하면 앞면이 나올 확률은

$$P(H)=P(H|A)P(A)+P(H|B)P(B)$$
$$=\frac{3}{10}\times\frac{1}{2}+\frac{3}{5}\times\frac{1}{2}=\frac{9}{20}$$

이고 앞면이 나왔을 때 동전 A일 확률은

$$P(A|H)=\frac{P(H|A)P(A)}{P(H)}=\frac{\frac{3}{10}\times\frac{1}{2}}{\frac{9}{20}}=\frac{\frac{3}{20}}{\frac{9}{20}}=\frac{1}{3}$$

16 미분법 ③

$$g'(x-8)=(f^{-1})'(x)=\frac{1}{f'(f^{-1}(x))}$$ 이고,

$f(2)=8 \Leftrightarrow f^{-1}(8)=2$, $f'(x)=3x^2+1$이므로

$$g'(0)=(f^{-1})'(8)=\frac{1}{f'(f^{-1}(8))}=\frac{1}{f'(2)}=\frac{1}{13}$$

17 적분법 ④

영역 $D=\{(x,y)\in\mathbb{R}^2 \mid 0\le x\le 2, 0\le y\le 2\}$의 넓이 $A=4$이고 $y=-x^2+2x+1$과 x축 사이의 넓이는

$$B=\int_0^2(-x^2+2x+1)\,dx=\left[-\frac{x^3}{3}+x^2+x\right]_0^2=\frac{10}{3}$$

이므로 찍힌 점이 $y=-x^2+2x+1$과 x축 사이에 존재할

확률은 $\frac{B}{A}=\frac{\frac{10}{3}}{4}=\frac{10}{12}=\frac{5}{6}$

18 공학수학 ①

$C:\ r(t)=(\cos t, \sin t)$, $0\le t\le\frac{\pi}{2}$이라 하면 선적분은 다음과 같다.

$$\int_C F(r)\cdot dr$$
$$=\int_0^{\frac{\pi}{2}}(-\sin t, -\sin t\cos t)\cdot(-\sin t, \cos t)\,dt$$
$$=\int_0^{\frac{\pi}{2}}(\sin^2 t-\sin t\cos^2 t)\,dt$$
$$=\int_0^{\frac{\pi}{2}}\sin^2 t\,dt-\int_0^{\frac{\pi}{2}}\sin t\cos^2 t\,dt$$
$$=\frac{\pi}{4}+\frac{1}{3}[\cos^3 t]_0^{\frac{\pi}{2}}=\frac{\pi}{4}-\frac{1}{3}$$

19 다변수 미적분 ③

$$V=\int_0^3\int_0^2(4x^2+9y^2)\,dxdy=\int_0^3\left[\frac{4}{3}x^3+9xy^2\right]_0^3 dy$$
$$=\int_0^3(36+27y^2)\,dy=[36y+9y^3]_0^2$$
$$=72+72=144$$

20 공학수학 ①

$$\begin{cases} y_1'-2y_1+3y_2=0 \\ y_2'-y_1+2y_2=0 \end{cases}$$
$$\Leftrightarrow \begin{cases} (D-2)y_1+3y_2=0 \\ -y_1+(D+2)y_2=0 \end{cases}$$
$$\Rightarrow \begin{cases} (D-2)y_1+3y_2=0 \\ -(D-2)y_1+(D+2)(D-2)y_2=0 \end{cases}$$
$$\Rightarrow (D^2-1)y_2=0$$

이므로 $y_2=c_1e^{-t}+c_2e^t$이고

$y_1=y_2'-2y_2=-c_1e^{-t}+c_2e^t-2(c_1e^{-t}+c_2e^t)$이다.

초기 조건 $y_1(0)=1$, $y_2(0)=0$을 대입하면

$-3c_1-c_2=1$, $c_1+c_2=0$이므로 $c_1=-\frac{1}{2}$, $c_2=\frac{1}{2}$

이다.

따라서 $y_2(t)=-\frac{1}{2}e^{-t}+\frac{1}{2}e^t$이다.

$$\therefore\ \int_0^\infty e^{-3t}y_2(t)\,dt=\frac{1}{2}\int_0^\infty(e^{-2t}-e^{-4t})\,dt$$
$$=\frac{1}{2}\left[-\frac{e^{-2t}}{2}+\frac{e^{-4t}}{4}\right]_0^\infty$$
$$=\frac{1}{2}\left(\frac{1}{2}-\frac{1}{4}\right)=\frac{1}{8}$$

TEST p. 240~248

37	④	38	③	39	②	40	③	41	②
42	⑤	43	④	44	④	45	⑤	46	⑤
47	⑤	48	①	49	①	50	③	51	①
52	②	53	③	54	④	55	①	56	④
57	16	58	94	59	35	60	103	61	13

37 일반수학 ④

타원의 성질에 의하여 $a^2=25-9=16 \Leftrightarrow a=4$이므로 초점의 좌표는 $F(4,0)$, $F'(-4,0)$이고 $\overline{PF}+\overline{PF'}=10$이다.

$\overline{AP}-\overline{PF'}=\overline{AP}-(10-\overline{PF})=\overline{AP}+\overline{PF}-10$

점 A, P, F 가 일직선 위에 있을 때 $\overline{AP}+\overline{PF}$ 가 최소가 되고,

$\overline{AF}=\sqrt{(-8-4)^2+(9-0)^2}=\sqrt{144+81}=\sqrt{225}=15$

이므로

$\overline{AP}+\overline{PF}-10 \geq \overline{AF}-10=15-10=5$

38 미분법 ③

$f(x)=\dfrac{1}{\sqrt{4+3x}}=\dfrac{1}{2}\left(1+\dfrac{3}{4}x\right)^{-\frac{1}{2}}$ 이므로 $x=0$에서

테일러급수 전개를 하면

$$f(x)=\frac{1}{2}\sum_{n=0}^{\infty}\binom{-\frac{1}{2}}{n}\left(\frac{3}{4}x\right)^n$$

$$=\frac{1}{2}\left\{1+\binom{-\frac{1}{2}}{1}\left(\frac{3}{4}x\right)+\cdots+\binom{-\frac{1}{2}}{10}\left(\frac{3}{4}x\right)^{10}+\binom{-\frac{1}{2}}{11}\left(\frac{3}{4}x\right)^{11}+\cdots\right\}$$

$$\therefore\ \frac{a_{11}}{a_{10}}=\frac{\frac{1}{2}\binom{-\frac{1}{2}}{11}\left(\frac{3}{4}\right)^{11}}{\frac{1}{2}\binom{-\frac{1}{2}}{10}\left(\frac{3}{4}\right)^{10}}=\frac{-\frac{1}{2}-10}{10+1}\times\frac{3}{4}=-\frac{63}{88}$$

| 참고 | $\dfrac{\binom{a}{b+1}}{\binom{a}{b}}=\dfrac{a-b}{b+1}$

39 다변수 미적분 ②

$\nabla f(1,2)=(a,b)$라고 하자.

$$D_{\vec{u}}f(1,2)=(a,b)\cdot\left(\frac{3}{5},-\frac{4}{5}\right)=\frac{3}{5}a-\frac{4}{5}b=\frac{26}{5}$$

$\Rightarrow 3a-4b=26$ …… ㉠

$$D_{\vec{v}}f(1,2)=(a,b)\cdot\left(-\frac{12}{13},\frac{5}{13}\right)=-\frac{12}{13}a+\frac{5}{13}b=-\frac{82}{13}$$

$\Rightarrow -12a+5b=-82$ …… ㉡

㉠, ㉡을 연립하면 $a=6$, $b=-2$이므로

$\|\nabla f(1,2)\|^2=6^2+(-2)^2=40$이다.

따라서 접평면의 방정식은 $6x-2y-z=5$이고

점 $(3,5,3)$을 지나므로 $z=f(1,2)=-3$이다.

$\therefore\ \|\nabla f(1,2)\|^2+f(1,2)=40-3=37$

40 적분법 ③

(i) $f(x)\displaystyle\int_0^x f(t)\,dt=e^x+3x-1$의 양변을 x에 대하여 미분하면

$$f'(x)\int_0^x f(t)dt+f(x)^2=e^x+3$$

$x=0$을 대입하면 $f(0)^2=4$

(ii) $f(x)\displaystyle\int_0^x f(t)dt=e^x+3x-1$에서 양변을 적분하면

$$\frac{1}{2}\left(\int_0^x f(t)\,dt\right)^2=e^x+\frac{3}{2}x^2-x+C$$

$x=0$일 때 $0=1+C \Rightarrow C=-1$이므로

$$\left(\int_0^x f(t)\,dt\right)^2=2\left(e^x+\frac{3}{2}x^2-x-1\right)$$

$x=2$를 대입하면

$$\left(\int_0^2 f(x)\,dx\right)^2=2\left(e^2+\frac{3}{2}(2)^2-2-1\right)=2e^2+6$$

(i), (ii)에 의하여

$$f(0)^2+\left\{\int_0^2 f(x)\,dx\right\}^2=4+2e^2+6=2e^2+10$$

41 다변수 미적분 ②

$0 \le y \le 1,\ y^{\frac{1}{3}} \le x \le 1 \Leftrightarrow 0 \le x \le 1,$

$0 \le y \le x^3$이므로

$$\int_0^1 \int_{y^{1/3}}^1 \cos(\pi x^2)\,dxdy$$

$$= \int_0^1 \int_0^{x^3} \cos(\pi x^2)\,dydx$$

$$= \int_0^1 x^3 \cos(\pi x^2)\,dx$$

$$= \int_0^1 \frac{1}{2} t\cos(\pi t)\,dt \qquad (\because\ x^2 = t\text{라고 치환})$$

$$= \frac{1}{2}\left[t\left(\frac{1}{\pi}\sin(\pi t)\right) + \frac{1}{\pi^2}\cos(\pi t)\right]_0^1$$

$$= \frac{1}{2}\left\{-\frac{1}{\pi^2} - \frac{1}{\pi^2}\right\} = -\frac{1}{\pi^2}$$

42 다변수 미적분 ⑤

ㄱ. $\displaystyle\sum_{n=1}^{\infty} \frac{n^2+n+3}{n^3\{\ln(n+2)\}^2} < \sum_{n=2}^{\infty} \frac{3n^2}{n^3\{\ln n\}^2} = 3\sum_{n=2}^{\infty}\frac{1}{n(\ln n)^2}$

이고 $\displaystyle\sum_{n=2}^{\infty}\frac{1}{n(\ln n)^2}$은 적분판정법에 의하여 수렴한다.

따라서 비교판정법에 의하여 $\displaystyle\sum_{n=1}^{\infty} \frac{n^2+n+3}{n^3\{\ln(n+2)\}^2}$도 수렴한다.

ㄴ. $a_n = \dfrac{2^n n!}{(n+1)^n}$이라 할 때

$$\lim_{n\to\infty}\frac{a_{n+1}}{a_n} = \lim_{n\to\infty}\frac{2^{n+1}(n+1)!}{(n+2)^{n+1}}\cdot\frac{(n+1)^n}{2^n n!}$$

$$= \lim_{n\to\infty}\frac{2(n+1)(n+1)^n}{(n+2)^n(n+2)}$$

$$= 2\lim_{n\to\infty}\left(1-\frac{1}{n+2}\right)^n = \frac{2}{e} < 1$$

이므로 비율판정법에 의하여 $\displaystyle\sum_{n=1}^{\infty}\frac{2^n n!}{(n+1)^n}$이 수렴한다.

ㄷ. $\displaystyle\lim_{n\to\infty}\frac{2-n\sin\left(\frac{2}{n}\right)}{\frac{1}{n^2}}$

$$= \lim_{x\to 0}\frac{2x - \sin(2x)}{x^3} \qquad \left(\because\ \frac{1}{n} = x\text{라고 치환}\right)$$

$$= \lim_{x\to 0}\frac{2x - \left\{(2x) - \frac{1}{3!}(2x)^3 + \cdots\right\}}{x^3}$$

$$= \lim_{x\to 0}\frac{\frac{8}{6}x^3 + \cdots}{x^3} = \frac{4}{3}$$

이고 $\displaystyle\sum_{n=1}^{\infty}\frac{1}{n^2}$이 수렴하므로 극한비교판정법에 의하여

$\displaystyle\sum_{n=1}^{\infty}\left(2-n\sin\left(\frac{2}{n}\right)\right)$이 수렴한다.

43 공학수학 ④

곡선 C는

$r(t) = <3\cos t, \sin t> \ (0 \le t \le 2\pi) \Leftrightarrow \dfrac{x^2}{9} + y^2 = 1$

이므로 단순 폐곡선이며 곡선 C로 둘러싸인 영역을 D라고 할 때, 영역 D에서 벡터장

$F(x, y) = (e^x + xy, \sin y + x)$이 해석적이므로

그린정리에 의하여

$$\int_C F \cdot dr = \iint_D (1-x)\,dA$$

$$= \iint_D dA - \iint_D x\,dA = 3\pi$$

($\because$ $\displaystyle\iint_D dA$ = 영역 D의 넓이 $= 3\pi$,

$\displaystyle\iint_D x\,dA$ = (무게중심의 x좌표) × (영역 D의 넓이)

$= 0 \times 3\pi = 0$)

44 선형대수 ④

$A^3 = B^2 \Leftrightarrow \det(A^3) = \det(B^2)$

$\Leftrightarrow \{\det(A)\}^3 = \{\det(B)\}^2 = (27)^2 = 3^6$

이므로 $\det(A) = 9$이다.

($\therefore$ $\det(2A^TBA^{-1}B^{-1}A)$

$= 2^3\det(A)\det(B)\dfrac{1}{\det(A)}\dfrac{1}{\det(B)}\det(A)$

$= 2^3\det(A) = 72$)

45 선형대수 ⑤

ㄱ. A가 대칭행렬 $\Leftrightarrow A^T = A$이므로

$\begin{cases} a = a+b \Rightarrow b = 0 \\ 4 = c+2 \Rightarrow c = 2 \\ a+b = c \Rightarrow a = 2 \end{cases}$ 이다.

$B = \begin{pmatrix} 0 & 2 & -2 \\ -2 & 0 & 1 \\ 2 & -1 & 0 \end{pmatrix}$에서 $B^T = -B$이므로 B는 반대칭행렬이다.(참)

ㄴ. $A = \begin{pmatrix} 1 & 2 & 3 \\ 0 & -1 & 3 \\ 0 & 0 & 2 \end{pmatrix}$라 하면 A는 상삼각행렬이므로

고윳값은 1, −1, 2이다.

$\begin{pmatrix} 1 & 2 & 3 \\ 0 & -1 & 3 \\ 0 & 0 & 2 \end{pmatrix}\begin{pmatrix} 5 \\ 1 \\ 1 \end{pmatrix} = \begin{pmatrix} 10 \\ 2 \\ 2 \end{pmatrix} = 2\begin{pmatrix} 5 \\ 1 \\ 1 \end{pmatrix}$이므로

$\begin{pmatrix} 5 \\ 1 \\ 1 \end{pmatrix}$는 고윳값 2에 대응되는 고유벡터이다.(참)

ㄷ. $tr(A) = 3 - 5 = -2$이므로

$\lambda = 1$이 고윳값이면 $\lambda = -3$도 고윳값이다. (참)

ㄹ. $\begin{vmatrix} 1-\lambda & 0 & -2 \\ 0 & 5-\lambda & 0 \\ -2 & 0 & 4-\lambda \end{vmatrix}$

$= (5-\lambda)(\lambda^2 - 5\lambda) = \lambda(5-\lambda)(\lambda - 5)$

이므로 고유치는 0, 5(중근)이다.

$\lambda = 5$일 때 대수적 중복도=기하적 중복도=2이므로

$\begin{pmatrix} 1 & 0 & -2 \\ 0 & 5 & 0 \\ -2 & 0 & 4 \end{pmatrix}$은 대각화 가능하다. 그러므로

$\begin{pmatrix} 1 & 0 & -2 \\ 0 & 5 & 0 \\ -2 & 0 & 4 \end{pmatrix}$과 $\begin{pmatrix} 0 & 0 & 0 \\ 0 & 5 & 0 \\ 0 & 0 & 5 \end{pmatrix}$는 닮은 행렬이다. (참)

46 선형대수 ⑤

$\overrightarrow{u_1} = (2, 1, 1)$과 $\overrightarrow{u_2} = (-1, 2, 3)$이므로

$\overrightarrow{u_1} \times \overrightarrow{u_2} = \begin{vmatrix} \vec{i} & \vec{j} & \vec{k} \\ 2 & 1 & 1 \\ -1 & 2 & 3 \end{vmatrix} = \vec{i} - 7\vec{j} + 5\vec{k}$이고

$|a_1 b_2 - a_2 b_1| = \dfrac{\| \overrightarrow{u_1} \times \overrightarrow{u_2} \|}{\| \overrightarrow{v_1} \| \, \| \overrightarrow{v_2} \|} = \dfrac{\sqrt{1+49+25}}{\frac{5}{3} \times \frac{1}{3}} = 9\sqrt{3}$

이다.

47 선형대수 ⑤

$\left(\begin{array}{cccc|c} 2 & 1 & 0 & 4 & 2 \\ 2 & 1 & 1 & 2 & 3 \\ 4 & 2 & 3 & 2 & r \end{array}\right) \sim \left(\begin{array}{cccc|c} 2 & 1 & 0 & 4 & 2 \\ 0 & 0 & 1 & -2 & 1 \\ 0 & 0 & 0 & 0 & r-7 \end{array}\right)$이므로

$rank(A) = 2$이고 $r = 7$일 때 $A\vec{v} = \begin{pmatrix} 2 \\ 3 \\ r \end{pmatrix}$을 만족하는 벡터 $\vec{v}$가 존재한다.

$\therefore\ rank(A) \times r = 2 \times 7 = 14$

48 선형대수 ①

$A = \begin{pmatrix} 1 & 1 \\ 0 & -1 \\ 2 & 0 \\ 1 & 1 \end{pmatrix}$의 열벡터를 $\vec{u} = \begin{pmatrix} 1 \\ 0 \\ 2 \\ 1 \end{pmatrix}$, $\vec{w} = \begin{pmatrix} 1 \\ -1 \\ 0 \\ 1 \end{pmatrix}$이라 할 때, 그램 − 슈미트에 의하여

$\vec{u}\,' = \begin{pmatrix} 1 \\ 0 \\ 2 \\ 1 \end{pmatrix}$,

$\vec{w}\,' = \vec{w} - proj_{\vec{u}\,'}\vec{w} = \vec{w} - \dfrac{\vec{u} \cdot \vec{w}}{\vec{u} \cdot \vec{u}}\vec{u}$

$= \begin{pmatrix} 1 \\ -1 \\ 0 \\ 1 \end{pmatrix} - \dfrac{2}{6}\begin{pmatrix} 1 \\ 0 \\ 2 \\ 1 \end{pmatrix} = \dfrac{1}{3}\begin{pmatrix} 2 \\ -3 \\ -2 \\ 2 \end{pmatrix}$

이므로

$proj_V \vec{a} = proj_{\vec{u}\,'}\vec{a} + proj_{\vec{w}\,'}\vec{a}$

$= \dfrac{-1}{6}\begin{pmatrix} 1 \\ 0 \\ 2 \\ 1 \end{pmatrix} + \dfrac{-\frac{2}{3}}{\frac{21}{9}} \cdot \dfrac{1}{3}\begin{pmatrix} 2 \\ -3 \\ -2 \\ 2 \end{pmatrix}$

$= \dfrac{-1}{6}\begin{pmatrix} 1 \\ 0 \\ 2 \\ 1 \end{pmatrix} - \dfrac{2}{21}\begin{pmatrix} 2 \\ -3 \\ -2 \\ 2 \end{pmatrix} = \dfrac{1}{14}\begin{pmatrix} -5 \\ 4 \\ -2 \\ -5 \end{pmatrix}$

49 선형대수 ①

고윳값이 1, −1, 2인 3×3행렬 A에 대하여

행렬 $B = A^3 - 5A^2$의 고윳값은 −4, −6, −12이다.

그러므로 $\det(B) = (-4) \times (-6) \times (-12) = -288$이다.

50 선형대수 ③

$A = \begin{pmatrix} 1 & 1 & -1 \\ 1 & 1 & -1 \end{pmatrix}$일 때

$A^T A = \begin{pmatrix} 1 & 1 \\ 1 & 1 \\ -1 & -1 \end{pmatrix}\begin{pmatrix} 1 & 1 & -1 \\ 1 & 1 & -1 \end{pmatrix} = \begin{pmatrix} 2 & 2 & -2 \\ 2 & 2 & -2 \\ -2 & -2 & 2 \end{pmatrix}$

이므로

$|A^T A - \lambda I| = \begin{vmatrix} 2-\lambda & 2 & -2 \\ 2 & 2-\lambda & -2 \\ -2 & -2 & 2-\lambda \end{vmatrix}$

$= -\lambda(\lambda^2 - 6\lambda) = -\lambda^2(\lambda - 6)$

따라서 $\lambda = 6$, $\lambda = 0$(중근)을 갖는다.

(i) $\lambda = 6$일 때

$\begin{pmatrix} -4 & 2 & -2 \\ 2 & -4 & -2 \\ -2 & -2 & -4 \end{pmatrix}\begin{pmatrix} x \\ y \\ z \end{pmatrix} = \begin{pmatrix} 0 \\ 0 \\ 0 \end{pmatrix}$

$\Rightarrow \begin{pmatrix} 2 & -1 & 1 \\ 0 & 1 & 1 \\ 0 & 0 & 0 \end{pmatrix}\begin{pmatrix} x \\ y \\ z \end{pmatrix} = \begin{pmatrix} 0 \\ 0 \\ 0 \end{pmatrix}$

이므로 고유벡터는 $\begin{pmatrix} 1 \\ 1 \\ -1 \end{pmatrix}$과 평행이다.

(ii) $\lambda = 0$일 때

$\begin{pmatrix} 2 & 2 & -2 \\ 2 & 2 & -2 \\ -2 & -2 & 2 \end{pmatrix}\begin{pmatrix} x \\ y \\ z \end{pmatrix} = \begin{pmatrix} 0 \\ 0 \\ 0 \end{pmatrix}$

$$\Rightarrow \begin{pmatrix}1&1&-1\\0&0&0\\0&0&0\end{pmatrix}\begin{pmatrix}x\\y\\z\end{pmatrix}=\begin{pmatrix}0\\0\\0\end{pmatrix}$$

이므로 고유벡터는 $\begin{pmatrix}1\\-1\\0\end{pmatrix}$과 $\begin{pmatrix}1\\1\\2\end{pmatrix}$에 평행이다.

따라서 $\begin{pmatrix}\sqrt{6}&\sigma_{12}&\sigma_{13}\\\sigma_{21}&0&\sigma_{23}\end{pmatrix}=\begin{pmatrix}\sqrt{6}&0&0\\0&0&0\end{pmatrix}$이고

$$\begin{pmatrix}\frac{1}{\sqrt{3}}&v_{12}&v_{13}\\v_{21}&-\frac{1}{\sqrt{2}}&v_{23}\\v_{31}&0&\frac{2}{\sqrt{6}}\end{pmatrix}^T=\begin{pmatrix}\frac{1}{\sqrt{3}}&\frac{1}{\sqrt{2}}&\frac{1}{\sqrt{6}}\\\frac{1}{\sqrt{3}}&-\frac{1}{\sqrt{2}}&\frac{1}{\sqrt{6}}\\-\frac{1}{\sqrt{3}}&0&\frac{2}{\sqrt{6}}\end{pmatrix}^T$$이

다. 또한

$$\begin{pmatrix}u_{11}\\u_{21}\end{pmatrix}=\frac{1}{\sigma_1}A\begin{pmatrix}v_{11}\\v_{21}\\v_{31}\end{pmatrix}$$

$$=\frac{1}{\sqrt{6}}\begin{pmatrix}1&1&-1\\1&1&-1\end{pmatrix}\frac{1}{\sqrt{3}}\begin{pmatrix}1\\1\\-1\end{pmatrix}$$

$$=\frac{1}{\sqrt{18}}\begin{pmatrix}3\\3\end{pmatrix}=\frac{1}{\sqrt{2}}\begin{pmatrix}1\\1\end{pmatrix}$$

이다. 그러므로 $u_{11}=\frac{1}{\sqrt{2}}$, $\sigma_{12}=0$, $\sigma_{13}=0$, $\sigma_{21}=0$,

$\sigma_{23}=0$, $v_{12}=\frac{1}{\sqrt{2}}$, $v_{23}=\frac{1}{\sqrt{6}}$, $v_{31}=-\frac{1}{\sqrt{3}}$이고

$$u_{11}^2+(\sigma_{12}^2+\sigma_{13}^2+\sigma_{21}^2+\sigma_{23}^2)+(v_{12}^2+v_{23}^2+v_{31}^2)$$

$$=\frac{1}{2}+0+\frac{1}{2}+\frac{1}{6}+\frac{1}{3}=1+\frac{1}{2}=\frac{3}{2}$$이다.

51 공학수학 ①

$$f(t)=\mathcal{L}^{-1}\left\{\frac{s-1}{(s+2)^2}\right\}$$

$$=e^{-2t}\mathcal{L}^{-1}\left\{\frac{s-3}{s^2}\right\}$$

$$=e^{-2t}\mathcal{L}^{-1}\left\{\frac{1}{s}-\frac{3}{s^2}\right\}=e^{-2t}(1-3t)$$

이므로 $f(1)=-2e^{-2}$이다.

52 공학수학 ②

(ⅰ) 제차 미분방정식 $y''+5y'+4y=0$의 보조방정식이 $t^2+5t+4=0 \Leftrightarrow (t+1)(t+4)=0$이므로 일반해는 $y=c_1e^{-t}+c_2e^{-4t}$이다.

(ⅱ) 역연산자에 의하여

$$y_p=\frac{1}{(D+1)(D+4)}\{6e^{-t}\}=2te^{-t}$$이다.

(ⅰ), (ⅱ)에 의하여 일반해는

$y=c_1e^{-t}+c_2e^{-4t}+2te^{-t}$이고

초기조건 $y(0)=2$, $y'(0)=3$을 대입하면

$c_1=3$, $c_2=-1$이므로 $y=3e^{-t}-e^{-4t}+2te^{-t}$이다.

그러므로 $y(1)=5e^{-1}-e^{-4}$이다.

53 공학수학 ③

제차 코시-오일러 미분방정식 $x^2y''-15xy+68y=0$의 보조방정식이

$$t(t-1)-15t+68=0 \Leftrightarrow t^2-16t+68=0$$
$$\Rightarrow t=8\pm 2i$$

이므로 일반해는

$y=x^8\{c_1\cos(2\ln x)+c_2\sin(2\ln x)\}$이다.

초기조건 $y(1)=3$, $y'(1)=30$을 대입하면 $c_1=3$, $c_2=3$이므로

$y=x^8\{3\cos(2\ln x)+3\sin(2\ln x)\}$이다.

$$\therefore\ y(e^{\frac{\pi}{8}})=e^{\pi}(3\cos(2\ln e^{\frac{\pi}{8}})+3\sin(2\ln e^{\frac{\pi}{8}}))=3\sqrt{2}e^{\pi}$$

54 공학수학 ④

$$\begin{cases}x'(t)=x(t)+y(t)\\y'(t)=-x(t)+y(t)\end{cases} \Leftrightarrow \begin{cases}(D-1)x-y=0\\x+(D-1)y=0\end{cases}$$

$$\Leftrightarrow \begin{cases}(D-1)^2x-(D-1)y=0\\x+(D-1)y=0\end{cases}$$

$$\Rightarrow (D^2-2D+2)x=0$$

따라서 $x(t)=e^t\{c_1\cos t+c_2\sin t\}$이고

$$y(t)=x'(t)-x(t)$$
$$=e^t\{c_1\cos t+c_2\sin t\}+e^t\{-c_1\sin t+c_2\cos t\}-e^t\{c_1\cos t+c_2\sin t\}$$
$$=e^t\{-c_1\sin t+c_2\cos t\}$$

이므로 초기조건 $\begin{pmatrix}x(0)\\y(0)\end{pmatrix}=\begin{pmatrix}2\\4\end{pmatrix}$을 대입하면 $c_1=2$이고 $c_2=4$이다.

그러므로 $x(t)=e^t\{2\cos t+4\sin t\}$이고

$x(\pi)=-2e^{\pi}$이다.

55 공학수학 ①

제차방정식 $y''+y=0$의 보조방정식이 $t^2+1=0$이므로 일반해는 $y_c=c_1\cos x+c_2\sin x$이다.

$y_1=\cos x$, $y_2=\sin x$이라 할 때

$$W(x)=\begin{vmatrix}\cos x&\sin x\\-\sin x&\cos x\end{vmatrix}=1,$$

$$W_1R(x)=\begin{vmatrix}0&\sin x\\\sec x&\cos x\end{vmatrix}=-\tan x,$$

$W_2R(x) = \begin{vmatrix} \cos x & 0 \\ -\sin x & \sec x \end{vmatrix} = 1$이므로

$y_p = \cos x \int \frac{-\tan x}{1}\, dx + \sin x \int \frac{1}{1}\, dx$

$= \cos x \ln(\cos x) + x \sin x$이다.

미분방정식 $y'' + y = \sec x$의 일반해는

$y = c_1 \cos x + c_2 \sin x + \cos x \ln(\cos x) + x \sin x$이고

초기조건 $y(0) = \ln 2$, $y\left(\frac{\pi}{3}\right) = \frac{\sqrt{3}}{6}\pi$을 대입하면

$c_1 = \ln 2$, $c_2 = 0$이므로

$y = (\ln 2)\cos x + \cos x \ln(\cos x) + x \sin x$이다.

그러므로 $y\left(\frac{\pi}{4}\right) = \frac{\sqrt{2}}{4}\ln 2 + \frac{\sqrt{2}}{8}\pi$이다.

56 공학수학 ④

$y_1 = \frac{1}{x-1}$이 주어진 미분방정식의 해이므로

차수축소법에 의해

$$y_2 = \frac{1}{x-1}\int (x-1)^2 e^{-\int \frac{3x-1}{x^2-x}dx}\, dx$$

$$= \frac{1}{x-1}\int (x-1)^2 e^{-\int\left(\frac{1}{x}+\frac{2}{x-1}\right)dx}\, dx$$

$$= \frac{1}{x-1}\int (x-1)^2 e^{-\ln(x(x-1)^2)}\, dx$$

$$= \frac{1}{x-1}\int (x-1)^2 \cdot \frac{1}{x(x-1)^2}\, dx$$

$$= \frac{1}{x-1}\int \frac{1}{x}\, dx = \frac{\ln x}{x-1}$$ 이므로

$y = \frac{c_1}{x-1} + \frac{c_2 \ln x}{x-1} = \frac{1}{x-1}(c_1 + c_2 \ln x)$,

$y' = -\frac{1}{(x-1)^2}(c_1 + c_2 \ln x) + \frac{c_2}{x(x-1)}$이다.

초기조건 $y\left(\frac{1}{2}\right) = 0$, $y'\left(\frac{1}{2}\right) = -12$에서

$c_1 = c_2 \ln 2$, $-c_1 + c_2(\ln 2 - 1) = -3$이므로

$c_1 = 3\ln 2$, $c_2 = 3$이다.

따라서

$$y(x) = \frac{1}{x-1}(3\ln 2 + 3\ln x)$$

$$\Rightarrow y\left(\frac{1}{4}\right) = \frac{1}{\frac{1}{4}-1}\left(3\ln 2 + 3\ln \frac{1}{4}\right)$$

$$= -\frac{4}{3}(3\ln 2 - 6\ln 2) = 4\ln 2$$

57 다변수 미적분 16

$u = xy$, $v = yz$, $w = zx$로 변수변환하면

$$|J| = \frac{1}{\left\| \begin{matrix} y & x & 0 \\ 0 & z & y \\ z & 0 & x \end{matrix} \right\|} = \frac{1}{2\sqrt{uvw}}$$ 이고

$1 \le u \le 4$, $4 \le v \le 16$, $1 \le w \le 9$이다.

$$V = \iiint_T 1\, dxdydz$$

$$= \frac{1}{2}\int_1^4 \int_4^{16} \int_1^9 (uvw)^{-\frac{1}{2}}\, dudvdw$$

$$= \frac{1}{2}\int_1^4 u^{-\frac{1}{2}} du \int_4^{16} v^{-\frac{1}{2}} dv \int_1^9 w^{-\frac{1}{2}} dw$$

$$= 4\left[u^{\frac{1}{2}}\right]_1^4 \left[v^{\frac{1}{2}}\right]_4^{16} \left[w^{\frac{1}{2}}\right]_1^9$$

$$= 4(2-1)(4-2)(3-1) = 16$$

58 적분법 94

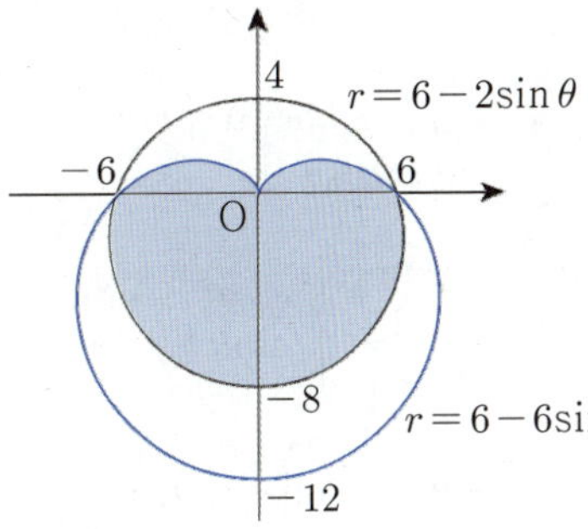

극곡선 $r = 6 - 6\sin\theta$과 $r = 6 - 2\sin\theta$를 연립하면

$6 - 6\sin\theta = 6 - 2\sin\theta \Leftrightarrow \sin\theta = 0$이므로 $\theta = 0$과

$\theta = \pi$이고 그래프를 그려보면 위와 같다.

따라서 곡선 $r = 6 - 6\sin\theta$의 내부와 곡선

$r = 6 - 2\sin\theta$의 내부에 공통으로 포함되는 부분의

넓이를 A라고 하면

$$A = \left\{ \frac{1}{2}\int_0^{\frac{\pi}{2}} (6 - 6\sin\theta)^2 d\theta + \frac{1}{2}\int_\pi^{\frac{3}{2}\pi} (6 - 2\sin\theta)^2 d\theta \right\} \times 2$$

$$= \int_0^{\frac{\pi}{2}} 36 - 72\sin\theta + 36\sin^2\theta\, d\theta$$

$$+ \int_\pi^{\frac{3}{2}\pi} 36 - 24\sin\theta + 4\sin^2\theta\, d\theta$$

$$= 36 \times \frac{\pi}{2} - 72 + 36 \times \frac{\pi}{4} + 36 \times \frac{\pi}{2} - 24 \times (-1) + 4 \times \frac{\pi}{4}$$

$$= 46\pi - 48$$

따라서 $a = 46$, $b = 48$이고 $a + b = 94$이다.

59 공학수학 35

$y' + \frac{4}{x}y = 3y^2$ 에서 $u = y^{-1}$으로 치환하면

$u' - \frac{4}{x}u = -3$는 일계선형미분방정식이므로

$$u = e^{\int \frac{4}{x} dx}\left[\int (-3)e^{-\int \frac{4}{x} dx} dx + C\right]$$

$$= e^{4\ln x}\left[\int (-3)e^{-4\ln x} dx + C\right]$$

$$= x^4\left[\int -\frac{3}{x^4} dx + C\right]$$

$$= x^4(x^{-3} + C) = x + Cx^4$$

$$\Rightarrow \ y = \frac{1}{x + Cx^4}$$

초기조건 $y(1) = \frac{1}{3}$에서 $C = 2$

따라서 $y(x) = \frac{1}{x + 2x^4} \ \Rightarrow \ y(2) = \frac{1}{34}$

$\therefore \ p + q = 35$

60 선형대수 103

$$A = \begin{pmatrix} 1 & -1 \\ 1 & 1 \end{pmatrix}\begin{pmatrix} \cos\theta & -\sin\theta \\ \sin\theta & \cos\theta \end{pmatrix}$$

$$= \sqrt{2}\begin{pmatrix} \cos\frac{\pi}{4} & -\sin\frac{\pi}{4} \\ \sin\frac{\pi}{4} & \cos\frac{\pi}{4} \end{pmatrix}\begin{pmatrix} \cos\theta & -\sin\theta \\ \sin\theta & \cos\theta \end{pmatrix}$$

$$= \sqrt{2}\begin{pmatrix} \cos\left(\frac{\pi}{4}+\theta\right) & -\sin\left(\frac{\pi}{4}+\theta\right) \\ \sin\left(\frac{\pi}{4}+\theta\right) & \cos\left(\frac{\pi}{4}+\theta\right) \end{pmatrix}$$ 이므로

$$\phi_A{}^{25}(v) = 2^{\frac{25}{2}}\begin{pmatrix} \cos\left(\frac{\pi}{4}+\theta\right) & -\sin\left(\frac{\pi}{4}+\theta\right) \\ \sin\left(\frac{\pi}{4}+\theta\right) & \cos\left(\frac{\pi}{4}+\theta\right) \end{pmatrix}^{25} v$$

$$= 2^{\frac{25}{2}}\begin{pmatrix} \cos\left(\frac{25\pi}{4}+25\theta\right) & -\sin\left(\frac{25\pi}{4}+25\theta\right) \\ \sin\left(\frac{25\pi}{4}+25\theta\right) & \cos\left(\frac{25\pi}{4}+25\theta\right) \end{pmatrix} v$$

x축 위의 모든 점을 x축 위의 점으로 보낼 때 회전각은 $n\pi$이므로

$$\frac{25\pi}{4} + 25\theta = n\pi \ \Leftrightarrow \ \frac{\pi}{4} + 25\theta = n\pi$$

$$\Leftrightarrow \ \theta = \frac{1}{25}\left(n - \frac{1}{4}\right)\pi$$

를 만족한다. 그러므로 양수 θ의 최솟값은

$\theta = \frac{1}{25}\left(1 - \frac{1}{4}\right)\pi = \frac{3}{100}\pi$이고 $p + q = 103$이다.

61 공학수학 13

시각 t에서 소금의 양을 y라고 할 때,

조건에 의하여 $y(0) = 2$이고 $y' = 0.3 - \frac{2}{10+t}y$를 만족한다.

또한 $y' = 0.3 - \frac{2}{10+t}y \ \Leftrightarrow \ y' + \frac{2}{10+t}y = 0.3$은

일계선형미분방정식이므로 일반해는

$$y = e^{-\int \frac{2}{10+t} dt}\left\{\int \frac{3}{10}e^{\int \frac{2}{10+t} dt} dt + c\right\}$$

$$= e^{-2\ln(t+10)}\left\{\int \frac{3}{10}e^{2\ln(t+10)} dt + c\right\}$$

$$= \frac{1}{(t+10)^2}\left\{\frac{1}{10}(t+10)^3 + c\right\}$$ 이다.

초기조건 $y(0) = 2$을 대입하면 $c = 100$이므로

$y = \frac{1}{10}(t+10) + \frac{100}{(t+10)^2}$이다.

따라서 수조의 물이 20L가 되는 순간 소금의 양은

$y(10) = \frac{9}{4}$이고 $p + q = 13$이다.

TEST p. 250~255

26	③	27	①	28	③	29	①	30	③
31	④	32	④	33	④	34	②	35	④
36	②	37	③	38	④	39	②	40	②

26 적분법 ③

① 로피탈의 정리에 의하여

$$\lim_{x\to0}\frac{\int_0^{2x}\sin(\tan t)dt}{2x^2}=\lim_{x\to0}\frac{2\sin(\tan(2x))}{4x}$$

$$=\lim_{x\to0}\frac{2\cos(\tan(2x))\sec^2(2x)}{2}=1$$

② $\frac{dy}{dx}=x^{\sin x}(\sin x\ln x)'=x^{\sin x}(\cos x\ln x+\frac{\sin x}{x})$

$$\Rightarrow \left.\frac{dy}{dx}\right|_{x=\frac{\pi}{2}}=\frac{\pi}{2}\times\frac{2}{\pi}=1$$

③ 로피탈의 정리에 의하여

$$\lim_{x\to\infty}(e^x+x)^{\frac{1}{x}}=\lim_{x\to\infty}e^{\frac{\ln(e^x+x)}{x}}=\lim_{x\to\infty}e^{\frac{e^x+1}{e^x+x}}=e$$

④ $\sqrt{x}=t$로 치환하면

$$\frac{1}{2}\int_0^{\frac{\pi^2}{4}}\frac{\cos(\sqrt{x})}{\sqrt{x}}dx=\int_0^{\frac{\pi}{2}}\cos t dt$$

$$=[\sin t]_0^{\frac{\pi}{2}}=1$$

27 적분법 ①

$$\lim_{n\to\infty}\sum_{k=1}^{n}\frac{1}{2\sqrt{nk}+k}$$

$$=\lim_{n\to\infty}\sum_{k=1}^{n}\frac{1}{2\sqrt{\frac{k}{n}}+\frac{k}{n}}\frac{1}{n}\quad(\because\ \text{분자, 분모 } n\text{으로 나눔})$$

$$=\int_0^1\frac{1}{2\sqrt{x}+x}dx$$

$$=\int_0^1\frac{2t}{2t+t^2}dt\quad(\because\ \sqrt{x}=t\text{로 치환})$$

$$=\int_0^1\frac{2}{2+t}dt=2[\ln(t+2)]_0^1$$

$$=2(\ln3-\ln2)=2\ln\frac{3}{2}$$

28 미분법 ③

① $\sum_{n=1}^{\infty}\frac{n}{2^n}=\frac{\frac{1}{2}}{\left(1-\frac{1}{2}\right)^2}=2$

② $\sum_{n=0}^{\infty}\frac{(-1)^n}{2n+1}=\tan^{-1}1=\frac{\pi}{4}<1$

③ $\sum_{n=0}^{\infty}\frac{1}{n!}=e$

④ $\sum_{n=0}^{\infty}\frac{(-1)^n}{n+1}=\ln(1+1)=\ln2<1$

29 선형대수 ①

$A=\begin{pmatrix}1&1&3\\1&-2&6\\1&-3&a\end{pmatrix}$라 하면 $\det(A)=-3a+21$이다.

주어진 선형계가 유일한 해를 가지기 위해서는 $\det(A)\neq0$이어야 한다.

따라서 $a\neq7$이다.

30 선형대수 ③

행렬 A는 직교행렬이므로

$$A^{-1}=A^T=\begin{bmatrix}\frac{1}{2}&\frac{1}{2}&\frac{1}{2}&\frac{1}{2}\\\frac{1}{2}&\frac{1}{2}&-\frac{1}{2}&-\frac{1}{2}\\\frac{1}{2}&-\frac{1}{2}&\frac{1}{2}&-\frac{1}{2}\\\frac{1}{2}&-\frac{1}{2}&-\frac{1}{2}&\frac{1}{2}\end{bmatrix}\text{이고}$$

$$\det(A^{-1})=\det(A^T)=\begin{vmatrix}\frac{1}{2}&\frac{1}{2}&\frac{1}{2}&\frac{1}{2}\\0&0&-1&-1\\0&-1&0&-1\\0&-1&-1&0\end{vmatrix}$$

$$=\begin{vmatrix}\frac{1}{2}&\frac{1}{2}&\frac{1}{2}&\frac{1}{2}\\0&0&-1&-1\\0&-1&0&-1\\0&0&-1&1\end{vmatrix}=\frac{1}{2}\begin{vmatrix}0&-1&-1\\-1&0&-1\\0&-1&1\end{vmatrix}$$

$$=\frac{1}{2}(-2)=-1$$

따라서 A^{-1}의 모든 성분의 합은 2이고

$\det(A^{-1})=-1$

31 적분법 ④

④에서 $r^2 = \cos 2\theta$는 $\cos 2\theta \geq 0$이어야 하므로

$-\frac{\pi}{4}+n\pi \leq \theta \leq \frac{\pi}{4}+n\pi$ 범위에서 그려진다.

$r^2 = -\cos 2\theta$는 $\cos 2\theta \leq 0$이어야 하므로

$\frac{\pi}{4}+n\pi \leq \theta \leq \frac{3\pi}{4}+n\pi$ 범위에서 그려진다.

32 다변수 미적분 ④

$F(x, y, z) = xe^y - z - \arctan(yz)$이라고 하자.

$$\Rightarrow \frac{\partial z}{\partial x} = -\frac{F_x}{F_z} = -\frac{e^y}{-1-\frac{y}{1+(yz)^2}}$$

$$\therefore \frac{\partial z}{\partial x}(-1, 0, -1) = 1$$

33 다변수 미적분 ④

$u = x+y,\ v = x-y$로 두면

$|J| = \frac{1}{\left|\begin{vmatrix} 1 & 1 \\ 1 & -1 \end{vmatrix}\right|} = \frac{1}{2}$이다.

$D = \{(u, v) \mid -1 \leq u \leq 1,\ -1 \leq v \leq 1\}$라 하면

$$\iint_R \frac{(x-y)^2}{\sqrt{(x+y)^2+4}}dA$$

$$= \frac{1}{2}\iint_D \frac{v^2}{\sqrt{u^2+4}}dudv$$

$$= \frac{1}{2}\int_{-1}^{1}\int_{-1}^{1} \frac{v^2}{\sqrt{u^2+4}}dudv$$

$$= \frac{1}{2}\int_{-1}^{1} \frac{1}{\sqrt{u^2+4}}du \int_{-1}^{1} v^2 dv$$

$$= 2\int_0^1 \frac{1}{\sqrt{u^2+4}}du \int_0^1 v^2 dv \qquad (\because \text{ 우함수})$$

$$= \frac{2}{3}\ln\frac{1+\sqrt{5}}{2}$$

$$\left(\because \int_0^1 \frac{1}{\sqrt{u^2+4}}du = \frac{1}{2}\int_0^1 \frac{1}{\sqrt{1+\left(\frac{u}{2}\right)^2}}du\right.$$

$$= \left[\sinh^{-1}\frac{u}{2}\right]_0^1 = \sinh^{-1}\frac{1}{2}$$

$$\left.= \ln\left(\frac{1}{2}+\sqrt{1+\frac{1}{4}}\right) = \ln\frac{1+\sqrt{5}}{2}\right)$$

34 공학수학 ②

$y' + (\tan x)y = \sec x$는 일계 선형미분방정식이므로

$$y = e^{-\int \tan x\,dx}\left[\int \sec x\, e^{\int \tan x\,dx}dx + C\right]$$

$$= e^{\ln\cos x}\left[\int \sec x\, e^{-\ln\cos x}dx + C\right]$$

$$= \cos x\left[\int \frac{1}{\cos^2 x}dx + C\right]$$

$$= \cos x\left[\int \sec^2 x\,dx + C\right]$$

$$= \cos x(\tan x + C)$$

$y(0) = 1$이므로 $C = 1$

따라서

$$y = \cos x(\tan x + 1)$$

$$= \sin x + \cos x = \sqrt{2}\sin\left(x+\frac{\pi}{4}\right),$$

$y' = \cos x - \sin x$

① $y\left(\frac{\pi}{6}\right) = \sin\frac{\pi}{6} + \cos\frac{\pi}{6} = \frac{1+\sqrt{3}}{2}$

② $y'\left(\frac{\pi}{4}\right) = 0$

③ $y = \sin x + \cos x$, $y'' = -\sin x - \cos x$이므로
$y'' + y = 0$

④ $y = \sin x + \cos x = \sqrt{2}\sin\left(x+\frac{\pi}{4}\right)$

따라서 옳지 않은 것은 ②이다.

35 공학수학 ④

특수해 $y_p = kx^2e^x$에 대하여

$$\begin{cases} y_p' = 2kxe^x + kx^2e^x \\ y_p'' = 2ke^x + 4kxe^x + kx^2e^x \end{cases} \quad \cdots\cdots ㉠$$

$y'' - ay' + by = 4e^x$에 ㉠을 대입하면

$$2ke^x + 4kxe^x + kx^2e^x - a(2kxe^x + kx^2e^x) + b(kx^2e^x)$$

$$= 2ke^x + (4k - 2ak)xe^x + (k - ak + bk)x^2e^x$$

$$= 4e^x$$

즉, $2k = 4$, $4k - 2ak = 0$, $k - ak + bk = 0$이므로

$k = 2$, $a = 2$, $b = 1$

$\therefore\ a + b + k = 5$

| 다른 풀이 |

특수해 $y_p = kx^2e^x$이므로

보조방정식은 $m^2 - 2m + 1 = 0$이다.

따라서 $a = 2$, $b = 1$

$$y_p = \frac{1}{(D-1)^2}\{4e^x\}$$

$$= \frac{4}{2!}x^2e^x = 2x^2e^x$$

에서 $k = 2$

$\therefore\ a + b + k = 5$

36 공학수학 ②

ㄱ. (좌변) $= \int_0^{\frac{\pi}{2}} \frac{\sqrt{1-\sin^2\theta}}{\sqrt{1-\sin\theta}} d\theta$

$= \int_0^{\frac{\pi}{2}} \frac{|\cos\theta|}{\sqrt{1-\sin\theta}} d\theta$

$= \int_0^{\frac{\pi}{2}} \frac{\cos\theta}{\sqrt{1-\sin\theta}} d\theta$

$= \int_0^1 \frac{1}{\sqrt{1-t}} dt = -2[\sqrt{1-t}]_0^1 = 2$

(우변) $= \int_{\frac{\pi}{2}}^{\pi} \frac{\sqrt{1-\sin^2\theta}}{\sqrt{1-\sin\theta}} d\theta$

$= \int_{\frac{\pi}{2}}^{\pi} \frac{|\cos\theta|}{\sqrt{1-\sin\theta}} d\theta$

$= -\int_{\frac{\pi}{2}}^{\pi} \frac{\cos\theta}{\sqrt{1-\sin\theta}} d\theta$

$= -\int_1^0 \frac{1}{\sqrt{1-t}} dt = \int_0^1 \frac{1}{\sqrt{1-t}} dt$

$= -2[\sqrt{1-t}]_0^1 = 2$ (참)

ㄴ. $\int_{-\frac{\pi}{2}}^0 \frac{\sqrt{1-\sin^2\theta}}{\sqrt{1-\sin\theta}} d\theta = \int_{-\frac{\pi}{2}}^0 \frac{|\cos\theta|}{\sqrt{1-\sin\theta}} d\theta$

$= \int_{-\frac{\pi}{2}}^0 \frac{\cos\theta}{\sqrt{1-\sin\theta}} d\theta$

$= \int_{-1}^0 \frac{1}{\sqrt{1-t}} dt = -2[\sqrt{1-t}]_{-1}^0$

$= -2(1-\sqrt{2})$ (거짓)

ㄷ. $\mathcal{L}\{f(t)\} = F(s)$라 하면

$\mathcal{L}\left\{\int_0^t e^\tau f(\tau)d\tau\right\} = \frac{1}{s}\mathcal{L}\{e^t f(t)\}$

$= \frac{1}{s}F(s-1)$

이고 $g(t) = \int_0^t f(\tau)d\tau$라 하면

$\mathcal{L}\{g(t)\} = \frac{F(s)}{s}$ 이고

$\mathcal{L}\left\{e^t \int_0^t f(\tau)d\tau\right\} = \frac{1}{s-1}F(s-1)$ (거짓)

ㄹ. $\int_0^t e^\tau \cos(t-\tau)d\tau = e^t * \cos t$이고

$e^t \int_0^t e^{-\tau}\cos\tau d\tau = \int_0^t e^{t-\tau}\cos\tau d\tau = \cos t * e^t$

$\Rightarrow \mathcal{L}\{e^t * \cos t\} = \mathcal{L}\{e^t\}\mathcal{L}\{\cos t\}$

$= \frac{s}{(s-1)(s^2+1)}$

$= \mathcal{L}\{\cos t * e^t\}$ (참)

37 공학수학 ③

그린 정리를 이용하자.

(가) $\int_C 2024y dx + 2025x dy$

$= \iint_R \frac{\partial}{\partial x}(2025x) - \frac{\partial}{\partial y}(2024y)\, dA = \iint_R dA$

이므로 영역 R의 넓이를 나타낸다.

(나) $\int_C \left(\frac{\ln y}{x} + y^2\right)dx + \left(\frac{\ln x}{y} + x^2\right)dy$

$= \iint_R \frac{\partial}{\partial x}\left(\frac{\ln x}{y} + x^2\right) - \frac{\partial}{\partial y}\left(\frac{\ln y}{x} + y^2\right)dA$

$= \iint_R (2x-2y)dA$

이므로 일반적으로 영역 R의 넓이를 나타내는 것이 아니다.

(다) $\int_C ye^x dx + (e^x + x)dy$

$= \iint_R \frac{\partial}{\partial x}(e^x + x) - \frac{\partial}{\partial y}(ye^x)\, dA$

$= \iint_R (e^x+1) - e^x dA = \iint_R dA$

이므로 영역 R의 넓이를 나타낸다.

따라서 R의 면적을 나타내는 것의 개수는 2개다.

38 공학수학 ④

곡면 S가 둘러싸고 있는 영역을 E라 하자.

발산정리에 의해

$\iint_S F \cdot n dS = \iiint_E div F dV$

$= \iiint_E 1 dV$

$= \int_0^\pi \int_0^{\sin\theta} \int_{r^2}^{r\sin\theta} r\, dz dr d\theta$

(∵ 원주좌표계에서의 적분)

$= \int_0^\pi \int_0^{\sin\theta} r[z]_{r^2}^{r\sin\theta} dr d\theta$

$= \int_0^\pi \int_0^{\sin\theta} r(r\sin\theta - r^2) dr d\theta$

$= \int_0^\pi \left[\frac{1}{3}r^3\sin\theta - \frac{1}{4}r^4\right]_0^{\sin\theta} d\theta$

$= \int_0^\pi \frac{1}{3}\sin^4\theta - \frac{1}{4}\sin^4\theta\, d\theta$

$= \frac{1}{6}\int_0^{\frac{\pi}{2}} \sin^4\theta\, d\theta$

$= \frac{1}{6} \cdot \frac{3}{4} \cdot \frac{1}{2} \cdot \frac{\pi}{2} = \frac{\pi}{32}$ (∵ Wallis 공식)

39 공학수학 ②

$f(x)=\frac{2}{\pi}\int_0^\infty \frac{\cos(\alpha x)}{1+\alpha^2}d\alpha$,

$g(x)=\frac{2}{\pi}\int_0^\infty \frac{\alpha\sin(\alpha x)}{1+\alpha^2}d\alpha$

는 $f(x)=e^{-|x|}$의 푸리에 코사인 변환과 사인 변환의 역변환이고

$f'(x)=\frac{2}{\pi}\int_0^\infty \frac{-\alpha\sin(\alpha x)}{1+\alpha^2}d\alpha$

$=-sgn(x)e^{-|x|}=-g(x)$

(단, $sgn(x)$는 부호함수이고 $x\neq 0$)

① $x>0$이면 $f(x)=e^{-x}=g(x)$ (참)

② $x<0$이면 $g(x)=-e^{x}$ (거짓)

③ $x<0$이면 $f(x)=e^{x}$ (참)

④ $\int_0^\infty e^{-x}\sin\alpha x\,dx=\mathcal{L}\{\sin\alpha x\}|_{s=1}$

$=\left.\frac{\alpha}{s^2+\alpha^2}\right|_{s=1}=\frac{\alpha}{1+\alpha^2}$ (참)

따라서 옳지 않은 것은 ②이다.

40 공학수학 ②

파동방정식 $\frac{\partial^2 u}{\partial t^2}=\frac{\partial^2 u}{\partial x^2}$에 라플라스 변환을 취하면

$\mathcal{L}\left\{\frac{\partial^2 u}{\partial t^2}\right\}=\mathcal{L}\left\{\frac{\partial^2 u}{\partial x^2}\right\}$

$\Rightarrow s^2U(x,s)-su(x,0)-u_t(x,0)=\frac{d^2U(x,s)}{dx^2}$

$\Rightarrow \frac{d^2U}{dx^2}-s^2U=-su(x,0)-u_t(x,0)$ ⋯ ㉠

여기서 $U(x,s)=\mathcal{L}\{u(x,t)\}$, $u(x,0)$은 초기변위, $u_t(x,0)$은 초기속도이다.

① 초기조건 $u(x,0)=\sin\pi x$, $u_t(x,0)=0$을 식 ㉠에

대입하면 $\frac{d^2U}{dx^2}-s^2U=-s\sin(\pi x)-0=-s\sin(\pi x)$

② 초기조건 $u(x,0)=0$, $u_t(x,0)=\sin\pi x$을 식 ㉠에

대입하면 $\frac{d^2U}{dx^2}-s^2U=-s\cdot 0-\sin(\pi x)=-\sin(\pi x)$

③ $u(x,t)=\cos(\pi t)\sin(\pi x)$에서

$u_t=-\pi\sin(\pi t)\sin(\pi x)$,

$u_{tt}=-\pi^2\cos(\pi t)\sin(\pi x)$,

$u_x=\pi\cos(\pi t)\cos(\pi x)$,

$u_{xx}=-\pi^2\cos(\pi t)\sin(\pi x)$이므로 $u_{tt}=u_{xx}$를 만족한다.

초기조건 $u(x,0)=\cos(0)\sin(\pi x)=\sin(\pi x)$,

$u_t(x,0)=-\pi\sin(0)\sin(\pi x)=0$을 만족하고

경계조건 $u(0,t)=\cos(\pi t)\sin(0)=0$,

$u(1,t)=\cos(\pi t)\sin(\pi)=0$을 만족한다.

④ $u(x,t)=\frac{1}{\pi}\sin(\pi t)\sin(\pi x)$에서

$u_t=\cos(\pi t)\sin(\pi x)$, $u_{tt}=-\pi\sin(\pi t)\sin(\pi x)$,

$u_x=\sin(\pi t)\cos(\pi x)$, $u_{xx}=-\pi\sin(\pi t)\sin(\pi x)$

이므로 $u_{tt}=u_{xx}$를 만족한다.

초기조건 $u(x,0)=\frac{1}{\pi}\sin(0)\sin(\pi x)=0$,

$u_t(x,0)=\cos(0)\sin(\pi x)=\sin(\pi x)$을 만족하고

경계조건 $u(0,t)=\frac{1}{\pi}\sin(\pi t)\sin(0)=0$,

$u(1,t)=\frac{1}{\pi}\sin(\pi t)\sin(\pi)=0$을 만족한다.

따라서 옳지 않은 것은 ②이다.

김영편입

수학

2026학년도 대비

기출문제 해설집

해설편

완벽 활용 가이드

1 **출제경향 분석**
영역별 문항 분류표와 심층 분석 자료를 통해 출제 경향을 파악하고 학습 우선순위 설정

2 **실전 대비 연습**
제한 시간 내 기출 풀이 훈련으로 실전 감각과 문제 해결력 증진

3 **문항별 출제 영역 명시 & 다른 풀이 제공**
문항별 출제영역을 명시하여 학습 방향 제시, 다양한 풀이로 사고력 향상

4 **빈출 유형 반복 학습**
빈출 문제의 반복 학습을 통해 응용력과 풀이력 강화